DICTIONNAIRE

RAISONNÉ

DE DIPLOMATIQUE.

TOME I,

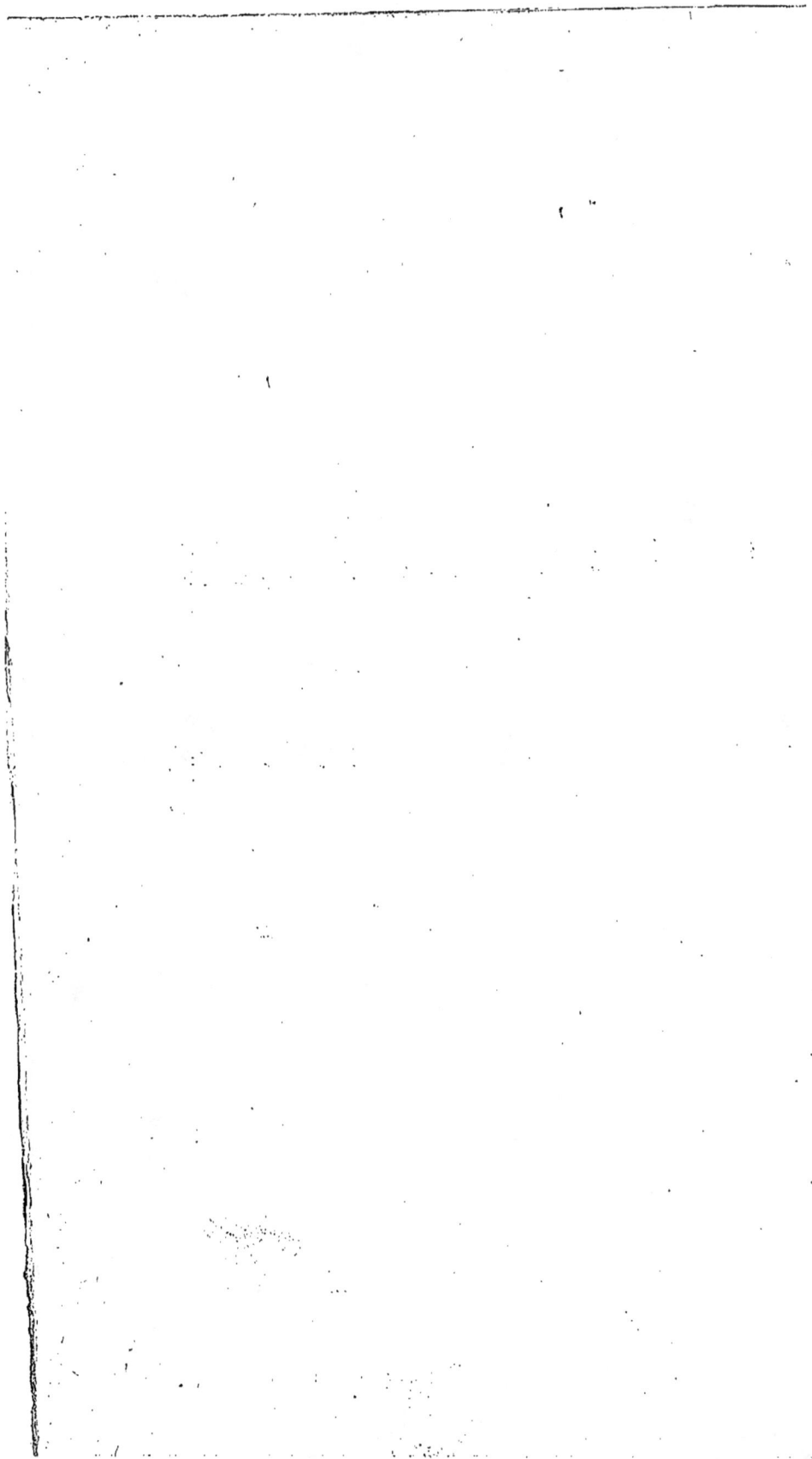

aug. Ep. 1800

DICTIONNAIRE

RAISONNÉ

DE DIPLOMATIQUE,

CONTENANT

LES regles principales & essentielles pour servir à déchiffrer les anciens Titres, Diplomes & Monuments, ainsi qu'à justifier de leur date & de leur authenticité.

ON Y A JOINT

DES Planches rédigées aussi par ordre alphabétique & revues avec le plus grand soin, avec des explications à chacune, pour aider également à connoître les caracteres & écritures des différents âges & de différentes nations.

Par DOM DE VAINES, Religieux Bénédictin de la Congrégation de S. Maur.

TOME PREMIER.

A PARIS,

Chez LACOMBE, Libraire, rue Christine.

M. DCC. LXXIV.

Avec Approbation, & Privilege du Roi.

A MONSEIGNEUR

BERTIN,

MINISTRE ET SECRÉTAIRE D'ÉTAT.

MONSEIGNEUR,

CE n'est point dans la qualité du Ministre, que je vais chercher les motifs de mon hommage : c'est un devoir dont je m'acquitte envers l'amateur décidé de cette partie littéraire que j'ai pris à tâche de faciliter & d'applanir. Sous vos auspices fut présenté à SA MAJESTÉ le savant & profond ouvrage des nouveaux Diploma-

ÉPITRE DÉDICATOIRE.

tiftes ; & par vos foins s'eft formé l'établiffement avantageux de ce Corps d'Éleves Antiquaires répandus dans tout le royaume, qui travaillent à la collection précieufe des monuments échappés jufqu'ici aux recherches des curieux. Tels font les motifs, MONSEIGNEUR, qui m'ont engagé à fupplier VOTRE GRANDEUR de vouloir bien accepter la dédicace d'un ouvrage qui entre auffi effentiellement dans fes vues : en l'agréant, vous pénétrez d'une éternelle reconnoiffance celui qui a l'honneur d'être avec un profond refpect,

MONSEIGNEUR,

DE VOTRE GRANDEUR,

Le très humble & très obéiffant ferviteur, Fr. J. DE VAINES.

PRÉFACE.

IL eſt ſurprenant que la ſcience diplomatique, qui conduit à tant d'heureuſes découvertes, & qu'on pourroit appeller en quelque façon la clef de la littérature, ſoit auſſi négligée qu'elle l'eſt de nos jours. Combien même de perſonnes diſtinguées par leurs talents ne la regardent que comme un fatras d'érudition & une étude ſtérile, qui appeſantit l'eſprit, qui éteint le feu & amortit les ſaillies de l'imagination ! C'eſt là malheureuſement le jugement trop commun que l'on porte aujourd'hui de la plupart des études qui ſemblent captiver l'homme dans les bornes trop étroites de la vérité. On ſe contente, & l'on croit faire encore beaucoup, d'admirer le courage de ceux qui s'y conſacrent, & de reſpecter la droiture de leurs intentions. Mais ce ne ſont que des ſentiments ſtériles, qui tiennent de l'uſage où eſt le vulgaire d'admirer, comme dit Tacite, *Annal. in Agricol.* tout ce qui lui eſt inconnu : *Omne ignotum pro magnifico eſt.*

D'où peuvent venir ces préjugés illégitimes, & le peu de progrès qu'on a fait dans ce genre d'érudition, ſinon de ce que les ouvrages qui en ont traité juſqu'à préſent, ou ont été trop

a iv

volumineux , ou ont été écrits dans des langues
favantes ? Il eſt vrai que les hautes ſciences
veulent être traitées autrement que de petits objets ; elles exigent une maniere , un ton , une
profondeur qui ſoient analogues & proportion-
nés à leur nature & à leur majeſté : *Magna nego-*
tia magnis adjutoribus egent , Patercul. *Hiſt.* 2.
Mais on eſt effrayé de la recherche & de la compilation de tant de monuments anciens pour faire
éclore une vérité , qui ne paroît irréfragable
qu'aux yeux de ceux qui ont déja peſé & combiné tout l'enſemble des principes de cet art.

D'ailleurs il n'eſt preſque pas une ſeule vérité
diplomatique qui n'ait été le réſultat d'une ou
de pluſieurs diſſertations , d'un ou de pluſieurs
écrits polémiques entre des Savants qui ſe ſup-
poſoient , à juſte titre , des connoiſſances ſupé-
rieures , & qui , les prodiguant avec uſure dans
leurs traités reſpectifs , couvroient par-là , ſans
s'en appercevoir , le but de leurs recherches
comme d'un voile myſtérieux , que ne pouvoient
pénétrer le plus grand nombre des lecteurs. Cependant on commence par être enfant dans la
carrière des connoiſſances humaines : ce n'eſt que
par degrés & après bien des préludes , qu'on parvient à pénétrer le ſyſtème de l'attraction new-
tonienne & le calcul des ſinus géométriques. Il
faut d'abord des éléments méthodiques & ſûrs

pour aider la foiblesse des éleves, pour leur frayer le chemin & les conduire comme par la main à des matieres plus approfondies : c'est là le fil conducteur qui leur est nécessaire pour les aider à percer avec confiance dans le dédale des usages anciens.

Un autre obstacle, plus réel encore, aux progrès de la Diplomatique, c'est que notre siecle a tous les travers de la jeunesse, qui n'aime que les productions riantes & superficielles. La pureté du langage, une touche légere, une certaine fraîcheur de coloris, sont pour elle des amorces trompeuses qui suffisent pour la prendre & la séduire. Trop vive pour se donner le temps d'approfondir, trop vaine pour ne pas croire pénétrer d'un seul coup d'œil tout ce qu'elle envisage, elle ne prend d'autre guide que son imagination dont elle réalise les écarts ; elle ne veut devoir qu'à elle seule la prétendue gloire de ses succès, & dédaigne en conséquence d'associer à son conseil un âge plus mûr & plus réfléchi, avec lequel elle ne trouve ni parité ni convenance : voilà le portrait de la jeunesse ; c'est bien aussi celui de notre siecle.

Les difficultés enfin qui accompagnent ordinairement les premiers pas qu'on fait dans une carriere aussi épineuse, ont pu déconcerter quelques prosélytes & ralentir leur zele, comme si l'on pouvoit cueillir des rofes avant que d'avoir écarté les épines. Il faut en convenir, les abords de la Diplomatique font froids, fecs & rebutants: mais a-t-on fu dévorer les premiers dégoûts, on eft enfuite dédommagé de fes peines par les précieux avantages qu'on en retire.

Pénétré de ces vérités, & cherchant à parer aux inconvénients que j'avois éprouvés moi-même, j'effayai d'extraire les meilleurs traités en ce genre, & de réduire en un feul corps d'ouvrage de peu d'étendue les principes, regles & exemples relatifs à cet art. Je mis à contribution la Chronique de Godwic, le fameux Ouvrage de D. Mabillon, plufieurs autres Auteurs célebres, qu'on trouvera cités fouvent, & furtout le favant & profond Traité des nouveaux Diplomatiftes, ouvrage auquel l'Europe entiere a juftement applaudi. De ces extraits avoit réfulté d'abord une méthode que j'avois commencé à traduire en latin. Cet opufcule, qui auroit eu fes avantages fans doute, & qui auroit pu fervir à former des éleves, fut interrompu par divers contretemps fur lefquels l'Auteur n'a point de reproche à fe faire. Il a cru devoir en profiter pour faire de plus mûres réflexions fur l'objet, pour en étendre l'utilité, & le préfenter fur un plan qui, fans affecter le ton didactique, pût être confulté dans le befoin par les Savants mêmes, & fervir d'*introduction à la Diplomatique*, en réuniffant fur chaque partie de cette fcience prife en détail tout ce qu'il eft important d'en favoir.

J'ai faifi ce dernier plan avec d'autant plus d'empreffement, que je l'ai trouvé plus conforme encore aux vues & aux defirs de S. A. R^me. Monfeigneur Frobénius, Abbé de S. Emmeran de Ratisbonne, Prince du Saint Empire. Cet illuftre Abbé, auffi recommandable par fes lumieres que par fes vertus, uniquement occupé de ce qui peut contribuer au bien public, & fur-tout de ce qui tend ou à illuftrer l'Ordre de Saint Benoît dont il eft lui-même la gloire & l'ornement, ou à fervir la république des lettres, dans laquelle il eft avantageufement connu par divers ouvrages, & notamment par la favante édition d'Alcuin qu'il vient de mettre fous preffe, a daigné témoigner à la Congrégation de Saint Maur l'envie qu'il avoit de voir fortir d'elle un ouvrage dans le goût de celui qu'on ofe préfenter ici au public, pour faciliter en Allemagne, dans fon Abbaye fur-tout & dans celles de fa dépendance, l'étude de la Diplomatique. Encouragé par les defirs d'un Prince auffi éclairé, pouvois-je hafarder cette entreprife fous des aufpices plus favorables? Si elle lui peut être agréable, n'aurai-je pas rempli mon objet en partie ?

Je n'ai point été effrayé du discrédit dans lequel sont tombés les dictionnaires, ni des reproches fondés qu'on a faits à ce genre de littérature, malheureusement trop commun de nos jours. J'ose croire que celui-ci doit être à l'abri d'une pareille censure, parcequ'il n'a du dictionnaire que le nom, & qu'il est plutôt un recueil des regles essentielles de la Diplomatique, auquel on n'a donné la forme alphabétique, que pour qu'il y eût plus d'ordre & de précision dans les matieres.

Mon principal but a donc été, 1°. de rédiger en deux volumes seulement tous les éclaircissemens dont peuvent avoir besoin ceux qui s'appliquent au dépouillement des archives particulieres & des dépôts publics : 2°. de mettre à la portée de tout lecteur, autant que faire se pourroit, des connoissances que l'on regarde trop communément comme épineuses : 3°. de les dégager, en évitant la sécheresse, de l'attirail des digressions, des épisodes & des diatribes, dans lesquels on ne cherche souvent qu'à étaler avec faste une longue & pompeuse érudition ; *homo longus, raro sapiens* : 4°. de ramener, s'il est possible, sous une forme que

notre fiecle paroît adopter & favorifer ouvertement, le goût de la faine antiquité, ou plutôt
de cette critique judicieufe qui eft le flambeau
de prefque toutes les fciences.

Celle-ci influe fur la Politique, fur la Mo-
rale, fur les Belles-Lettres, fur le Droit civil
& canonique, & fur la Théologie même. Tout
ce qui nous vient des Anciens eft de fon diftrict, & elle a droit de l'évoquer à fon tribunal. Les preuves du Théologien, du Mora-
lifte, du Jurifconfulte & du Canonifte portent
à faux, s'il n'eft point avéré que les témoignages qu'ils citent aient tous les caracteres d'autorité qu'exige la vérification.

Vous cherchez à autorifer une variante de la
Bible par le texte hébreu même, & vous m'of-
frez pour cela un manufcrit rabbinique qui s'annonce comme du 6ᵉ ou 7ᵉ fiecle; c'eft une antiquité vénérable : mais tout verfé que vous
êtes dans les langues orientales, vous manquez
votre coup; & ce que vous regardez comme la
preuve de votre affertion, je le tiens pour le
fruit de l'impofture. *Voyez* MANUSCRIT.

Sur la foi d'une traduction italique de l'Ecriture Sainte, contenue feule dans un manufcrit
latin du 8ᵉ ou 9ᵉ fiecle, vous affirmez la certitude de la leçon qui fait l'objet de notre con-
troverfe ; louez ma circonfpection, fi je ne nie

pas formellement la vérité de votre manuscrit ; mais permettez-moi au moins de la suspecter. *Voyez* ECRITURE SAINTE.

Vous interprétez un titre des Loix Romaines, & vous fondez votre interprétation sur un édit solemnel d'un Empereur d'Orient du 6ᵉ siecle : tous ses caracteres, selon vous, sont incontestables : les titres d'honneur, le début, les formules ; le style, les annonces, les dates & la signature *divinâ manu* ne prêtent rien à la critique. Vous êtes bien précipité dans votre décision : pour moi, j'y voudrois & j'y devrois voir la souscription du Prince en cinabre, *sacrum incaustum*, & je ne la vois qu'en encre commune. *Voyez* ENCRE.

Ce diplome, qui porte la date du 2ᵉ siecle, & dont vous étayez vos droits & vos prétentions, est, selon vous, un titre authentique, à l'abri duquel vous êtes sûr de toujours rester possesseur tranquille. Gardez-vous bien cependant de l'offrir aux yeux d'un juge éclairé qui soit ami de l'équité. Tout quadre à merveille dans votre monument ; tout y est adapté aux usages, aux coutumes, aux circonstances, aux personnages du temps : il est un objet de peu de conséquence que vous ne pouvez seulement pas soupçonner ; ces accents qui conviennent si bien aux deux ii réunis, placés au dessus de chacune de ces voyelles ifolées, *i*, décelent la fraude, s'il ne paroît pas qu'ils y aient été ajoutés par une main poftérieure & ignorante. *Voyez la lettre* I.

Votre généalogie, que vous vantez avec emphafe, parceque vous la croyez appuyée fur des actes inconteftables, eft-elle à l'abri de toute critique ? Ces parchemins qui femblent en répondre, ont tous les traits qui caractérifent un âge reculé : mais je m'avife de gratter un peu ; & je m'apperçois que cette couleur obfcure, qui eft la marque ordinaire d'une longue fuite d'années, n'eft ici que l'ouvrage de l'artifice. Il s'enfuit que vous n'êtes qu'un noble de nouvelle date, & il s'en faut bien que votre extraction fe perde dans la nuit des temps. *Voyez* PARCHEMIN.

Vous prétendiez enlever le fuffrage de nos Juges, & juftifier par des lettres patentes de la fin du 16ᵉ fiecle le droit que vous avez à la poffeffion du bien entre nous deux contefté. Prêt à convenir de mes torts, j'allois, fur un titre auffi folemnel, vous reftituer honteufement mon ufurpation : mais j'apperçois à la fin de votre piece triomphante une abbréviation indéfinie, un *& cætera*; c'en eft fait, vous avez perdu votre caufe, votre piece eft menfongere. *Voyez* ABBRÉVIATION.

Cette bulle, &c. ce fceau, &c. &c. &c.

L'Art Diplomatique donne donc des lumieres fuffifantes pour diftinguer le vrai du faux, le moderne de l'antique, & même un fiecle d'un autre, par le moyen des écritures. Autrement à quoi aboutiroient les travaux immenfes des Mabillon, des Monfaucon, des Beffels, des Brencman, des Heumann, des le Clerc, des nouveaux Diplomatiftes, & de tant d'autres? Leurs peines feroient en pure perte, & leurs productions un vain jeu d'imagination, fi leurs regles de critique étoient arbitraires, fi les époques qu'ils ont établies étoient fauffes, fi les écritures antiques étoient une pure fiction, & s'il étoit impoffible de fixer le temps ou, pour mieux dire, le fiecle des monuments. Cette impoffibilité chimérique, qui a été relevée avec tant de force de nos jours, ne fe réalifera jamais pour un véritable connoiffeur. Il a, pour fe prémunir contre une erreur auffi groffiere, la forme de l'écriture, les accidents qui l'accompagnent, l'orthographe, les abbréviations, les efpaces entre les mots, la ponctuation, &, plus que tout cela, le coup d'œil d'un Antiquaire initié dans les myfteres de l'art. La connoiffance qu'il a du commencement, du progrès, du déclin & de la fin des différents ufages, lui fert de guide & dirige fes jugements. C'eft là le point effentiel

auquel

auquel doit s'attacher fur-tout celui qui ambitionne le titre d'Antiquaire ; c'en eft là ; je crois, tout le fecret ; c'en eft tout le myfteré.

Sur ce fondement, j'ai tâché d'inférer dans cet abbrégé tout ce qui peut, en matiere diplomatique, contribuer le plus à fixer l'incertitude ordinaire de l'efprit. Ce n'eft pas que j'imagine armer par-là de toutes pieces un bon Critique, & le mettre à l'abri de toutes furprifes. Je fais auffi qu'il feroit à fouhaiter qu'il n'ignorât aucune époque de toutes les révolutions des empires & des états, des regnes, des pontificats, des conciles, de la difcipline, des fondations, des ordres, des héréfies, des dignités, des titres, des découvertes, des inventions humaines, &c. &c. mais je me fuis contenu dans les juftes bornes que me prefcrivoit mon fujet. Peut-être y pourra-t-on fuppléer un jour par un effai fur les époques en général, qui embraffera fuccinctement tous ces traits hiftoriques. Quoique cette entreprife foit déja fort avancée, la prudence néanmoins ne permet pas de prendre à cet égard des arrangements avec le public, d'autant plus que l'on eft expofé, dans notre état plus qu'en aucun autre, à nombre de viciffitudes, & que nous fommes plus que qui que ce foit maîtrifés par les circonftances.

Tome I.   b

On appercevra peut-être dans ce Dictionnaire
des articles qui femblent n'avoir aucune relation
à la Diplomatique ; mais ils en ont tous au
moins une indirecte. Ainfi lorfqu'à l'article ABBÉ
je parle des titres d'*Abbé des Abbés*, d'*Abbas
Miles*, &c. j'annonce à ceux qui rencontreroient de pareilles qualifications, ce qu'ils doivent en penfer. On voit, par exemple, à l'article ABBESSE, que certains actes de Conciles
ne doivent point paffer pour apocryphes par cela
feul que l'on trouveroit des Abbeffes dans les
fignatures des minutes, &c. &c. Au refte, ces
articles ne font pas multipliés.

On verra aifément que l'analyfe de la conformité ainfi que des variations de certains ufages
des différents fiecles fait tout le méchanifme de
ce Dictionnaire, comme c'eft auffi le fondement
des ouvrages que j'ai fuivis. La connoiffance
des caracteres conftants & uniformes donne le
vrai, comme celle des variations écarte le faux.
On trouvera donc ce que les actes doivent avoir
de diffemblant ou d'uniforme dans chaque fiecle, & quelquefois même fous chaque Souverain. C'eft le feul moyen de diftinguer la vérité
du menfonge, & de confondre cette foule de
Critiques modernes fuperficiels, plus amateurs
de l'approbation d'un certain public peu éclairé

qu'ils amufent, que jaloux d'obtenir par des principes sûrs l'applaudiffement des véritables connoiffeurs.

J'ai penfé qu'il étoit indifpenfable de faire graver fur planche des alphabets qui puffent au befoin fervir de pieces de comparaifon, & dans lefquels on pût trouver au moins l'approximation de la lettre qui arrêteroit dans la lecture d'un inftrument antique. Pour plus de précifion & de clarté, j'ai cru devoir, dans l'arrangement de ces planches, fuivre l'ordre indiqué par celui de l'ouvrage même : c'eft pourquoi j'ai divifé par éléments ces alphabets immenfes des Auteurs les plus récents, & je n'y ai admis que les caracteres qui pouvoient faire naître quelques méprifes ou quelques difficultés ; j'en ai écarté tous ceux qui avoient quelque reffemblance avec nos caracteres actuels, ou qu'on ne pourroit raifonnablement méconnoître. Mais je n'ai pas regardé les planches d'écritures comme étant de la même néceffité : j'en préfente cependant des modeles plutôt pour fatisfaire la curiofité & donner une idée fuccincte des différents genres d'écriture & des goûts nationnaux, que pour prétendre y établir une reffemblance exacte avec les autres monuments refpectifs. Le nouveau traité, que j'ai extrait en cette partie, comme en bien d'autres, malgré l'abondance & la profusion de ses gravures, n'a pas lui-même épuisé la matiere. On peut dire en effet que c'est une source intarissable; & pour en juger, il ne faut faire attention qu'à ce qui se passe sous nos yeux. Nous faisons tous usage de l'écriture courante : y a-t-il une seule main qui n'ait ses tournures, sa maniere, ses formes, ses caracteres, ses caprices propres? Les écritures sont aussi variées que les visages : ils ont tous certains rapports; mais on n'en voit pas deux qui se ressemblent.

Outre les planches dont je viens de parler, j'ai été obligé, dans les dissertations sur chaque élément, d'employer certains caracteres, pour servir de comparaison & faciliter l'intelligence des observations. Mais j'ai observé que le peu de netteté des caracteres en bois & la multiplicité de ces mêmes caracteres ne formeroient pas un coup d'œil agréable dans un petit format comme celui de l'*in-octavo*. J'ai pris le parti en conséquence de recueillir tous ces caracteres, d'en former autant de tableaux qu'il y a d'éléments, de numéroter chaque caractere, & de répéter le même numéro dans les dissertations, afin de faire des renvois exacts. C'est ce qui orme donc vingt-deux tableaux, parceque l'o ne fournissant que trois caracteres, a été réuni à l'*n* dans le treizieme. Ces vingt-deux tableaux font réduits en quatre planches, deux pour chaque volume. La premiere, qui préfente trois tableaux, *a*, *b*, *c*, eft à la tête du premier volume; la feconde, *d*, *e*, *f*, à la tête du *d*; la troifieme, *g*, *h*, *i*, *k*, *l*, *m*, *n*, *o*, *p*, *q*, à la tête du fecond volume; la quatrieme & derniere, *r*, *s*, *t*, *u*, *x*, *y*, *z*, à la tête de l'*r*. Chaque planche eft placée de façon qu'en la déployant fur la gauche, le lecteur pourra l'avoir continuellement fous les yeux, & la confulter auffi commodément que fi les caracteres fe trouvoient à mefure dans les differtations.

Il paroîtra peut-être fingulier de voir une table à la fin d'un dictionnaire, puifqu'un dictionnaire eft lui-même une efpece de table; ce n'eft cependant point une précaution inutile ni furabondante, qu'un Ancien, *Tacit. Hift.* 3, appelle *intempeftiva fapientia*. Je ne m'y fuis déterminé qu'après avoir combiné le pour & le contre, & j'y ai été engagé par des raifons qui m'ont paru affez folides. Il faut faire attention que c'eft ici un ouvrage à confulter plutôt qu'à lire tout d'une haleine, & que c'eft la raifon qui m'a déterminé à lui donner l'ordre alphabétique. D'ailleurs l'intitulé de la plupart des articles n'annonce & ne peut annoncer tous les différents objets qui y font contenus, d'autant plus qu'il en eſt dont on ne parle pour ainſi dire qu'en paſſant, quoiqu'ils ne ſoient pas étrangers à la matiere. Qu'on rencontre une piece, par exemple, qui prévienne de la précaution que l'on a priſe de la faire en cyrographe : ſi l'on eſt curieux de ſe rappeller ſes idées ſur cette marque de défiance, on feroit dans le cas de lire tout l'article ANNONCE, avant de trouver des lumieres ſur ſon objet ; ce qui entraîneroit des longueurs que doit prévenir tout ouvrage à conſulter. Voulez-vous apprécier une date, un ſceau, une écriture ; il faudroit quelquefois des heures entieres pour trouver la ſolution de votre difficulté. Dès lors j'aurois manqué mon but en partie, qui eſt d'abbréger le travail & de faciliter les découvertes.

Il ne me convient pas de rien dire à l'avantage ni au détriment de ce recueil : *nec te laudaris, nec te culpaveris ipſe*, CATO CENS. C'eſt aux Juriſconſultes, aux Hiſtoriographes, aux Généalogiſtes, aux Archiviſtes, aux Vérificateurs, aux Gens d'affaires, à tous ceux enfin qui ſont obligés par état de déchiffrer les titres & d'en faire uſage, à juger de l'utilité de cet ouvrage ; car c'eſt particuliérement pour eux qu'il eſt fait.

Tous les jours on produit en juſtice des titres qui ſont les fondements de la fortune &

de l'état des citoyens : l'intégrité ne permet
pas de prononcer précipitamment, ni de hasar-
der un jugement qui, faute d'être éclairé, fait
le malheur d'une famille, en ruinant sa fortune.
J'ai lu en 1771 le mémoire d'un Avocat, encore jeune sans doute, qui rejetoit une charte
du 12ᵉ fiecle, sans l'avoir vue, par la raison
qu'on l'avoit déchiffrée facilement. Un coup
d'œil rapide sur les paragraphes des écritures
diplomatiques de ce Dictionnaire l'auroit sauvé
de cette méprise révoltante, & lui auroit démontré que dans les 11ᵉ & 12ᵉ fiecles la plupart des écritures des chartes étoient une minuscule presque aussi belle & aussi nette que
celle de nos imprimés. Il est au Barreau une
infinité d'autres circonstances semblables, où l'on
ne devroit choisir pour défenseurs que des Antiquaires, ou qui paroîtroient requérir que les
Avocats le fussent eux-mêmes.

Toutes les histoires sont composées sur d'anciens actes & monuments, dont le débrouille-
ment exige la plus grande sagacité, le discerne-
ment le plus fin. Les personnes les plus éru-
dites ont souvent fait des faux pas, & la mémoire n'est pas toujours un préservatif certain
contre l'erreur. Ce Dictionnaire laissera sans
doute encore à la fragilité humaine la fatale liberté de s'égarer ; mais il la garantira sûrement

de ces routes obfcures & ténébreufes où fe font
perdus les Marsham, les Germon, les Hardouin,
les Simon, les Lenglet, &c. &. &c. Il retra-
cera avec précifion les objets fixes, que des occu-
pations multipliées auroient pu faire perdre de
vue; & en préfentant le flambeau d'une cenfure
modérée, il tempérera la malignité de l'efprit,
prefque toujours enclin à porter, dans le doute,
un jugement défavorable.

Enfin chaque inftant met dans la main des Archiviftes, des Collecteurs de chartes, des Gens
d'affaires, des pieces de toutes efpeces. Les déchiffrer & les tranfcrire, c'eft bien quelque chofe;
mais c'eft le fait d'un copifte à gages, c'eft l'ouvrage de l'œil & de la main. Les juger, & faifir
dans toutes les parties le vrai & le faux, le certain & le douteux, le fufpect & le légal, c'eft
le fait du littérateur, c'eft l'opération du favoir
& du jugement. C'eft dans l'intention de procu-
rer cette facilité à ceux qui s'occupent de ce genre
d'étude, & de leur applanir, autant qu'il étoit
en moi, les voies qui y conduifent, que j'ai
réuni dans deux volumes portatifs les différentes
lumieres que j'ai puifées dans les grands ouvrages. Puiffé je n'être pas trompé dans mes efpé-
rances, & dédommager le lecteur de la peine de
me lire, par l'utilité qu'il en retirera!

DICTIONNAIRE

DICTIONNAIRE
DIPLOMATIQUE.

A.

Pour pouvoir apprécier les antiques, & juger sainement des anciennes inscriptions, des manuscrits & des chartes sans date; pour réprouver le faux avec connoissance de cause, & former des antiquaires sur des principes sûrs; il est nécessaire de connoître les métamorphoses & les variations, ou plutôt les différentes formes que chaque élément de l'alphabet a éprouvées comme successivement & en différents temps. Il n'y a qu'une histoire raisonnée de chaque caractere pris en particulier, qui puisse débrouiller le chaos que forment les ressemblances apparentes des caracteres; quoiqu'à les examiner de près, on trouve des différences assez marquées d'âge en âge : mais c'est le seul moyen de saisir jusqu'aux moindres nuances, & d'en constater l'usage en tel ou tel siecle. En effet, chaque siecle a sur cet objet des signes distinctifs. Il est cependant une remarque essentielle à faire; c'est qu'en général les caracteres distinctifs de chaque siecle ne se tirent pas toujours des usages ordinaires. Souvent, & très souvent, ceux qui ne paroissent que de temps en

Tome I. A

temps, font plus décififs; la raifon en eft que ces derniers ceffent totalement dans un espace de temps bien plus court, & qu'il faut ordinairement une longue fuite de fiecles pour opérer des changements fenfibles dans les ufages communs. Ce principe, applicable à tant d'objets, l'eft encore bien davantage à la forme des lettres.

L'*A* des Latins, que prefque tous les peuples de l'Europe fe font approprié, tire fon origine des caracteres Grecs, comme la plupart des autres lettres : c'eft un fait attefté des Modernes ainfi que des Anciens. *Dionyf. Halic. l.* 1; *Hygin. c.* 277; *Tacit. Annal. lib.* 11, *n.* 4; *Plin. Hift. l.* 7, *c.* 58; *Tit. Liv. l.* 7, *c.* 3; *Quintil. Inftit. l.* 1, *c.* 7, &c. Les Grecs eux-mêmes tenoient leurs caracteres des Phéniciens : on en verra la démonftration à l'article ECRITURE. De là cette analogie qui eft fi fenfible entre les caracteres Latins & Phéniciens : on fe contentera de démontrer celle de ce premier élément; parceque de tous les caracteres Latins, l'*A* eft peut-être un de ceux dont la reffemblance eft d'abord moins fenfible avec la lettre correfpondante du Phénicien. Pour la plus grande intelligence de cet Ouvrage, on met à la tête de chaque volume autant de tableaux qu'il y a d'éléments de l'alphabet traités féparément dans le même volume, pour démontrer plus clairement la filiation ou defcendance de chaque lettre, & fes variations principales. La differtation fur chaque élément eft fuivie d'une planche qui contient les caracteres Phéniciens, Grecs & Latins, & repréfente les métamorphofes ou les différentes formes de chaque lettre en différents temps, & dans différentes nations. La planche, ainfi que le tableau, mettront le Lecteur à portée de juger par lui-même fi ce que l'on dit de l'ex-

1.ᵉʳ Tableau.   A

1 2 3 4 5 6 7 8 9 10

11 12 13 14 15 16 17 18 19 20 21 22 23 24

25 26 27 28 29 30 31 32 33 34 35 36 37 38 39

40 41   42 43 44 45 46 47 48 49 50 51 52

53 54 55 56 57 58 59 60 61 62 63 64 65 66

2.ᵉ Tableau.   B

1 2 3 4 5 6 7 8 9

3.ᵉ Tableau.   C

1 2 3 4 5 6 7 8 9 10 11 12

13 14 15 16 17 18 19 20 21 22 23 24 25 26

27 28 29 30 31 32 33 34 35 36 37

38 39 40 41 42 43 44 45 46 47 48

traction ou defcendance de l'*A* n'eſt pas établi ſur
des fondements ſolides, & s'il ne ſeroit pas aiſé
de faire là même démonſtration pour toutes les
autres lettres, ſans recourir au Gothique, Runique, &c.

L'*A* deſcend de l'*A* Phénicien.

Il ne paroît pas d'abord une grande analogie
entre l'*A* majuſcule & l'*A* Phénicien, tel qu'il eſt
figuré *dans le tableau* 1, *fig.* 1 ; quoiqu'il ſoit évident que le premier deſcend de celui-ci : au
moyen de quelques inclinaiſons, il ne reſtera pas
la plus plus légere trace de diſparité.

D'abord les Grecs l'employerent tel qu'ils l'a-
voient reçu ; mais, comme ils uſoient de l'écriture bouſtrophedone, dont la marche va & vient
à ſens & à contre-ſens, ils furent obligés de retourner cette eſpece d'*f*, & en l'inclinant un peu,
ils lui donnerent la forme qu'elle a. *Ibid. fig.* 2.

Les *A* du Latin, des temps les plus reculés,
préſentent la même forme, à cela près que tous
les jambages deſcendent au même niveau, comme on voit, *ibid.* 3. Voilà donc l'*A* des Latins
ſemblable à celui des Phéniciens, à la tournure
près : notre A capital approche beaucoup de cette
forme ; il n'y manque preſque rien. Voyons comment cette révolution s'eſt faite.

Quoique dès les premiers temps la ligne mitoyenne partît réguliérement de la droite, comme
on a déja pu le remarquer, *ibid.* 2, 3, on en
vit cependant qui, par le caprice ou l'ignorance
des Ecrivains, partoit de la gauche, *ibid.* 4 : on
en remarque de cette nature dans les Tables
Eugubines, dont la ligne mitoyenne eſt très
courte, *ibid.* 5. La réunion de ces deux uſages

contraires fit éclore des A garnis de deux lignes internes tendantes à se rencontrer, *ibid.* 6. Leur jonction suivit de près ; de là les A figurés comme *au tableau*, 7. Des deux petites lignes internes redreffées en une feule, il en réfulta les A, dont on écarta quelquefois en Efpagne les deux haftes, *ibid.* 8 ; & quelquefois davantage, *ibid.* 9 ; où dont on retrancha quelquefois ailleurs la ligne mitoyenne, fi fujette aux variations ; ce qui forma le caractere, *ibid.* 10, femblable à peu près au lambda des Grecs. Mais cette traverfe qui devoit être au milieu ne fut jamais totalement oubliée : on la porta quelquefois en bas chez les Latins, ce qui donna une figure femblable au delta des Grecs, *ibid.* 11.

Peut-il préfentement refter quelque doute fur la defcendance de l'A ? Cependant on peut la tirer encore mieux des plus anciennes figures de l'A Grec, tel qu'on le voit, *ibid. fig.* 12 : il ne fallut qu'en abbaiffer ou allonger un peu le côté gauche, *ibid.* 13, pour donner naiffance à l'A, qui prime fur tous les autres depuis plus de deux mille ans.

Le même A des Grecs, *ibid.* 12, donna le jour au 14e, puis au 15e ; de là, en arrondiffant la panfe & les extrémités au 16e, qui fe trouve fouvent fans triangle ou ligne de traverfe, *ibid.* 17, vint enfuite ce 18e redreffé ; puis en retranchant la tête élevée, on lui donna cette autre forme, 19. Dans la fuite on détacha les deux traits perpendiculaires ; ce qui donna le caractere 20, qui eft très ancien, que l'on voulut après unir par le bas, & qui produifit 21, 22, 23, 24, 25, *ibid.* caracteres qui ont beaucoup de reffemblance avec l'oméga des Grecs.

Un Antiquaire ne doit pas fe contenter de

connoître les variations des caracteres; il doit en
savoir l'époque : & s'il ne peut avoir des idées
précises sur cet objet, l'approximation doit être
au moins pour lui un point essentiel.

A majuscule.

On ne connoît presque point d'autre A que le
12ᵉ *du tableau*, dans les manuscrits Grecs en général, & dans les Latins en lettres onciales ou
rondes.

Les A semblables au nôtre sont très rares dans
les manuscrits en lettres onciales, si ce n'est aux
titres. S'ils étoient fréquents dans le corps de l'é-
criture, ce seroit la marque d'une très haute antiquité. Les manuscrits Grecs, écrits par des Grecs,
de quelque âge qu'ils soient, n'en fournissent
presque point d'exemple.

Les A de la forme 10 furent assez d'usage sur
les bronzes, avant & après la naissance de J. C.
Il est très commun sur les plus anciennes monnoies de France, & prévalut même sur l'A majuscule, tel que nous l'avons, sous les successeurs de
Charlemagne.

La forme 17ᵉ se trouve dans des manuscrits en
écriture purement capitale, dès les 4ᵉ, 5ᵉ & 6ᵉ
siecles. *De Re Diplomat. tab. 6.*

Les caracteres 26 & 27 se rencontrent assez
souvent aussi sur les tables de bronze & les anciens marbres. Le dernier usage de traverser l'angle supérieur de l'A 27, commença peu après
l'établissement des Empereurs : *Banduri, Numism. Imp. Rom. l. 2, p. 5.* Il n'est pas rare d'en
trouver, dès le 3ᵉ siecle, de la figure 28, sur les
médailles mêmes, qui ont toujours eu l'avantage
de mieux conserver les anciens usages. Vers le

milieu du 4ᵉ, les mêmes A`, 28, devinrent beau-
coup plus quarrés, à peu près comme la *figure 9,*
ibid. p. 348, 349 : ce fut au point qu'on les confondit quelquefois avec les H, lorſqu'ils eurent
perdu leur traverſe ſupérieure ; les médailles & les
manuſcrits en fourniſſent divers exemples. Au
7ᵉ ſiecle, la ligne tranſverſale des A capitaux,
en Eſpagne ſur-tout, fut élevée obliquement
vers le côté gauche, *fig.* 29.

a *minuſcule.*

Malgré l'élégance de l'arrondiſſement de l'*a*
minuſcule, *fig.* 30, *ibid.* le premier triangulaire,
figure 12, ſe ſoutint encore, ſur-tout chez les
Grecs ; les titres de leurs livres, même depuis
que l'écriture onciale fut tout-à-fait abandonnée,
en fourniſſent des modeles. L'*a*, *fig.* 31, commence à paroître, dès le 6ᵉ ſiecle, dans l'écriture
minuſcule purement Romaine, c'eſt-à-dire en
tant que diſtinguée de la Mérovingienne, de la
Lombardique, & de toute curſive : au 7ᵉ il y
devient plus fréquent : au 8ᵉ, quelquefois il l'em-
porte ſur l'*a* ouvert ou fermé, c'eſt-à-dire ſur les
figures 19, 20 & 21 ; mais communément il n'a
pas cet avantage : avant le 8ᵉ ſiecle même cet *a*
minuſcule, *fig.* 31, ne ſe montra peut-être jamais dans les diplomes, ni, avant la fin du 10ᵉ,
dans l'écriture allongée. Il continua juſqu'au milieu du 9ᵉ à n'être employé que dans la minuſcule : à la fin de ce ſiecle, il ſe produiſit plus librement ; & il eſt ordinaire, non ſeulement dans
les livres, mais auſſi dans les actes publics, quand
on y affecte la maniere d'écrire propre aux manuſcrits : ce fut auſſi pour lors qu'il entra dans

l'écriture Anglo-Saxone, ou plutôt qu'il y domina.

Au 10e fiecle, l'*a*, *fig.* 31, de plus en plus accrédité, bannit prefque entiérement des manufcrits, &, dans la fuite, des chartes mêmes, l'*a* réfultant de la jonction de deux *c* ouverts par le haut. L'*a* fermé lui-même penfa être culbuté ; cependant il fe foutint dans certaines pieces malgré fon rival.

L'*a* minufcule commença au plus tard dès le 11e fiecle à s'établir dans l'écriture allongée ; & depuis 1060, à peine quelque autre *a* ofoit-il s'y montrer, fi ce n'eft quelquefois l'A capital accommodé au goût du temps. On voit, à la vérité, dans l'écriture allongée du 11e fiecle des *a* ouverts, *fig.* 21 ; mais ils fe changerent bientôt en *A* véritablement capitaux, quoique fans traverfe, *fig.* 10, & quelquefois en *d* avec une tête fort élevée & des panfes fort petites, *fig.* 32. Au 13e fiecle, ces trois fortes d'*a*, le capital, le minufcule & le curfif, fe rencontrent quelquefois dans une feule ligne d'écriture allongée, dont le cours ceffa dans ce fiecle même. Cette écriture avoit fouvent été employée par les Romains, furtout dans les foufcriptions ; mais elle le fut beaucoup plus depuis le 7e fiecle jufqu'au 13e.

Dès le 12e fiecle, l'*a* minufcule fut par-tout d'un ufage commun ; & dans ce fiecle il abbaiffa quelquefois fon trait fupérieur, au point de toucher fa panfe, *fig.* 33. Cette extenfion étoit à la mode aux 14e & 15e fiecles, foit qu'on en arrondît la tête, foit qu'on la rendît quarrée, foit qu'on l'inclinât en lui donnant des angles plus ou moins ouverts.

Dans la minufcule les *a* prefque femblables à

deux *c*, *fig.* 20, marquent une antiquité vénérable On les voit ainſi figurés depuis environ le
milieu du 6ᵉ ſiecle juſqu'au 9ᵉ. Mais des *a*, *figures* 34 & 35, unis pour l'ordinaire par le haut,
au moyen d'un délié très fin, ſur-tout s'il eſt horizontal, dénotent le plus ſouvent un temps ſu-
périeur à la moitié du 6ᵉ ſiecle. Les *a* ouverts par
le haut ſont nés ſans doute de la fineſſe du délié. Dans les écritures Mérovingiennes, on s'eſt
ſervi de ce même *a*, en allongeant un peu la tête
ſur la droite, *fig.* 36 ; ce qui a donné lieu quelquefois de le confondre avec le *t* de ces ſiecles.
Eccard, Leges Salicæ, p. 14.

a curſif.

Dans la curſive, depuis au moins le 9ᵉ ſiecle,
on rencontre de ces ſortes d'*a* qui reſſemblent à
des *u*, *fig.* 37.

Les *a* curſifs, dans l'écriture allongée, commencerent à devenir tremblants au 8ᵉ ſiecle, en
ſorte qu'un *a* reſſembloit à deux grands *E* majuſcules de notre curſive, *fig.* 38 ; & quelquefois
ils étoient encore plus tortueux. L'ouverture ſupérieure & aſſez conſidérable de ces deux traits
ſe rétrecit, ſans ſe fermer abſolument, dans le
cours du 10ᵉ ſiecle. Lorſqu'elle ſe ferma dans l'é-
criture allongée, à la fin de ce ſiecle, ce fut par
un trait dont la convexité rentroit en dedans.
Deux cents ans plutôt, en France, la pointe
droite de l'*a* ouvert ſe portoit en dehors. Vers le
milieu du 9ᵉ, les deux bouts ſe terminerent ſans
nulle inflexion : mais ſur le déclin de ce même
ſiecle, le côté gauche fit deſcendre vers le droit
une pointe oblique, dont l'ouverture ſe trouva
fermée. Les pointes rabattues, en général, ne

furent pas de longue durée. Les *a* ouverts femblables à deux *c*, *fig.* 20, tendirent toujours à fe
réunir : leur union ne devint pourtant pas fréquente en Allemagne avant la fin du 10ᵉ fiecle ;
mais leur ouverture ne fe ferma généralement
que fur le retour du 11ᵉ fiecle.

Quoiqu'on voie en Allemagne plufieurs chartes des premieres années du 1Cᵉ fiecle, où l'on ne
trouve employé que l'*a* minufcule ; cependant
l'*a*, tant fermé qu'ouvert, *fig.* 35 & 21, fe foutint toujours : on peut dire néanmoins que notre
a minufcule fut toujours beaucoup plus commun
jufqu'au commencement du 12ᵉ fiecle, où peu
s'en falloit que l'autre ne fût entiérement exclus.
On rencontre cependant encore, quoique rarement, des *a* ouverts en deffus, dans le 15ᵉ fiecle, & même plus tard. L'Efpagne, qui avoit
admis, dès le 10ᵉ fiecle, notre *a* minufcule dans
fes diplomes, lui fut encore plus favorable dès
le commencement du 12ᵉ ; & ce ne fut que vers
le 15ᵉ qu'elle parut exclure, quoiqu'avec peine,
les *a* de la *fig.* 21.

L'*a* en forme d'oméga, *fig.* 24 & 25, ne fut ni
général ni de longue durée en Allemagne, où il
n'eut cours que fur le déclin du 11ᵉ fiecle, quoiqu'il s'en trouve déja dès le précédent. Mais le
même oméga Lombardique, *fig.* 23, fe maintint
affez conftamment dans les Bulles des Papes, au
moins depuis le 8ᵉ jufqu'au 12ᵉ fiecle.

Ce feroit s'étendre au delà des bornes du plan
que l'on s'eft propofé, que de vouloir fuivre l'A
capital, l'*a* minufcule, & l'*a* curfif dans toutes
leurs métamorphofes. Les deux côtés du premier
fe font courbés de toutes les façons, même fous
l'Empire Romain. Dans les traits effentiels ou ac-

cidentels, il a reçu toutes fortes de formes. Les ornements lui ont été prodigués dans les fiecles fuivants. Enfin , pour comprendre les variétés innombrables auxquelles il a été fujet, ainfi que les deux autres, il fuffit de réfléchir fur celles dont ils font fufceptibles, & que le caprice des particuliers , ainfi que le génie des nations , ont portées à l'excès.

La planche de l'A, divifée en deux parties, qui fe trouve ci-après, donne une idée affez jufte des formes fingulieres & multipliées de cette lettre ; car malgré l'hiftoire raifonnée de cet élé- ment, nous n'avons encore parlé qu'à l'efprit : mais dans un ouvrage du genre de celui-ci, ce n'eft pas affez ; on peut, & dès-lors on doit par- ler aux yeux. Cette planche, qui réunit fur la forme de l'A tout ce que la littérature a de plus curieux, de plus varié & de plus inftructif, ne peut que jeter un grand jour fur les connoiffances déja acquifes à cet égard.

Compofition de la planche premiere A.

Elle eft compofée, comme toutes les autres planches élémentaires fuivantes, de trois grands quadres, dont le premier renferme une notice fimple d'écriture Phénicienne , parcequ'elle eft comme la fource d'où dérive l'écriture de tous les peuples, & qu'on en peut déduire aifément, au moyen de quelques inflexions ou inclinaifons , la filiation des modeles qui la fuivent.

Le fecond quadre majeur contient les formes de l'écriture Grecque fous trois ou quatre divi- fions.

Le troifieme quadre comprend les diverfes

figures de l'A des Latins, partagées en trois claſſes, de capitales, minuſcules, & curſives.

*Explication de la premiere planche, & particulié-
rement des caracteres Grecs.*

La diſtribution des figures de l'A Grec en trois
ou quatre claſſes, que contient le ſecond quadre,
étoit néceſſaire pour fixer, le plus qu'il étoit poſſible, l'époque de ces figures. La premiere diviſion
contient des formes qui touchent aux temps fabu-
leux de la Grece, & ſe terminent au ſiecle d'Alexandre le Grand. Elles ſont tirées des plus anciennes inſcriptions dont on ait connoiſſance.
La ſeconde diviſion commence au regne d'Alexandre, & finit à celui de Conſtantin ; c'eſt-à-dire
que les caracteres qu'on y voit, ont été recueillis
d'après les inſcriptions & les médailles des quatre
derniers ſiecles qui ont précédé la naiſſance de
J. C. & des trois premiers qui l'ont ſuivie.
La troiſieme diviſion renferme les tournures de
l'A Grec, depuis le 3ᵉ ſiecle juſqu'à la ruine de
l'empire de Conſtantinople. Tous les monuments
de ces temps, inſcriptions, médailles, manuſcrits, diplomes, ont été mis à contribution.
On y a trouvé, ainſi que dans la précédente diviſion, un ordre ſyſtématique ; c'eſt-à-dire que les
caracteres ſont rangés, ou ſuivant l'ordre de leur
antiquité, ou ſuivant les rapports de conformité
qu'ils ont enſemble. Les deux premieres diviſions ne renferment que des lettres capitales ;
mais celle-ci comprend de plus les caracteres d'é-
criture conſtante de ſept à huit ſiecles.
Comme grand nombre de Savants étoient
perſuadés que le 8ᵉ ou 9ᵉ ſiecle avoit donné naiſ-

fance au genre d'écriture curfive, la quatrieme
divifion nous offre quelques figures d'*a* courant,
empruntées d'une charte du 6ᵉ fiecle ; ce qui
prouve qu'elle remonte beaucoup au delà de cette
époque.

Ces éclairciffements, relatifs à toutes les au‑
tres planches alphabétiques, font fuffifamment
connoître le méchanifme que nous avons fuivi
dans l'arrangement des caracteres Grecs.

La connoiffance des diverfes figures de chaque
élément, repréfentées tant dans cette planche,
que dans celles des autres lettres de l'alphabet,
depuis l'*A* jufqu'au *Z*, donnera inconteſta‑
blement le moyen de déchiffrer toutes fortes de
manufcrits Grecs, quels qu'ils foient. Pour en
rendre la voie encore plus facile, & jeter en
même temps quelques lumieres fur l'âge des pie‑
ces où ces caracteres fe rencontrent, on va réu‑
nir quelques obfervations, qui, étant en petit
nombre, ne valent pas la peine d'être renvoyées à
leur ordre naturel.

On obfervera donc que les angles & l'inclinai‑
fon d'un côté ou d'un autre, caractérifent très par‑
ticuliérement l'écriture du premier âge ; que les
lettres perlées & ponctuées, *fig. 39 & 40 du tableau
de l'*A, & les lettres nouées, annoncent les regnes
des fucceffeurs d'Alexandre, &c. quoique ce‑
pendant on en rencontre encore, *Antiq. explic.
t. 3, part. 2, p.* 228, fous les Empereurs Ro‑
mains ; que la netteté, la proportion & la régu‑
larité des traits dénotent les temps des premiers
Céfars ; que du 9ᵉ au 11ᵉ fiecle, les Grecs, fur
leurs monnoies & dans des expreffions pure‑
ment Grecques, firent un ufage plus ordinaire
des lettres Latines *b, F, L, m, n, R, S* ; que

les mots qui ne font point féparés les uns des autres, font une preuve d'une haute antiquité ; que
l'écriture onciale, & fur-tout quarrée ou ronde,
& non penchée ou allongée, affure à des manufcrits le même avantage ; que (pour defcendre
dans le particulier) les *A* femblables à ceux des
Latins, communs dans les infcriptions, font très
rares dans les manufcrits copiés par des Grecs,
Palæogr. Gr. l. 3, c. 1 ; & l. 4, c. 1; mais qu'ils
prennent toujours la forme 15 ou 41 *du tableau
de l'*A, cette derniere compofée de deux traits
dans les manufcrits antérieurs au commencement
du 10ᵉ fiecle, & d'un feul trait dans les manufcrits poftérieurs au même temps.

Comme nos obfervations regardent auffi les autres lettres de l'alphabet, il eft bon de remarquer
également que l'*e* arrondi, à deux traits, *fig.* 42 *du
1ᵉʳ tableau,* le fut au moins dès le temps d'Alexandre
le Grand ; que cet *e* rond, le figma quarré, *fig.* 43
du premier tableau, & l'oméga, *fig.* 24, *ibid.* devinrent ordinaires fur les médailles & les marbres aux 4ᵉ & 5ᵉ fiecles pour l'Orient, & dès les
premiers temps des Empereurs Romains pour
l'Occident ; que cette derniere lettre arrondie ne
fe trouve ordinairement dans les manufcrits que
depuis le 9ᵉ fiecle, *Palæogr. Græc. p.* 171, quoiqu'elle eût commencé à s'arrondir plus de quatre cents ans avant cette époque dans certaines
provinces ; que le figma & l'oméga, *fig.* 44 *&* 45
du premier tableau, ainfi formés & réunis dans la
même piece, manifeftent les premiers temps de
l'ere chrétienne, quoique ces deux caracteres fe
trouvent encore quelquefois enfemble jufqu'au
5ᵉ fiecle : enfin, que le figma fans bafe, dont la
pointe ou la tête eft redreffée, *fig.* 46 *du premier*

tableau, dénote une antiquité très reculée.

On ajoutera à ces observations une remarque de Dom Bernard de Mont-Faucon, *Differt. fur le papyrus*, au fujet de la curfive Grecque. Il prétend que les premiers livres que nous trouvons écrits en lettres courantes & liées, font de la fin de Bafile le Macédonien, parceque le caractere courant n'étoit pas encore en ufage pour les livres, quoiqu'il le fût déja pour les Tachygraphes & pour les Notaires & Secrétaires. Au refte, l'on connoît de la curfive Grecque antérieure au moins de quatre ou cinq fiecles au huitieme.

Explication des caracteres Latins contenus dans la premiere planche, & particuliérement de l'A capital.

On a déja dit que le troifieme quadre de la planche dont il eft queftion, contenoit les formes les plus capricieufes de l'*A* des Latins, tant capital que minufcule & curfif : il n'eft pas hors de propos de faire connoître l'ordre qui y eft obfervé.

La premiere claffe, qui contient les lettres capitales, eft divifée en deux parties, par une ligne de féparation ; l'une trace les capitales des bronzes, marbres & infcriptions ; l'autre, les capitales des manufcrits. Les deux parties offrent un choix des caracteres les plus originaux & les plus défigurés de l'*A*, entre un plus grand nombre d'autres qui, bien qu'ils aient quelques nuances différentes, ne peuvent former aucune difficulté, foit à caufe de leur conformité avec notre maniere d'écrire ou d'imprimer, foit à caufe de leur affinité avec ceux que l'on voit ici. Ces der-

niers, ainſi que ceux des autres planches alphabétiques, ont été tous réduits à une grandeur à
peu près uniforme; ce qui ſemble leur avoir ôté
quelques traits caractériſtiques, qui paroiſſoient
plus marqués dans leur grandeur naturelle. C'eſt
un inconvénient inévitable dans un ouvrage de
ce genre, dont le point eſſentiel eſt de dire beaucoup en peu de mots, & de préſenter le plus
d'objets de comparaiſon qu'il eſt poſſible, ſans
multiplier les gravures & les frais.

Les capitales, tant lapidaires & métalliques,
que celles des manuſcrits, ſont encore diviſées &
ſubdiviſées; les diviſions ſont marquées par le
chiffre Romain, & les ſubdiviſions par le chiffre
Arabe : l'unité des uns & des autres eſt toujours
ſupprimée comme inutile & ſuperflue.

Toute premiere diviſion commence réguliére-
rement par les plus anciennes figures. Les plus
récentes, quoique pour l'ordinaire placées au dernier rang, n'y ſont cependant pas toujours renvoyées, parcequ'on a eu beaucoup d'égard à l'analogie des figures entre elles. En donnant l'explication de cette partie de la premiere planche, on
ne prétend pas décrire exactement tous les traits
ou toutes les inflexions différentielles & diſtinc-
tives des caracteres. L'inſpection de la gravure,
jointe à l'attention & à la ſagacité des perſonnes
en faveur de qui l'on fait ces remarques, ſuppléera
ſans peine à de pareilles omiſſions : il a paru ſuffi-
ſant en conſéquence de ſpécifier, par les ex-
preſſions les plus abbrégées, les diviſions qui ſont
marquées ou numérotées.

Lorſqu'on paſſe ſous ſilence l'époque, ou plutôt la durée des diviſions ou ſubdiviſions, c'eſt
communément parcequ'elle ne ſauroit être li-
mitée.

Par la *haute antiquité*, en général il faut entendre celle qui précede l'établiſſement de la domination Françoiſe; par *moyen âge* les ſiecles ſuivants juſqu'au 11ᵉ; par *bas temps*, la durée ſubſéquente, mais antérieure à la renaiſſance des lettres.

L'explication de cette partie de la premiere planche, qui renferme les *A* lapidaires & métalliques, doit être lue avec d'autant plus d'attention, que des détails de celle-ci dépend la connoiſſance de la marche des autres, ſur leſquelles il ſeroit inutile de s'appeſantir, parcequ'il ne ſera pas difficile alors de ſaiſir le caractere propre à chaque partie. On ſe propoſe cependant de répéter en raccourci cette opération intéreſſante ſur chaque élément alphabétique, en ce qui regarde ſeulement les B, les C, les D, &c. tirés des marbres & des bronzes; parceque cette partie des planches n'eſt déterminée par aucun indice nationnal, ni par des notes chronologiques : elle demande donc une ſorte de diſcuſſion, qu'on aura ſoin de reſtreindre par-tout le plus qu'il ſera poſſible.

La premiere diviſion de l'*A* eſt preſque toute compoſée des caracteres de la plus haute antiquité. Plus ils retiennent de la figure de l'*F* inclinée & tournée vers la gauche, plus cette antiquité eſt indubitable, Les plus récents de la premiere ſubdiviſion ſont au moins du 6ᵉ ſiecle. Les traverſes de ces *A* partent du côté droit, ſans toucher le gauche. Dans la ſubiviſion ſuivante, au contraire, elles naiſſent du côté gauche, ſans toucher le droit. Les figures les plus récentes de celle-ci ne deſcendent pas au deſſous du 9ᵉ ſiecle, & ſont preſque toutes antérieures au 4ᵉ. La

troiſieme

.troisième subdivision est distincte par une traverse qui ne touche à aucun côté, quelque forme qu'elle prenne.

Seconde division de l'*A*. Dans la première subdivision, la traverse est inclinée de gauche à droite, & dans la seconde de droite à gauche. Les plus anciennes lettres de celle-là sont antérieures à l'ere chrétienne, & les plus modernes appartiennent aux 8e & 9e siecles. Les figures de celle-ci remontent bien au delà de J. C. & ne descendent pas plus de deux ou trois siecles après, si ce n'est dans les six ou sept derniers caracteres. La troisieme subdivision qui commence à se transformer en minuscule, approche, dans ses plus anciennes figures, des premiers siecles du Christianisme, & dans ses plus récentes, de celui de Charlemagne.

Troisieme division. Elle ne renferme que des minuscules qui appartiennent au gothique moderne des derniers temps.

Quatrieme division. Elle est caractérisée par la traverse horizontale, unissant les deux côtés. La premiere subdivision dont les figures sont à côtés droits, ne descend pas au dessous de J. C. La seconde, à lignes mixtes, n'en montre presque pas de récentes. La troisieme, en voussure, ne porte ses plus anciens caracteres qu'au 11e siecle tout au plus : les plus récents sont du pur gothique. La quatrieme, à têtes applaties, remonte au second siecle. La cinquieme, à têtes un peu triangulaires, quoique plates, est presque aussi ancienne. La sixieme, à traverse servant de base, peut être abandonnée au gothique, ainsi que la septieme & la huitieme. La neuvieme, dont l'angle supérieur est tranché par une ligne hori-

Tome I. B

zontale, appartient au 3ᵉ fiecle & au bas gothique.
La dixieme, la onzieme & la douzieme doivent
être rapportées au gothique également. La treizieme, qui en tient encore, a fes premiers caracteres anciens, & les autres récents. La quatorzieme, à traits excédents, qui en portent encore
l'empreinte, renferme des figures qui, pour la
plupart, paffent le fixieme fiecle.

Cinquieme divifion à traverfe brifée. La premiere fubdivifion exifte depuis environ deux mille
ans chez les Grecs & les Latins. La feconde, à
tête plate, convient au moyen âge. La troifieme,
furmontée d'une barre, s'étend depuis J. C. jufqu'au 10ᵉ fiecle. La quatrieme, à tête prolongée
par des traits excédents, eft prefque toute antérieure au 7ᵉ fiecle. La cinquieme, à traverfe arrondie, portée également au delà des deux côtés,
annonce au moins le 3ᵉ fiecle; mais elle ref-
fent le moderne, fi elle excede plus d'un côté
que d'un autre.

Sixieme divifion dépourvue de traverfe. La
premiere fubdivifion eft fort ancienne. De la feconde, qui ne l'eft pas moins, font dérivés les a
curfifs. La troifieme convient également aux 4ᵉ &
14ᵉ fiecles, felon que la figure eft plus ou moins
élégante. La quatrieme a la tête en vouffure; la
cinquieme, applatie; la fixieme, furmontée
d'une traverfe; la feptieme, en triangle; la huitieme, en pointes ou en cornes. La tête de la
neuvieme fe traveftit en X; & quoiqu'elle foit
de la plus haute antiquité, elle peut néanmoins
defcendre au 6ᵉ fiecle. La dixieme prend la forme
de l'Y renverfé, & la plupart de fes figures remontent jufqu'au temps de la République, ou
du moins de l'Empire Romain.

Ces détails fur les différentes nuances qui caractérifent chaque forme de l'*A* métallique ou lapidaire, font affez connoître les obfervations que pourroit occafionner chaque trait caractériftique des autres lettres ; mais elles meneroient trop loin, & cauferoient beaucoup d'ennui, outre qu'elles ne feroient pas d'une grande utilité. Cet effai fur la planche de l'A doit fuffire pour aider l'intelligence des Lecteurs fur toutes les autres planches, dont l'infpection réfléchie lui tiendra lieu de toute autre réflexion.

On fe contentera de remarquer fur la partie de la planche qui offre les A capitaux tirés des manufcrits, que plufieurs divifions contiennent des figures onciales, gothiques, minufcules & curfives.

A *capital des manufcrits.*

Comme le caractere diftinctif de l'onciale ne s'approprie que les neuf lettres A, D, E, G, H, M, Q, T, V, & que les autres font communes à la capitale & à l'onciale, il n'a pas été poffible d'en faire un alphabet à part. Mais pour prévenir toute confufion, fans entrer dans un détail trop circonftancié, nous diftinguerons fous chaque élément les parties de cette branche de capitales qui appartiennent aux écritures capitales, onciales, gothiques, minufcules & curfives. Ces claffes d'écriture ne fe trouvent mêlées enfemble qu'à caufe de l'analogie que les figures de chaque élément ont entre elles.

La capitale réclame donc les deux premieres divifions de l'*A.* L'onciale revendique les fixieme, feptieme & huitieme divifions. Les divifions communes à l'une & à l'autre, font la troifieme, la quatrieme & la cinquieme. Les caracteres gothiques modernes ne se font guere remarquer que dans les deux ou trois dernieres figures ; mais on voit quelques minuscules & cursives dans la quatrieme division.

Il est à propos d'observer ici qu'on a été forcé quelquefois, par la multiplicité des caracteres, à-diviser les planches en deux parties, comme on peut le remarquer à la planche de l'*A* & autres.

Minuscule, ou seconde classe d'écriture Latine.

La seconde classe de caracteres Latins contient en dix cases tous les *a* minuscules, avec quelques figures onciales & cursives de la même lettre, depuis les premiers siecles jusqu'au dix-septieme, & le tout tiré des seuls manuscrits. C'est l'*a* minuscule *Romain, Lombardique, Visigothique, Saxon, Gallican, Mérovingien, Allemand, Carlovingien, Capétien* & *Gothique,* mis en comparaison. Le premier & le second chiffre appartiennent à l'Italie, le troisieme à l'Espagne, le quatrieme à la Grande-Bretagne, le cinquieme & le sixieme à la France, le septieme à l'Allemagne, les huitieme, neuvieme & dixieme à tous les pays de l'Europe du rit Latin. Les sept premiers précedent le regne de l'Empereur Charlemagne ; les trois autres le suivent. Les caracteres de tous ces peuples étant réunis sous un point de vue très circonscrit, il sera facile d'appercevoir tous les rapports de similitude, & tous les traits de dissemblance qu'ont entre elles les figures de ce premier élément. Lorsque les lettres sont très singuliérement contournées, & que les autres cases n'offrent rien de semblable, il en faut con-

clure que tel élément caractérife particuliérement
le goût ou le génie nationnal. La raifon pour laquelle on découvre dans les figures dont il eſt
queſtion pluſieurs *a* curſifs, c'eſt que tout ce qui
appartenoit à la minuſcule eſt tellement propre à
la curſive, que l'une ne ſe diſtingue ſouvent de
l'autre que par ſa maniere d'enchaîner ou de joindre les lettres enſemble. Les lettres majuſcules
& onciales ſont toujours les premieres, & ſépa-
rées des autres par le nᵛ. II. Lorſque ce chiffre de
ſéparation ne ſe montre point, c'eſt qu'il n'y auroit rien à offrir de bien remarquable dans le
premier genre.

Curſive, ou troiſieme claſſe d'écriture Latine.

La troiſieme claſſe des caracteres Latins nous
offre le parallele des écritures nationnales des
diplomes & des chartes d'*Italie*, de *France*,
d'*Allemagne*, de la *Grande-Bretagne* & d'*Eſpagne*. L'avantage du parallele de ces cinq écritures
curſives nationnales, c'eſt qu'il eſt diſtribué par
ſiecles; les diplomes & les chartes ayant fourni
des dates ou des indices hiſtoriques, que les
bronzes, les marbres & les manuſcrits ont refuſés
pour la plupart, & qu'on n'auroit pas oſé fixer en
conſéquence, tant on eſt ſcrupuleux ſectateur du
vrai. Les modeles de ces curſives, ainſi diſtri-
bués par ſiecles, peuvent être pour l'uſage d'une
bien plus grande utilité que les précédents.

Mais ce que l'on a pu exécuter pour la curſive,
on l'auroit tenté vainement pour la capitale & la
minuſcule. (*Voyez le mot* ALPHABET, où vous
trouverez auſſi la maniere de les préſenter, & les
motifs du choix qu'on a fait.)

B iij

Les fiecles font défignés par des chiffres Romains. Si dans quelques cafes un fiecle ne fournit rien de bien particulier, le chiffre indicatif eft totalement fupprimé ; mais cette omiffion eft rare.

Les variations de l'*a* curfif chez les cinq peuples indiqués, étant rapprochées dans un même quadre, il fera facile de faire la comparaifon des différentes tournures, & d'y voir leur rapport ou leur diffemblance. Il ne faut pas cependant conclure que des lettres, de l'alphabet Allemand, par exemple, qui ne fe rencontrèroient point dans ceux de France ou d'Italie, n'y ont pas été reçues durant tel fiecle. La feule conféquence légitime qu'on en puiffe tirer, c'eft qu'alors leur exiftence en Allemagne eft mieux conftatée. Mais fi des caracteres finguliers, & entiérement différents de la forme la plus commune, ne fe montrent chez aucun des peuples dont les alphabets font mis en parallele, ni dans tel fiecle, ni dans ceux qui l'avoifinent ; ils doivent être regardés alors, ou comme n'y ayant point été d'un ufage commun, ou peut-être comme abolis. Cette obfervation doit avoir lieu pour la minufcule dont nous venons de parler, comme pour la curfive que nous examinons.

On ne feroit pas fondé à nous faire le reproche de n'avoir pas diftingué fpécialement les caracteres Romains des Lombardiques dans la premiere cafe, les Mérovingiens des Carolins & des Capétiens dans la feconde, & ainfi des fuivantes ; puifque les fiecles marqués par des chiffres Romains indiquent les temps de ces écritures particulieres, & préviennent par conféquent le défordre & la confufion. Or voici l'efpace

A

Pl. I. Part. I.

I. *Phenicien* ✝ **II.** *Grec*

III. LATIN

Capital des Inscriptions }

Capital des Manuscrits }

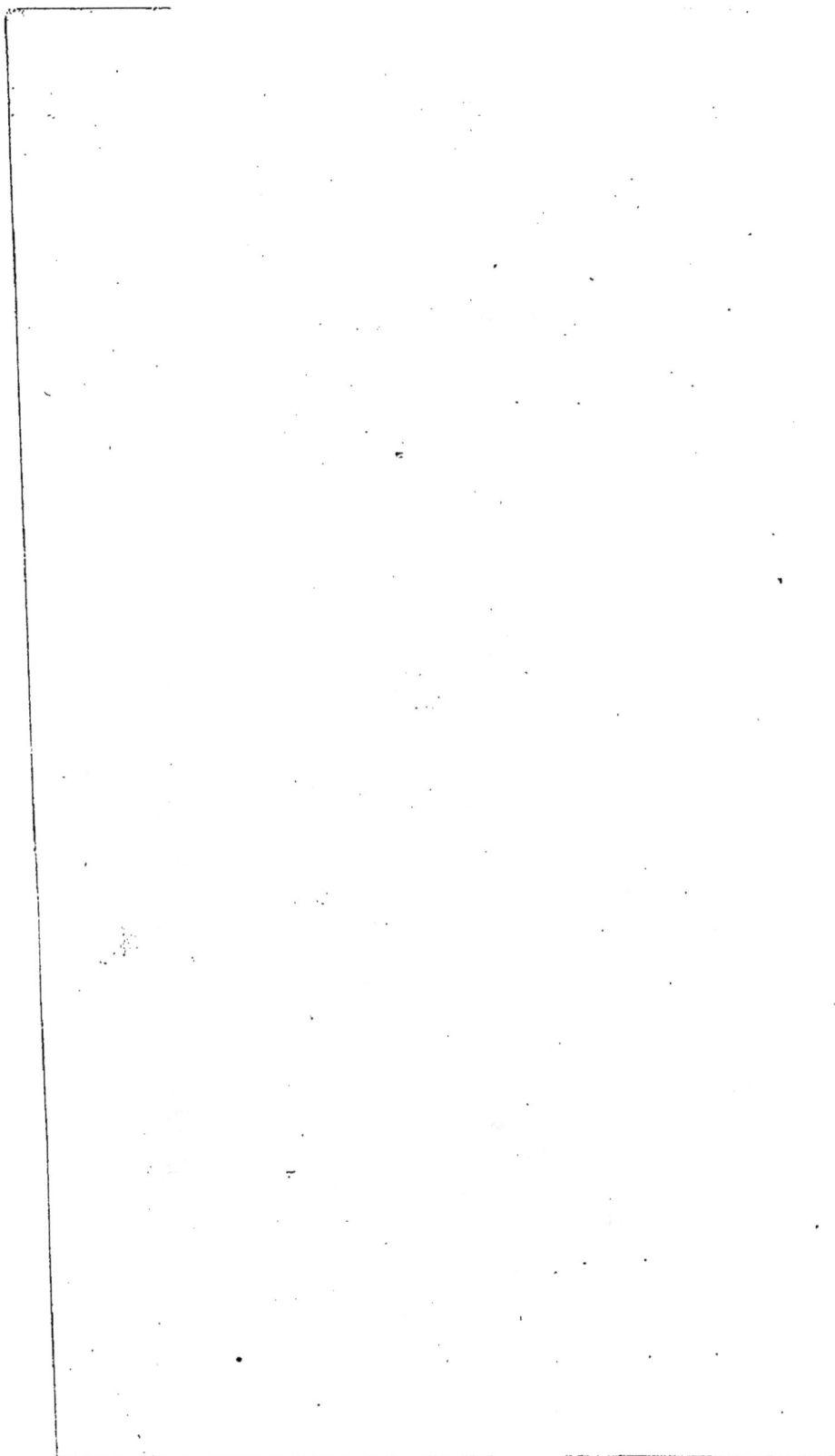

MINUSCULE

Romain

2. Lombardique

3. Visigothique

4. Saxon

5. Gallican

6. Merovingien

7. Allemand

8. Carlovingien

9. Capetien

10. Gothique

CURSIF

D'Italie

2. De France

3. D'Allemagne

4. De la Gr.de Bretagne

5. D'Espagne

Boutrois Sculp.

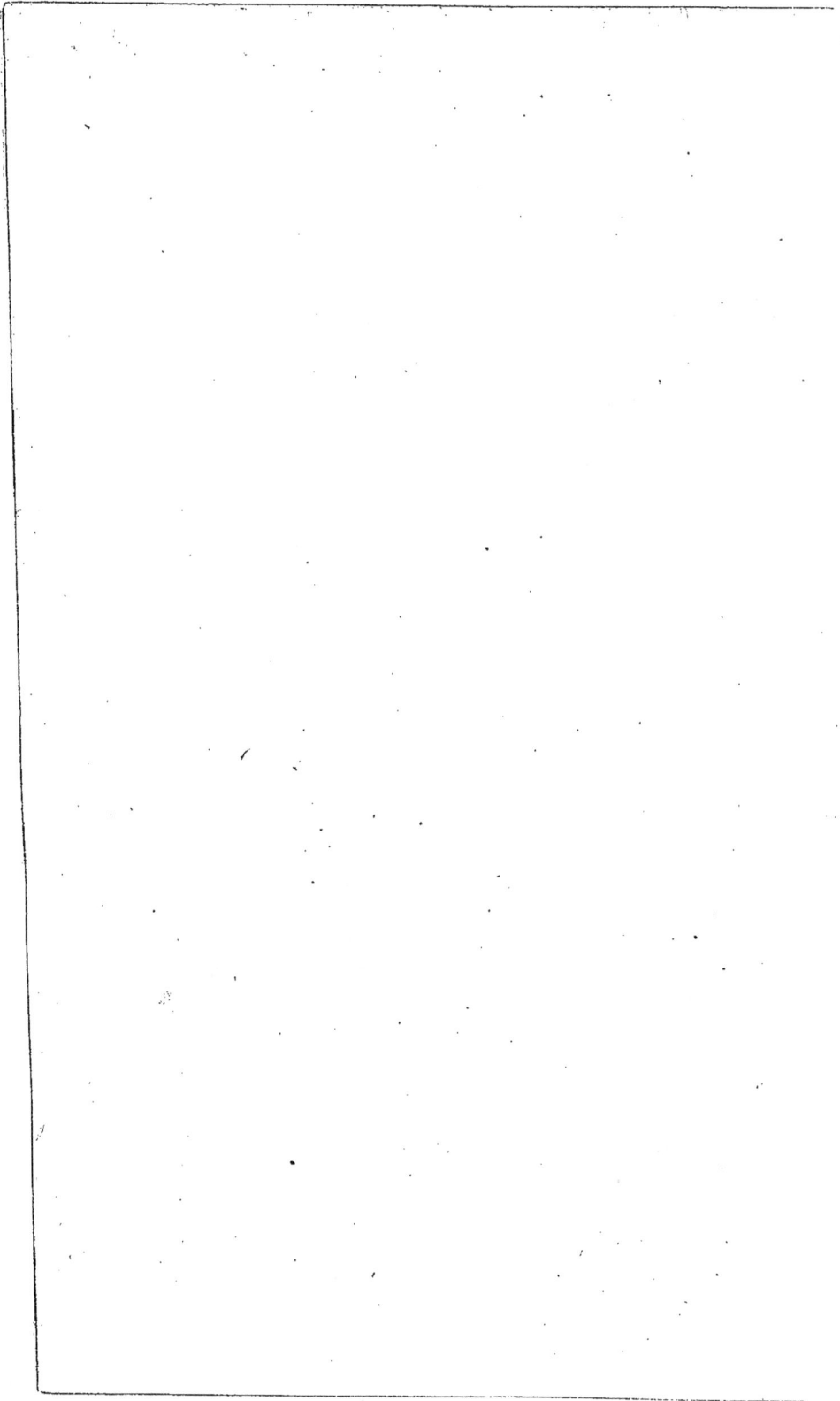

de temps que l'on donne à ces écritures.

Premiere cafe. La Romaine eft bornée aux 5ᵉ & 6ᵉ fiecles; la Lombardique aux 7ᵉ, 8ᵉ, 9ᵉ, 10ᵉ, 11ᵉ, & à la moitié du 12ᵉ fiecle; la Françoife aux 11ᵉ & 12ᵉ; la Gothique aux 13ᵉ, 14ᵉ & 15ᵉ; enfin la renouvellée au 15ᵉ fiecle & fuivants.

Seconde cafe. Les 6ᵉ, 7ᵉ & 8ᵉ fiecles donnent la Mérovingienne; les 8ᵉ, 9ᵉ & 10ᵉ la Caroline; les 11ᵉ & 12ᵉ la Capétienne; les 13ᵉ, 14ᵉ & 15ᵉ la Gothique.

La troifieme cafe débute par la Caroline, bientôt réformée fur le goût Allemand, & continuée depuis le 8ᵉ jufqu'au 13ᵉ, où commence le caractere Gothique; à peine ce dernier fe termine-t-il à notre temps.

La quatrieme cafe préfente le Saxon jufqu'au milieu du 11ᵉ fiecle; le François quelquefois antérieur jufqu'au 13ᵉ; & dès là le Gothique, qui ne ceffe que fort tard.

La cinquieme cafe offre le Vifigothique, que le défaut de monuments diplomatiques n'a pas permis de faire monter au deffus du 10ᵉ fiecle : les écritures lapidaires, métalliques, & des manufcrits l'élevent cependant au 6ᵉ ou 7ᵉ; il ceffe au 12ᵉ pour faire place au François, qui le cede dans le 13ᵉ fiecle au Gothique.

Cette partie de notre planche, confacrée aux curfives des diplomes, renferme auffi quelques majufcules & minufcules propres à ces mêmes actes. C'eft un inconvénient auquel on n'a pas cru devoir remédier, à caufe de l'utilité qui en peut réfulter.

Ces obfervations & ces détails fur le méchanifme & le contenu de la premiere planche font d'une néceffité abfolue pour l'intelligence des

B iv

autres planches alphabétiques. On y diftingueroit
fans doute bien aifément les lettres Grecques des
lettres Latines, les capitales de celles-ci d'avec
les minufcules & les curfives; mais cette connoiffance ftérile ne donneroit aucune lumiere fur
l'âge & la nature des lettres, fi l'on n'étoit d'a-
vance bien pénétré des remarques & des explications faites fur cette premiere planche; & auxquelles on renverra fans ceffe dans les differtations fur chaque élément.

ABBÉ. Ces chefs de pénitents étoient hommes
comme les autres; auffi paroît-il que l'humilité
n'a pas toujours été leur vertu principale. Les
marques de prééminence entre eux ont fouvent
mis en jeu tous les refforts de leur ambition, à
en juger par les grands débats qu'excita entre les
Abbés de Cluni & du Mont-Caffin le titre d'*Abbé
des Abbés*, que l'un & l'autre vouloient s'attribuer exclufivement. Il fut enfin adjugé à ce dernier au détriment de l'autre, dans un Concile
de Rome, tenu en 1126. Il ne paroît cependant
pas que cette fentence ait déconcerté l'Abbé de
Cluni, qui s'en dédommagea par le titre d'*Archi-
Abbé*, comme on le voit par les plaintes qu'en
formoit peu après un Abbé de S. Cyprien de Poitiers.

La Hiérarchie Eccléfiaftique a toujours donné
le pas aux Evêques fur les Abbés; cependant
l'hiftoire nous fournit plus d'un exemple de la
fupériorité de ces derniers fur les autres. En 580,
S. Colomban ayant fondé le Monaftere de Hy,
en Ecoffe, foumit, comme Abbé, à fa jurifdiction tout le pays, & l'Evêque même. C'eft, je
penfe, le premier exemple de ce genre. *Mabill.*

Sæcul. 3. Bened. part. 2, *p.* 336. Il fut imité en
Italie, & l'Abbé du Mont-Cassin jouit d'une
pareille autorité sur des Evêques qui avoient
jurisdiction. *Gattola, Accession. ad Hist. Cassin.*
p. 91. Je ne connois que ces deux Abbayes qui
aient eu ce droit singulier. Les autres exemples
que l'on pourroit produire pour prouver que certains Evêques ont été soumis à des Abbés, ne
sont point dans le même genre, & ne regardent
point les Evêques qui avoient une jurisdiction
déterminée sur des séculiers, mais seulement les
Evêques tirés du nombre des Religieux, qui n'a-
voient d'autres sujets que les Moines mêmes de la
maison dont ils dépendoient, & qui étoient élus
& sacrés à la demande de l'Abbé pour l'ordination des Religieux. On a vu de pareils exemples
à Marmoutier, à S. Denis, à Morbach, &c. &c.
Fleury, Hist. Ecclés. tome 9, *liv.* 44, *p.* 498.

Les Abbés furent d'abord élus, selon le droit
naturel, par ceux qui devoient leur obéir ; mais
bientôt la jalousie, l'ambition & la cupidité in-
tervertirent cet ordre, & les élections furent
l'effet, ou de la brigue des Evêques, *Mabill. Præf.*
in 3. *sæc. Bened. n.* 3 ; ou de la violence des Ecclésiastiques séculiers, qui les uns & les autres se
placerent souvent sur la chaire abbatiale. Le mal
crut de plus en plus pendant le cours du 7ᵉ siecle.
Dans le suivant, Charles Martel, ayant épuisé la
France par des guerres continuelles, distribua les
Abbayes, & même les Evêchés, à des Seigneurs
laïques. Bernard, son fils naturel, passe pour le
premier qui ait joint la qualité de Comte à celle
d'Abbé. De là vient que le nom d'Abbé séculier,
Abbas Comes, Abbas Miles, est très ordinaire
dans les anciens monuments. De là vient encore

que dans une même Abbaye il y avoit quelquefois deux Abbés. L'Abbé Religieux étoit appellé *verus Abbas*, & le Seigneur qui en portoit le titre s'appelloit *Abbas miles*. Au moyen d'un certain revenu qu'on abandonnoit à ce dernier, & dont il faisoit hommage, il devoit être le protecteur & le défenseur du Monastere. *De Lauriere, Gloss. du Droit François*, *p.* 197. Dans ces temps reculés, le titre d'Abbé devint aussi honorable que ceux de Prince, de Comte & de Duc : nos Rois mêmes & leurs enfants en furent décorés.

L'abus onéraire, *Mabill. ut suprà*, des Abbés séculiers dura jusqu'à la troisieme race. Hugues Capet remit les choses sur l'ancien pied, en restituant aux Eglises régulieres & séculieres le droit primitif de choisir leur Pasteur. On trouve cependant encore depuis des exemples de l'ancien abus.

Le titre d'Abbé ne fut pris par les Ecclésiastiques séculiers que sur le déclin du 8ᵉ siecle, où l'on commença à former des Colleges de Chanoines, à la tête desquels on mit des Abbés. Au 9ᵉ siecle, on vit dans quelques Cathédrales des dignitaires décorés de cette qualification, peut-être parcequ'ils étoient titulaires de quelques Abbayes dépendantes de leurs Eglises. *Annal. Bened. tom.* 1, *p.* 608.

Le titre d'Abbé, usurpé par des séculiers, donna lieu aux véritables Abbés de prendre, dans le 10ᵉ siecle, pour se distinguer, celui d'*Abbés Réguliers*, ibid. tome 3, *p.* 524.

Avant le 9ᵉ siecle beaucoup d'Abbés n'étoient que Diacres. Les Papes Eugene II & Léon IV trouverent apparemment qu'il n'étoit pas convenable, dans l'ordre hiérarchique, que celui qui n'étoit revêtu que d'un ordre inférieur dominât sur ceux qui étoient honorés du sacerdoce : en conséquence ils ordonnerent que par la suite ils seroient tous Prêtres.

La prodigalité des Abbés obligea à la séparation des menses, qui commença à s'effectuer dans le 9ᵉ siecle.

Les titres Latins *Præsul*, *Antistes*, *Prælatus*, *&c.* ne signifient pas toujours Evêques ou Pontifes ; dès le 9ᵉ siecle on en décora les Abbés proprement dits. Les Abbesses même sont qualifiées *Prælata* dans le second Concile d'Aix-la-Chapelle. *De Re Diplom.* p. 65, 70.

Dant les bas siecles, le nom d'*Abbé* fut donné à des Evêques, à des Supérieurs, au premier Magistrat de certaines villes, & même à des chefs de confrérie. Ce n'est que depuis le fameux Concordat, que les simples Clercs, tant nobles que bourgeois, se glorifient du titre d'*Abbé*.

ABBESSE. Une Bulle d'Alexandre IV, du 10 Juin 1260, offre, pour la premiere fois, la qualification d'*Abbesse séculiere*, donnée à Gertrude, Abbesse de Quedlimbourg. *Bibl. Germ.* t. 6, p. 156.

Il n'étoit guere conforme à l'esprit de l'Eglise d'admettre les Abbesses dans les Conciles ; cependant on en trouve des exemples : & le seul Concile de Baconcelde, en Angleterre, en 694, fait mention de cinq Abbesses qui y souscrivirent. Quelque chose de plus singulier, c'est qu'au rapport du vénérable Bede, *lib.* 3, *c.* 25, *lib.* 4, *c.* 23, une Abbesse nommée Hilda présida dans une assemblée ecclésiastique.

ABBRÉVIATEUR. C'est le nom que l'on donne à certains Officiers de la Chancellerie Romaine. On diſtingue les Abbréviateurs du grand Parquet, des Abbréviateurs du petit Parquet.

Les Abbréviateurs du grand Parquet ſont des eſpeces de Notaires qui dreſſent la minute des Bulles ſur les requêtes ſignées du Pape, les collationnent lorſqu'elles ſont tranſcrites ſur parchemin, & les envoient aux Abbréviateurs du petit Parquet, qui les taxent.

» On ne trouve rien de plus ancien, touchant » les fonctions des Abbréviateurs, que ce qui » s'en lit dans une Bulle de Jean XXII. Ils fu- » rent inſtitués en titre d'office par le même » Pape. A l'égard de la forme de leur College, » tel qu'il eſt à préſent, ce fut Pie II qui l'inſ- » titua en 1464. Paul II, ſon ſucceſſeur, l'abo- » lit dix ans après, comme inutile & ſcandaleux; » & ,quatre autres années après, Sixte IV le ré- » tablit comme néceſſaire. *Dupin, Auteurs Ec-* » *cléſiaſt.* 17ᵉ *ſiecle, tome 6, p. 397.* »
Voyez CHANCELLERIE ROMAINE.

ABBRÉVIATIONS. Dès les premiers temps, ceux qui ont exercé l'art d'écrire, ont inventé divers moyens pour abbréger leur travail & l'écriture. De là, ſoit à deſſein, ſoit même ſans y penſer, ils l'ont ſouvent rendue énigmatique, par les ſigles, les monogrammes, les conjonctions, les chiffres, les notes de Tiron (*voyez tous ces mots*), & les abbréviations variées à l'infini. Pour être moins arrêté dans la lecture des monuments antiques, il faut ſe mettre au fait de ces différentes manieres d'abbréger. On ſe borne ici à ce qui regarde les abbréviations proprement dites ; les autres modes ſe trouveront à leur place.

La maniere la plus commune d'abbréger l'écriture chez les Anciens, eſt celle où l'on conſerve une partie des lettres d'un mot, en même temps qu'on fubftitue certains fignes à celles qu'on fupprime. On trouve affez peu de ces abbréviations dans les anciens manufcrits ; en forte qu'on peut pofer en principe que, fi l'écriture capitale ou onciale eft belle, & qu'il n'y ait qu'un très petit nombre d'abbréviations, c'eft un figne de la plus haute antiquité ; & que plus les abbréviations deviennent fréquentes dans les manufcrits & les chartes, moins on doit inférer d'antiquité.

Les abbréviations les plus ordinaires des Anciens, font celles de $\overline{Dms}$, $\overline{Dns}$ pour *Dominus* ; elles font à peu près d'une égale antiquité : mais la premiere, toujours conftante dans un manufcrit, annonce affez volontiers les 3ᵉ & 4ᵉ fiecles ; mais elle ne s'applique guere au 6ᵉ, à moins qu'elle ne varie avec la feconde.

Quand *m* ou *n*, à la fin de la ligne, eft défignée, foit par une petite barre horizontale, *fig.* 47 *du premier tableau*, foit par une *s* couchée, *fig.* 48, *ibid.* feule ou accompagnée de deux points, l'un fupérieur, & l'autre inférieur, c'eft l'indice d'une antiquité très reculée ; furtout fi ces marques d'abbréviations font plus fouvent placées à la fin de la ligne, & fi, au lieu d'être relevées fur la derniere lettre, elles font entiérement, ou du moins en partie, portées au delà. Ce caractere défignera, fans difficulté, les fiecles antérieurs au 6ᵉ, & ne pourra qu'avec peine s'abbaiffer jufqu'au 7ᵉ.

Le verbe conjonctif *fum* fouffrit fouvent à la troifieme perfonne différentes abbréviations. Lorfque le mot *eft* fe trouve rendu dans un manufcrit par la *figure* 49 *du premier tableau*, c'eft la marque d'une antiquité de fix à fept cents ans.

La lettre *n* sert souvent d'abbréviation générale pour les noms d'hommes inconnus. Dom Mabillon prouve, *Act. SS. Bened. t.* 5, *p.* 291, que cet usage fut pratiqué dès le 9ᵉ siecle. Il y a grande apparence que c'est là l'époque de son origine ; puisque dans presque tout ce même siecle on se servit pour la même fin, comme on s'en servoit anciennement, de l'abbréviation du pronom *ille*, en ne mettant que les trois premieres lettres, *ill.* C'étoit moins une abbréviation qu'une maniere de rendre un nom incertain. Les abbréviations devinrent moins rares peu après le 6ᵉ siecle ; leur nombre augmenta considérablement au 8ᵉ : elles se multiplierent encore bien davantage au 9ᵉ ; le 10ᵉ enchérit à cet égard sur les précédents : au 11ᵉ il n'y a pas de ligne dans les manuscrits & les chartes où il n'y en ait plusieurs : on en compte jusqu'à huit & dix dans une même ligne. Dans des manuscrits du 12ᵉ au 13ᵉ, & dans les deux suivants, on porta cet usage à l'excès ; l'écriture en fut farcie, même dans les ouvrages en langue vulgaire, & dans les premiers exemplaires de l'imprimerie.

Toutes ces abbréviations des 13ᵉ, 14ᵉ & 15ᵉ siecles, & une multitude d'autres introduites pendant la barbarie des temps scholastiques, rendent la lecture des manuscrits très difficile. Pour en rendre la lecture moins difficile, ou aider à les déchiffrer, on a joint ici un précis des anciennes abbréviations Latines ; & un alphabet des abbréviations les plus récentes, employées dans les manuscrits & les titres, qui a été recueilli par M. de la Curne de Sainte Palaye.

ANCIENNES ABBREVIATIONS LATINES.

angtr *angelus.* APL *aprilis.* AG *augustus.* *autem* { b;
b; b; b; B; B; bg *bus* C *consule.* 9 *conventu.* CULP *culpa-*
bilis. CANS *canones.* 9 *communiter.* 9~9 *contra.*
9 cta *contracta* { D *Dei.* D° *Deus.* DAC *diaconi.* *die.*
DON *dominum.* *datum post consulatum* *esset.*
etiam. *enim.* *er.* E.c.e.e. *est.* *ejus.* P *episcopi.*
episcopus { FRMI *fratres karissimi.*
genus. GLO *glossa.* *hic lege* *hæc* *hoc* *igitur*
INCUNT *incipit* INTG *interrogat* *judex esto*
iudic *judicetur* { KE KT *Kalendas.* KMOR *Karissimorum.*
LTRS *lateranis.* LC *lectio* *mus* Mª *Maria.*
nab *nobis.* NOM. VOCM *nomine.* *nostræ* *non*
NTS *nostris.* NO *nostro.* NUM *numero* *omnia.*
octo idus *par.* PR *pater.* *per.* *presbyter.*
les plures. PPO *preposito.* *præ.* *post*
pro. *q propter quod.* *propter.*
q q *quam.* q~ q q; q q; q q; q; q q q
que. *quæ.* *quia.* *quid.* *qui.* *quod.* *quod.*
quo *tra.* *rum.* *rubrica.* *runt.* *rex.*
sanctorum. SCUS *sanctus.* *sæcula.*
sedit. *sanctæ.* *sed.* SECD *secundum.*
SUM *sumus.* S *sunt.* *subscripsi.*
semper. *st.* *sunt* *ter.* *theodosius*
tibi. *tur.* *tus.* *tem tenemus* *vel.*
vere dignum. *um.* *ur.* *us.*
christi. *christianorum.* XRTA *quadraginta.*
ypocrite. *yeme.* *ymnus.* *ysypati-*
cus *ystrio.* *zestarius.* *zinziber.* *zodiaci.*
&c.

Alphabet des abbréviations les plus récentes employées dans les manufcrits & les titres.

A.

ã, *autem* ; aĩ ou alˣ, *alias* ou *aliter* ; aĩa, *aĩaliũ, anima, animalium* ; aã, *anima* ; ab̃ne , *abfolutione* ; an̄ , *ante* ; ãna, *antea* ; aſsu, *affenſu* ; accaret, *accuſaretur* ; acq̃re, *acquirere* ; 'ad, *aliquid* ; Apĩorum, *Apoftolorum* ; Ar'epc̃, *Archiepiſcopus* ; Ar'd?, *Archidiaconús* ; aſsit, *afferit* ; an̄, *anno* ; an̄ũ, *annum* ; alĩa, *alleluia* ; am̃, *amodo* ; ap. re. *apoſtolico reſcripto,* ou *apertè rebelles,* ou *appellatione remotâ* ; atcitˣ., *atrociter* ; apliˀ. *amplius* ; appẽdz , *appendet* ; appᵒⁿ. *appellation* ; app̊ne, *appellatione* ; Arp̃br , *Archipresbyter* ; Auḡs, *Auguſtus.*

B.

Bald. & Balduinˀ. *Balduinus* ; Bap̄to, *Baptizo* ; b̃ᵈⁱ. *Bernardi* ; bñs, *biens* ; bōjois , *Bourgeois* ; byĩcen, *byturicenſis.*

C.

c̈, *cum*; c̈a, *caúfa*; coĩ, *communi*; c̈a, *cura*;
ᶜcabunẗ. *creabuntur*; capll. *campellis*; caplm̃,
capitulum; cofciam, *confcientiam*; carcèm, *car-*
cerem; c̄bris, *crebris*; c̈sma, cśmatis, *crifma*,
crifmatis; cċa, *circà*; ᶜccidi, *circumcidi*; ᶜccuſtpiṫ,
circumftrepit; célebᵃti, *celebraturi*; coqna, *co-*
quina; cëss, *cenfiers*; Chlet, *Châtelet*; chün,
chacun; cia, *curia*; c̈soṙ, *curforum*; c̄v̈so, *con-*
verfo; 9ᵗᵘ, *conventu*; 9ᵃ, *contra*; 9ᶜᵗa, *contraɛ̈a*;
ᵃ9dcoë, *contradictione*; ᵃ9dcores, *contradictores*;
9svetʳ, *confervetur*; ᵃ9he, *contrahere*; gpz, *com-*
paret, 9pm̃, *compofitionem*; 9veiet, *contrave-*
niet; 9tv̈sïa, *controverfiam*; 9tʳ, *communiter*; 9ï,
communi.

D.

Dᵒ, *dicimus*; Dͤs, *Deus*; Dd̈, *David*; dẗ, *de-*
bet; dixünt, *dixerunt*; dëtiatis, *determinatis*;
devͤs, *devers*; dilmi, *dilectiffimi*; Dimoïge jo de
la T'nitey, *Dimanche jour de la Trinité*; dina,
divina; dr̈, *dicitur*; dyoc̈, *diocefeos*.

E.

E.

ĕ, *est* ; Ecclar, Eccam, Ecc͛ᵉ, *Ecclefiarum*, *Ecclefiam*, *Ecclefie* ; ebda, *ebdomada* ; effŭ, *effectu* ; ee, *effe* ; eent, *effent* ; eda, *edera* ; ex. tras, *extra terras* ; exhre, *exhibere* ; elari⁹, *elemofinarius* ; elis, *elemofinis* ; exntib, *exiftentibus* ; emgete, *emergente* ; E͞ps, *Epifcopus* ; eqlr, *equaliter.*

F.

Fel. rec, *felicis recordationis* ; fi, *fieri* ; fiata, *feriata* ; fog, *fogatias*, *fouaffes* ; frm, *fratrum* ; futis, *futuris.*

G.

G͏ᵃ, *erga* ; g⁰, *ergo* ; ga fpali, *gratia fpeciali* ; gna, *genera* ; glia, *gloria* ; gvam, *gravamen* ; grofa, *gratiofa* ; gto, *grato.*

H.

h̃, *hoc* ; h̆, *hæc* ; hr, hnd, huer, *habent*, *habendum*, *habuerunt* ; huio, *hujufmodi* ; her, *heriliter* ; het, *habetur* ; hi, *hujufcemodi* ; hs, hoĩ ; hucu, *hucufque.*

Tome I.   C

I.

I. *id eſt* ; iqetare p̊ſup̊ſerit , *inquietare præſump-*
ſerit ; ĩ , *in* ; in p̄nti ſc̄lo , *in præſenti ſæculo* ; jã ,
jura ; ĩ dñiũ , *in dominium* ; jãre , *jurare* ; g̊ , *igi-*
tur ; ĩcrãt , *incurrat* ; impp. *imperpetuum* ; ĩt̄ , *inter;*
ĩstrã , *inſtrumenta* ; ĩtdc̄is , *interdictis* ; ĩñ , *inde* ;
ĩ ppa p̊ , *in propria perſona* ; ind̄ , *individuæ* ;
ĩtẽẽ , *intereſſe* ; inſp̊ , *inſpecturis* ; ĩpoˡᵉ , *impoſſi-*
bile ; ipm̄ , *ipſum* ; ĩtdũ , *interdum* ; imp̄rx , *impe-*
ratrix ; Jerl̄m , *Jeruſalem.*

K.

Kl̄. *Kalendas* ; xᵒ. Kl. Febr̄. *decimo Kalendas*
Februarii ; karac̊te̊ , *karactere.*

L.

Ĩnia. , *licentia* ; l̄. *libras* ; limã , *legitima* ; laudĩs ,
lauderis ; l̊ã de gc̄e q̊ᶦ coroit , *l'an de grace qui*
couroit ; lupã , *luparam* ; lib. *libere* ; l̄ras , *litteras;*
℔ , *libet* ; lxx. *ſeptuageſime.*

M.

m. *materia* ; m. *mihi* ; mris, *martyris* ; mtiplr, *multipliciter* ; m , *modo* ; miam , *mifericordiam* ; mon. *monafterii* ; mita , *merita.*

N.

n. *nam* ; noia, *nomina* ; o. *non* ; nc. *nunc* ; n. *nifi* ; nece , *neceffe* ; nego , *negotio* ; neqqm , *nequaquam* ; nllm, *nullum* ; nnq², *nonnunquam* ; noiatim , *nominatim* ; nc, nc, *nec , nunc* ; nra , *noftra* ; nuo , *numero.*

O.

Opp², *opportuna* ; ord^bus, *ordinationibus* ; occoe , *occafione* ; oblonib; , *oblationibus* ; oiode , *omni-mode* ; offa , *officia* ; offic. *officialis* ; oib; , *omni-bus* , oio, *omnino* ; oclis , *oculis.*

P.

Pp. *ou* Pp, *Papa* ; Pr, *Pater* ; phre, *perhi-bere* ; Pet^i, *Petri* ; p. (1) *pour* ; p. *par* ; p⁹, *prius* ;

---

(1) La ligne droite fur le p̄ fignifie *pri* , & la ligne courbe p̃ veut dire *pra* & *per.*

ptq ſuũ ppũ, *præterquam ſuum proprium*; pᵃˢ, *per-ſonas*; pᵒ. *primo*; pceſſu tp̃is pceſſit, *proceſſu temporis proceſſerit*; prĩa, *patriam*; por qⁱ p tp̃e fũit, *prior qui pro tempore fuerit*; pbr̃, *præsbyter*; Ppoſitᵍ. *Præpoſitus*; pecia, *pecunia*; pptʳ. *propter*; pᵗʳ. *præter*; pee, *præeſſe*; pr̃oni, *patroni*; pronatus, *patronatus*; pr̃ce, *perfectè*; Ph. *Philippus*; pin, *proinde*; pit. *pariter*; plit̃, *perſonaliter*; poⁱ, *primo*; pode, *pondere*; Pontᵍ, *Pontificatus.*

Q.

q;, *que*; qm̊, *quomodo*; qo̊. *queſtio*; qq̊m̊, *quo-quomodo*; qm̃, *quoniam*; qm̃, *quondam*; qmlz, *quomodolibet*; qlz, *quolibet*; q;, *quoque*; qcq;, *quicumque*; qete, *quiete*; qqd, *quicquid*; qtᵍ. *quatenus.*

R.

℞, *Rex*; ℞, *require*; ℞, *reſponſorium*; Rᵗᵃ, *relicta*; Recᵒ, *reſervatio*; Roe, *ratione*; Reg̃ nois, *regii nominis*; Reqre, *requirere*; retᵒ, *retro*; rl̃m, *regularium*; rñdit, *reſpondit*; rñs, *reſponſurus*; rᵗᵃ, *regiſtrata*; rᵗᵘˢ, *retroſcriptus.*

S.

Sͭ, *scilicet* ; sm̄, *secundum* ; s. *sigillum* ; s. *signum* ; sumope̅, *summopere* ; s! *sunt* ; silem̄, *similem* ; silͬ, *similiter* ; sᵃ, *supra* ; sr, *super* ; s;, *sed* ; slm, *salutem* ; s. *secundo* ; suppⁿᵉ, *supplicatione* ; spali, splͬ, *speciali, specialiter* ; sclariu̅, *sæcularium* ; sclo, *sæculo* ; scuatio, *sanctuario* ; sec̃, *secundum* ; sn, *fine* ; seplt̃as, *sepulturas* ; sjaz, *sergens* ; sig̃, *sigilli* ; sba̅, *substantia.*

T.

Tͨ, *tunc* ; tn, *tamen* ; testib;, *testio, testo, testibus, testimonio ; testamento* ; t̃pe, t̃pis, *tempore, temporis* ; tm, *tantum* ; tbate, *turbante* ; terno, *termino* ; t̃rar, *terrarum* ; tmm̅ᵒ, *tantummodo* ; tna, *trina* ; Tnit. *Trinitatis* ; tnsfet, *transfertur* ; toᵍ, *totus* ; ts, *terminus.*

V.

u. *ut* ; vl̅, *vel* ; l̅, *vel* ; vz̅, *videlicet* ; u;, *ubique* ; ursis pntes lras insp, *universis presentes litteras inspecturis* ; v. *vero* ; vtas, *veritas* ; vti, vtetͬ, *verti*, *verteretur* ; v̄iclo , *vinculo* ; ult͢ᵃ. *ultra* ; uni͢ᵗⁱ

vr̄æ , *universitati veſtræ* ; vm̄ , *verum* ; un̄ , *unde* ;

volte͢, *voluntate* ; us; , *uſque* ; ut͢q; , *utraque* ;

utus; , *utriuſque* ; XVˣˣ Par̄, *les Quinze-vingts de Paris*.

X.

X̄p̄, *Chriſtus* ; Xpiani, *Chriſtiani* ; Xpofor⁹, *Chriſtophorus*.

Si dans les manuſcrits la plupart des abbréviations anciennes ſont marquées d'une ligne horizontale ou un peu courbe ſur le mot abbrégé , celles des diplomes ſont indiquées par d'autres figures. Sous la premiere race de nos Rois , elles prenoient à peu près la forme d'un grand *E* curſif, *fig.* 50 *du premier tableau*, placé de différentes façons. Sous la ſeconde race ces figures ne fürent pas totalement abolies : mais elles ſe tranſformerent auſſi en d'autres qui approchent de nos & , de nos 3 , de nos 8 , & de nos ſ d'écriture courante. Ces abbréviations ſe ſoutinrent en Allemagne à peu près ſur le même pied juſqu'au 13ᵉ ſiecle ; mais dès la moitié du 11ᵉ, elles commencerent en France à être ſi chargées de traits , qu'on a de la peine à les reconnoître. En général on revint à l'accent circonflexe, ou à un ſigne approchant du 7.

Les abbréviations de *per*, de *præ* & de *pro* ſont ſujettes à être confondues : voici leur marque diſtinctinctive. *Per* eſt abbrégé par un trait coupant la queue du *p* ; *pro* , par un trait courbe fortant de la tête du même *p* ; *præ* , par un trait supérieur qui ne touche point à la lettre.

Les abbréviations devenues exceffives dans le 13 fiecle firent ouvrir les yeux au commencement du 14ᵉ fur les inconvénients qui en réfultoient : c'eft pourquoi Philippe le Bel , pour bannir fur-tout des minutes des Notaires celles qui expofoient les actes à être mal entendus ou falfifiés , rendit une ordonnance en 1304, qui les fit difparoître des actes juridiques. Le Parlement, par arrêt de 1552, bannit également des lettres royaux les *& cætera* qui avoient jufqu'alors été d'ufage & qui n'étoient point fujets à de moindres abus. *Voyez* SIGLES.

ABSOLUTION. Le Pape Céleftin III , dans une lettre de 1195 adreffée à l'Evêque de Lincoln en Angleterre , offre la formule *ad majorem cautelam.* C'eft une forme d'abfolution nouvelle , nommée par les Canoniftes *abfolution à cautele. Trévoux.* C'eft peut-être la premiere fois qu'elle paroît dans les actes eccléfiaftiques.

ACCENTS. Les accents ou efprits des Grecs ont une très ancienne origine, comme le démontre Videlius, *Journ. des Sav.* 1709, *page* 295: on les fait remonter jufqu'à la cent quarantecinquieme olympiade , c'eft-à-dire environ deux fiecles avant Jéfus-Chrift ; ils furent introduits, dit-on , par Ariftophane de Byzance. Il n'eft donc pas permis de croire que l'ufage des accents ne fe foit introduit qu'au 6ᵉ fiecle dans les manufcrits Grecs. Cependant l'exiftence ou l'abfence des accents ne peut rien décider fur l'antiquité d'un manufcrit Grec , antérieur au feptieme fiecle. La négligence ou l'exactitude des Grammai-

C iv

riens ou des Copiſtes font les feules caufes de l'une ou de l'autre : mais l'ufage des accents devint ſi général au 7ᵉ ſiecle , qu'on ne peut ſe diſpenfer de fixer au moins à ce ſiecle les manufcrits qui en ſont dépourvus.

Les Grecs ſe ſervoient de ces accents , non feulement pour régler la voix dans la prononcia-tion , mais encore pour fixer le fens de pluſieurs mots.

Les accents étoient en ufage dans l'écriture Latine dès le temps d'Auguſte , & dans l'âge d'or de la Latinité : quelques marbres & les plus an-ciens Grammairiens , *Sueton. de illuſtr. Grammat. c. 24*, en font nos garants contre Struve *de Criter. manufcr. p. 32.* Les plus habiles Antiquaires diſtinguent même les accents graves & les aigus : les uns ſervoient à diſcerner les ſyllabes longues , & les autres les ſyllabes breves dans des mots équivoques , comme dans *malus* , arbre , & *ma-lus* , méchant. Ces deux accents ſervoient encore à la diſtinction de deux cas du même mot. Ainſi ſur *muſá* nominatif on mettoit l'accent aigu , & alors on relevoit la voix ; mais ſur *muſa* à l'abla-tif on élevoit la voix & on la baiſſoit enfuite comme s'il y avoit eu *muſáà.* Ces deux accents réunis ont produit dans les manufcrits le circon-flexe tel qu'on le voit *fig. 51 du premier tableau.* Cet accent circonflexe au deſſus d'un point ou fans point eſt mis ſouvent dans un grand nombre de manufcrits pour une *m* ou une *n* retranchée. L'accent aigu au milieu de deux points eſt un ſi-gne d'omiſſion. L'accent aigu tenant beaucoup de la virgule manufcrite en fit ſouvent la fonction. On s'en ſervoit encore à cet ufage au commen-cement du 13ᵉ ſiecle. En général les Latins firent

des accents le même usage que les Grecs, c'est-
à-dire qu'ils s'en servirent pour la prononciation,
la distinction des cas, les abbréviations, le discer-
nement des mots liés ensemble, les omissions, la
séparation des phrases, &c.

Les deux *ii* étoient au 8ᵉ siecle si bien distin-
gués des lettres sujettes à se confondre avec eux,
que l'accent n'y peut avoir été mis pour obvier à
cet inconvénient. Mais au moment que le bas
Gothique se glissa dans nos écritures, deux *ii* de
suite ne se distinguerent plus de l'*u* par leur propre figure. Pour obvier à cet inconvénient les
diplomes & les manuscrits sur-tout userent d'accents, d'abord avec plus de réserve, ensuite avec
moins d'épargne, à mesure que le mal augmen-
toit.

Un des plus anciens exemples d'accents sur les
deux *ii* plusieurs fois répétés se tire d'un diplome
d'Othon III, de l'an 990, *Chronic Godwic*,
p. 210 : mais l'usage n'en étoit pas alors fort accrédité ; il s'affermit par degrés dans le 11ᵉ siecle,
vers le milieu duquel il avoit déja fait bien du
progrès en Allemagne. Les accents furent alors
tellement en vogue qu'on les plaça sur plusieurs
autres lettres, & même sur les deux jambages de
l'*ü*, pour le distinguer de l'*n* ; ce qui rendoit inutiles les accents mis sur les deux *ii* pour les distinguer de l'*u* : il se passa quelque temps avant
que cet abus fût supprimé. Au 13ᵉ siecle les accents, devenus très communs, n'affecterent pas
seulement les deux *ii*, mais même l'*i* isolé : au
siecle suivant, presque tous les *i* sans distinction
en furent marqués ; il ne fut pas rare cependant
de voir les accents tout à fait supprimés : enfin,
insensiblement raccourcis, ils dégénérerent en
points.

Il réfulte donc qu'on trouve quelques accents fur les deux *ii* dès la fin du 10ᵉ fiecle, *Chron. Godwic*, *page* 210; que dans le 11ᵉ ils furent un peu plus fréquents, fur-tout fur les deux *ii* de fuite, pour les diftinguer de l'*u*, *ibid. page* 263; qu'au 12ᵉ fiecle ils furent plus communs, *Cafley a Catalog of the manufcr. prefac. pag.* 80; que cette pratique fut bien établie pour les manufcrits dès le commencement du 13ᵉ; que les accents ne céderent entiérement la place aux points que dans le 16ᵉ fiecle, quoique ceux-ci aient probablement commencé vers la fin du 14ᵉ.

Il eft à propos d'obferver en général que les anciens Notaires & Copiftes négligerent beaucoup les accents.

ACCOLLADE. L'accollade ou circonduction eft une efpece de crochet ou demi cercle, dans lequel les anciens copiftes renfermoient les mots ou demi-mots qu'ils portoient au-deffus de la derniere ligne. Pour ne point porter à la ligne fuivante un mot qui complétoit le fens, on le plaçoit fous le dernier mot de la ligne avec une accollade, pour marquer qu'il appartenoit à la ligne fupérieure : cet ufage avoit lieu même du temps d'Augufte. *Sueton. lib.* 2, *in Octav. n.* 87.

ACTE. Le mot *acte* dans le fens diplomatique eft un terme générique qui fe confond fouvent avec ceux de *chartes*, d'*inftruments*, de *diplomes* & d'*écritures*. Ces mots ne font cependant point fynonymes; ils ont chacun, dans l'idée des vrais Diplomatiftes, une application particuliere. Les noms de *chartes* & de *diplomes* font réfervés pour défigner les anciens titres; celui d'*actes* pour les nouveaux; celui d'*écritures* pour les pieces de procédure ; celui d'*inſtrument* convient également aux uns & aux autres.

Tant que dura l'Empire Romain, & même long-temps après ſa décadence, on n'entendit par *actes*, que les *regiſtres publics*, *geſta publica* (*Baluze Capitul. tom.* 2, *col.* 465, 466), ou les *Journaux* des Empereurs, &c. mais non pas une piece particuliere ; car le mot *acte* ne s'employa jamais qu'au pluriel ; on ne s'en ſervit pas dans le bas & moyen âge. En terme de juriſprudence moderne au contraire tout eſt devenu *acte*. C'eſt ce qui fait que plus les titres ſont récents, plus la dénomination d'acte leur convient ; au lieu que s'ils ont une certaine antiquité, on les appelle *chartes*, *diplomes*, *inſtruments*. Tout contrat paſſé pardevant Notaire, & même les billets ſous ſeing privé, portent le nom d'*acte* ſans conteſtation : de là vient que les eſpeces d'actes varient à l'infini ; mais le titre détermine dans quel ordre il faut les placer.

La nomenclature ou les dénominations principales des divers actes qui appartiennent à la Diplomatique ſont : *lettres*, *épîtres*, *indicules*, *reſcrits*, *chartes*, *notices publiques & privées*, *pieces judiciaires*, *pieces légiſlatives*, *actes conventionnels* ou *contrats*, *teſtaments*, *brefs & brevets*, *diplomes*, *enſeignements*, *évidences*, &c. enfin, *regiſtres*, *pouillés*, *papiers terriers*, *lieves*, & autres mémoires & papiers gardés dans les archives. Il faut voir tous ces articles en leur place ; ils comprennent la nomenclature des diverſes eſpeces qui les concernent.

ACTUAIRE. *Actuarius*. Ce terme, que l'on rencontre quelquefois dans les monuments anciens, ſignifie la même choſe que *Scribe* ou *Tachy-*

graphe ; c'étoit celui qui étoit chargé chez les Romains de dreſſer en préſence du Magiſtrat les contrats & autres actes, d'où il empruntoit le nom d'*Actuarius. De Re Diplom. p. 209.*

ADRESSE. L'adreſſe & le ſalut ſont les caracteres propres des lettres & épîtres. Les Romains les joignoient enſemble ſous la formule unique *M. Attico Tullius Cicero ſalutem :* l'un & l'autre étoient toujours placés à la tête de la lettre, ou, comme on s'exprime actuellement, en vedette ſéparée du corps de la lettre, dans le goût de notre *Monſeigneur* épiſtolaire.

Malgré l'uſage on omit quelquefois l'un ou l'autre, & quelquefois tous les deux enſemble. *Baluz. Capitul.* 1, *tom.* 2, *col.* 404, 406, 408, 409, 500. Les bulles eurent quelquefois des adreſſes, à en juger par certaines bulles de Grégoire VII, adreſſées ſinguliérement aux Apôtres Saint Pierre & Saint Paul.

Les chartes prirent aſſez ſouvent dans les premiers ſiecles la forme des lettres, & porterent en conſéquence des adreſſes en regle. Au 8ᵉ ſiecle les actes par leſquels on donnoit des biens aux égliſes, leur étoient ordinairement adreſſés. *Domino Sacroſancta Baſilica Domini Benigni Martyris ſub oppido Divionis conſtructa,* &c. C'eſt, ſelon Pérard, page 10, l'adreſſe d'une charte de donation faite à l'égliſe de Saint Benigne de Dijon. Le plus ſouvent cependant le donateur adreſſe ſa charte à l'Abbé & à la Communauté, ou à l'Evêque & au Clergé.

Adreſſe des diplomes au Chancelier.

Lorſque nos Rois des 14ᵉ & 15ᵉ ſiecles donnoient des diplomes un peu folemnels, c'étoit toujours quelqu'un du Conseil qui en étoit le promoteur ; mais rarement le Chancelier s'y trouvoit pour les fceller, à moins que ce ne fuffent des actes très folemnels : encore, quoiqu'il y affiftât, il étoit paffé en ufage au commencement du 14ᵉ fiecle de lui adreffer expreffément le diplome, pour le figner & le fceller. La formule de cette adreffe eft finguliere ; elle eft placée à la fin du diplome après les dates, & conçue en ces termes, *Per Regem, ad relationem Concilii, in quo eratis vos*, & le nom du Secrétaire, ou, *Per Concilium in quo eratis vos.* Plufieurs preuves démontrent que ce *vos* étoit adreffé au Chancelier. Il eft très probable que ce fut cette adreffe qui donna lieu à l'Ordonnance de Charles VI, n'étant encore que Régent, par laquelle il veut que toutes lettres-patentes foient fcellées du grand fceau, & qu'elles ne foient fcellées qu'après avoir été examinées à la Chancellerie.

Les Anglois fe fervent du terme d'*adreffe* pour fignifier un compliment de félicitation au Roi, envoyé par quelques corps, villes ou provinces. L'ufage des adreffes au Roi de la part des villes & des provinces d'Angleterre s'introduifit lorfque Louis XIV eut déclaré qu'il reconnoiffoit le fils du Roi Jacques pour Prince de Galles. Houvard eft l'auteur de cette invention en 1689.

AFFRANCHISSEMENT. Les monuments anciens, à prendre fur-tout au quatrieme fiecle inclufivement, offrent très fouvent des chartes d'affranchiffement ou de manumiffion, intitulées, pour l'ordinaire, *Charta ingenuitatis.* Pour avoir une idée jufte de ces affranchiffements, il faut remonter un peu plus haut. Chez les Romains l'affranchissement étoit la récompense que les maîtres accordoient à ceux de leurs esclaves dont ils étoient le plus contents ; c'étoient la liberté & l'indépendance.

» Cette indépendance s'accordoit de trois manieres : ou bien le maître présentoit son esclave au Magiſtrat ; ou bien le maître l'affranchissoit dans un repas qu'il donnoit à ses amis ; ou bien il l'affranchissoit par son teſtament. La premiere maniere étoit appellée *manumiſſio per vindiĉtam*, parceque le Magiſtrat ayant frappé d'une baguette appellée *vindiĉta* l'esclave que son maître tenoit par la main, celui-ci le lâchoit auſſi-tôt (d'où eſt venu le mot Latin *manumiſſio*), & lui donnoit un petit soufflet sur la joue en ſigne de liberté. La ſeconde maniere étoit nommée *manumiſſio per epiſtolam & inter amicos*, parcequ'au milieu du feſtin le maître donnoit à son esclave son aĉte de liberté. La troiſieme étoit appellée *manumiſſio per teſtamentum. Terraſſon Hiſt. de la Juriſprudence Romaine, p.* 135 ».

Les choses durerent en cet état juſqu'à Conſtantin le Grand. Ce premier Empereur Chrétien, pour donner à l'Egliſe des témoignages de son attachement, permit par une loi du 8 Juin 316 à tout particulier d'affranchir ses esclaves en préſence du peuple & des Evêques ou Prêtres, au lieu de les préſenter aux Magiſtrats ſéculiers. Une autre loi confirmative fut portée par le même Prince en 321. Depuis ce temps, les manumiſſions se firent à l'égliſe par aĉtes ſignés des Eccléſiaſtiques ; le premier des Diacres préſidoit à la cérémonie, *Marculf. form.* 56. A cela près les Chrétiens ſuivirent aſſez les formes de la Juriſprudence Romaine, excepté que la seconde maniere d'affranchir dans un festin n'eut pas lieu parmi eux.

En France les serfs qui, dans la basse latinité & dans le style des chartes, sont souvent appellés *homines de corpore*, étoient affranchis, ou en présentant un denier devant le Roi, & alors le Prince frappoit sur la main de l'esclave, faisoit tomber le denier, & lui donnoit l'acte de liberté, *chartam ingenuitatis*; on appelloit ces sortes de serfs *Denariales*: ou en présentant une charte ou un écrit à l'église, & on nommoit ceux-ci *Chartularii*.

Comme les serfs ne pouvoient entrer dans le Clergé sans le consentement du Roi, l'affranchissement étoit une condition nécessaire avant l'Ordination, *ibid. l. 1 ; form.* 19 ; & alors l'Evêque le déclaroit Citoyen Romain devant l'autel, & en présence des Prêtres, des Clercs, & de tout le peuple. *Baluz. Capitul. t.* 2, *col.* 440.

La douzieme Epître du cinquieme Livre du Recueil des Lettres de Saint Grégoire fait voir de quelle maniere les affranchissements se faisoient dans l'Eglise Romaine.

Le premier édit donné en France pour l'affranchissement général des serfs fut porté par Louis le Gros vers 1130. Il est motivé sur ce que la nation des Francs doit être franche d'esclavage. Cependant on y apperçoit que la politique y a beaucoup de part, & que ce fut un des principaux moyens dont le Roi se servit pour recouvrer l'autorité royale, éclipsée en quelque façon par celle des Seigneurs, qui dominoit trop, & qui fut affoiblie par ce même coup. Cet édit fut confirmé par Louis VIII en 1224; enfin ratifié pour tou-

jours par un édit folemnel de Louis le Hutin ;
de l'an 1315.*Hainault, Abbrégé Chronol. de l'Hift.
de France.* Malgré cela les lettres ou chartes de
manumiffion ont eu cours jufqu'au 16ᵉ fiecle inclufivement.

AIGLE. L'aigle, quant à la Diplomatique, a
rapport aux médailles ou aux fceaux. Elle étoit
le fymbole des Romains du temps de la république, & on la trouve éployée volant vers le ciel
fur les médailles des Empereurs, pour marquer
leur confécration. Elle fervoit d'enfeigne dans les
légions Romaines jufqu'à Conftantin, & fut renouvellée pour le même objet par Frédéric I,
Empereur d'Occident ; au moins s'en fervoit-il
dans fes armées. Elles fe trouve auffi fur les monnoies des Empereurs Henri VI & Frédéric II.

Dès l'an 1197, l'aigle éployée fe voit fur le
fceau de Mathieu de Lorraine, depuis Evêque
de Toul. C'eft peut-être la premiere fois qu'elle
fut employée dans les fceaux.

Grand nombre de Savants ont prétendu que
Sigifmond, fils de Charles IV, étoit le premier
Empereur qui eût introduit l'aigle à deux têtes fur
les fceaux de l'Empire vers 1410 : cependant Lu-
dewig, Confeiller du Roi de Pruffe, a donné la
defcription du contre-fcel d'une charte de Win-
ceflas datée de 1397, où l'on voit l'aigle éployée à
deux têtes, *Præf. ad reliquias manufcr. t.1, p. 141.*
Ce n'eft que depuis cette époque que l'on trouve
de ces armoiries hétéroclites.

ALINÉA. Les Anciens ont mis en ufage plufieurs manieres de diftinguer les *alinéa.* D'abord
on ne les fépara les uns des autres que par un
efpace en blanc d'un pouce à peu près. Ce vuide
dans le corps d'un texte, fur-tout lorfque la
lettre

lettre qui commence l'*alinéa* n'eſt pas plus grande que les autres lettres ; annonce une antiquité ſupérieure au 8ᵉ ſiecle. Ces vuides furent la plus ancienne maniere de ponctuer les actes publics. Ceux des *alinéa* étoient plus étendus que ceux des ſimples points ; ceux-ci plus que ceux des deux points ; & ainſi en proportion. Au 9ᵉ ſiecle on s'accoutuma par degrés à mettre des points à la tête de ces intervalles , ſans diminuer leur étendue proportionnelle.

On ſe ſervit enſuite d'une lettre initiale majuſcule pour déſigner le commencement d'un *alinéa.* D'autres le porterent à la ligne ſans achever la précédente.

Ce dernier uſage donna lieu à trois différents uſages, dont les *alinéa* porterent le nom ; en ſorte qu'entre les *alinéa* portés à la ligne, on diſtingue les *alignés* , les *ſaillants* , & les *rencontrants.*

Les *alinéa alignés* ſont ceux qui ſont de niveau avec les autres lignes , c'eſt-à-dire qui s'approchent également de la perpendiculaire qui dirige le commencement des lignes.

Les *alinéa ſaillants* ſont ceux qui outrepaſſent cette perpendiculaire de quelques lettres , ou de l'initiale majuſcule ſeulement.

Les *alinéa rentrants* ſont ceux qui laiſſent vuide un eſpace du commencement de la ligne, comme on le fait actuellement dans l'imprimerie.

Lorſque les lettres des *alinéa* & des titres ne ſont pas plus grandes que celles du corps du texte, ou lorſque ces lettres ſont toutes onciales, c'eſt la marque d'une grande antiquité.

Dans un manuſcrit en minuſcules, des initiales d'*alinéa* en capitales déſignent au plus le 8ᵉ ſiecle : ces mêmes capitales, initiales des *alinéa* dans

Tome I. D

un manufcrit en onciales marquent une moindre antiquité, que fi elles étoient onciales.

Les initiales d'*alinéa* en curfives excedent toujours en hauteur le corps de la ligne. Les capitales pour les *alinéa* font tantôt ordinaires & tantôt aiguës ou ruftiques ; l'uniformité caractérife les plus anciens manufcrits.

Outre ces marques diftinctives des *alinéa*, on employa encore d'autres figures, felon le caprice des Ecrivains, comme des efpeces de 2, de 5, de points interrogants couchés, &c.

Le texte des diplomes eft écrit tout de fuite fans *alinéa*. Si l'on rencontre quelquefois des efpaces en blanc, ils ont été laiffés pour écrire des noms propres. On ne reprend jamais à la ligne, qu'aux fignatures & aux dates.

Dans un acte de l'an 1580, on remarque que tous les repos de claufes ou de phrafes difparates font exactement obfervés par des *alinéa*. Jufqu'alors on avoit écrit les plus longues pieces fans aucune interruption. *Le Moine, Dipl. prat. p.* 68.

ALPHABET. Avant de difcuter la marche de nos alphabets diftribués par éléments, il n'eft pas hors de propos de chercher quel étoit le nombre des éléments ou caracteres dont les anciens Grecs & Latins firent d'abord ufage, & quelles font les additions qui furent fucceffivement admifes dans les alphabets de l'un & de l'autre peuple. Selon M. Bouhier, *De Prifcis Græc. & Latin. Litteris differt.* le témoignage de la plupart des Anciens borne au nombre de 16 les lettres attiques ; & ce Préfident emploie toutes les reffources de fon efprit à défendre ce fentiment. Selon lui, Cadmus n'eft pas le premier qui enfeigna aux Grecs l'ufage des lettres. Il ap-

puie fon fyſtême fur l'autorité de Diodore de Sicile, qui fuppofoit des monuments littéraires
Grecs antérieurs à Cadmus ; d'Euſtache, qui prétend que les feuls Pélaſges conferverent l'uſage
des lettres après le déluge ; de Paufanias qui affuroit avoir vu l'épitaphe de Crotopus, contemporain de Deucalion. Fondé donc fur de ſi foibles
autorités, le favant Académicien foutenoit que les
Pélaſges avoient apporté aux Grecs l'alphabet,
qui fut d'abord compofé de feize lettres ; que
Cadmus venant de Phénicie l'augmenta ; & que
les Ioniens y ayant mis la derniere main, le communiquerent à tous les Grecs. Mais Hérodote,
qui fit tant de recherches fur l'origine des lettres,
quand il ne feroit point foutenu par Denys d'Ha-
licarnaffe *lib.* 1, *p.* 14, par Cincius, cité dans
Marius Victorin, *Ars Gramm. lib.* 1, *col.* 1468,
Edit. Putfch. & par toutes les probabilités poffibles, feroit lui feul écrouler ce fyſtême ingé-
nieux. En effet, ce Pere de l'hiſtoire atteſte que
les lettres furent apportées aux Grecs par Cadmus, & qu'avant ce temps il ne s'en trouvoit
point chez eux, *lib.* 5, *c.* 58. Des Ecrivains de
beaucoup poſtérieurs & pleins d'incertitudes peu-
vent-ils balancer une autorité ſi décifive ? *Voyez*
ECRITURE.

Il feroit inutile de citer les Scaliger, les Sau-
maife, les Bochard, les Voffius, & tant d'autres qui ont adopté avec connoiffance de caufe le
fentiment d'Hérodote. Il réfulte donc que Cadmus a apporté les lettres Phéniciennes en Grece :
mais pourquoi n'en auroit-il donné que 16, tandis qu'il en favoit 22 qui compofent l'alphabet
Phénicien ? L'abfurdité feule de cette fuppofition
démontre au contraire que l'alphabet Grec fut

D ij

compofé de vingt-deux caractetes & qu'il fut
ainfi tranfmis aux Latins.

Il eft vrai que certaines peuplades de la Grece,
qui ufoient de différents dialectes particuliers,
abandonnerent quelques-unes de ces lettres qui
ne pouvoient s'adapter à leur langage, fans les
retirer pour cela de leur alphabet; comme nous
ne retirons pas le *K* du nôtre, quoiqu'il ne nous
foit pas d'un grand ufage.

Quelques autres provinces, qui avoient une
prononciation particuliere, ne trouvant pas dans
cet alphabet toutes les lettres dont elles avoient
befoin, en inventerent quelques autres; & c'eft
ce qui porta l'alphabet Grec au nombre de caracteres que nous lui connoiffons préfentement.

Pour diftinguer les lettres primitives des fecon-
daires, il faudroit obferver celles qui, dans les
alphabets Grec & Latin, ont ou n'ont point rapport avec une autre de l'alphabet Phénicien, foit
par le nom, foit par le rang, foit par la figure.
Dans le premier cas, elles doivent être réputées
venir de Cadmus, & font conféquemment primitives. Les lettres furnuméraires relativement
à l'alphabet Phénicien, & qui n'y laiffent aucun
vuide, font ajoutées. Ainfi dans le Grec les lettres Υ, Φ, Χ, Ψ, Ω, font ajoutées: & dans le Latin Y, Z, ont été introduits pour rendre plus aifément les mots Grecs: car Afper le jeune & Dio-
mede ne donnent que vingt & une lettres Latines: *Latinæ funt una & viginti, Græca duæ Y, Z,*
dit le dernier, *p.* 415, *Edit. Putfch.* Les deux dernieres furent donc empruntées du Grec.

Ce n'eft pas que quelques Auteurs n'aient affigné & nommé les inventeurs de certains éléments de l'alphabet Latin. Ainfi Plutarque, *Quæft.*

Roman. 54, Maxime Victorin d'après lui, & Terentius Scaurus, *p.* 2253, nomment chacun un inventeur du *G*, lettre que l'on trouve cependant fur les tables Eugubines bien antérieures à ces inventeurs. Ainfi S. Ifidore de Seville, *Orig. lib.* 1, *c.* 4, & Pierre Diacre, *Tract. de Not. Rom.* reconnoiffent un inventeur du *K*, dont l'ufage étoit cependant bien ancien, mais que l'on confondoit avec le *C* ou le *G.* Ainfi Velius Longus *De Orthograph. p.* 2218, prétend que le *Q* eft de nouvelle date, parcequ'à la vérité le *C* joint à l'*u*, le rendoit prefque inutile. Ainfi plufieurs Auteurs nous certifient la nouveauté de l'*R*, au lieu de dire qu'Appius Claudius, qu'ils en donnent pour inventeur, étendit feulement fon ufage à quelques fyllabes exprimées auparavant par une *S.* *Hiftoire des Gaules & des Gaulois,* t. 1, *Differt.* 1, *p.* 22, & *liv.* 1, *p.* 184... *Hugo de* 1^a *fcrib. Origin. c.* 4.... *Thomas Dempfter de Etrur. Regali, l.* 1, *c.* 1, *p.* 2.... *Biblioth. Vatic. p.* 142.... *Digeft. lib.* 1, *tit.* 2, & *l.* 2, §. 36.... *Quintil. Inftit. l.* 1, *c.* 4, &c. Ainfi S. Ifidore *Orig. l.* 1, *c.* 4, & Pierre Diacre après lui, difent qu'on n'ufoit point de l'*x* avant Augufte, pendant que Plaute & les Ecrivains du premier âge l'ont employé. Ainfi le Pere Hugues *De* 1^a *fcrib. Orig. c.* 4, attribue aux Eoliens l'invention de l'*F*, que les Latins, felon lui, reçurent d'eux; pendant que des monuments Latins, où l'*F* fe trouve, furpaffent de beaucoup en antiquité ceux des Eoliens où elle fe rencontre. Mais ce ne font là que des allégations fans preuves. Malgré tous ces Auteurs, il n'en eft pas moins vrai que l'alphabet Latin a toujours été tel qu'il eft, à l'exception de l'*Y* & du *Z*, dont encore l'adoption doit remonter au moins deux siecles avant Auguste ; depuis ce temps on n'y a point touché, ou on y a touché sans fruit.

L'Empereur Claude, à la vérité, fit tous ses efforts pour faire recevoir trois lettres de son invention : la premiere étoit destinée à distinguer l'*v* consonne de l'*u* voyelle, avec la forme d'une F renversée, *fig. 52 du premier tableau*, lettre qui distingue les monuments du temps de cet Empereur. *Gori difesa dell. alfabeto, p.* 8?. .. *Gruter, p.* 236.... *Cenotaph. pis. col.* 738. La seconde étoit un anti-sigma de la forme de deux *c* adossés, *fig.* 63, *ibid.* avec la valeur du *p* & de l's, *p s*, ou du *b* & de l's, *b s*, ou équivalent au Ψ des Grecs. Aucun Ancien ne nous a fait connoître la troisieme, & nul Moderne n'a pu la deviner. Malgré la puissance de cet Empereur, le terme de sa vie fut aussi celui de l'usage de son invention.

Il en fut de même de celle de Chilpéric I, Roi de France en 580 ; il porta une loi qu'il fit publier par tout le royaume, pour ajouter 4 lettres à l'alphabet. *Alsat. illustr. p.* 809.... *Eckard Com. de rebus Franc. Orient. l.* 9, *p.* 116. Le temps a répandu de tels nuages sur cet événement qui étoit alors de notoriété publique, & dont tout le royaume retentissoit, que l'on ne sait au juste ni la forme ni la valeur de ces éléments, ni de quel langage étranger il les avoit tirés. Grégoire de Tours, *Hist. Franc. l.* 5, *c.* 45, *col.* 258 ; Aimoin, *l.* 3, *c.* 40, sont les seuls anciens qui nous en aient conservé la mémoire. Vossius, *de Arte Gramm. l.* 1, *c.* 9, les estimoit Grecs. Olaus Vormius, *de Litteratura Runica, c.* 9, les tiroit du Runique. Eckard, *ut suprà, t.* 1, *p.* 117, y voyoit une lettre Lombardique, une Gothique, & une Angloise. M. Duclos, *Mém. de l'Acad. des Inscr.*

t. 15, *p.* 578, 743, les revendique à l'Hébreu.
D'autres enfin les regardoient comme tirés de
l'ancien Gothique. Cette diverfité de fentiments
eft venue & de l'obfcurité des temps, & de la dé-
mangeaifon de donner un nouveau fyftême, &
plus que tout cela encore, du peu d'accord qu'il
y a entre Grégoire de Tours & Aimoin, & entre
Grégoire de Tours manufcrit, & Grégoire de
Tours imprimé. Cependant de la comparaifon
réfléchie de plus de dix manufcrits de l'un & de
l'autre Auteur, voici ce qui en peut réfulter de
mieux fuivi & de plus conféquent relativement
au fiecle dont il eft queftion.

Tous s'accordent à donner à la premiere de ces
quatre lettres la forme & le fon de l'oméga des
Grecs. Les Auteurs ne font pas d'accord fur la deuxieme ; ils femblent convenir feulement qu'elle
approche du Ƴ des Grecs, fous la *figure* 53 *du pre-*
mier tableau ; & on lui donne conftamment la valeur de l'*æ*. En effet, à force de retourner cette
figure, on pourroit trouver l'*a* & l'*e* joints enfemble. La troifieme repréfente à peu près un *Z* dans
prefque tous les manufcrits avec le fon du *th*,
figure 54 *du premier tableau* ; on pourroit y voir
ces deux lettres penchées. La quatrieme varie
beaucoup pour la forme, comme on le peut voir
dans les *figures* 55, 56, 57 & 58 *du premier ta-*
bleau. Mais quelle qu'elle foit, elle a par-tout la
valeur d'un double *v* ; *w*. L'ufage du fixieme fiecle de prononcer *W*innocus, *W*idolaicus, appuie
la vrai-femblance de cette invention. Quoi qu'il
en foit, elles devoient paroître & paroiffent encore toutes bien peu utiles, puifqu'il ne falloit
que la compofition de deux lettres pour rendre le

D iv

ſon & la valeur des caracteres nouveaux : auſſi ne firent-ils pas fortune.

On peut donc dire qu'en général l'alphabet Grec eſt compoſé de 24 caracteres, & l'alphabet Latin de 23.

Après ces préliminaires, il n'eſt pas hors de propos de détailler les raiſons qui ont déterminé à ſuivre l'ordre qu'on a obſervé dans les planches qui accompagnent cet ouvrage, & à n'y préſenter que les alphabets Grec & Latin ; car c'eſt une des parties eſſentielles de la Diplomatique.

L'examen des alphabets dans toute leur étendue entraîneroit néceſſairement la dicuſſion ennuyeuſe de tous les caracteres qui pourroient ſe rencontrer dans les manuſcrits, ſur les marbres & ſur les bronzes quelconques ; ce qui jetteroit par conſéquent dans le détail de toutes les langues de l'univers : la carriere eſt trop vaſte pour qu'il ſoit poſſible de la fournir. En prenant pour bornes de nos opérations élémentaires celles de l'Europe, ce ſeroit encore embraſſer un travail immenſe, qui ſeroit même inutile dans pluſieurs de ſes parties. De toutes les langues qui ont été uſitées en Europe, il y en a pluſieurs dont il ne reſte aucun monument, & d'autres dont il ne nous eſt parvenu qu'un ou deux modeles. Il faut regarder ces pieces iſolées comme des écritures d'imagination, ou des chiffres dont nous n'avons pas la clef. On peut les deviner, mais on ne peut les garantir, puiſque leur interprétation eſt plutôt appuyée ſur des conjectures que ſur des exemples de comparaiſon.

Sans donc entrer dans tout le détail de la Xénographie, on s'en tient aux alphabets dont

les caracteres peuvent tomber plus communément sous les yeux des Diplomatistes : on pourroit
les réduire à deux , le Grec & le Latin , 1°. parceque le Grec a avec le Latin les liaisons les plus
étroites , pour ne pas dire que les lettres en sont
souvent les mêmes ; 2°. parceque les caracteres
de ces deux alphabets concourent souvent dans
les mêmes monuments, dans les mêmes légendes
de médailles , & jusques dans les mêmes mots.
Spanheim de præst. & usu numis. t. 2 *, Dissert.*
2 *, edit. Londin.* On voit des inscriptions moitié
Grecques & moitié Latines chez les Anciens.
Saggi di Dissert. Accad. t. 1 *, Dissert.* 12 *, di Ni-*
colo Vagnucci , p. 131. On en trouve de Grecques écrites en lettres Latines, & de Latines
écrites en lettres Grecques. Il en est de même des
plus anciennes chartes d'Italie. Ce mêlange vient
sans doute & est une preuve de la descendance
des caracteres Latins de l'alphabet Grec. Cependant , parceque les caracteres Grecs descendent
des Phéniciens, on donne aussi un alphabet simple de ce peuple , pour que l'on puisse se convaincre par soi-même de cette filiation , & en
extraire , au moyen de quelques inclinaisons ou
quelques petites additions , comme il a été démontré à la lettre *A*, l'origine de tous nos caracteres.

Que les caracteres Latins , que presque tous les
peuples de l'Europe ont empruntés , tirent leur
origine des caracteres Grecs; c'est un fait attesté des
Modernes ainsi que des Anciens. *Dionys. Halic.*
l. 1.... *Hygin. c.* 277.... *Tacit. Ann. l. l.* 11 *, n.* 4....
Plin. Hist. l. 7 *, c.* 54.... *Tit. Liv. l.* 7 *, c.* 3....
Quintilian. Instit. l. 1 *, c.* 7, &c. &c. Les tables
Eugubines que l'on ne put déchiffrer qu'en s'at-

tachant à la langue Grecque & à ses dialectes, &
les moyens que nous avons de nous convaincre
par la comparaison des plus anciens monuments
des deux langues, complettent la démonstration.
On en fournira les preuves au mot *Ecriture*. L'essentiel pour le présent est de déduire les motifs
qui ont engagé à donner aux différentes planches
alphabétiques l'ordre qu'on y apperçoit.

Il y a trois manieres de présenter les alphabets:
1°. par dates, c'est-à-dire en donnant à chaque
variation, à chaque forme d'une lettre, sa date
précise. Mais ce moyen n'est guere praticable,
parceque les monuments, les manuscrits, les
chartes, n'ont pas toujours des dates certaines;
on n'en peut juger quelquefois que par estima-
tion, encore ne s'étend-elle pas toujours jusqu'à
donner un indice sûr & précis du siecle. Cependant, parcequ'on ne pourra pas leur assigner une
époque certaine, faudra-t il les négliger? On
perdroit par ce moyen les trois quarts & demi
des lettres plus anciennes que le 8ᵉ siecle. Cet alphabet par dates ne convient donc pas à un ouvrage qui embrasse quelque étendue; il conviendroit tout au plus à un traité particulier qui se
borneroit à l'alphabet de quelques contrées.

2°. On pourroit offrir des alphabets particuliers à chaque inscription, à chaque diplome,
à chaque manuscrit, c'est-à-dire que de chaque
piece antique on pourroit extraire un alphabet
particulier. Mais supposé la chose possible, outre
que le travail seroit immense, seroit-il d'une
grande utilité? Pour quelques légeres nuances
de différence qu'on apperçoit à peine dans une
lettre, combien de caracteres reparoîtroient sans
fin & toujours les mêmes! Des milliers d'alpha-

bets ne donneroient souvent que deux ou trois lettres d'une forme singuliere ou digne d'attention. Le but d'utilité qu'on se propose & la précision de cet ouvrage ne comportent pas un pareil système.

3°. Les alphabets *par siecles* renferment encore beaucoup d'inconvénients ; car les figures ou formes des éléments n'ont pas fini tout à coup avec un siecle, elles se sont perdues insensiblement ou au commencement ou au milieu du siecle suivant : il faudroit donc se répéter toujours. Il en est de même de l'origine ou de la naissance d'une figure. Elle n'a pas commencé si précisément avec le siecle, qu'on ne la trouve dans le précédent.

Autre chaos : chaque siecle a plusieurs sortes d'écritures très disparates, qu'on seroit obligé de confondre. Il faudroit réunir sous un seul point de vue la cursive avec la minuscule, & celle-ci avec la capitale ; & cependant les marbres, les bronzes & les manuscrits qui pour la plupart sont écrits sous l'une de ces deux dernieres formes, refusent très souvent toutes dates & tous indices historiques. Aussi ce qu'il est impossible de tenter pour les autres genres d'écritures, on l'a tenté avec quelque succès pour la cursive, où l'on a saisi le seul moyen possible de réunir tous les avantages de la distribution des lettres par siecles, sans en risquer les inconvénients. Les dates des diplomes & des autres pieces ont facilité cette distribution. Ce sont les réflexions précédentes qui ont réglé l'arrangement des planches jointes à cet ouvrage. Comme une descendance générale de chaque lettre dans tous les siècles, sans spécifier les monuments d'où elles sont tirées,

formeroit un chaos difficile à débrouiller ; on a
cru devoir expofer fous un ordre fyſtématique
par rapport aux lettres Latines fur-tout , 1°. les
écritures lapidaires & métalliques ; 2°. les écritures des manufcrits ; 3°. les écritures des chartes.
Cet ordre , quoique fyſtématique, ne doit point
exciter une prévention défavantageufe. Il eſt fimple dans fa compofition , commode pour l'exécution , & favorable aux opérations de la mémoire.
Les marbres & les bronzes, prefque toujours gravés en lettres capitales , ainſi que les lettres initiales & titulaires de plufieurs manufcrits , forment la premiere claſſe , & nous fourniſſent le
détail & les variations principales de toutes les
lettres majufcules. Les caracteres des manufcrits ,
prefque toujours tranfcrits à main repofée , mais
en plus petits caracteres , forment la feconde
claſſe, & nous rendent fenfibles les changements
arrivés dans la formation des lettres minufcules.
Enfin les diplomes , tracés avec plus de preſteſſe
& de vélocité , compofent la troifieme claſſe , &
nous offrent tout ce que l'écriture courante ou
curfive a eu de plus fingulier dans la compofition
de fes éléments.

Les raifons pofitives qui ont engagé dans
cette divifion ne font pas moins concluantes, que
les raifons négatives alléguées ci-deſſus le font
contre tout autre fyſtème : le Lecteur va être à
portée d'en juger.

Il n'eſt peut-être aucun élément, excepté les
deux derniers, qui n'offre plus d'une demi-dou-
zaine de figures très reſſemblantes à d'autres lettres ; quelques-uns même pourroient en fournir
moitié plus & davantage. Cet embarras ne peut
avoir lieu dans ces tables , où toute difficulté par

rapport au concours des lettres très semblables, &
néanmoins fort différentes entre-elles, se trouve
naturellement levée : premier avantage.

Le second est (autant que le peut comporter
le plan qu'on s'est proposé de ne présenter que
les figures difficiles ou méconnoissables) de mettre à peu près sous les yeux l'ordre & la succession
des métamorphoses que chaque élément à éprouvées depuis l'origine des lettres jusqu'à nous ; de
faire voir comment ces éléments naissent les uns
des autres , & comment les lettres capitales , minuscules & cursives, sont émanées les unes des autres ; de faire sentir la transformation des lettres
du Romain en Gothique, & le goût de colifichet
qui caractérise ce dernier; de faire toucher au doigt
les rapports de ressemblance des lettres métalliques
& lapidaires avec celles des manuscrits & des diplomes, à très peu de chose près ; bien plus enfin,
de présenter jusqu'à un certain point le caractere
propre à chaque siecle dans le genre d'écriture
hétéroclite ou de caprice ; regle dont on s'écarte
le moins possible, quoique les lettres ne soient
pas toujours scrupuleusement arrangées selon
leur ordre d'antiquité.

Un troisieme & dernier avantage de ce plan ,
c'est qu'on a partagé les figures des divers éléments sous certaines classes qui bannissent la
confusion , & ne contribuent pas peu à faciliter
la recherche de la figure dont on auroit besoin ,
ou qui embarrasseroit. Voyez , sur cet objet, le
détail de la planche *A* , qui sert d'explication générale pour toutes les autres lettres, le même
ordre y étant par-tout exactement observé.

ALTESSE. Les Evêques ont porté le titre
d'*Altesse* sous la premiere & la seconde race de

nos Rois. Dans les 13ᵉ, 14ᵉ & 15ᵉ fiecles, c'étoit le titre commun de tous les Rois; & ce n'eſt que depuis François premier que les Rois de France l'ont quitté pour prendre celui de *Ma-jeſté*, réſervé auparavant à l'Empereur. Ce titre ne fut attribué à certains Princes plutôt qu'à d'au-tres, que vers 1628. En 1630, le Duc d'Or-léans, frere de Louis XIII, pour ſe diſtinguer, ajouta à ce titre l'épithete de *Séréniſſime*. En 1631, il changea cette qualification en celle d'*Alteſſe Royale*; & le Prince de Condé prit en 1632 le titre d'*Alteſſe Séréniſſime*. Le titre ſimple d'*Alteſſe* fut laiſſé aux Princes naturaliſés. *Mé-nage*. Le Duc de Savoie ne prit le titre d'*Alteſſe Royale* qu'en 1633; & il n'en fut paiſible poſſeſ-ſeur, par le conſentement de l'Empereur, qu'en 1690.

AMANT, en Latin *Amanuenſis*. Ce mot, connu de tout le monde, & que l'on rencontre quelquefois dans d'anciennes chartes, de la Lor-raine ſur-tout, ne veut dire autre choſe que *Gar-de-note* ou *Notaire*. Il en eſt fort queſtion dans la Chronique de Metz.

AMBASCIATEUR. C'eſt un uſage commun depuis le 9ᵉ ſiecle incluſivement, de marquer, dans les donations & privileges, les noms de ceux qui en ont ſollicité l'expédition. Leur fonc-tion s'appelle *ambaſciare*, ſolliciter; d'où vient ſans doute notre mot d'*Ambaſſadeur*. A titre d'in-terceſſeurs, ils ſignent les diplomes royaux, en marquant au bas tantôt en petit caractere, tantôt en notes de Tiron, *N. ambaſciavit.* BOUQUET, *t. 8, p. 655, 656; t. 9, p. 455.* En Allemagne, pref-que toutes les diplomes impériaux ſont accordés à la priere & à la demande des Impératrices, des

Princes & Princesses, des Prélats & des plus grands Seigneurs, & cela vers les commencements du 12ᵉ siecle.

AMÉS & FÉAUX. Ces titres donnés aux Gens du Roi sont fort anciens. Dans les Capitulaires de Charles le Chauve on voit que, lorsque le Prince écrivoit à ses Commissaires, il employoit la formule initiale *Dilectis ac fidelibus Missis*, à nos Amés & Féaux. Depuis bien du temps ces termes ont passé en usage.

AMENDES. *Voyez* CLAUSE - COMMINATOIRE, MENACES.

AMORTISSEMENT. Il est difficile de découvrir l'origine du droit d'amortissement que les Gens de main-morte paient au Roi pour les acquisitions d'immeubles. Il est établi depuis plusieurs siecles, & ne paroît être qu'un dédommagement du droit de mutation, qui n'a plus lieu lorsque les biens ou fiefs tombent entre les mains de gens qui ne meurent jamais. On prétend avec assez de vrai-semblance que ce droit fut institué par Saint Louis : cependant M. de Lauriere, *Gloss. du droit franç. t.* 1, *p.* 21, rapporte une charte de l'an 1159, par laquelle Hugues, Vicomte de Château-Dun, amortit aux Moines de Tyron tout ce qu'ils ont acquis ou acquerront dans la suite. Ce droit, qui n'étoit pas encore en usage au commencement de la troisieme race de nos Rois, n'étoit-il donc encore, à l'époque de cette charte, que seigneurial & particulier à quelques cantons? C'est ce dont les monuments ne nous instruisent pas. Les confirmations des acquisitions faites par les communautés ecclésiastiques, que l'on trouve vers ces temps - là & avant, expédiées par nos Rois, n'étoient pas toujours pour les rendre valables, mais le plus souvent pour les mettre sous leur protection, & les défendre contre la violence & la chicane. Quoi qu'il en soit de l'origine du droit d'amortissement, Philippe III, par son ordonnance de Novembre 1275, en fixa la taxe, qui varia presque toujours sous ses successeurs jusqu'à la déclaration du 2 Novembre 1724, qui est la loi générale sur laquelle on se gouverne actuellement en France.

ANACHRONISME. Les dates ou notes chronologiques sont, pour les Antiquaires du commun, comme la pierre de touche de la sincérité des actes. Cependant c'est franchir les bornes de l'équité & de la modération, qui doivent faire le partage des Critiques, que de condamner des originaux, avérés d'ailleurs, parceque les dates ne sont point correctes ; & encore plus, de traiter de faux, ou de supposés, des originaux perdus, parceque leurs copies sont altérées dans les dates. Devroit-on être surpris de rencontrer de fausses dates dans les chartes les plus authentiques, puisqu'il se trouve si fréquemment des fautes de chronologie dans les monuments, inscriptions, manuscrits, loix, conciles, auteurs, actes, &c: &c. Rien n'est plus aisé à démontrer que cette derniere proposition.

Pour les actes, Ruddiman prouve incontestablement que les années du regne de David II, Roi d'Ecosse, ont été mal comptées par les Notaires dans tous les instruments publics. *Selectus Diplom. & Numis. Thesaur. Præfat. p. 40.*

Pour les inscriptions, l'épitaphe du tombeau de Philippe de Valois, faite par l'ordre de la Reine son épouse, porte que ce Prince mourut le

28

28 d'Août. Cependant cette date est absolument fausse. *Monum. de la Monarc. Franç. t. 2, p. 284.* L'inscription mise sur le tombeau du jeune Prince André, fils de Humbert II, Dauphin, marque sa mort trois ans après sa véritable époque. *Valbonays, Hist. du Dauphiné, t. 1, p. 306.*

Pour les manuscrits; les erreurs de dates qui se sont glissées dans les manuscrits de Grégoire de Tours ont été remarquées & relevées par M. l'Abbé Dubos, dans son *Histoire critique de la Monarchie Françoise, t. 1, p. 486, 512; t. 2, p. 51, 125, 218.*

Pour les Conciles; celui de Châlons-fur-Saone, daté de l'an 886 dans toutes les éditions, est certainement de l'année suivante. *Vaissette, Hist. de Langued. t. 2, p. 525.*

Pour les Loix; M. de Tillemont avertit, *t. 6, p. 57,* qu'il ne faut pas beaucoup se fier à la chronologie du Code, fondé sur les dates des Loix, assez souvent fausses; & il étoit connoisseur.

Pour les Auteurs; les anachronismes échappés aux Auteurs les plus exacts, sont sans nombre; on se borne à quelques modernes. Personne n'ignore que Jacques II, Roi d'Angleterre, mourut le 6 Septembre 1701, au Château de S. Germain-en-Laye; Ruddiman le fait mourir à Saint-Germain-des-Prés. Le *Rationarium Temporum* met la mort de Clément X au 10 Juillet 1676: De Chasan la met au 21, & De Prade la rejette au 22 d'Août; c'est le 22 Juillet.

Ces erreurs multipliées provenoient le plus souvent des mécomptes des Ecrivains & des Notaires, de leur inattention ou de leur hardiesse, des différentes manieres de compter les années & de les commencer; de la multiplicité des da-

Tome I.   E

tes & des notes chronologiques, fur-tout dans
ces fiecles où l'on faifoit une vaine parade d'en-
taffer dates fur dates ; enfin de l'ignorance & de
la foibleffe humaine. Concluons donc qu'il y auroit de la témérité à mettre parmi les actes fabri-
qués des originaux indubitables, parceque les
dates en font fautives, & qu'il y a par conféquent des originaux finceres dont la date n'eft
pas correcte.

A l'égard des copies, les anachronifmes font
très fouvent & plus groffiers & plus nombreux.
N'ayant que ces modeles de comparaifon pour
juger des originaux perdus dans la pouffiere des
temps, l'œil vulgaire les profcrit également tous
deux ; mais les vrais favants en jugent autrement. Ils favent combien il a été difficile aux
plus habiles Copiftes de déchiffrer des écritures
un peu éloignées de leur fiecle : ils favent avec
quelle négligence un Ecrivain qui n'eft point
intéreffé particuliérement à ce qu'il tranfcrit, fe
prête à fon ouvrage : ils favent que la reffemblance approchante de certains noms, la différence des prononciations & de l'orthographe dans
chaque province, la variété des idiômes, ont pu
& dû occafionner des méprifes de bonne foi : ils
favent qu'il en doit être des manufcrits fortis des
monafteres comme des cahiers fcholaftiques ; les
uns comme les autres étoient dictés dans le la-
boratoire à un certain nombre de jeunes Religieux
copiftes : ils favent enfin que les fautes d'une copie, lorfqu'elles ne tombent point fur les parties
effentielles de la charte, ne lui portent aucun préjudice ; & que fouvent p'.as les fautes font grof-
fieres, moins elles doivent caufer de foupçon,
parcequ'il n'eft pas poffible qu'elles exiftent ainfi

dans l'original ; la bévue montre la simplicité, qui ne s'accorde guere avec l'imposture.

ANATHÊME. *Voyez* IMPRÉCATION.

ANCRE. Dans les anciens manuscrits on rencontre quelquefois la figure d'une ancre, tantôt supérieure, tantôt inférieure. Dans le premier cas elle a la forme de la *figure 59 du premier tableau*, & elle désigne une sentence, une maxime, ou quelque chose d'important : dans le second cas elle est renversée, *fig.* 60, *ibid.* & signifie quelque chose de bas & d'incongru.

ANDELANC. C'est la dénomination d'une espece de charte. *Voyez* CHARTE.

ANNÉE. Un point essentiel de la Diplomatique, & qui ne peut que répandre beaucoup de lumieres sur quantité de dates des plus anciens monuments, c'est de débrouiller les différentes manieres de commencer les années. Il est donc essentiel de se livrer d'abord à cette partie, qu'un Antiquaire ne sauroit trop approfondir, & de la voir dans un certain détail.

Les Juifs distinguoient deux sortes d'années; l'année sacrée ou ecclésiastique, & l'année civile ou sabbatique. Ils commençoient la premiere à la nouvelle lune la plus proche de l'équinoxe du printemps, c'est-à-dire au mois de Mars ; & la seconde à la nouvelle lune la plus voisine de l'équinoxe de l'automne, c'est-à-dire au mois de Septembre. Scrupuleux sectateurs des observances de leurs peres, ils n'ont jamais varié sur ces objets.

Les années de l'ere des Grecs ou Séleucides, se comptoient également de l'équinoxe de l'automne, ou du mois de Septembre.

Les Romains, depuis Jules César, commencerent l'année au premier Janvier, ou *a novo sole*, c'est-à-dire le 25 Décembre, jour auquel le soleil commence à remonter sur l'horizon.

Les premiers Chrétiens, par vénération pour les principaux mysteres de notre Religion, ajouterent d'autres époques, comme le jour de la Résurrection, ou de Pâques ; celui de l'Incarnation, ou le 25 Mars ; celui de la Nativité, ou le 25 Décembre. Ajoutez que quelques-uns suivirent la maniere des Romains, & d'autres celle des Grecs. Ainsi le premier Septembre, le premier Janvier, le 25 Décembre, le 25 Mars, & le jour de Pâques, furent autant de points fixes d'où l'on partit pour commencer l'année. Quelle source de confusion ! Pour débrouiller un peu ce chaos, il faut parcourir la suite des siecles, & les usages des différentes parties de l'Europe policée.

Il est probable que dans les trois premiers siecles de l'Eglise, l'empire des Césars donnant le ton à une grande partie des provinces voisines de l'Italie, on y suivit le calcul Romain. Je dis une grande partie ; car nous avons des preuves que tous les pays conquis ne se soumirent pas aux calculs du vainqueur. Avant le Concile de Nicée, les Eglises des Gaules, suivant le vénérable Bede, célébroient toujours la Pâque le 25 Mars, & regardoient ce mois comme le premier de l'année ; aussi la commençoient-elles en effet par ce jour, conformément à la loi qui prescrivoit aux Juifs de regarder comme le premier mois celui auquel ils solemniseroient cette grande fête.

La Religion Chrétienne ayant vaincu l'Idolâtrie par l'intrépidité de ses combattants, voulut s'en distinguer jusques dans le comput. Sans déranger sensiblement l'ordre des années, elle voulut partir d'un point qui lui rappellât, en commençant l'année, le commencement du grand œuvre de notre rédemption. Cette pieuse industrie s'accordoit d'ailleurs avec l'usage de commencer *a nova sole*, sept jours avant l'année civile des Romains. Ce changement ne put se faire par-tout d'une maniere invariable ; mais il étoit surement en vogue au 6e siecle en Italie, puisque les hommes apostoliques que S. Grégoire envoya en Angleterre, en y établissant l'ere vulgaire, y fixerent le commencement de l'année au jour de la naissance de J. C.

Les François établis solidement dans les Gaules ne suivirent ni ces errements, ni ceux du peuple qu'ils venoient de subjuguer. Il est plus que probable qu'ils conserverent leur ancienne supputation. Cette nation belliqueuse ne comptoit le premier jour de l'année que du jour même où elle pouvoit ouvrir la campagne ; & active comme elle étoit, le premier de Mars étoit le jour du signal. Aussi Grégoire de Tours commence plus ordinairement l'année au mois de Mars, qu'à Noël, ou au mois de Janvier, comme faisoient les Romains. Le troisieme Concile d'Orléans, tenu l'an 538, compte le mois de Mai pour le troisieme de l'année. Un manuscrit de la vie & des miracles de S. Marcel, premier Evêque d'Embrun, prouve également qu'en France l'année commençoit au mois de Mars. *De Re Diplomatica*, *pag.* 172, *num.* 4.

Au 7e siecle les François firent indifféremment usage de ces deux époques, commençant l'année, tantôt au premier, & tantôt au 25 de Mars, comme il paroît par la quarante-deuxieme formule du second livre de Marculfe. L'Angleterre

E iij

& l'Italie s'en tinrent, suivant leur usage, au 25 Décembre, ou au premier Janvier.

La fin du 8ᵉ siecle vit naître un changement qui dura pendant les deux siecles suivants. Charlemagne introduisit dans ses anciens Etats, avec plusieurs autres pratiques de l'Eglise Romaine, l'usage de commencer l'année à Noël. L'Allemagne, *Chron. Godwic. p.* 134, 135, 136, & toute l'Italie, excepté Florence & Pise, n'eurent là dessus qu'une même regle. Les François se soumirent en partie à l'innovation que Charlemagne voulut opérer chez eux. Ainsi l'année qui, sous la premiere race, avoit toujours commencé au premier Mars, ou, selon d'autres, à Pâques, commença, par son ordre, à la Nativité, &, selon d'autres, au premier de Janvier. Dom Mabillon, *De Re Diplom. p* 172, pour concilier ces deux usages, distingue chez les François, comme chez les anciens Romains, une année solaire commençant au mois de Mars, & une année civile commençant au mois de Janvier.

On trouve quelques calendriers des 8ᵉ & 9ᵉ siecles qui mettent le commencement de l'année au premier Janvier; mais ils sont rares, & different en cela d'autres monuments plus respectables, qui le placent à la Nativité de Notre Seigneur.

Après que l'usage de fixer le premier jour de l'an au 25 Décembre eut prévalu, & se fut maintenu pendant environ deux siecles, il devint insensiblement plus rare. A ce dernier usage succéderent deux autres, sur-tout en France, & dans les contrées qui obéissoient aux François; ces usages n'étoient pas nouveaux, ils furent seulement renouvellés alors: le premier fut d'unir le commencement de l'année au premier Janvier,

de Re Diplom. p 173 ; le fecond, de le fixer à Pâques, *Annal. Bened. t.* 4, *p.* 96 : celui-là fe foutint dans les 10ᵉ, 11ᵉ, 12ᵉ, 13ᵉ fiecles, & peut-être
encore plus tard ; l'autre parut prefque général,
fur-tout depuis le 12ᵉ fiecle jufqu'un peu après le
milieu du 16ᵉ : ce qui pourroit faire croire qu'il
n'auroit point été entiérement aboli par l'ufage
établi fous Charlemagne. Ainfi il eft hors de
doute qu'au 11ᵉ fiecle la France & les provinces
qui en dépendoient, ouvroient l'année au premier Janvier ou à Pâques ; car on a des preuves
que fous le regne du Roi Robert, par exemple,
on fuivoit ces deux calculs. *Annal. Bened. t.* 4,
p. 257, 264.

Il eft difficile de favoir quel a été l'ufage le
plus généralement fuivi. On pourroit même dire,
d'après Dom Vaiffette, *Hift. de Lang. t.* 2, *p.* 248,
284, qu'on ne s'en eft pas tenu à ces deux époques
feulement, & qu'on en pourroit fixer quatre,
Noël, Janvier, l'Incarnation & Pâques, où l'on
commençoit indifféremment l'année dans ce même fiecle & le fuivant. Sur la fin de ce fiecle, dans
quelques contrées d'Italie, & peut-être ailleurs,
l'année commençoit le jour de l'Annonciation,
neuf mois & fept jours avant notre ufage actuel.
Certaines bulles d'Urbin II commencent l'année
au premier de Janvier, & d'autres du même Pape,
au 25 de Mars. L'Allemagne & l'Angleterre commencerent l'année à Noël.

Le 12ᵉ fiecle n'apporta aucun changement aux
ufages du précédent, fi ce n'eft peut-être que la
date du premier Janvier y devint plus ordinaire ;
au moins c'eft un fait attefté par Pierre Comeftor,
Hift. Scolaft. cap. 13 : mais il n'avoit peut-être
égard qu'à l'ufage de fa province ; car l'époque de

E iv

Noël fut fort accréditée en ce siecle : c'est pour cela qu'on appelloit l'année courante *l'an de grace* tant, parcequ'elle commençoit au jour de la naissance du Sauveur. Il ne faut pas exclure pour la France, l'époque de Pâques ; on la retrouve très souvent. Pascal II, le premier Pape de ce siecle, commence de temps en temps l'année, dans ses bulles, soit au 25 Décembre, soit au premier Janvier, *Annal. Bened. t.* 5 *, p.* 616 *,* 499. Mais en général les premiers Papes de ce siecle ouvroient l'année, tantôt au 25 de Mars, & tantôt au premier de Janvier. Sur la fin du siecle ils s'en tinrent plus communément au premier usage.

Au 13ᵉ siecle, l'Aquitaine, le Languedoc, la Provence, l'Aragon, Liege, Treves, &c. commençoient l'année à Pâques ou à l'Incarnation. L'Espagne, la Picardie, & quelques autres parties de la France, comptoient l'année du premier jour de Janvier, comme il paroît par des lettres de Dreux, Seigneur de Vinacourt, de l'an 1274, tirées du Cartulaire des Vidames d'Amiens, fol. 69, qui appellent le 2 Janvier le lendemain du premier jour de l'an. La Bourgogne, selon M. Fleury, *Hist. Ecclés. t.* 15 *, p.* 35, l'Allemagne, l'Angleterre, Narbonne, le Pays de Foix, & la plus grande partie de l'Italie, la commençoient à Noël. Cependant Innocent III part ordinairement dans ses bulles du point de l'Incarnation. Il semble même qu'on pourroit citer de lui quelques exemples d'année commencée, non au 25 de Mars, mais à Pâques, comme il se pratiquoit en France : au reste, ces usages n'étoient pas encore fixés d'une maniere invariable. Dans les provinces de France qui comptoient l'année du jour de Pâques, en marquant l'année dans les mois de Mars & d'A-

vril, on exprimoit fi c'étoit avant ou après Pâques,
ante Pafcha, poft Pafcha : le premier marquoit
la fin de l'année, & le fecond en défignoit le
commencement. Cet ufage eut lieu dans ce fiecle
& les fuivants.

Le 14ᵉ fiecle ne nous offre aucune variation
frappante. Les Allemands, les Anglois, les Efpagnols tiennent toujours pour le 25 Décembre ou
le premier de Janvier. Les François perféverent à
commencer leur année au jour de Pâques. Quand
on dit que l'année commençoit à Pâques, il faut
entendre qu'elle commençoit après la bénédiction
du cierge pafchal, qui fe faifoit la nuit du famedi
faint au jour de Pâques. Ainfi cette nuit, ftrictement parlant, étoit de deux années. Cet ufage étoit
tellement propre aux François, qu'ils l'exprimoient
très fouvent en ces termes, *more Gallicano, Gloff.
Latin. t.* 1, *col.* 469 ; il ne fut cependant pas général, & ne l'avoit jamais été chez eux. Le Li-
moufin, qui, jufqu'à 1301, avoit fuivi cette coutume, commença à partir de l'Annonciation. En
Languedoc & en Aquitaine, *ibid.* le premier
jour de l'an étoit conftamment fixé au 25 de Mars,
fans avoir égard à la fête de Pâques. En Dauphiné,
ainfi qu'à Rome, en Lombardie, en Chypre, c'é-
toit Noël, & non le premier de Janvier. C'eft un
fait indubitable que pendant tout le 14ᵉ fiecle la
cour de Rome commençoit l'année au 25 Décembre : on porte en preuve le 23ᵉ canon du Concile de
Cologne de 1310, qui, en prefcrivant d'y fixer
l'ouverture de l'année, déclare qu'il ne le fait que
fur le modele de l'Eglife de Rome, *prout facrofancta
Ecclefia Romana id obfervat ;* & le P. Echard dans
fa *Bibliot. des Auteurs de l'ordre de S. Dominique,
p.* 650. Cet ufage cependant ne fut point conftant :

on varia beaucoup ; & plusieurs compterent les années depuis la Passion de J. C. ou la trabéation, ce qui est la même chose, jusqu'à ce qu'Eugene IV ordonna dans le Concile de Florence en 1440 que l'on compteroit désormais les années depuis la naissance de J. C.

Le 15ᵉ siecle n'a rien de remarquable, sinon que c'est une regle qui peut passer pour constante, *de Re Diplom. supplem. p.* 45, qu'alors les Papes ont commencé l'année dans leurs bulles, tantôt au premier Janvier ou à Noël, tantôt au 25 Mars, & que dans leurs brefs ils ont le plus souvent pris le commencement de l'année au mois de Janvier.

Les choses resterent en cet état pendant la plus grande partie du 16ᵉ siecle. Mais en 1563, Charles IX régla, par la fameuse ordonnance de Roussillon, château & bourg du Dauphiné, que l'année commenceroit en France au premier Janvier, au lieu qu'elle commençoit à Pâques, en sorte que le premier Janvier 1563 devint le premier jour de l'année 1564. Le Parlement ne se conforma à cette ordonnance que deux ans après, & ne commença l'année le premier Janvier qu'en 1567. L'année curiale 1566 n'eut, en conséquence, que huit mois 17 jours depuis Pâques, qui étoit le 14 Avril, jusqu'au dernier Décembre. Ce réglement fut fait, sans doute, pour parer aux inconvénients qui arrivoient assez souvent, l'année commeçant à Pâques. Dans une même année il se rencontroit quelquefois deux mois d'Avril : par exemple, l'année 1358, ayant commencé au premier Avril, ne finit qu'au 20 Avril suivant. La coutume n'étoit pas de marquer Avril premier mois, & Avril dernier mois de l'année ; il arriva de là dans le courant des affaires un chaos inextricable.

Philippe II, Roi d'Espagne, ordonna en 1575, à l'exemple de la France, que l'année commenceroit au premier Janvier dans les Pays-Bas.

L'usage de commencer l'année dans les bulles au 25 de Mars, fut constant depuis Grégoire XV jusqu'à Innocent XII. Celui-ci reprit le calcul qui fixe le commencement de l'année aux Calendes de Janvier.

C'est dans le 18e siecle que Pierre premier changea la maniere de compter les années des Moscovites, & leur fit adopter l'usage des Chrétiens d'Europe. Avant ce temps, les Russes commençoient l'année au premier Septembre.

ANNÉES CAVES OU INCOMPLETTES. *Voy.* DATES DES ANNÉES DES SOUVERAINS.

ANNÉE DE L'INCARNATION. *Voyez* DATE DE L'INCARNATION.

Le calcul des Pisans qui étoit commun dans les 13e, 14e, & 15e siecles aux républiques de Lucques & de Sienne, commençoit l'année plutôt que ceux qui ne la commençoient qu'à la Nativité ; c'est-à-dire qu'il partoit du point de l'Annonciation. Ainsi lorsque l'on commençoit, par exemple, l'année 1220 au 25 Décembre, ils n'avoient plus que trois mois de cette même année 1220, après lesquels ils commençoient 1221.

Voyez CALENDRIER, COMPUT, CONCURRENT, RÉGULIER, DATE, &c.

ANNEAUX À SCELLER. L'usage des anneaux à sceller remonte au-delà de trois mille ans. Il est peu de nations qui n'en aient fait usage ou dans leurs contrats, ou dans les ordres émanés de la puissance souveraine. Pharaon qui

donne fon anneau au Patriarche Jofeph , *Genef.*
cap. 41, pour marquer qu'il lui confie l'exercice
de la fuprême autorité ; Aman qui le reçoit de
la main d'Affuerus , *Efther , cap.* 3 , ℣. 10, &
qui en abufe en fcellant le cruel édit qui ordonne
la mort de tous les Juifs, prouvent que les Egyptiens & les Perfes s'en fervoient communément.
Le contrat paffé entre Jérémie & fon coufin ,
c. 32 , *v.* 9, 10, 11 , 14 , qui fut cacheté en
préfence de témoins , & les fceaux appofés fur le
tombeau du Sauveur , annoncent que l'ufage des
anneaux à fceller avoit paffé aux Juifs. Les Romains à leur exemple s'en fervirent pour fceller
leurs lettres & leurs teftaments : les Empereurs ,
felon Dion Caffius , *Hift. Rom. l.* 43 & 51 , s'en
fervoient également pour donner plus de poids à
leurs édits & à leurs diplomes. On ne trouve
point de dénomination plus ancienne chez les
Latins pour exprimer un fceau , que celle d'*an-*
nulus ; feulement pour diftinguer cet anneau
d'une bague, on difoit quelquefois *annuli figna-*
torii , ou *figillaricii* , ou *cerographi.* Nos Rois de
la feconde race au lieu d'*annulus* , écrivoient *anu-*
lus.

Les premiers chrétiens uferent pareillement
d'anneaux, lorfqu'il s'agiffoit de fceller quelques
lettres ou quelques contrats. La feule différence
qu'ils mirent dans cet ufage , c'eft qu'ils banni-
rent de la gravure de leurs anneaux tout ce qui
avoit trait à l'idolâtrie & à la mythologie païenne.
D'ailleurs les repréfentations étoient affez arbitraires. L'anneau de Saint Caius , trouvé dans
fon tombeau , *Arringh. Rom. Subterran. l.* 4 ,
c. 48, *p.* 426, prouve que les Evêques de Rome
s'en fervoient au 3ᵉ fiecle. Ce n'étoit pas un pri-

vilege attaché à cette premiere dignité de l'églife;
les autres Evêques en ufoient également. J'ai
envoyé, dit Saint Aguftin, *Epift.* 59, écrivant à
Victorin, cette lettre cachetée d'un anneau où
eft gravée la tête d'un homme qui regarde à côté
de lui. Nous vous promettons, dit Clovis, écrivant aux Evêques, de déférer aux lettres que
vous nous écrirez, dès que nous aurons reconnu
l'impreffion du cachet de votre anneau. Les Evêques y faifoient quelquefois graver leurs noms ou
leurs monogrammes. Ils fe fervirent d'anneaux
jufqu'au 9ᵉ fiecle ; alors ils commencerent à employer des fceaux propres, ou ceux de leurs églifes. Nos premiers Rois fuivirent en cela l'ufage
des Empereurs & de tous les Romains, c'eft-à-dire
qu'ils faifoient appofer aux actes émanés de leur
autorité leur fceau gravé fur un anneau qu'ils
portoient ordinairement au doigt. Ceux de la
premiere race, ronds pour la plupart, n'excedent
pas communément la grandeur d'un pouce, &
la gravure en eft de mauvais goût : elle repréfente
la tête ou tout au plus le bufte du Souverain.
Ceux de la feconde, toujours de forme ovale,
font un peu de meilleure compofition. Les 9ᵉ,
12ᵉ & 13ᵉ fiecles nous offrent quelques anneaux
attachés aux diplomes ; mais on a fujet de dou-
ter, *Gloff. med. & infim. Latinit. t.* 1, *col.* 1342,
fi ces anneaux étoient là pour tenir lieu de fceaux,
ou s'ils n'étoient que de purs fymboles d'inveftitures. On fait qu'anciennement on mettoit l'ache-
teur ou le donataire en poffeffion par l'anneau.

Quelques-uns de nos Rois de la troifieme race
fe fervirent également d'anneaux pour fceller :
mais il parut vers le dixieme fiecle des fceaux
différents des anneaux, dont l'ufage s'introduifit
peu à peu au préjudice des anneaux. Il eft cepen-

dant probable que les Papes les ont toujours confervés : car Jean XVI , qui fut placé fur le Saint
Siege en 985 , fcella de fon anneau , felon Heineccius , *de Sigill. p.* 48 , *n.* 17 , la confirmation
du décret fait au Concile de Mayence en faveur
des Moines de Corvey en Saxe ; à moins que
cet anneau ne fût celui du Pêcheur dont on fait
ordinairement, *de Re Diplom. p.* 130, honneur à
Clément IV, qui fut couronné en 1265. On l'appelle *anneau du Pêcheur*, parcequ'il repréfente
S. Pierre dans fon premier état. Il fervoit à fceller en cire les lettres familieres, & autres écrits de
cette efpece : c'eft ce qu'on peut déduire des paroles de ce même Clément IV, écrivant à Gilles le
Gros fon coufin : *Non fcribimus tibi, nec confan-*
guineis noftris, fub bullâ, fed fub pifcatori figillo,
quo Romani Pontifices in fuis fecretis utuntur. Ces
paroles prouvent que l'anneau du Pêcheur eft
plus ancien que ce Pape, & qu'on ne s'en fervoit
que pour fceller les lettres particulieres. Mais
il fe paffa encore plus d'un fiecle avant que les
Papes en fiffent ufage dans les affaires publiques,
& plus de deux avant qu'ils en fiffent mention
dans les dates de leurs refcrits. Aujourd'hui les
Papes pour les affaires domeftiques emploient
quelquefois le cachet de leurs armes. Dans le
15ᵉ fiecle au plus tard ils commencerent à fceller
leurs petites bulles ou brefs de l'anneau du Pêcheur imprimé fur une cire rouge différente de la
nôtre. On a des brefs de Callixte III & de Paul II,
fcellés de la forte. Le fceau de l'anneau du Pêcheur étoit autrefois plaqué au bas du bref; il ne
le fut au dos de l'acte que depuis 1600. *Le Moine,*
Diplom. pratiq. p. 77.

Voyez SCEAUX & ANNONCE DU SCEAU.

ANNIVERSAIRE. Jamais les anniverfaires

n'eurent plus de vogue que dans le 13e fiecle, sur-tout en France & en Allemagne. C'eſt, dit un Savant, *Biblioth. Germanic. t. 6, p.* 185, le fiecle des fondations pour la mémoire & le foulagement des morts : les actes de cette eſpece font multipliés à l'infini.

Il eſt bon de remarquer, à l'occaſion des anniverſaires, que le Cartulaire de la Cathédrale de Béziers, en Languedoc, fait mention d'un *trentin* établi au 12e fiecle par l'Evêque Bernard pour tous les Chanoines qui viendroient à décéder. C'eſt probablement le premier exemple de l'uſage où l'on eſt de célébrer un ſervice funéraire le trentieme jour après le décès.

ANNONCE. Sous le titre d'annonce, on va expoſer les principales clauſes de précautions miſes en œuvre dans le corps d'un acte quelconque pour l'authentiquer. Ces précautions conſiſtent principalement dans les annonces du ſceau, des ſouſcriptions, de la préſence des témoins, du monogramme, des inveſtitures, & autres formalités.

Il eſt très rare de voir concourir à la fois tous ces objets dans une ſeule & même piece. Il eſt même des chartes ſans annonce de ſignatures, de ſceau, de monogramme, &c. qui font néanmoins revêtues de ces formalités ; il en eſt d'autres qui n'en annoncent qu'une partie, & qui en réuniſſent pluſieurs. Abondance de droit ne nuiſit jamais. Il n'en eſt pas tout à fait de même de celles qui renferment des annonces qu'elles ne rempliſſent pas ; la regle générale eſt qu'elles ne ſont pas hors de ſoupçon : mais pour ne point riſquer la vérité, & ne point haſarder un jugement trop précipité, il y a bien des meſures à prendre. Pre-

miérement il faut être certain que ce ne foient
pas des copies prefque auffi anciennes que l'original : car toute copie peut, par exemple, annoncer un fceau ; mais nulle copie ne peut le
repréfenter fans quelque fupercherie. Seconde-
ment, il faudroit favoir fi cette piece, qui annonce ce que l'on n'y trouve pas, n'eft pas plutôt
un projet d'acte, qu'un acte réel, ou un brouillon
bien minuté, plutôt qu'un original. Enfin il peut
fe faire qu'un autographe manque à ce qu'il pro-
met, & ne doive cependant pas être réputé pour
faux. S'il étoit, par exemple, duement fcellé &
figné, & qu'il annonçât le monogramme du Roi
qu'on n'y trouveroit pas, on ne doit rien en conclure de défavantageux ; fur-tout s'il eft d'un de
ces fiecles, *De Re Diplom. p.* 210, où l'on ne
faifoit pas difficulté de s'en paffer : & quand il n'en
feroit point, ce ne feroit pas encore une raifon de
le fufpecter. En effet, ne pouvoit-il pas arriver
que le projet des parties intéreffées fût de le faire
authentiquer par le Souverain ; que le Notaire
en conféquence l'exprimât dans fon acte, comme
devant être certainement réalifé, & que mille
circonftances en empêchaffent enfuite l'exécution ? Un voyage de la Cour, une guerre, une
maladie, la mort, &c. tous ces accidents l'auront
d'abord fufpendu, & les délais en auront pu faire
perdre l'idée. L'acte, fonciérement, n'en feroit
cependant pas moins fincere. De même l'annonce
des fignatures ou d'un fceau étranger n'en em-
porte pas toujours la réalité. Deux vaffaux, paffant un contrat de l'agrément de leur Seigneur, fe feront propofé de lui préfenter l'acte à
figner ou à fceller ; ils font certains de fon accef-
fion ; ils l'expriment dans le texte : un inconvénient

nient quelconque furvient ; l'acte reſte fans fignature & fans fceau : il n'en eſt pas moins authentique. Ces cas arrivoient fur-tout dans les temps
où l'on annonçoit la fignature des abſens, lors de
la confection du contrat, dans l'intention de le
leur faire figner dans la fuite, & dans les temps
où la Chancellerie n'étoit pas toujours auprès du
Prince.

Pour donner une connoiſſance un peu détaillée
de cette partie des diplomes, on parlera féparément des annonces de chaque formalité, en la
fuivant dans tous les fiecles.

ANNONCE DE L'ANNEAU ET DU SCEAU. Il eſt
peu de chartes de la premiere race de nos
Rois où il foit parlé, *De Re Diplom.* p. 107,
de l'impreſſion de l'anneau royal que l'on y voit
au bas. Ce n'eſt pas que l'on ne puiſſe citer quelques diplomes revêtus de cette formalité. Dans
Dom Bouquet, *tome 4*, p. 617, le précepte de
Childebert I pour la dotation du monaſtere de
S. Calais en 528 ; celui de Chilperic I, donné
l'an 583 pour la fondation du monaſtere de Saint.
Lucien de Beauvais, *Nouveau Traité de Diplom.*
t. 3, p. 646 ; un autre de Thierry III, qui eſt rapporté parmi les actes des Evêques du Mans, en
font mention. Mais en général ils font fi peu
nombreux, que Dom Mabillon, *De Re Dipl.*
p. 107, poſe pour regle qu'à peine en trouve-
t-on un petit nombre d'indubitables, où l'anneau
foit annoncé.

On peut bien s'imaginer que les formules qui
ont fervi à exprimer cette annonce de l'anneau,
ont fuivi le goût du fiecle & le caprice des Ecrivains & des Notaires : auſſi n'y a-t-il rien d'uniforme fur cet objet. Voici les plus communes

Tome I.   F

fous la premiere race. *Annuli noftri impreffione*
aftipulari fecimus, fubter figillare juffimus.

Huitieme fiecle.

Au huitieme fiecle, nos Rois, ou plutôt les
Maires du Palais, annonçoient l'impreffion de
leurs anneaux dans les diplomes ou préceptes
qu'ils donnoient. *Annuli noftri impreffione figna-*
vimus, dit Pépin dans un diplome en faveur des
Religieux de S. Denys vers 750. *D. Bouquet,*
t. 4, p. 718. Carloman, frere de Charlemagne,
y manque quelquefois, *De Re Dipl. p.* 107;
mais Charlemagne n'omet cette annonce que
dans fes arrêts : il y eft exaĉt dans fes autres diplomes. Les chartes privées n'en font aucune
mention, parcequ'elles n'étoient jamais fcellées.

Neuvieme fiecle.

Il eft affez rare que les annonces de l'anneau
ou du fceau ne fe montrent pas dans les diplomes
royaux ou impériaux du 9ᵉ fiecle. Charlemagne
fe fert par-tout du terme d'*anneau,* excepté dans
une occafion unique, où il emploie la formule
extraordinaire pour lors : *Subter plumbum figillari*
juffimus. Louis le Débonnaire, Charles le Chauve,
l'Empereur Louis II, &c. annoncent l'anneau.
Ce n'eft que fur le déclin de ce fiecle que les
Princes commencent à faire mention de leurs
fceaux ou de leurs bulles. Charles le Gros emploie l'une & l'autre expreffion en 884 dans un
même diplome : *Et bullâ noftrâ juffimus figillari,*
ac figillo noftro corroborari, D. BOUQUET, *t.* 9,
p. 334; quoique pour l'ordinaire il ne faffe men-

tion que de l'empreinte de son anneau, *ibid.*
p. 347. En général, les diplomes Carlovingiens,
lorfqu'ils font de conféquence, font mention de
l'impreffion de l'anneau, *De Re Dipl. p.* 107 ;
mais cette annonce ne fe trouve point dans leurs
plaids, ni dans leurs arrêts, ni dans d'autres
actes peu importants, quoique l'anneau y ait été
empreint.

On peut donc pofer en principe qu'il eft rare,
fous cette race, de trouver des actes qui, ayant
mérité la fignature & le fceau du Prince, n'annoncent dans le texte ni l'un ni l'autre. On
pourroit même dire que ce feroit un phénomène
dans notre Monarchie avant le 11e fiecle.

Les Eccléfiaftiques annoncerent l'impreffion de
leurs anneaux ou de leurs fceaux prefque auffi-tôt
qu'ils commencerent à s'en fervir. La lettre de
S. Auguftin, citée au mot ANNEAU, en eft une
preuve. Il y avoit cependant au 9e fiecle des Evêques qui n'en avoient pas encore, & qui, dans
un befoin important, fe fervoient de celui de
leur Eglife, comme on le voit dans l'annonce
employée par David, Evêque de Bénévent :
Anulo fancta noftra Ecclefia firmavimus. Ital.
Sacra, *t.* 8, *col.* 46. Les Prélats, Evêques ou Abbés ne manquoient pas de le diftinguer dans leur
formule d'annonce. On en voit beaucoup d'exemples dans ce fiecle & dans les fuivants. La lettre
fynodale du Concile de Troyes de 862 nous
offre l'annonce de plufieurs fceaux à la fois : *Me-
tropolitanorum Epifcoporum figillis hoc ... fuper-
figillari nobis vifum eft.* On fe fert du mot *figillum,* parceque les fceaux, diftingués des anneaux, commencerent alors à devenir à la mode.

Malgré ce qu'on vient de dire, il faut cepen-

F ij

dant avouer que la plûpart des chartes ecclésiastiques de ce siecle & des trois suivants n'étant
point scellées, on se contente d'y annoncer les
signatures & les témoins; encore cet usage n'étoit-
il pas constant.

Dixieme siecle.

Dans le 10ᵉ siecle les formules par lesquelles
les Princes annoncent que leurs diplomes ont été
scellés, font mention, tantôt de l'anneau, &
tantôt du sceau. Les Rois Capétiens emploient le
plus souvent le terme de *sigillum*, quelquefois
celui de *bulla*, mais très rarement celui d'*anulus* :
& ce n'est que d'après le Roi Robert.

L'annonce de l'anneau caractérise donc ordinairement les diplomes des Rois de la premiere
& seconde race. Celle des bulles leur est peu fa-
miliere, & celle des sceaux encore moins; à peine
en peut-on citer quelques exemples antérieurs
au 10ᵉ siecle : les derniers Rois de la seconde
race l'ont cependant employé quelquefois, *De
Re Dipl. p.* 108 : il passa aux Capétiens; mais ils
ne s'en servirent pas constamment. L'annonce de
l'anneau, *annuli*, persévéroit encore sous le regne de Louis VII. *Act. SS. Bened. t.* 7, *p.* 8.

Les formules les plus usitées sous la seconde
race sont : *Anulo nostro sigillare, de anulo nostro
subter sigillare, anuli nostri impressione adsignari,
bullis nostris insigniri jussimus, sigillari fecimus,
&c. &c.* Les autres Souverains de Germanie emploient indifféremment les mots de sceau & d'anneau. Cette annonce ne paroît encore, ni dans
les diplomes des Reines, ni dans ceux des Ducs
& des Comtes, grands feudataires : les Rois
jouissoient du sceau exclusivement.

Les formules de la troisieme race reviennent toutes, à peu de chose près, à celles-ci : *ut autem hoc nostræ authoritatis preceptum firmum & stabile permaneat, sigillo nostro corroborari jussimus : anulo regiæ dignitatis nostræ*, De Re Dipl. p. 560, *mandavimus insigniri : sigilli nostri*, Hist. Trevir. Diplom. p. 262, *impressione jussimus adnotari : sigillo regiæ auctoritatis consignari*, De Re Dipl. p. 584, *sigillo muniri, sigillari nostrâ imagine jussimus, &c.* Et en François : *En témoin de quoi*, ou *afin que ce soit chose ferme & stable, nous avons fait mettre notre scel à ces présentes.*

Il y a plusieurs chartes ecclésiastiques de ce siecle qui sont scellées, & qui ne l'annoncent pas toujours. Témoins, *ibid. p. 133, 451, 568,* des chartes de Walbert & de Roricon, Evêques de Laon au 10ᵉ siecle. Les annonces des autres ne different pas de beaucoup, quant à la forme, de celles du 9ᵉ siecle. Mais les chartes privées n'annoncent encore jamais ni le sceau ni l'anneau, parcequ'il n'y avoit presque alors, parmi les laïques, que les Empereurs & les Rois qui en fissent usage.

Onzieme siecle.

Les diplomes des Rois de France du 11ᵉ siecle sont très souvent autorisés par l'annonce du sceau, suivant les formules ordinaires. Le Roi Robert fait mention, tantôt de son sceau, tantôt de son anneau ; mais, depuis sa mort, l'annonce de l'anneau devint très rare ; quelquefois il n'est fait mention ni de l'un, ni de l'autre ; mais les deux Rois ses successeurs n'y manquent guere.

On ne voit encore que deux grands Feudataires de la Couronne se servir de sceaux ; les Ducs de Normandie, *Neustria pia*, *p.* 215, *Perard*, *p.* 198, qui l'annoncent ; & un Duc de Bourgogne, *ibid. p.* 190, qui n'en fait aucune mention. En général les exemples de sceaux & de leur annonce sont très rares parmi les Grands.

Les annonces de la sigillation sont variées à l'infini par les Empereurs d'Allemagne : *Sigillum*, *signum*, *anulus*, *imago*, *bulla*, *sigillum repercussum*, *&c.* sont autant de synonymes employés pour exprimer le sceau.

La plupart des diplomes des Rois d'Angleterre n'en font encore nulle mention : à peine en trouve-t-on deux ou trois qui l'annoncent, *Monastic. Anglic. t.* 1, *p.* 48, 59, 288, quoiqu'ils en usassent fréquemment.

Plusieurs actes ecclésiastiques ont ce même défaut ; quoique munis de sceaux, ils n'en parlent pas. *De Re Diplom. p.* 586. *Vaissette, Hist. de Langued. t.* 5, *p.* 680. Il n'y a guere en Italie que les Prélats des grands Sièges qui l'annoncent ; mais cette formalité se trouve pratiquée dans un nombre de chartes des Prélats Allemands. *Hist. Trevir. Diplom. t.* 1, *p.* 394. *Gall. Christ. t.* 5, *col.* 467.

Douzieme siecle.

Les Rois de France du 12ᵉ siecle annoncent toujours leur sigillation par le mot *sigillum*. Louis VII est le seul qui dans un diplome donné en 1169, *Acta SS. Bened. t.* 7, *p.* 8., se soit servi des termes *annuli nostri impressione*. La Reine Adélaïde autorisa le diplome qu'elle donna en 1153, par son sceau : *Sigilli nostri authoritate. De Re Diplom. p.* 602. C'est la premiere Reine de France qui paroiſſe avoir fait uſage d'un ſceau particulier.

L'uſage des ſceaux devenant de jour en jour plus commun, ſur-tout depuis le milieu de ce ſiecle, les Ducs, les Comtes & les grands Feuda-taires les annoncent aſſez communément dans leurs chartes, quand ils en ont de propres ou d'empruntés. Les Empereurs d'Allemagne ne manquent guere à cet uſage : leurs bulles d'or, quand ils en font mettre, y ſont expreſſément marquées : mais la plupart des diplomes des Rois d'Angleterre en ſont deſtitués.

Pluſieurs chartes eccléſiaſtiques ne font en-core nulle mention du ſceau. Cependant il eſt alors plus ordinaire en France d'annoncer le ſceau, que l'on déſigne quelquefois par le mot *karaĉter*, *De Re Dipl.* p. 601. La plupart des chartes épiſcopales d'Italie n'annoncent point de ſceau : cette annonce eſt plus commune en Alle-magne. Quoique le plus grand nombre des Pré-lats François ſuſpendent leur ſceau, au lieu de le plaquer comme font les autres, leurs annonces n'en avertiſſent pas.

Treiʒieme ſiecle.

Non ſeulement nos Souverains continuent au 13ᵉ ſiecle d'annoncer leur ſceau dans les actes ſo-lemnels, mais ils annoncent encore l'appoſition des ſceaux des témoins. Louis VIII, dans ſon or-donnance touchant les Juifs, nous en fournit le premier exemple : on ne connoît pas de diplome de nos Rois plus ancien, *Ordon. du Louvre*, t. 1, p. 47, auquel les Prélats & les Seigneurs aient appoſé leurs ſceaux. Après avoir annoncé &

F iv

écrit les noms des témoins , on met : *In cujus rei testimonium & confirmationem præsentibus litteris sigillum nostrum fecimus apponi , & Comites , Barones & alii prænominati sigilla sua duxerunt apponenda.* Souvent ces Princes n'annoncent que leurs sceaux ; quelquefois même dans leurs lettres , ordonnances & autres actes moins solemnels, ils s'en abstiennent.

Comme l'usage des sceaux étoit encore récent pour les Ducs & les Comtes feudataires , de là vient que , jaloux de ce droit, ils paroissent assez curieux de les annoncer exactement, excepté les Comtes de Toulouse qui y manquent quelquefois.

Les Empereurs Latins d'Orient, & ceux d'Occident, à la réserve de Rodolphe d'Autriche, sont assez scrupuleux sur cet article. Les premiers annoncent assez souvent la matiere du sceau : *Præsentes bullâ nostrâ aureâ raboratas , &c. Bullæ nostra plumbeâ munimine roborari fecimus.* Les autres se servent quelquefois de formules non encore usitées : *Sigilla præsentibus sunt appensa : Præsentes majestatis nostra typario communitas tradimus.* Charles , Roi de Sicile , usa aussi de cette derniere annonce. Rarement les Rois d'Angleterre & d'Ecosse annoncent le sceau qu'ils font apposer à leurs diplomes.

Les formules qui expriment l'apposition du sceau aux chartes du 13ᵉ siecle sont extrêmement variées , & d'autant plus nombreuses que les sceaux furent très communs dans ce siecle & les deux suivants. Ce qui les accrédita beaucoup, c'est qu'ils tinrent lieu de signatures & de témoins dans une multitude de chartes qui n'offrent que cette formalité. Ils ne sont pas toujours annoncés,

mais ils le font fouvent par cette formule finguliere, *Tefte figillo noftro.* Hift. de Lang. t. 3,
preuves, col. 356.

Quatorzieme fiecle.

On commence à voir dans les annonces du
4ᵉ fiecle la diftinction de plufieurs fortes de
fceaux. Louis X annonce ainfi le fceau mis à des
lettres de 1315 : *Præfentibus litteris noftrum fecimus apponi figillum, quo ante fufceptum regni re-
gimen Franciæ utebamur.* Et dans d'autres lettres
poftérieures, il dit fimplement : *Præfentibus noftrum fecimus apponi figillum.* C'étoit fans doute le
fceau royal dont il fe fervoit alors. Philippe le
Long, Jean II & les Régents du Royaume, au
commencement de leur gouvernement, firent
également cette diftinction. *Ordon. du Louv. t.* 1,
p. 626. Philippe le Long en fait une autre plus
réelle encore : dans des lettres, *ibid.* p. 676, concernant le Parlement en 1318, on lit : *En témoin defquelles chofes.... le Roi a commandé à
mettre fon grand féel en ces préfentes lettres.* Et
dans une de fes ordonnances, *ibid.* p. 737, on
voit : *Et pour ce que nos ordenances deffus dites &
devifées foient perpétuellement fermes & eftables,
nous avons fait mettre notre fcel de notre fecret en
ces préfentes, l'an de grace mil trois cent vingt,
au mois de Février.* On voit encore qu'en l'abfence du grand fceau ou fceau royal, le Prince
fe fervoit d'un autre : *Donné fous le fcel de notre
Châtelet de Paris, en l'abfence de notre grant.* Philippe de Valois, en 1348, *ibid. t.* 2, *p.* 300 ;
Jean II en 1354, *ibid. page* 556, & Charles V, *ibid. t.* 3, *p.* 174, Lieutenant Général du
Royaume en l'abfence de fon pere qui étoit pri-

fonnier, fe font fervis plufieurs fois de cette formule. Charles VI annonce le fien en l'abfence
du grand : *Sigillum noftrum in abfentia magni....
duximus apponendum.* Ibid. *t. 6, p.* 529. Plufieurs
lettres & ordonnances de ces Princes ne font aucune mention du fceau.

Les Ducs & les Comtes des grands fiefs ne
manquent prefque pas à l'annonce du fceau , fuivant les formules ordinaires.

Les Empereurs & les Souverains d'Allemagne
expriment dans l'annonce qu'ils font mettre leur
fceau de Majefté : *Præfentium fub noftra Majefta-
tis figillo teftimonio litterarum.* C'eft la formule
ordinaire d'annonce.

Le fceau pendant eft fouvent exprimé en Italie,
en Efpagne , en Portugal & en Angleterre. Mais,
dans ce dernier royaume , il y a plufieurs actes
& lettres royaux où le fceau n'eft point annoncé.
Les Seigneurs & les Particuliers ne manquent
pas d'annoncer leur fceau propre ou emprunté ,
& ceux des Cours dont leurs actes ont été fcellés,
L'acte du ferment de fidélité du Seigneur de
Montauban au Duc de Bretagne , porte : *En témoignage de ce ay baillé à mon dit Sire ces lettres fcellées de mon propre féel , & paffée de ma
main le 5 jour de Mars, l'an mil trois cent quatre-
vingt & ouit.* Morice , *Hift. de Bret. Preuv. t. 2 ,
col.* 559. Jean , Sire de Rieux , annonce un fceau
emprunté : *Donné témoing mon paffement* (ma
foufcription) *& le fceau Guilleaume de Theillac
à ma priere le premier jour de Juillet , l'an mil
quatre cenz.* Ibid. *col.* 705. Dans le teftament du
Seigneur de Juigné, il eft fait mention des fceaux
d'une Jurifdiction & d'un Doyen : *Et afin que ceft
mien préfent teftament ou derraine volonté vaille &*

ſoit garni de plus grant fermeté, je ſupli & requier que il ſoit ſéellé des ſeaux deſquelx len uſe aux con-tras' de la Cour du Bourcnouvel, avecques le Jéel duquel len uſe en la Cour de honorable homme & Doyon de Bruſlon, &c. Ce qui fut exécuté en pré-ſence de témoins, l'an 1382.

Les ſceaux tinrent ſouvent lieu de toute autre formalité. *Teſte ſigillo noſtro, De Re Dipl. p. 632,* ſupplée à tout. Une multitude de chartes ecclé-ſiaſtiques n'annoncent que les ſceaux : très ſou-vent elles expriment qu'ils ſont pendants, *Gall. Chriſt. t. 5, p. 495.* Dans l'annonce de pluſieurs ſceaux on diſtinguoit quelquefois leur grandeur reſpective, *Pieces de l'Hiſtoire de Saint Germain, p. 81; Datum ſub ſigillo magno Curiæ Rotomagen-ſis, unâ cum ſignetis noſtris quibus utimur in hac parte.* Ainſi parlent les Vicaires Généraux de l'Ar-chevêque de Rouen dans un acte de 1374. Les ſignets dont il eſt ici queſtion étoient de petits ſceaux ou cachets.

Quinzieme ſiecle.

Le 15ᵉ ſiecle offre très peu de variation ſur l'annonce des ſceaux. On la trouve dans les let-tres royaux de Charles VII, ſous la forme accou-tumée. Il eſt pourtant des lettres de ce Prince dont l'annonce porte cette nouveauté : *Scellées d'un ſceau ordonné en l'abſence du grand.* » C'é-» toit en effet, *Mercure de Fr. Oct.* 1725, *page* » 2350, une choſe ſi peu rare de ſceller d'un » autre ſceau que du grand, qu'il y avoit chez » le Roi un office de *Garde-ſcel* ordonné en l'ab-» ſence du grand, office que poſſédoit Louis » de Harcourt, Evêque, *la Roque, t. 4, p. 1602,*

» de Bayeux en 1471 ». Louis XI fut moins
exact à l'annonce que fon prédéceffeur : Charles
VIII n'y manqua guere : Louis XII annonce dans
une confirmation de diplome, en faveur de l'abbaye de Saint Denis, *Doublet*, *p.* 1140, fon
contre-fcel, *Contra-figillum.*

Les Ducs & les Comtes fouverains commencent à faire affez fréquemment la diftinction de
leur grand & de leur petit fceau. D'ailleurs on ne
trouve rien qui differe effentiellement du fiecle
précédent, finon que la couleur de la cire du
fceau eft plus fouvent exprimée dans l'annonce.

Les Empereurs d'Orient & d'Occident perféverent dans les ufages du 14ᵉ fiecle, ainfi que les
autres Souverains de l'Europe.

En général le 15ᵉ fiecle ne vit pas dégénérer le
crédit des fceaux, ils font plus que jamais & prefque la feule autorité dont on authentique les
actes. Auffi leur annonce fe foutient-elle prefque
exclufivement quand il y en a : car il ne faut pas
oublier qu'il eft un nombre d'actes fcellés, dont
le fceau n'eft point annoncé. Au lieu de fceau on
fe fervoit fouvent de fimples cachets : *Cum noftri
impreffione figneti.*

Seizieme fiecle.

Les fceaux ne purent pas foutenir l'affaut que
leur livra l'art d'écrire, mis en honneur au 16ᵉ
fiecle. Les foufcriptions réelles étant par ce
moyen devenues plus fréquentes, l'ufage de l'annonce du fceau diminua fenfiblement, au moins
dans les chartes privées : car les édits, déclarations, & lettres royaux de nos Rois & des autres
Souverains ne manquent point à cette formalité

fous les formules accoutumées, avec expreſſion
de la couleur de la cire ; & même en Angleterre
& ailleurs, il paroît qu'elle ſuppléoit encore aux
autres.

ANNONCE DES SOUSCRIPTIONS ET DES TÉ-
MOINS. Les annonces des ſignatures ne doivent
pas & ne veulent point toujours faire entendre
que les témoins ont ſigné de leur propre main.
Une croix ſuffiſoit dans de certains temps. Elle
étoit ſuivie de la formule, *Le ſigne d'un tel*, †
Signum n : ou elle y étoit enclavée, *Signum* † n ;
ce qui marquoit ſa préſence & ſon conſentement, & non pas ſon écriture. Depuis environ le
11ᵉ ſiecle cet uſage fut commun & n'affoiblit au-
cunement l'authenticité d'un acte. Des ſignatures écrites de la même main, & ſoutenues reſpectivement de l'expreſſion *manu firmare, roborare*, ont ſouvent donné le change, & ont
fait naître des ſoupçons dans l'eſprit de quelques
Savants. Mais cette expreſſion eſt interprétée
dans une charte que cite Dom Mabillon, *De Re
Dipl. p.* 168, par le mot *tangendo*, & qui réſout
toute difficulté. C'étoit donc en la touchant, en
y poſant la main, qu'on authentiquoit une charte.
Beſly, *dans ſon Hiſtoire du Poitou*, p. 373, nous
confirme cet uſage. Il ne s'agit donc pas toujours
d'écriture.

Pour éclaircir les divers uſages des ſiecles, il
ne ſera pas inutile d'entrer dans un certain détail.

Les Rois Mérovingiens n'annonçoient pour
l'ordinaire que leur ſouſcription excluſivement.
Les jugements ou ſentences des Souverains, les
accords ou contrats des particuliers ne portoient
point régulièrement ces annonces. On s'en tenoit

pour ceux-ci aux marques de stipulation exprimées sous la formule *stipulatione subnixâ*, qui étoient pour l'ordinaire la rupture d'une paille, dont les parties rapportoient les morceaux au besoin, ou que l'on attachoit en partie au bas de l'acte. Les formules des annonces, des diplomes & des chartes privées reviennent communément à celles-ci : *Manus nostræ subscriptionibus subter eam decrevimus roborare : manu propriâ firmavemus.* Rarement ces pieces annoncent les signatures des témoins. On y voit seulement : *Signum † vir inluster n.* Quelquefois cependant ils sont annoncés par ce titre simple, *Notitia testium*, formule ordinaire dans les chartes privées de plusieurs siecles voisins.

Huitieme siecle.

Les Maires du Palais, dans les diplomes qu'ils donnerent, annoncerent souvent en forme leur souscription, *Manu propriâ subter firmavimus :* mais plus ordinairement ils ne l'annoncerent que par la signature même : *Signum † inlustri viro Pippino Majorim-domûs :* c'est l'annonce & la signature du précepte donné par Pépin, Maire du Palais, aux Religieux de Saint Denis, vers 750, pour la restitution de plusieurs terres, & dont il est mention dans *Dom Bouquet, t. 4, p. 718.*

Les Carlovingiens, dans les diplomes de conséquence, annoncent leur souscription. Grand nombre s'en tiennent pourtant à l'annonce du sceau. Les jugements & les diplomes de moindre importance offrent la souscription du Chancelier, quoiqu'ils négligent de l'annoncer.

Carloman, frere de Charlemagne, annonce

fa fignature, qui eft une fimple croix, par ces
mots, *Manu noſtrâ ſignaculum ſubter decrevimus
roborare* : on les lit, *D. Bouquet*, *t.* 5, *p.* 718,
dans une charte en faveur des Religieuſes d'Ar-
genteuil. Cependant ce Prince manque quelquefois à cette formalité, *De Re Dipl. p.* 107. Charlemagne annonce de même fa fignature, qui eſt
une croix felon l'uſage du temps, ou un monogramme, par le terme *fignaculum*. Mais il n'eſt
fait aucune mention de fignature ni d'anneau
dans les arrêts rendus par ce Prince. Auſſi ne font-
ils foufcrits que du Chancelier ou Vice-Chancelier.

Dans les chartes privées, l'annonce des témoins eſt fouvent rendue par la formule *His
Teſtibus*, après laquelle le Notaire écrit les noms,
fignum † n ; ou en général par cette autre formule, *Coram multis teſtibus more Bajoariorum
per aurem attractis*. C'étoit la coutume de tirer
par les oreilles les témoins dont on écrivoit les
noms au bas des chartes. Selon les loix de Juſtinien, la préſence des témoins fans leur fignature
fuffifoit pour la validité des actes ; & l'Allemagne ainſi que l'Italie fuivoit le droit Romain.

Neuvieme ſiecle.

L'annonce des fignatures royales n'eſt rendue
ordinairement que par les formules, *Manu propriâ firmare, adfignare, fubfcribere*, &c. encore ne
s'y trouve-t-elle pas toujours : cette omiſſion arrive fouvent à l'Empereur Lothaire.

Les Eccléſiaſtiques n'ayant point encore communément de fceaux, l'annonce des fignatures
& des témoins fe trouve très fouvent feule dans

leurs actes ainsi que dans les chartes privées, & elle varie selon le génie des Notaires ; il est à remarquer que l'on s'y sert très souvent de l'expression *manu firmare*, *roborare*. Et ce qui donne encore beaucoup de poids à l'interprétation cidessus, c'est que souvent on annonce le consentement d'un trop grand nombre de personnes ; comme dans cette formule de la charte de Raoul, Archevêque de Bourgés, pour la fondation de Beaulieu : *Manu propriâ subterfirmavi & bonorum hominum Canonicorum sive fidelium laïcorum manibus firmandum contradidi.*

Dixieme siecle.

Enfin ce qui complette la démonstration sur cette question, c'est l'annonce d'un acte ecclésiastique du 10ᵉ siecle ; il est d'Adalberon, Archevêque de Reims : *Manu nostrâ subscribens* (concilium) *roboravi*, *sed & cæteri* (episcopi) *haud secus censuerunt manibus impositis solidare hoc ipsum decretum :* on ne peut rien de plus clair pour l'imposition des mains dans ce siecle & le précédent. Les souscriptions ecclésiastiques ne furent pas toujours annoncées. Dans ce dernier on passe très souvent tout de suite aux dates & aux noms souscrits, avec la formule, *Hi sunt testes,* ou *Hujus rei testes sunt.*

Les signatures des Souverains, qui n'étoient autres que leur monogramme, continuent d'être annoncées à peu près sous les mêmes formules qu'au siecle précédent : cette annonce & celle des témoins se trouvent quelquefois dans les chartes privées ; mais cette regle n'est point sans exception.

Onzieme

Onzieme siecle.

Les diplomes des Empereurs & des Rois de France & d'Angleterre, ainsi que les chartes des grands Feudataires du 11ᵉ siecle, font souvent mention de l'annonce des signatures : mais les formules dont on se sert, *Fidelibus nostris firmandam tradidimus.... Manibus fidelium corroborandam tradidi.... Et laudandam & confirmandam manibus adstantium tradidi*, &c. &c. démontrent assez clairement 1°. que les signatures ne sont pas réelles ; 2°. que la présence des témoins dont les noms sont souscrits, suffisoit ; 3°. que cette confirmation énoncée se faisoit par la seule apposition des mains. Même usage dans les chartes ecclésiastiques, comme on le voit dans le *Gallia Christ. t. 7, col. 41 : Manibus nostris tangendo firmavimus*, dit un acte de donation faite au monastere de Saint Martin-des-champs en 1098.

Douzieme siecle.

Les souscriptions de nos Rois sont encore monogrammatiques : mais celles des Ducs & des Comtes sont souvent nominatives. Les Empereurs continuent la formule *Manu nostrâ corroborare*, &c. pour la signature ; &, *additâ subscriptione testium*, *testium quoque approbatione*, *adhibitis idoneis testibus*, pour la présence des témoins.

Les chartes privées annoncent également la présence, la nomination, & les signatures apparentes ou réelles des témoins : mais l'usage le plus commun étoit de nommer simplement les témoins sans les faire signer ; il fut suivi dans les actes ecclésiastiques, on le voit distinctement par une charte de Laurent, Abbé de Saint Riquier, de 1177 :

Tome I. G

*Quod ut ratum permaneat.... nomina teſtium ſub-
tus annotavimus , ibid. t. 5, col. 357.* Les annonces de ſignatures & de témoins étoient également
en vogue en Italie & en Allemagne. *Leyſer ,
Comment. de Contra-ſigill. p. 32.* Un ſeul témoin
digne de foi ſuffiſoit en Angleterre : on ſe con-
tentoit pour toute autoriſation de la ſimple formule uſitée dans ce royaume & en Normandie ,
teſte meipſo , teſte meipſâ : quand il y avoit pluſieurs témoins , ſouvent on l'annonçoit collecti-
vement en ces termes : *Teſtibus nobiſmetipſis ,
Teſte totâ curiâ.*

Treizieme ſiecle.

L'annonce des ſignatures & des témoins eſt
par proportion bien plus rare au 13ᵉ ſiecle &
aux deux ſuivans, qu'elle ne l'étoit au ſiecle précédent. Les ſceaux prenant de plus en plus faveur auprès des Seigneurs , des Eccléſiaſtiques &
des Particuliers , commencerent à exclure , ou du
moins à diminuer les ſignatures réelles ou apparentes , & l'énumération des témoins. Auſſi une
multitude de chartes n'annoncent-elles que le
ſceau qui tient lieu de toute autre formalité.

Lorſque nos Rois font mention de leur ſouſcription dans le corps d'un diplome , c'eſt encore
le monogramme qu'il faut entendre. Ils annoncerent quelquefois les témoins qui étoient, pour
l'ordinaire , les grands Officiers de la Couronne.
Louis VIII ſe ſert pour cette annonce de la formule , *quod juraverunt tenendum illi quorum nomina ſubſcribuntur.* Dans ſon ordonnance concernant les Juifs , on y voit les noms de pluſieurs
Prélats & Seigneurs. Les Empereurs d'Orient &
d'Occident continuent d'annoncer leurs ſignatu-

res & la préfence des témoins : *Prefentes noftris caraƈteribus rubeis imperialibus infignitas. Hujus rei teftes funt. Imperialis fubfcriptionis caraƈteribus manu propriâ corroboratas : teftes funt hi.*

Les Rois d'Angleterre & d'Ecoffe en font autant, *hiis teftibus* ; à cela près, qu'ils ne fignent pas, & que les premiers ufent affez ordinairement de la formule *tefte meipfo ,* & du fceau, pour toute marque d'authenticité.

Beaucoup de chartes eccléfiaftiques n'annoncent que le fceau : il s'en trouve cependant qui y joignent l'annonce des témoins fous les formules, *Teftes funt , teftibus his.* Une charte de l'Abbé de Fécam & de fes Religieux en 1211 fait mention des témoins colleƈtivement : *Tefte univerfitate capituli noftri. Regiftre de S. Juft. fol. 47.* Un Abbé de Haghnion en Angleterre prend Dieu & fon chapitre à témoins : *Tefte Deo & toto Capitulo.* Monaft. Anglic. *t. 2 , p. 941.*

Quatorzieme fiecle.

On ne voit prefque plus de fignatures de nos Rois, ni par conféquent d'annonce dans leurs diplomes du 14ᵉ fiecle ; le fceau tint lieu de tout. Cependant Charles V , dans des lettres de 1364, par lefquelles il s'oblige de donner la Touraine à fon frere Louis d'Anjou , annonce fa fignature réelle : *Et pour ce qu'il appert qu'ainfi nous plaît , nous avons mis notre nom de notre main à ces lettres , &c.* Les autres aƈtes font fignés de la main du Secrétaire *per Regem ,* par ordre du Roi. Cet exemple nous donne les premieres lueurs du renouvellement des fignatures réelles. Les témoins ne font peut-être pas auffi rarement annoncés ; mais on peut

dire que la mode s'en passe déja sensiblement.
Plusieurs lettres royaux du Roi Jean annoncent,
comme témoin l'Aumônier ou le Sous-Aumônier,
sous la simple formule, *Presente Elemosinario,
presente Sub-Elemosinario*. La présence du Confesseur est quelquefois annoncée dans le même
goût à la fin des diplomes de Charles V : *Con-
fessore presente*. Ordon. du Louv. t. 4, p. 531.
Les lettres-patentes de Charles VI font assez souvent mention des Princes & des Seigneurs pré-
sents au Conseil, sous les formules : *Datum.....
per Regem in suo magno concilio in quo* n. n. *&
plures alii erant*, ibid. t. 6, p. 529 ; *par le Roi
en son Conseil ou quel étoient Mess*. Les Ducs &
les Comtes observerent bien plus exactement
l'annonce de la nomination des témoins. *Morice
Hist. de Bret. t. 2, col. 576 ; Hist. de Dauph.
t. 1, p. 535 ; Perard, p. 353.*

Les signatures des Empereurs d'Allemagne ne
font guere annoncées que par *Signum Gloriosissi-
mi* n. Ce n'étoit que le monogramme. Mais les
témoins font annoncés à l'ordinaire : *Testes hujus
rei sunt.*

On trouve beaucoup de souscriptions apparentes dans les diplomes des autres Souverains, sur-
tout dans ceux des Rois d'Espagne : mais elles ne
font point annoncées en forme. Il n'y a que la
présence ou le consentement des Rois d'Angleterre, exprimé formellement par cette annonce,
qui leur est propre, *Teste Rege ;* & quelquefois,
mais rarement, *Teste custode Angliæ*. En Ecosse,
on annonçoit les témoins par *Testibus.*

Quoique le sceau tienne lieu de signatures &
de témoins dans une multitude de chartes ecclésiastiques & d'actes privés de France & d'Angle-

terre, les chartes atteſtées par des témoins ne ſont
pas rares, ſur-tout en Italie. Les formules d'uſage
ſont : *His teſtibus, furent préſens, préſens à ce,
en préſence.* On rencontre ſouvent des actes qui
ne ſont ſouſcrits que d'une ſeule perſonne.

Quoique les ſignatures réelles aient commencé
à reparoître ſur le déclin du 13ᵉ ſiecle, l'uſage
n'en eſt pas encore commun, la plupart des laïques ignorant l'art d'écrire.

Quinzieme ſiecle.

Le plus grand nombre des ordonnances & lettres royaux du 15ᵉ ſiecle eſt contreſigné de la main
d'un Secrétaire, plutôt que ſigné de celle du Roi.
Les annoncent ſont conçues pour l'ordinaire en
ces termes : Par le Roi *en ſon Conſeil,* n. On
trouve cependant des ſigatures réelles de nos Rois,
Hiſt. gén. de la Maiſon de Fr. t. 3, p. 139. Louis XI,
dans un diplome en faveur de l'abbaye de S. Denis,
l'annonce expreſſément : *Nous avons ſigné leſdites
préſentes de notre main,* &c. *Archiv. de S. Denis.*
Les témoins, quand il y en a, ſont rarement annoncés autrement que par : *Tels & tels préſens.*
Les Ducs & Comtes ſouverains imiterent cette
derniere formule.

Les Empereurs d'Orient annoncent leurs ſignatures réelles en vermillon. Manuel Paléologue
la rend ainſi : *Hoc preſens Programma ſubſcrip-
tione proprie manus, Grœcis & verbis, litteris de
rubeo, ut noſtri imperii moris eſt.... roboratum.*
Mais les Empereurs d'Allemagne continuent
leurs monogrammes. Maximilien I eſt le premier
qui y ſubſtitua en 1486 la ſouſcription de ſa propre
main : *Maximilianus manu propriâ.* Souvent la

formule *Teſte meipſo* tint lieu de la ſignature des
Rois d'Angleterre. Elle fut en uſage juſqu'à
Henri VI, qui la réforma, les lettres de ce Prince
envoyées à l'aſſemblée de Mantoue, *Joan. Go-
belinus, lib.* 4, *Comment. Pii* 2, ayant été rejetées à cauſe de cette ſorte de ſignature. Les Seigneurs & les Particuliers de ce royaume ſcellent
ſans ſigner.

La plupart des autres Souverains de l'Europe
annoncent leur ſeing de leur propre main. Dans
les chartes privées de ce ſiecle on trouve une expreſſion nouvelle pour déſigner que la ſignature eſt réelle : on l'appelle *ſigne manuel. En
témoin de ce jé ſigné le préſent adveu de mon
ſigne manuel.* La Roque, *Hiſt. de Harcourt, t.* 4,
p. 1312. Ainſi parle Henri, Seigneur de Brethe-
ville, en 1451. Même expreſſion *ibid.* en 1452
& 1488.

Seizieme ſiecle.

Malgré le rènouvellement des ſignatures réelles
qu'on remarque dans un nombre d'actes du 15e
ſiecle, les annonces de cette formalité n'y pa-
roiſſent pas plus fréquentes qu'au précédent,
peut-être même le ſont-elles moins. Mais au 16e
les choſes changerent. L'art d'écrire, mis en honneur, renouvella les ſignatures, & les fit préfé-
rer aux ſceaux : c'eſt pourquoi pluſieurs inſtruments publics annoncent les ſignatures ſans parler du ſceau. On annonçoit même quelquefois
qu'elles étoient des ſignatures propres par la formule : *ſignum manuale : datum ſub ſigno noſtro
manuali.* Pieces de l'Hiſt. de S. Germain, p. 87.
Cependant on ne trouve plus de ſignatures annoncées dans les édits, déclarations & ordon-

nances de nos Rois. Cette annonce paroît encore, mais rarement, dans quelques diplomes d'Empereurs. En général, les Souverains, pour la plupart, fignoient réellement, mais n'en faifoient aucune mention.

L'annonce des témoins eft fort rare. On trouve cependant encore dans quelques actes royaux, *Hift de Paris*, *t. 3, p. 287*, *Vous préfent*, en parlant du Chancelier ; & les lettres-patentes de la Chancellerie d'Angleterre finiffent par la formule *Tefte Rege*.

ANNONCE DU MONOGRAMME. Les monogrammes tenoient lieu de foufcriptions à ceux qui ne favoient point écrire, & ceux qui le favoient les employoient également.

Quoique nos Rois de la premiere race se ferviffent quelquefois du monogramme, ils ne l'annoncent pas toujours dans le corps de l'acte ; car peut-on appeller annonce le *fignum n. Regis Francorum*, enclavant le monogramme ? On en voit cependant une efpece d'exemple dans cette formule employée par Childeric II, dans l'acte de donation de la terre de Barifi ; il annonce, & l'impuiffance où il eft de foufcrire, & fa fignature : *Et ego dum propter imbecillam ætatem minimè potui fubfcribere, manu propriâ fubter fignavi*. Cette foufcription n'eft-elle pas un monogramme réel, à moins que ce ne fût une croix, ou une autre marque quelconque ? En voici un autre exemple qui femble confirmer qu'il s'agit de monogramme réel, *D. Bouquet, t. 4, p. 633 : Nos & præcelfa genitrix noftra Nandechildis manuum noftrarum fignaculis adumbravimus*. Ainfi parle, en 638, Clovis II, alors âgé de quatre ans. Or furement à cet âge il ne forma de fa main, fur le diplome,

ni croix ni autre figne. C'étoit donc fon monogramme.

Dans le même temps les Rois Goths d'Efpagne en ufoient également ; *Dubos*, *Hift. de la
Monarch. Franç. t. 2 , p.* 516.

Dès le 9ᵉ fiecle les Prélats, à l'exemple des
Rois, commencerent à fe fervir de monogrammes, & à l'annoncer dans leurs chartes ; les
exemples en font cependant encore rares. Adal-
béron, Evêque de Metz, l'annonce ainfi : *Manu
propriâ noftri nominis monogrammam fubtus figna-
vimus.*

Les Rois de France annonçoient quelquefois
leur monogramme fous le même nom de *mono-
gramma*, mais plus communément fous celui de
nominis-caracter, fur-tout aux 11ᵉ & 12ᵉ fiecles.
Quelques Evêques les imiterent, ufant indifféremment des deux expreffions.

Les fignatures des Souverains du 10ᵉ fiecle,
annoncées par les formules ordinaires de foufcriptions, n'étoient que des monogrammes,
quoique le terme ne s'y trouve pas.

Au 11ᵉ fiecle, il eft exprimé bien plus clairement : *Anuli ac monogrammatis noftri figno
illam* (chartam) *decrevimus infigniri*, dit le Roi
Robert, *Annal. Bened. t.* 4, *p.* 185. Philippe I
fe fert du mot *character : Crucis fignum*, dit-il,
dans la charte de fondation de l'Abbaye de Saint
Vincent de Senlis, *De Re Diplom. p.* 166, *di-
gito meo impreffi ac charactere nominis mei impri-
mere juffi ; meoque figillo roborari.*

Voilà une fignature qui eft une croix bien diftinguée du monogramme. Les Ducs de Normandie s'en fervoient fans doute, puifqu'ils l'annoncent par la formule, *Signo crucis & mei nominis*

roboravi. Cette annonce se voit dans une charte
donnée par Richard II en 1014, en faveur de l'E-
glise de Chartes. *Signum nominis* n'est autre
chose que le monogramme, ainsi que *auctoritas
nominis*, dont se sert Richard III, dans la charte
où il donne à sa femme le Cotentin pour dot : *
Manu propriâ subscripsi, additâ auctoritate nominis mei.*

En Allemagne, le monogramme se soutient.
La plupart des Empereurs l'annoncent implicite-
ment ou formellement.

L'usage du monogramme, quoique toujours
peu fréquent parmi les Ecclésiastiques, persévere
dans les 11e & 12e siecles; témoins celui de
Quiriace, Evêque de Nantes, que l'on voit dans
les archives de S. Florent; & celui de Henri, Archevêque de Sens, annoncé dans un acte de 1126,
sous la dénomination de *nominis karacter : sigillo
nostro & karactere nominis nostri, scriptum hoc
subter firmavimus.* Hist. de S. Germain, pieces
justif. p. 36.

Les diplomes un peu considérables de nos
Rois du 12e siecle annoncent le monogramme,
mais sous la dénomination de *caracter*, que Philippe Auguste écrit *karacter*. La Reine Adélaïde,
dans un diplome de 1553, l'annonce par *nostri
nominis annotatione* ; ce qui revient au même.

Les Empereurs d'Allemagne ne se font guere
servis de cette annonce explicite. On voit cependant Conrad III en faire mention sous la formule
Signi nostri caractere.

Quoique le monogramme de nos Rois du 13e
siecle paroisse dans leurs diplomes un peu importants, il n'est cependant pas toujours annoncé.
Lorsqu'il est exprimé, c'est presque toujours en

ces termes : *Nominis mei caractere, charactere, karactere*. Les autres Souverains ne paroiffent pas en avoir fait ufage, à moins que l'on ne prenne pour monogramme, par exemple, les fignatures de Baudouin II, Empereur d'Orient, annoncées ainfi : *Litteras imperialis fubfcriptionis caracteribus infignitas : noftris caracteribus rubeis imperialibus infignitas*, à caufe du mot *caracter*.

Depuis Philippe le Bel, mort le 29 Novembre 1314, on ne découvre aucun veftige de monogramme dans les diplomes de nos Rois, & par conféquent plus d'annonce, *Gloff. med. & infim. Latin. monogramm.*

Les Empereurs conferverent encore le monogramme au 14e fiecle; mais il n'étoit annoncé que par la formule *Signum gloriofiffimi N. fignum fereniffimi N.* Il perfévéra ainfi jufqu'en 1486 : alors Maximilien premier en fupprima l'ufage, & y fubftitua celui de fa foufcription propre.

En général, des originaux où les monogrammes font annoncés, ou femblent l'être, quoiqu'ils ne s'y trouvent point, ne font pas pour cela fuppofés. Un accident arrivé au Prince aura pu empêcher qu'ils ne foient paraphés, ou il aura fuppléé au monogramme par l'attouchement de l'acte.

ANNONCE DES INVESTITURES. Parmi les annonces deftinées à rendre authentiques les anciens diplomes, on ne peut omettre celles d'inveftiture, c'eft-à-dire celles qui déclaroient les biens ou les droits dont quelqu'un étoit mis en poffeffion par un acte ou diplome. De pareilles annonces ne remontent pas, à la vérité, plus haut que le 9e fiecle, quoique l'inveftiture en elle-même foit d'une plus haute antiquité, & qu'il

en foit queftion dans des chartes du 7ᵉ fiecle :
mais depuis cette époque les chartes font remplies des noms d'inveftitures, & de leurs fignes
ou fymboles divers. Ces fymboles font quelquefois énoncés, & plus fouvent on ne les découvre
que parmi les caracteres qui fervent à revêtir les
chartes de toute l'authenticité dont elles font fufceptibles.

Les annonces de divers fignes d'inveftiture
doivent fans doute fervir à la vérification des
chartes ; car ces fignes, fur-tout lorfqu'ils y font
attachés, peuvent tenir lieu de fceaux & de
fignatures dans les pieces dépourvues de ces
dernieres formalités. Mais on n'en peut pas
dire autant des autres fymboles qui n'étoient pas
joints ou attachés au chartes ; car il eft bien difficile qu'une révolution de cinq ou fix fiecles n'ait
fait perdre leur objet de vue, & n'ait en conféquence donné lieu à quelques erreurs, ou que
l'ignorance des anciens ufages n'ait porté les derniers fiecles à profcrire des archives ces fymboles
énigmatiques.

Les annonces d'inveftiture ne fe rencontrent
que dans des chartes privées tant eccléfiaftiques
que féculieres. Le contrat d'échange de Sifenand,
Seigneur François d'origine, en préfente un exemple fingulier du 9ᵉ fiecle : *Et juxta legem meam
per cultellum & feftucam nodatum, feu guafonem ter-
ræ vobis exinde ad veftram partem corporalem facio
veftituram, ad veftram proprietatem habendum,*
&c. *De Re Dipl. p.* 542.

Les fymboles d'inveftiture font le plus communément annoncés de cette façon dans le 10ᵉ
fiecle : *Cum ramo & cefpite rituque populari idem
fancitum eft, rationabiliterque firmatum....* *Per*

amphoram plenam aquæ maris exinde legitimam
fecit donationem. . . . Hanc igitur donationem fecit
per corrigiam in hoc pergameno pendentem , &c.
où l'on vit les symboles de tradition ou donation
& d'inveſtiture clairement exprimés.

Les formules de l'annonce ont toujours varié ,
ſuivant la qualité des ſignes. Au 11.ᵉ ſiecle, Robert I , Evêque de Langres, faiſant une donation
en faveur de S. Bénigne de Dijon , *Perard, p.* 200,
prit pour ſigne d'inveſtiture une piece de monnoie qui fut percée, ſuivant l'uſage, & ſuſpen-
due à la charte : *In teſtimonium hujus donationis ,*
nummus iſte huic cartæ appenſus eſt , quum per ip-
ſum donatio iſta faċta eſt. Les marques d'inveſtiture étoient donc annoncées au 11ᵉ ſiecle.

Outre cette ſorte d'inveſtiture dont le ſigne
dépendoit du donateur, il y en avoit d'une autre
eſpece au 11ᵉ ſiecle, & même plutôt, dont le
ſymbole dépendoit du donataire. C'étoit une
ſorte de préſent que les donataires faiſoient au
donateur , en compenſation ou en reconnoiſ-
ſance de ſon bienfait. On l'annonce très ſouvent
dans les chartes. En voici un exemple entre pluſieurs : *Domnus Abbas Nicolaus unam precioſiſſi-*
mam candidi coloris capam michi pro ſigno contu-
lit; non tamen meâ monitus petitione, ſed ſpontaneâ
voluntate , quatenus ratum & inconcuſſum ſcriptum
maneat. Ainſi parle Eudes , Evêque de Bayeux,
au 11ᵉ ſiecle, dans un privilege accordé à l'Abbaye de S. Ouen de Rouen , *Annal. Bened. t.* 5 ,
p. 650.

Aux 12ᵉ & 13ᵉ ſiecles, les annonces ont preſque
toujours ſuivi à peu près la même marche. Les
choſes les plus ſimples étoient ſouvent employées
pour ſymboles. Tel eſt celui par lequel on met au

13e siecle l'Abbaye de Marmoutier en possession d'un fonds de terre : *Et de eadem quoque terra, impleto pugillo, revestivit Germundum.* Archiv. de Marmoutier.

Les annonces d'investiture sont rares dans les siecles suivants. On en trouve cependant encore en Angleterre au 16e siecle. Les lettres de la création d'un Comte en 1557, portent que l'investiture de ce titre se fit par la cape, l'épée, & le cercle d'or : *Ipsumque Thomam Baronem Percy.... per cincturam gladii & unius capæ honoris & dignitatis, & circuli aurei super caput suum positionem insignimus, investimus, & realiter nobilitamus, habenda & tenenda nomen, statum, titulum & dignitatem Comitis Northumbriæ.* Rymer, tome 15, p. 462.

La coutume de mettre en possession d'une maison vendue par la tradition des clefs, s'est perpétuée jusqu'au 17e siecle.

La seule regle qu'on puisse établir concernant l'annonce des investitures dans les chartes, c'est que la perte des symboles d'investitures annoncés, ou comme attachés à la charte, ou comme réservés dans le trésor d'une Eglise, ne doit pas rendre l'acte suspect : la nature de la chose, ou l'ignorance des gardiens, sont les causes de cette soustraction.

Voyez INVESTITURE.

ANNONCE DU CYROGRAPHE. Pour suppléer à l'authenticité du sceau, dont plusieurs Evêques & plusieurs Communautés étoient encore dépourvus au 12e siecle, on eut recours aux cyrographes, ou chartes-parties, que l'on annonça quelquefois dans le contrat. En voici un exemple choisi, tiré d'une charte par laquelle Hugues,

Abbé de S. Vincent de Laon, inftitua les Chanoines de S. Julien, en 1178. On y voit bien diftinctement ce que c'eft qu'un cyrographe : *Ut igitur præfens ordinatio memorialiter vivat in pofterum, nos eam fecimus fideliter hîc infcribi, & fcriptum inter nos & ipfos per chirographum mediari, & medietatem fcripti nobis retinentes, aliam illis medietatem reliquimus ad rei geftæ memoriam retinendam.* Gall. Chrift. t. 10, col. 197.

Outre ces différentes annonces, ce qui nous refte des chartes privées du 5ᵉ fiecle, nous fait voir qu'on annonçoit encore quelquefois le Notaire, l'ordre de faire infinuer la piece dans les actes publics, la ftipulation & la date : tout ceci fe trouve dans une charte de donation de l'an 471, publiée par Dom Mabillon, *De Re Dipl. p. 462.*

Telles font les différentes annonces que l'on peut rencontrer dans les chartes & diplomes. S'il fe trouve plufieurs formules qui foient mot à mot conformes à d'autres, cela vient, ou de ce que la formule en queftion étoit de ftyle, ou de ce que le même écrivain aura rédigé ces actes reffemblants en cette partie, & le cas devoit arriver fouvent, ou de ce qu'un Notaire aura pris pour modele de l'acte qu'il minutoit, un acte plus ancien du même ou d'un autre regne.

Il ne refte plus, fur l'objet des annonces, qu'à obferver que leur place ordinaire eft vers la fin, mais dans le corps de l'acte, c'eft l'ufage commun; & que cependant il fe trouve des diplomes qui les placent après les dates. *De Re Diplom. p. 593.*

ANNOTATION. C'eft la dénomination d'une efpece de charte impériale qui empruntoit fon nom de la signature de l'Empereur, appellée *adnotatio*. Ces fortes de chartes nommées diplomes, *Cod. lib. 12, tit. 24, leg. 9*, appellées auffi brevets, étoient d'ufage dans le Bas Empire, furtout, *Maffei, Iftor. dipl. p.* 81 & 82, pour la conceffion de quelques biens, charges, privileges, voitures publiques, &c. L'annotation ou la fignature impériale étoit néceffaire pour la validité de l'acte. Juftinien y ajouta un furcroît d'autorité, c'étoit l'annotation ou fignature du Quefteur. On qualifioit fouvent ces pieces d'*annotations facrées*, fuivant l'ufage de divinifer tout ce qui venoit de Empereurs. Bien des fiecles après, on n'entendit plus par annotation que des obligations ou billets fous feing privé, *Briffon de verbor. fignificat.... Hugo de 1ᵃ fcribendi Origine, p.* 189.

ANOBLISSEMENT. La nobleffe déja très nombreufe au 13ᵉ fiecle par la multiplication & l'hérédité des fiefs, fe multiplia prodigieufement par les lettres d'anobliffement. Les premieres furent données en France fous Philippe le Hardi, en faveur de Raoul l'Orfevre. Il n'eft pas hors de propos d'obferver que ce n'eft pas là cependant la premiere origine de l'anobliffement, mais qu'on renouvella feulement alors ce qu'avoient pratiqué les Empereurs Romains, en anobliffant *per codicillos honorarios, Defmolets, t.* 9, *p.* 161; c'eft ce qu'attefte au 4ᵉ fiecle S. Grégoire de Nazianze, Évêque de Conftantinople, *Carm.* 2°. *Hîc rursùm variâ laude doctrinæ tumefcit : ille autem genere & magnis fepulchris, aut exiguo diplomate novam nobilitatem nactus eft.* Il eft toujours vrai de dire cependant qu'il ne fe trouve point d'exemple de lettres d'anobliffement en France qui foient exemptes de foupçon, avant le regne de

Philippe le Hardi. *Thaumaſ. Notes ſur les Aſſiſes de Jeruſ.* page 170.

ANTI-LAMBDA. C'eſt une figure dont on s'eſt ſervi dans les anciens manuſcrits pour diſtinguer les citations : ſa forme étoit la *figure 61 du premier tableau.* Dans la ſuite on uſa pour cet effet de petites *s* renverſées, *fig.* 48, *ibid.* ou tronquées par le bas, ou ſuivies de points, ou ſurmontées de virgules, *fig.* 62, *ibid.* Des 7, des barres ——, des virgules à chaque ligne, font la même fonction dans d'autres manuſcrits. Depuis l'imprimerie, on met des virgules doubles »; c'eſt ce que nous appellons *Guillemets*, du nom de l'Artiſte qui les a inventés.

ANTI-SIGMA. L'anti-ſigma peut être enviſagé comme lettre ou comme ſigne. Sous le premier point de vue, l'anti-ſigma eſt un caractere introduit par l'Empereur Claude, ſous la figure de deux *C* adoſſés, *fig. 63 du premier tableau*, avec la valeur du *P* & de l'*S*, ou du *B* & de l'*S*. Priſcien, très croyable en cette partie, attribue à cette lettre de Claude un ſon équivalent au Ψ des Grecs. *Putſch. col.* 558. Selon ce Grammairien, ce ſon étoit beaucoup plus doux que celui du *ps* ou *bs* des Latins ; mais malgré cet avantage ils ne voulurent point changer leur ancienne écriture ; & cette lettre, ainſi que ſes deux compagnes, inventées par le même Empereur, furent condamnées à un éternel oubli, auſſi-tôt après ſa mort, au plus tard.

L'anti-ſigma, conſidéré comme ſigne, eſt repréſenté ſous la figure d'un *C* contourné, *fig. 64, ibid.* & ſe trouve dans les anciens manuſcrits avant les vers dont il faut changer l'ordre. Lorſqu'on ajoute un point au milieu, il déſigne les endroits

endroits où il y a deux vers dont le fens eft le même, mais dont on ignore auquel on doit donner la préférence.

APOSTILLES. On ne doit décider que d'après les principes d'une judicieufe critique, des apoftilles & des interlignes des originaux. Quelquefois la fraude, mais plus fouvent la bonne foi, les y a gliffées.

Dans un manufcrit elles manifeftent un autographe, quand elles font de la même main que le texte. Le contraire dénote les remarques d'un correcteur ; car les manufcrits antérieurs au feptieme fiecle en ont prefque toûjours eu d'office. La fignature du correcteur à la fin du manufcrit, ou au moins le mot *contuli* ou *emendavi*, peut donner beaucoup de lumieres par la comparaifon.

Le zele pour la correction s'étant réveillé au 9e fiecle, les manufcrits des deux précédents fournirent bien de l'exercice aux habiles gens d'alors ; mais ils n'y mirent ni leur nom, ni la note *contuli*. Aux 11e & 12e fiecles, plufieurs Savants, tels que Lanfranc, Anfelme, Etienne II, Abbé de Cifteaux, Guignes, cinquieme Général des Chartreux, &c. fe mêlerent encore de corriger, mais de corriger felon la foi orthodoxe. *Vitâ Lanfranc. c.* 15, *p.* 15.

Les corrections en interlignes font plus fréquentes que les apoftilles en marge : mais celles-ci font communément plus longues.

Comme on mettoit également en marge les phrafes oubliées, il eft arrivé fouvent que les apoftilles ont paffé dans le texte par la faute des Copiftes & des Editeurs.

Dans tous les pays il y a eu des correcteurs mal

Tome I. H

avifés qui, faute d'entendre certains termes, & d'être verfés dans la Chronologie, ont laiffé dans les chartes des preuves de leur ignorance & de leur témérité.

C'eft ainfi qu'une main inconnue, *De Re Dipl. p.* 58, a corrompu les dates de plufieurs diplomes accordés à l'Abbaye de S. Denys par l'Empereur Lothaire. Il faut convenir que les Notaires & les Secrétaires du Roi ont fait de tout temps des fautes dans les expéditions.

Les corrections en interlignes qui rétabliffent une faute qu'elles laiffent voir, & qui ne touchent point un endroit effentiel à l'acte, ne portent point atteinte à fon autorité : mais on tient pour fufpects les changements ou additions de noms, de nombres, de dates, de claufes, & d'articles où ils s'agit de chofes importantes ou préjudiciables aux parties intéreffées ; à moins qu'elles ne foient juftifiées par d'autres pieces, ou par des témoins, ou par de folides raifons, au jugement des Magiftrats. On reconnoît une addition ou une fuperpofition de mots à la raclure du parchemin, & à la différence de l'encre, de la main, & des caracteres.

Anciennement on inféroit librement entre les lignes fans aucune marque d'approbation les paroles omifes dans les actes : mais dès le milieu du 13ᵉ fiecle l'ufage avoit déja prévalu en certains pays d'annoncer & d'approuver les apoftilles : au 14ᵉ on fpécifioit en France l'endroit & le nombre des interlignes approuvées. *Act. SS. Maii, t.* 4, *p.* 561.

Toute addition explicative du texte, dont elle n'eft pas cenfée faire partie, ne doit pas porter la plus légere atteinte à la fincérité de l'acte : elle

prouveroit même en faveur comme note histori-
que, si elle étoit ancienne. François I rendit une
ordonnance le 24 Juillet 1544 pour interdire aux
Notaires Royaux & les apostilles & les interlignes, permettant néanmoins de réparer les fautes avant les signatures.

APOSTOLIQUE. Les titres qui rappelloient
l'idée des Apôtres ou d'une mission apostolique
étoient en vénération parmi les peuples chrétiens. C'est pourquoi le titre d'*Apostolique* devint
une épithete honorable donnée à tous les Evêques, mais qui se trouve pour la premiere fois en
511, selon le P. Sirmond, dans une lettre de
Clovis aux Prélats du Concile d'Orléans: *Le Roi*
Clovis aux Saints Evêques & très dignes du siege
apostolique. Gontran, Roi d'Orléans & de Bourgogne, nomme les Evêques assemblés au Concile
de Mâcon, des *Pontifes Apostoliques, Apostolici*
Pontifices. Ce titre fut réservé depuis à l'Evêque
de Rome par la décision du Concile de Reims
tenu en 1049. Quelques-uns cependant prétendent que le Pape en fut décoré depuis le 7e ou
8e siecle au moins, jusqu'au commencement du
11e qu'il s'en dépouilla pour le donner au Roi
de Hongrie. Il fut assez souvent attribué aux Papes sous les noms d'*Apostolat, d'Apostolique &*
d'*Apostole.* Dès le quatrieme siecle les Orientaux donnerent au Pape Jule I le titre d'*Apos-*
tolat dans la souscription de leur lettre. *Orantem*
pro nobis Apostolatum vestrum Dominus ævo custo-
diat largiore, Beatissime Pater. Amen. C'est là
sans doute ce qui donna lieu par la suite à ce salut
par lequel les Papes ont coutume de commencer
leurs lettres: *Salutem & apostolicam Benedictionem.*

On borne au temps écoulé entre le 6e & le

12ᵉ fiecle l'époque où les Papes parurent s'attribuer le titre *Apoſtolicus*. Employé dans une bulle antérieure au 7ᵉ fiecle, il la rendroit ſuſpecte ; & dans une bulle poſtérieure au 11ᵉ, il la rendroit fauſſe : il eſt propre au dixieme fiecle, ſans exclure les deux précédents & le ſuivant. Dans le 14ᵉ, les Papes furent quelquefois appellés *Apoſtoles de Rome*.

ARABES. Les Arabes ne s'étant point mêlés avec d'autres peuples, ont conſervé leur langue dans ſa pureté. Anciennement cette nation ſuivoit l'arrangement des lettres qu'elle avoit reçu des Hébreux & des Chaldéens, ou Syriens ; mais depuis, ayant changé de caracteres, elle a pareillement changé l'ordre des lettres. On croit communément que ces nouveaux caracteres furent inventés par Moramet, après l'an 633. Ils ſont abſolument les mêmes que les caracteres actuels des Turcs & des Perſans ; la différence, quant au nombre & à la valeur des éléments, ne conſiſte que dans des points placés au deſſus ou au deſſous de certaines lettres.

On diſtingue deux ſortes d'écriture Arabe ; l'Orientale ou Cuphique, dénomination qui vient de Coupha, ville de Chaldée, dans l'Irak Babylonienne ; & l'Occidentale ou Mauritanique. On n'a point de plus ſûre marque pour les diſcerner, que le point placé ſur le *phe* des Arabes d'Orient, & au deſſous de celui des Africains, & les deux points mis ſur le *caph* des premiers ; au lieu que celui des derniers n'en porte qu'un.

Dès l'an 643, l'Arabe fut introduit dans le royaume de Tunis par les Sarraſins, qui le porterent enſuite en Eſpagne, lorſqu'ils envahirent ce royaume.

ARCHEVÊQUE. Ce titre a fait long-temps une difficulté, & comme une pierre d'achoppement pour le commun des Critiques. Ils ont rejeté sans distinction tout monument qui donnoit, avant le 9e ou 8e siecle au plus, le nom d'Archevêque, soit à de simples Métropolitains, soit même à des Primats. La vérité est que ce titre fut connu en Orient au 4e, & en Occident dès le 5e ou 6e siecle.

S. Athanase, *Apolog.* 2, *p.* 791, passe pour le premier qui se soit servi du nom d'Archevêque pour désigner l'Evêque d'Alexandrie. Alors, c'est-à-dire au 4e siecle, ce titre parût être réservé aux Evêques qui furent depuis honorés du nom de Patriarches. Cet usage avoit encore lieu au 5e siecle : car le Concile d'Ephese le donne exclusivement au Pape Célestin, & à Cyrille de Jérusalem; & celui de Chalcédoine le donne également à S. Léon.

A la fin de ce siecle, ou au commencement du suivant, les cinq grands Sieges ne jouissoient plus exclusivement de cette distinction caractéristique : peut-être s'étendit-elle à la plupart des Métropolitains ; car on voit dans ces temps une lettre de Symmaque adressée à un Archevêque de Milan. Il faut avouer cependant que ce ne fut que dans des cas extraordinaires que les Papes accorderent aux simples Métropolitains le titre d'Archevêque : celui de Ravenne, par exemple, en étoit décoré. *Garnier, Diurn. Pontif. p. 6.*

Mais quoique les Papes ne prodiguassent pas ce titre, jamais ils ne trouverent mauvais que d'autres en usassent plus librement. Aussi dès le 6e sixieme siecle le titre d'Archevêque étoit-il fort commun chez les François, *De Re Dipl. l. 2,*

H iij

c. 2, n. 13. Le 6e canon du premier Concile de Mâcon, la lettre de S. Florin à Nicet de Treves, le testament de S. Céfaire d'Arles, où ce nom est répété jusqu'à quatre fois, forment sur cette matiere une démonstration.

Il est très probable que ce titre passa en Angle-terre avec l'Apôtre de cette isle. L'épitaphe, au moins, gravée sur sa tombe peu après son décès, & rapportée par le vénérable Bede, *lib. 2, c. 3,* le qualifie expressément du titre de *premier Ar-chevêque de Cantorbery :* d'où il faut conclure que ce titre, quelque rare qu'il fût dans la signature des Evêques en général, devoit être fort com-mun en France ; pratique dont les premiers Apô-tres d'Angleterre adoptoient volontiers les usa-ges : au moins est-il constant que ce dernier y fut adopté au 7e siecle ; les Conciles d'Angleterre, *Labbe, Conc. t. 6, col.* 578, 1356, 1360, 1377, 1383, & le *Monasticon Anglicanum, t. 1, p.* 66, en font foi. A Rome, les Papes le prenoient en-core dans certaines occasions, *Garn. Diurn. Pon-tif. p.* 75. Il étoit également fort commun alors en Espagne, comme on en peut juger par S. Isi-dore de Séville, *Origin. lib. 7, cap. 12,* & par une lettre du Pape Benoît II. Le premier sem-ble restreindre le titre d'Archevêque aux seuls Primats, ou tout au plus aux Métropolitains, à qui le Pape confioit la légation sur quel-ques provinces. Le second, au contraire, paroît l'étendre à tous les Métropolitains d'Espagne, qu'il appelle *sanctissimos Archiepiscopos* dans une lettre écrite avant son sacre.

Il faut avouer que jusqu'à ce siecle exclusive-ment, ceux qui étoient décorés de ce titre avoient d'autant plus lieu de s'en féliciter, qu'on le leur

-donnoit, & qu'ils n'avoient pas encore la préfomption de fe l'attribuer eux-mêmes. Mais ce
qui prouve l'erreur de plufieurs Savants qui ont
foutenu qu'aucun Métropolitain n'avoit ufurpé
de lui-même le titre d'Archevêque, c'eft la fignature de S. Théodore de Cantorbery au Concile
de Twifford, en 685, où il prend cette qualité
fans façon & fans détour, *Concil. magnæ Bri-
tann. t.* 1, *p.* 51 : ce Concile eft un des plus anciens monuments où fe trouve la fignature d'un
Archevêque.

Ce titre, en France, ne devint familier &
ordinaire aux Métropolitains que fur le déclin du
9ᵉ fiecle ; car les Métropolitains qui affifterent
au Concile de Paris, tenu en 846, fe dirent feulement Evêques : on remarque la même fimplicité dans les foufcriptions de douze Archevêques,
qui fignent comme Evêques au Concile de Touzi
en 860. Mais le changement eft évident aux
Conciles de Soiffons, en 866 ; de Touzi, en
871 ; de Pontion, en 876 ; de Troyes, en 878,
&c. dans lefquels tous ou prefque tous les Métropolitains font qualifiés du titre d'Archevêques.

Cette même dénomination a été attribuée à
des Prélats qui n'étoient point Métropolitains.
Les Evêques, S. Chrodegang de Metz en 743,
Bernon de Châlons-fur-Marne en 878, Théo-
dulfe d'Orléans fous Louis le Débonnaire, Saint-
Hugues de Grenoble en 1090, &c. font décorés
de la qualité d'Archevêques dans des monuments certains. Ce titre d'honneur venoit fans
doute de ce que l'on accordoit quelquefois à de
fimples Evêques le *pallium*, qui eft la décoration
particuliere des Archevêques ; perfonne n'ignore
que S. Grégoire accorda cette diftinction à Sya-
grius, Evêque d'Autun.   H iv

Par la fuite ce titre devint fort commun, & fut donné à prefque tous les Evêques, en forte qu'il s'eft trouvé chez les Grecs des derniers fiecles beaucoup plus d'Archevêques que de Métropolitains, & qu'en Italie on voit des Archevêchés qui n'on aucun Evêché foumis à leur jurifdiction. *Dupin, de Antiq. Ecclef. Difcipl. Differt. p. 7.* Le dernier Prélat qui paroiffe revêtu de la qualité d'Archevêque, fans avoir ni ville pour titre, ni fiege fixe, ni troupeau défigné, eft S. Boniface, depuis Archevêque de Mayence. Le Pape Grégoire II le décora, vers 729, du titre d'Archevêque, fans lui en donner la réalité.

ARCHICHANCELIERS. La dignité des Référendaires étant venue fe perdre au 8ᵉ fiecle dans celle des Chanceliers, ceux-ci fe multiplierent beaucoup dans le même temps. Ce n'étoit, à proprement parler, que des Notaires renforcés, qui tenoient lieu de ce que nous connoiffons actuellement fous le nom de Secrétaires du Roi. D'abord ils ne foufcrivirent que les chartes. Sous Charlemagne, ils foufcrivirent les diplomes royaux, & s'y nommerent Chanceliers. *De Re Dipl. p.* 118.

Dans le fiecle fuivant, cette compagnie de Chanceliers nomma fon chef *premier Chancelier, grand Chancelier, Archichancelier; Proto-Cancellarius, fummus Cancellarius, Archicancellarius;* ce qui revenoit à Proto-Notaire, ou grand Notaire; titre que le Chef eut dans le même temps. Rarement ces Chefs oferent s'approprier ces titres dans la fignature des diplomes qu'ils dreffoient ou qu'ils vérifioient; ils laiffoient à leurs fubalternes le foin de les qualifier ainfi. Druftemir, l'un des Chanceliers de l'Empereur Louis II, eft qualifié, dans un plaid de l'an 860,

Archicancellarius. C'eſt peut-être pour la premiere fois qu'il eſt fait mention de l'Archichancelier dans une date proprement dite.

De quelque rang ou degré que fuſſent les Chanceliers, ils ne ſouſcrivoient point à la maniere des Référendaires, tantôt au deſſus, tantôt un peu au deſſous, tantôt vis-à-vis de la ſignature du Roi. Leur ſouſcription étoit réguliérement placée au bas de la page. Le ſeul privilege qu'ils eurent, c'eſt que ſous la troiſieme race leur ſouſcription étoit ſouvent en plus gros caracteres, ſur-tout vers les 11ᵉ & 12ᵉ ſiecles.

Une choſe aſſez ſinguliere, c'eſt de trouver pluſieurs Grands Chanceliers à la fois, *De Re Diplom. p.* 121. D. Mabillon & M. Ducange ſont d'accord ſur la pluralité des Grands Chanceliers en fonction dans le même temps ſous le regne de Louis le Débonnaire. Le premier en montre encore pluſieurs à la fois aux 11ᵉ & 12ᵉ ſiecles. Peut-être avoient-ils des départements différents & ſéparés, ou peut-être cette dignité ſe trouvoit-elle attachée aux Sieges de certaines Egliſes. Comment expliquer autrement le fait que rapporte D. Mabillon, *ibidem?* Gervais, Archevêque de Reims, créé, comme ſes prédéceſſeurs, Grand Chancelier au ſacre de Philippe I en 1059, vérifie en 1061 des lettres en faveur de S. Nicaiſe de Reims, non en ſon propre nom, mais à titre de ſuppléant pour Baudouin, Chancelier ordinaire.

Le titre d'Archichancelier ſe ſoutint en France juſqu'au 12ᵉ ſiecle au moins, malgré les variations auxquelles il fut expoſé depuis le 8ᵉ; alors cette dignité, ſe confondant avec le titre de

Chancelier fimplement, perdit un peu de fon éclat. Elle avoit donné le droit de figner les diplomes à la tête des grands Officiers de la Couronne ; & fous Louis le Gros, les Chanceliers ne fignoient plus qu'après. Au commencement du 13ᵉ fiecle, Frere Guérin, Chevalier de S. Jean de Jérufalem, Evêque de Senlis, & fait Chancelier en titre à l'avénement de Louis VIII à la Couronne en 1223, releva l'éclat de cette dignité par la loi qu'il fit porter, que le Chancelier feroit le premier de tous les grands Officiers de la Couronne, & qu'il auroit féance parmi les Pairs du royaume. Mais le titre d'Archichancelier demeura éteint, & on ne connoît plus en France que le Chancelier, ou le Grand Chancelier du royaume.

Les diplomes des Empereurs d'Allemagne préfentent bien plus fouvent, parmi leurs foufcriptions, les titres d'Archichanceliers, que les diplomes des Rois de France. Les 9ᵉ, 10ᵉ & 11ᵉ fiecles en fourniffent beaucoup d'exemples, qui de jour en jour devenoient plus fréquents. Cette qualification leur fut donnée d'abord par leurs fubftituts ; mais on ne tarda pas enfuite à voir des Archichanceliers fe la donner eux-mêmes en contre-fignant.

Théotmar, Archevêque de Saltzbourg en 887, eft le premier que l'on trouve revêtu de la qualité d'*Archichancelier de l'Empire* ; il n'étoit avant qu'Archichancelier du Roi de Germanie. Cette qualification fe donna indifféremment à toutes fortes d'Archevêques, jufqu'à l'an 965, fous l'Empereur Othon I. Alors on ne voit plus que les Archevêques de Mayence en remplir les

fonctions ; & ce titre est depuis long-temps inhé-
rent à leur Archevêché. *Abbr. Chron. de l'Hist.
d'All. à l'an 973.*

Dès le 10e siecle, l'Empire eut au moins trois
Archichanceliers; l'Archevêque de Mayence pour
l'Allemagne, l'Archevêque de Cologne pour l'I-
talie, & celui de Treves pour les Gaules, ou
pour le royaume d'Arles. Celui dans le département duquel la Cour Impériale étoit convoquée,
portoit au col le grand sceau de l'Empire. Aujourd'hui l'Electeur de Mayence réunit en sa personne toute l'étendue de la dignité d'Archichancelier. *Lyncker, Dissert. de Archiv. Imper. n. 3.*
Celles des Electeurs de Cologne & de Treves ne
sont presque plus que des titres sans réalité, si
l'on en croit quelques Auteurs Allemands.
Wencker, Collect. Archiv. p. 117.

L'Archevêque de Vienne ayant fait dès le 9^e
siecle les fonctions d'Archichancelier de l'Empereur, comme il paroît par un diplome de 844,
les Empereurs lui confirmerent au 12e siecle le
titre d'Archichancelier de leur sacré Palais pour
la Bourgogne, comme s'ils eussent toujours été
en possession de cet honneur ; quoiqu'au 10e les
Rois de Bourgogne eurent souvent d'autres Archichanceliers. Le titre d'Archichancelier du
royaume d'Arles qu'avoit eu l'Archevêché de
Vienne en Dauphiné, fut attaché à l'Archevêché de Treves vers 1260. *Abbr. Chron. de l'Hist.
d'Allem.*

Depuis l'Empereur Henri IV, les Archevêques de Cologne sont restés en possession de la
dignité d'Archichancelier d'Italie. Cependant on
ne trouve le premier vestige de cette qualité attachée à l'Archevêché de Cologne que dans l'ex-

pédition de Lothaire en Italie en 1131. *Abbr.*
Chron. de l'Hist. d'Allem.

Depuis environ quatre cents ans, les Abbés
de Fulde font décorés du titre d'Archichanceliers
de l'Impératrice : mais on ignore fi elle a jamais
eu des archives particulieres diftinguées de celles
de l'Empereur. Plufieurs Auteurs, *Wencker,*
Collect. Archiv. p. 790 , prétendent qu'on ne
trouve point de diplomes de l'Impératrice fignés
de l'Abbé de Fulde.

Les Papes eurent auffi des Archichanceliers ;
on en peut juger par un privilege que Léon IX
accorda la troifieme année de fon Pontificat, &
dont la date porte qu'il fut donné par Frédéric,
Chancelier de la S. E. R. en la place de Heriman,
Archevêque de Cologne , & Archichancelier :
D. Mabillon fait à cette occafion la remarque fuivante: *Hoc primum exemplum eft Archicancellarii in*
litteris pontificiis , &c. Par cette remarque, D. Mabillon prétend, ou que c'eft, ftrictement parlant,
la premiere fois qu'il eft queftion d'Archichancelier dans les bulles & autres actes pontificaux,
ou que c'eft la premiere fois qu'un Archevêque de
Cologne eft nommé Archichancelier du S. Siege.
De façon ou d'autre il y a erreur. Dans le premier
cas, le contraire eft démontré par une bulle du
Pape Sergius III, écrite par Melchifedech , qui fe
dit *Protofcriniaire* , & datée par Théodore , qui
fe qualifie Archichancelier : dans le fecond cas,
l'erreur eft moins confidérable ; mais il eft également démontré que Piligrin, prédéceffeur d'Her-
man , jouiffoit de la même diftinction. Elle fut
attachée à ce Siege pendant un certain temps, &
trois Archevêques de fuite paroiffent en avoir
réellement fait les fonctions.

ARCHICHAPELAIN. Anciennement celui à qui le Roi confioit la Surintendance de l'oratoire de son Palais, en étoit appellé l'Abbé, soit parcequ'on avoit égard à l'étymologie du mot qui veut dire *pere*, soit parcequ'il étoit en effet chef d'un certain nombre de moines qui desservoient l'oratoire. *Mabill. Act. Bened. t. 2, p. 167; Annal. l. 11, n°. 41.* Mais ce titre ne tarda pas à faire place à celui d'*Archichapelain*, & les desservants furent nommés *Chapelains*.

Cette qualification tira son origine du changement arrivé dans la dénomination de l'oratoire. Nos anciens Rois, ayant une dévotion extraordinaire à la chape de S. Martin, & la regardant comme une puissante sauve-garde qui mettoit leur personne & leur couronne à couvert des dangers de la guerre, la firent conserver, avec un soin religieux, dans leur oratoire, qui, du nom de cette chape, prit bientôt le nom de *chapelle*. Ceux qui étoient établis pour garder cette chape pendant la paix, & pour la porter dans les combats, en tirerent insensiblement leur nom. Télle est l'origine des mots, *Chapelle, Chapelain, Archichapelain.*

Mais comment ces Ecclésiastiques, qui ne furent d'abord institués que pour le spirituel, s'immiscerent-ils dans les affaires civiles? Pourquoi les voit-on remplir l'office de Secrétaires ou de Chanceliers? La nécessité des temps leve la difficulté.

La Noblesse Françoise auroit cru dégénérer de la bravoure de ses ancêtres, si elle se fût abbaissée jusqu'à l'étude des sciences & de la grammaire. Ignorants par principes, les laïques n'avoient en vue que la gloire qui s'acquiert par la force, l'a-

dreffe ou l'agilité du corps, fans faire aucun cas
de celle qui naît de la culture de l'efprit. L'idée
de maître & de difciple ne quadroit pas avec ces
mœurs antiques, fimples à la vérité, mais indo-
ciles. Les Religieux au contraire, foumis par état,
inftruits par devoir, ftudieux par néceffité, con-
centroient dans les cloîtres la fcience eccléfiaftique & civile. Il y eut donc une efpece de néceffité de faire venir à la Cour ceux qui avoient feuls
quelque connoiffance des lettres, pour y faire les
fonctions de Secrétaires, de Notaires & de Chanceliers.

De plus, la chapelle royale étant devenue le
dépôt des reliques, des vafes & des ornemens
facrés de la Couronne, le devint auffi bientôt
de tout ce qui intéreffoit la majefté du Thrône.
On y mit les thréfors de nos Rois, les actes, les
contrats, les échanges qui avoient trait à leurs
domaines, les manifeftes de guerre, les traités de
paix, &c. enfin l'oratoire devint également le
dépôt des archives royales. Les Eccléfiaftiques,
religieux ou féculiers, gardiens de l'un & de
l'autre dépôt, furent fouvent forcés par les circonftances de s'acquitter de deux emplois qui
femblent incompatibles; leur lumiere les fit pré-
férer à d'autres, & infenfiblement on s'accoutuma à fe fervir d'eux dans les cas importants. La
récompenfe fuit de près le mérite fous un Prince
judicieux; & on leur donna en titre la charge
qu'ils ne rempliffoient d'abord que d'une maniere
précaire.

Cet honneur procura bientôt à l'Archichapelain les titres de Primat des Chapelains, d'Archevêque du facré palais, de Secrétaire, de Confeiller du fecret *auricularius*, d'Archiprêtre de la

France, & bien d'autres : auffi étoit-il lui-même ordinairement Evêque ou Abbé. Sa dignité répondoit affez à celle de Grand Aumônier.

Les Grands Chanceliers abforberent la charge d'Archichapelain ; ou, fi l'on veut, celle d'Archichapelain réunit les prérogatives & les honneurs attachés à ces deux dignités.

Si l'on en croit Eckard, *Comment. de Rebus Franc. Orient. t.* 2, *p.* 152, Gozbalde, Moine & Abbé, eft le premier qui ait poffédé conjointement les dignités d'Archichapelain & d'Archichancelier, fous le regne de Louis II, fils de l'Empereur Lothaire. Ce Gozbalde mourut l'an 855. Cependant l'on feroit remonter les Archichapelains jufqu'au commencement du 7ᵉ fiecle, & l'on feroit obligé de convenir qu'ils exerçoient déja l'office de Grand Chancelier, fi l'on pouvoit compter fur deux diplomes rapportés, l'un par le P. Labbe, *Mélange curieux*, *p.* 45 ; & l'autre par le P. Papebroch, *Act. SS. t.* 2, *April. in Propyl. Antiq.* Mais quoi qu'il en foit de ces deux actes, nous voyons certainement au 8ᵉ, 9ᵉ, & même au 11ᵉ fiecle, les mêmes perfonnages réunir fouvent les charges de Grand Chancelier & de Grand Chapelain. Enfin fi l'union des deux charges eut lieu au 9ᵉ fiecle, comme le prétend Eckard, il ne s'enfuit pas que long-temps auparavant elles n'aient pu être accordées à la même perfonne.

L'Archichapelain eut à peu près les mêmes avantages fous les Empereurs, & fur-tout fous les Othons. Les Chanceliers fignoient comme fubftituts ou vice-gérents du premier ; ce qui eft fort rare en France : on doit fe défier, dit à cette occafion D. Mabillon, des diplomes vérifiés *ad vicem Archicapellani.*

On ne peut révoquer en doute qu'au 10ᵉ fiecle les Archichapelains des Empereurs continuerent encore de faire l'office de Grand Chancelier, & d'être appellés Archichapelains du facré palais. Au 11ᵉ fiecle le même qui fe dit Chancelier dans le corps d'un acte, le figne comme Archichapelain. On trouve cette mode en France dans le même fiecle fous cette formule : *Signum* n. *Archicapellani, qui hoc fcriptum fieri juffit.*

Les grands Seigneurs, à l'imitation des Rois & des Empereurs, eurent leur Archichapelain, qui, pour ne pas trop multiplier les officiers d'une maifon, étoit chargé d'écrire les actes émanés de l'autorité de ces Princes.

Depuis Henri I, le titre d'Archichapelain difparut en France. On n'employa plus que les termes de *Premier des Chapelains*, & de *Maître des Chapelains* de l'oratoire ou de la chapelle du Roi.

ARCHIDIACRE. Cette dignité eccléfiaftique eft très ancienne. Quelques Auteurs prétendent qu'elle fut inftituée quelque temps après le Concile de Nicée, vers 330 ; mais ils fe trompent furement, puifque Cécilien, Auteur du fchifme des Donatiftes, vers 311, étoit Archidiacre. Les Evêques choififfoient entre les Diacres ceux qui leur paroiffoient les plus habiles & les plus exacts, & ils leur confioient une partie de leur jurifdiction, avec la qualité d'Archidiacre, ou de Chef des Diacres ; car ils reftoient toujours dans l'ordre des Diacres. Il y a beaucoup d'apparence que leur diftrict ne s'étendoit pas d'abord au-delà des bornes de leur ordre ; puifque le cinquieme canon du Concile de Reims tenu fous le Pape Eugene II, au commencement du 9ᵉ fiecle, eft la premiere loi qu'on connoiffe pour obliger les Ar-
diacres

chidiacres à se faire promouvoir à l'ordre de la prêtrise, *De Hericourt*, *Loix Eccl. part.* 1, *p.* 30 & 34. Quelque ancienne que soit cette dignité, on ne doit voir que dans les titres des bas temps les Archidiacres jouir d'une certaine jurisdiction dans les cantons dénommés de l'Archidiaconé; car leur district, dans le moyen âge même, fut plutôt moral que physique.

ARCHIDUC. Le premier qui, peu satisfait de la qualité de Duc, ait cru devoir en augmenter le lustre en le surchargeant d'une expression de prééminence sur les Ducs même, fut Bruno, Archevêque de Cologne, qui, l'an 959, se décora du titre d'Archiduc. *Ant. Mattheus, de Nobilit. part.* 1ᵉ *cap.* 5. Ce titre fut affecté exclusivement à la maison d'Autriche par l'Empereur Frédéric III, en 1453, avec droit d'ériger des Comtés, de faire des nobles, de mettre des impôts, &c. *Abbr. Chron. de l'Hist. d'All.* Depuis cette époque, un titre qui porteroit en souscription la qualité d'Archiduc, & qui n'émaneroit point de quelques Princes de cette maison, seroit légitimement suspect.

ARCHIPRÊTRE. Ce titre est ancien. On le trouve dans les ouvrages de S. Grégoire le Grand, & de Grégoire de Tours. On vient de voir que cette qualification se donnoit quelquefois au Chef de la chapelle royale; ce qui autorise à croire que par la suite ces deux mots *Archichapelain* & *Archiprêtre* devinrent synonymes. En effet, le Pape Adrien I, dans sa lettre à Tilpin, Archevêque de Reims, donne le titre d'Archiprêtre de la France à Fulrade, Abbé de S. Denys, qui étoit aussi décoré de celui d'Archichapelain.

Les fonctions d'Archiprêtre, ainsi que celles

Tome I. I

d'Archidiacre, font très anciennes. Dans les
dioceses de la primitive Eglife, les Evêques met‑
toient à la tête de l'ordre des Prêtres, peut-être
fous une autre dénomination que celle d'Archi‑
prêtre, des perfonnes revêtues du même carac‑
tere, & diftinguées par leur mérite. Les exem‑
ples que l'on en peut trouver dans les monu‑
ments, ne peuvent faire naître aucun doute.
Mais, relativement à l'objet préfent, il eft un
événement particulier qui pourroit caufer un
jour de l'embarras, qu'il eft à propos de prévenir
ici. L'Eglife cachée d'Angleterre fe trouvant
fans Pafteur du premier ordre à la fin du 16e fie‑
cle, le Pape ne crut pas devoir y envoyer un
Evêque : à la follicitation de quelques perfonnes,
il créa dans l'Eglife une dignité jufqu'alors incon‑
nue, relativement à fa deftination ; &, par une
bulle de 1598, il donna au fieur Blackuell le
titre d'Archiprêtre, aux fins de gouverner toute
l'Eglife d'Angleterre. Il n'y avoit encore jamais
eu d'exemple dans l'Eglife d'une pareille dignité
qui ne fût pas relative à un Evêque diocéfain.
Abbr. de l'Hiftoire Eccléf. t. 13, p. 604. Cette ob‑
fervation étoit néceffaire pour conftater les actes
émanés de cette nouvelle jurifdiction.

ARCHIVES. Sous le nom d'archives, on en‑
tend également, & les anciens titres, & le lieu
qui les renferme ; mais l'idée la plus commune
& la plus ordinaire paroît reftreinte à cette der‑
niere fignification.

Les archives, confidérées fous ce dernier point
de vue, ont reçu des Grecs & des Latins plufieurs
dénominations différentes : les premiers les ont
appellées ἀρχεῖον, χαρτοφυλακεῖον, γραμματοφυλά‑
κιον, &c. & les derniers, *tabularium*, *chartula‑*

rium, *chartarium*, *graphiarium*, *sanctuarium*, *sacrarium*, *sacratarium*, *scrinium*, *camera*, *cimeliarchum*, *armarium*, *archivum*, &c. Dans la baſſe Latinité, ce dernier mot prit toutes ſortes de formes barbares, approchantes cependant de l'étymologie; & on le donnoit également aux dépôts des chartes, & aux tréſors des reliques; parceque le même lieu renfermoit les unes & les autres.

On ne ſauroit fixer l'époque de l'établiſſement des premieres archives; il s'enſuit donc naturellement qu'elles ſont de toute antiquité. Nous voyons, 1°. *Reg.* 10, 25, que les Juifs, quelque vénération qu'ils euſſent pour l'Arche, le Tabernacle & le Temple, ne crurent pas profaner ces ſanctuaires de la Divinité en y dépoſant les loix civiles & les pactes des citoyens. C'eſt également dans les temples de Délos à Delphes, *Pauſan. in Beoticis*; de Minerve à Athenes, *Wencker, Collect. Archiv. p.* 5; d'Apollon, de Veſta, & du Capitole à Rome, *Eccard, Schediaſma de Tabular. Antiq. p.* 25, que les Grecs & les Romains, auſſi ſcrupuleux obſervateurs de leur religion, conſervoient ou conſacroient, pour ainſi dire, & les traités de paix, *Mém. de l'Acad. des Inſcrip. t.* 8, *p.* 260, *édit. in-*12; & les limites des Empires, *Tacit. Annal. l.* 4.; & les alliances, & les annales de leur République, *Tit. Liv. Decad.* 1, *l.* 4; & les ſources de leurs finances; & tous les actes qui étoient regardés comme les fondements du repos, de la tranquillité & de la fortune de leurs compatriotes. Enfin l'on pourroit conclure, d'après Eccard, cité plus haut, que tous les différents Bureaux & Tribunaux appliqués à l'adminiſtration des affaires de la République ou de l'Empire, avoient leurs archives séparées, dont le dépôt étoit dans l'un des temples de la ville.

La révolution occafionnée par Céfar dans la République, ne porta aucun changement dans cette partie de l'adminiftration. Les Empereurs Romains fe crurent même en droit d'avoir dans leur palais des archives attachées à leur dignité, qui furent défignées par les mots *facra fcrinia*. *Juftin. Novell.* 15, *cap.* 5, §. 2. Pour éviter la confufion, elles furent partagées en quatre efpeces de Greffes, qui renfermoient autant de fortes de titres : des *mémoriaux*, des *épitres*, des *libelles* ou requêtes, & des *difpofitions* ou concefſions auxquelles on attacha plus fpécialement le nom de diplomes. *Maffei, Iftor. Dipl. p.* 81.

La religion chrétienne n'altéra pas ces ufages politiques. Chaque ville & chaque cité, ainfi que chaque communauté dans les villes, continuerent d'avoir des dépôts particuliers ; recueil immenfe de faits de toute efpece, mais que les guerres & les incendies, &, plus que tout cela, les ravages des barbares & les injures du temps, ruinerent au point qu'aucune piece originale des quatre premiers ſiecles n'a été fauvée.

La France, dès le commencement de la monarchie, vit avec plaifir nos Rois s'occuper de la collection des chartes, *Wencker, Collect. Archiv. p.* 86 ; & de l'ampliation des archives du Palais qui renfermoient, *Nic. Chryftoph. Lynker, Differt. de Archiv. Imp. n.* 2, les réglements des Conciles, les loix des Princes, des actes, tant publics que particuliers, & fous la feconde race fur-tout, les *préceptes, Goldaft. t.* 2, *Conft. Imp. p.* 10, accordés par le Souverain, & les capitulaires. Les Rois des deux premieres races, & d'une partie de la troisieme, avoient imité, pour le malheur de la diplomatique, les Empereurs Romains ; c'est-à-dire qu'ils avoient deux sortes d'archives : les archives ambulantes, qui les suivoient toujours pour les lumieres de leur Conseil, *Daniel, Hist. de Fran. an* 1194; *viatoria*, c'étoit les plus essentielles ; & les permanentes, *stataria*. Il étoit moralement impossible que les premieres n'éprouvassent point des suites funestes de leur instabilité. Au rapport du P. Daniel, *Hist. de France, à l'an* 1194, les papiers du Roi & les registres publics furent pris par les Anglois, qui défirent notre arriere-garde. Le trésor des chartes actuel ne peut donc remonter avant Philippe Auguste : encore en est-on redevable à Frere Guérin, Religieux de l'Ordre de S. Jean de Jérusalem, Evêque de Senlis, & Chancelier de ce Prince, qui forma en 1210 le premier recueil du trésor des chartes, où l'on ne trouve rien que depuis Louis le Jeune. *Dupuy, Traité des Droits du Roi, p.* 1005.

Les archives d'Allemagne, formées par Eginhard, *Eccard, Schediasm. de Tab. Antiq. n.* 191, *p.* 31, selon les ordres de Charlemagne, dont il étoit Secrétaire, essuyerent différentes révolutions, & subirent le même sort que celles de France, parcequ'elles étoient également ambulantes. On assure même, *Wageins. Dissert. de Imp. Archiv. n.* 7, que dans les archives impériales il reste peu d'instruments publics, non seulement des temps antérieurs à l'Empereur Rodolphe, mais même du siecle qui l'a suivi ; & que le Code des recès de l'Empire ne renferme aucune constitution plus ancienne que celles de Frédéric III, si l'on en excepte la bulle d'or de Charles IV. Mais depuis que les archives de

I iij

l'Empire ont commencé à reprendre une nouvelle forme, & à être conservées avec foin, ce qui eſt arrivé, ſelon Wageinſelius, à la fin du 15ᵉ & au commencement du 16ᵉ ſiecle, ſous Maximilien I, *Journ. de Trév.* 1716, *p* 285; & qu'il y a eu des dépôts permanents à Mayenne pour l'Archichancelier, *Michel Neveu de Windtſchlée, Diſſert. de Archiv. n.* 20; à Vienne, pour le Vice-Chancelier, *ibid. n.* 27; à Spire, pour la Chambre Impériale, ſous le nom de *Voutes*, il ne s'eſt paſſé aucun fait important qui n'y ait été & qui n'y ſoit encore inſcrit & conſervé.

Archives Eccléſiaſtiques.

L'inſtabilité des tréſors des chartes, l'incurſion des barbares, le peu de ſoin des Archiviſtes publics, ſont autant d'inconvéniens auxquels les archives ſéculieres ont été plus expoſées que les archives eccléſiaſtiques : c'eſt ce qui a donné à ces dernieres la ſupériorité ſur les autres, avec la réputation & l'authenticité dont elles jouiſſent aujourd'hui.

Il eſt avéré que, dès le commencement du Criſtianiſme, on conſerva, *Ignat. Epiſt. ad Philadelph. Coteler. t.* 2, *p.* 33 & 84, dans quelques endroits retirés des lieux ſaints, & hors de l'atteinte des perſécuteurs, les ſaintes écritures, les actes des martyrs, les lettres apoſtoliques, *Tertull. de Praſcrip. cap.* 7, & les épitres reſpectables de ces fameux confeſſeurs, les Ignace, les Polycarpe, &c. &c. *Eccard, Schediaſ. de Tab. Antiq. n.* 18, *p.* 2.

Vers le milieu du 3ᵉ ſiecle où les Egliſes commencerent à poſſéder des biens immeubles, elles

y conserverent également leurs titres de jouis-
sance.

Au commencement du 4ᵉ, lorsque la fureur
des révolutions fut appaisée, que la croix fut
exaltée jusques sur la couronne des Empereurs,
& que les largesses & la piété des Fideles ne furent plus gênées par la crainte, alors on aggran-
dit cette partie de l'Eglise ; les livres & les actes
s'y multiplierent ; on nomma des conservateurs
en titre, sous le nom de *Scriniarii*, *Cartophila-
ces*, &c. des Archivistes. Telle est l'origine des archives ecclésiastiques.

On voit que celles de l'Eglise Romaine étoient
déja en réputation dès le milieu du 4ᵉ siecle,
sous S. Sylvestre, *Coustant*, *Præfat. in Epist.
Rom. Pontif. p.* 44, *& col.* 817 ; & sous S. Da-
mase, *Damas. Epist.* 4, *n.* 5 ; & qu'il étoit même
recommandé de les consulter, *Hyeron. Epist. ad.
Rufin. & Dialog. adv. Luciferian. ... Hilarius*,
adv. Auxent. p. 1266.

On voit aussi que vers l'an 370 les Evêques
des grands Sieges, d'Antioche, par exemple,
Tillemont, t. 11 ; *p.* 406, eurent des Notaires
particuliers pour leurs Eglises, ainsi que Rome.

La fin du 5ᵉ siecle & le commencement du
6ᵉ virent les archives ecclésiastiques en très
grand honneur, les titres, les actes, les livres,
s'y multiplier considérablement, *Concile d'Agde
de* 506, *de Lyon de* 567. On les conservoit avec
un si grand scrupule, qu'on mit souvent les archives sous la garde des Evêques mêmes, *Premier
Canon du troisieme Concile de Paris.* On donna
aux titres qui y étoient déposés un degré d'autorité respectable à perpétuité, *Second Canon du
second Concile de Lyon.* On décerna des peines

rigoureufes contre ceux qui ofoient livrer les titres, 26ᵉ *Canon du Concile d'Agde de* 506. On prit enfin tant de précaution contre les fraudes de toute efpece, que ces thréfors, qui n'avoient renfermé, jufqu'à la fin du 6ᵉ fiecle, que des papiers privés & des titres particuliers, devinrent, dès le commencement du 7ᵉ & dans les fuivants, le dépôt des actes publics les plus folemnels.

Les Moines, dès leur origine, formerent auffi des archives, à l'exemple des Evêques, *Tobie Eccard, Schediafm. de Tab. Ant. p.* 31, où ils dépoferent les diplomes de leur fondation, les inftrumens ou actes de donations, leurs privileges, &c. Ces nouvelles archives acquirent bientôt ce degré de confiance qu'elles conferverent jufqu'au 14ᵉ fiecle. Les actes publics y étoient fouvent dépofés par préférence, *Schoepflin, Alfat. Illuftr. t.* 1, *p.* 647 : le Chartrier de S. Denys & de plufieurs autres Abbayes ou Eglifes en font une preuve, puifque l'on y trouve des pieces du 7ᵉ fiecle qui n'intéreffent ni le local ni les biens qui en dépendent. Les monuments qui remontent au delà de fix ou fept fiecles, s'y trouvent prefque tous renfermés, *Muratori, Iftor. Diplom. p.* 96, ou en font fortis : en effet, le célebre Marquis Maffei, *Dell' Arte Crit. p.* 96, affure n'avoir pas trouvé dans les dépôts publics d'originaux antérieurs au 12ᵉ fiecle. Les actes en papier d'Egypte, auffi rares que finguliers, n'ont-ils pas été tirés des Eglifes & des Monafteres ?

Nombre de circonftances & d'événements ont contribué fans doute à illuftrer & amplifier les archives eccléfiaftiques ; le détail fuivant fuffira pour en convaincre. Un vainqueur, ufant du droit de conquête, avoit très fouvent, pour les

archives ecclésiastiques, un certain respect qu'il
ne se croyoit pas obligé d'avoir pour les archives
séculieres. Les Princes eux-mêmes les préféroient
aux leurs propres, & en faisoient un cas si particulier, qu'ils alloient, selon Grégoire de Tours,
Hist. Franc. lib. 9, cap. 42, jusqu'à conjurer avec
larmes les Prélats de permettre que ces asyles,
qu'ils regardoient comme inviolables, fussent
les dépositaires de leurs dernieres volontés. La
confiance qu'excitoit l'équité des Evêques ou des
Abbés, attiroit à leur tribunal beaucoup d'affaires
de leur diocese & de leur canton. Les Ecclésiastiques jouissoient, presque par-tout, du droit d'enregistrer toutes sortes d'actes & de contrats originaux : on en peut juger, pour la France, par l'é-
tat des chartes de S. Denys, *De Re Dipl. p. 429...
Supplem. de Re Dipl. p. 52 ... Hist. de Langued.
t. 3, col. 180 ... Felibien, p. 253, 288 ... Mém.
de l'Acad. des Inscr. & Belles-Lettres, t. 15,
p. 580, 592, 597*; les assertions des Savants qui les
ont parcourues en font foi. Pour l'Allemagne,
la Thuringe sacrée, *Præfat. p. 4*; & le Journal de
Trévoux, *Août 1740, p. 1555*, attestent la même chose. Pour l'Angleterre, nous avons le témoignage de Rymer, *Act. public. t. 1, p. 241 &
suivantes*; & celui de Hickes, irrécusable en cette
partie, *Ling. Vet. Sept. Thesaur. t. 1, Dissert.
Epist. p. 9, 10, 29*. Ce dernier prouve en outre
que les contractants demandoient quelquefois
que cet enregistrement se fît sur quelques livres
d'Eglise, *ibid. p. 67 & 70*. Tous ces faits relevent
sans doute l'éclat des archives ecclésiastiques, &
monastiques principalement, & dédommagent
bien les dernieres du mépris de quelques Critiques modernes peu versés dans l'antiquité. Des

monuments auſſi recommandables ne ſont pas dans le cas de craindre les attaques d'une critique jalouſe, & fondée ſur les motifs les plus frivoles.

Les plus anciens diplomes n'ont pu, diſent-ils, *Germon, Diſcept.* 1, *p.* 19, 25, ſe conſerver juſqu'à nous, à cauſe de leur fragilité, ni ſurvivre à tant de guerres, de ravages & d'incendies. Le fait en eſt cependant conſtant, n'eût-on d'autres preuves que le témoignage de Schannat, *Vindic. quorumd. Archiv Fuld. Dipl. p.* 3 ; & celui de Ludwig, qui atteſte plus de mille originaux d'Othon le Grand, qui regnoit il y a huit cents ans, *Reliq. mſſ. omnis ævi Dipl. Præf. p.* 22, 23, 85. Ce n'eſt pas, il eſt vrai, ſans de grandes difficultés, qu'on eſt venu à bout d'en conſerver un certain nombre : & la rareté des diplomes qui nous reſtent à proportion de leur antiquité, en eſt la preuve, & répond de leur ſincérité ; car il n'auroit pas été beaucoup plus difficile d'en fabriquer, du 7ᵉ ſiecle, par exemple, autant & même plus que du 10ᵉ : cependant l'expérience démontre une juſte proportion entre leur nombre & leur antiquité. Quel heureux haſard !

Si des marbres & des bronzes intéreſſants n'ont pas ſurvécu de même à tant de ſiecles, c'eſt, ou parcequ'on en a changé l'uſage, ou parcequ'on ne les a pas dépoſés dans les archives eccléſiaſtiques, ou enfin parcequ'il étoit plus aiſé & plus eſſentiel d'emporter des papiers & des parchemins que des maſſes inutiles.

Mais les archives eccléſiaſtiques, continuent-ils, ſont remplies d'une quantité prodigieuſe de faux titres, *Mém. du Clergé, t.* 6, *col.* 948, 1084, 1087... *Simon, Hiſt. des Revenus Ecclé-*

fiaftiques, t. 2, p. 261, 269 ... *Biblioth. Crit. t.* 1, *p.* 101, que les Moines fur-tout fe faifoient un métier de fabriquer. Cette imputation calomnieufe ne fut que l'effet de la haine implacable des Proteftants contre l'état monaftique, *André Rivet, t.* 2, *p.* 1064 ... *Scaliger, Epift.* 348, &c. & fur-tout de l'intérêt qu'avoit leur nouvelle religion à décrier les monuments antiques. Comme leur accufation étoit dénuée de preuves & de découvertes importantes & avérées, Dom Mabillon la repouffa avec le plus grand avantage. *De Ré Dipl. p.* 22 & *feq. p.* 226 & *feq.* En vain les Naudé, les Launoy, les Conringius, & plufieurs autres, fe laifferent entraîner par les mêmes préjugés, parcequ'ils étoient du bel air ; Dom Mabillon n'eut pas de peine à triompher de leurs attaques : ils n'étoient étayés d'aucun fait hiftorique, d'aucune preuve palpable. De fimples foupçons, qui infultoient toute l'antiquité, mais dont la probité la plus parfaite ne peut être à l'abri ; des chimeres, *Muratori, Antiq. Ital. t.* 3, *col.* 18, préfentées avec beaucoup d'art, ou avancées avec hardieffe comme des vérités ; des conféquences fauffes, *Juftif. du Mém. fur l'Orig. de l'Abb. de S. Victor en Caux, p.* 10, tirées du particulier au général ; des poffibilités ; *Warthon, Anglia facra, Præf. t.* 2, données pour des faits ; enfin de faux principes, des inductions auffi fauffes, *Lenglet, Méthode pour étudier l'Hiftoire, t.* 2, *p.* 383 ; des injures, des farcafmes : voilà quelles étoient leurs armes, & quelles font celles des Modernes. Un feul judicieux Antiquaire contre tous ces Critiques, qui étoient autant d'échos les uns des autres ! la partie n'étoit pas égale ;

mais le premier avoit la vérité de son côté ; il devoit être & fut en effet victorieux.

Enfin, pour exprimer en raccourci tout ce que l'on doit penser des archives ecclésiastiques, il faut convenir, à leur avantage, des vérités suivantes ; savoir, qu'elles l'emportent sur toutes les autres par leur antiquité ; qu'elles ont égalé en autorité, pour ne rien dire de plus, les dépôts publics ; que ce n'est que depuis deux cents ans environ que des Jurisconsultes Calvinistes contesterent aux pieces tirées de ces archives, le droit de faire foi ; que, quoique non revêtues des formes juridiques, elles ne laissoient pas alors d'être admises en Justice, comme aujourd'hui les papiers terriers, les lieves de cens, &c. plus anciens que le débat pour lequel ils sont produits, prouvent, selon la loi, de Seigneur à Vassal, & de Seigneur à Seigneur, quoiqu'ils ne soient pas faits juridiquement, ni tirés des dépôts publics ; que puisqu'on n'a jamais démontré qu'il y eût quelques archives ecclésiastiques suspectes en général, on doit les traiter aussi favorablement que les dépôts publics ; enfin que les motifs de réprobation que l'on allegue contre les premieres, s'ils étoient valables, retomberoient immanquablement sur les derniers. Est-ce là l'intention de ces Critiques ?

Ceux qui ont écrit sur cet objet avec les lumieres & l'impartialité requises, les Jurisconsultes, entre autres, ont eu des archives une idée aussi pompeuse que bien fondée. Ce sont, nous disent-ils, *Rulger Ruland. Tract. de Commiss. c. 3, n. ult.* les dépôts publics du Prince, de la République, du Magistrat, où sont renfermés tous les

renseignements concernant les droits & les biens
de l'Etat & des particuliers. Ce sont les trésors
publics, *Nic. Myler. Tract. de Stat. Imp. c. 47*,
où l'on a coutume de déposer les actes & les titres d'un Prince ou d'une Cité sous la garde
d'un Archiviste, & dans lesquels, outre les
chartes, diplomes, originaux, actes juridiques,
&c. on fait entrer, *Mich. Neveu, Differt. de
Archiv. n. 14*, les mémoires d'Etat, les annales,
histoires, livres de loix, statuts, coutumes, privileges, les titres des droits & prétentions du
Prince ou de la République, les traités d'alliance
ou de paix, les transactions, les livres de généalogies, de fiefs, cens, tributs, impositions &
revenus, les matricules d'un royaume, contenant
les noms des provinces, villes, bourgs, villages, &c. &c.

Selon eux, *Balthaf. Bonifac. lib. de Archiv.
cap. 10*, on ne peut se dispenser de s'en rapporter absolument aux actes renfermés dans ces dépôts, comme à des monuments incorruptibles
de la foi puplique. Wenker, *Collect. Archiv.
p. 48*, prétend même que les écritures qu'on y
trouve n'ont besoin d'aucune preuve extrinseque,
pas même de la reconnoissance du sceau. D'autres, *Molinæi, Celeb. Jurifc. t. 1, col. 309*, veulent encore que toute piece tirée de ces archives,
fût-elle un acte privé, porte sa preuve avec soi,
quoique dépourvue de la signature d'un Notaire,
de témoins, & des autres solemnités propres à
l'instrument public. On ne conteste pas même cet
avantage à des écritures imparfaites, *Nic. Lincker, Differt. de Archiv. Imp. n. 6* : & l'on peut
dire en général que toute piece émanée des archives passe pour authentique, ou du moins

produit le même effet jufqu'à ce qu'on ait infirmé fon autorité par de bonnes preuves. Il ne
s'agit pas feulement d'autographes ; les copies
anciennes tirées des archives, *ibid.* ont des droits
inconteftables à la foi publique , quand même
l'original ne fauroit fe trouver ; à plus forte raifon lorfque ces titres anciens font tranfcrits , foit
par des perfonnes publiques , foit par ordre du
juge , ou qu'ils font vidimés par quelque puiffance. En effet , fuivant Dumoulin , *t.* 1 , *n.* 41 ,
l'antiquité d'une copie fuffit pour prouver , &
autant que feroit l'original même ; parceque l'antiquité tient lieu des autres preuves , & que la
copie, *ibid. n.* 42 , paffe alors pour l'original , &
en prend le nom. Dans la rigueur , on peut excepter de ces prérogatives de crédibilité les pieces
informes que l'on découvre dans les archives publiques. Il y a néanmoins des Jurifconfultes qui ,
par la raifon qu'elles font trouvées dans des archives publiques , les mettent au rang des pieces
qui méritent la créance ; tant il eft vrai que ces
dépôts portent avec eux l'empreinte facrée de la
vérité même. Les archives publiques méritent
donc une pleine & entiere autorité. Mais qu'en-
tendent les Jurifconfultes par archives publiques ? Il faut l'avouer , ils ne font pas tous d'accord fur les conditions auxquelles la qualité de
publiques doit être attachée ; & l'on eft affez
tenté de croire , d'après l'autorité de plufieurs ,
qu'à raifon de la diverfité des archives & des
coutumes locales , on ne peut rien établir d'uniforme fur ce point , & qu'il fuffit de trouver un
certain nombre d'écritures publiques dans des
archives , pour qu'on leur donne la qualification
d'archives publiques. Tous les dépôts qui font

sous la direction des tribunaux & des personnes publiques chargées d'expédier des actes , & de les garder , sont censés publics. Les archives des Cours supérieures, & le thrésor même des chartes, qui est ce que la France a de plus sacré en ce genre, n'ont sur les autres dépôts que la dignité & quelque degré de présomption de plus en leur faveur. Les archives particulieres , au contraire , n'ont jamais joüi que du droit de former une demi-preuve. Chaque maison noble ou titrée, chaque famille distinguée , peuvent conserver les piers qui intéressent leurs successeurs. Mais les archives publiques ne peuvent être érigées ; *Dumoulin , t. 1 , tit. 1 des Fiefs , n. 30 ,* que par celui qui , au pouvoir législatif, joint le droit de créer des Notaires.

ARCHIVISTE. La charge d'Archiviste par laquelle il semble que l'on devroit naturellement entendre l'emploi de celui auquel on confie le soin des archives , fut presque toujours confondue par les Anciens avec l'office d'Ecrivain ou de Secrétaire. Sous ce dernier rapport , elle étoit aussi honorable chez les Grecs, *Tob. Eccard , Sched. de Tab. Antiq. p. 34 ,* qu'elle l'étoit peu chez les Romains. Ces derniers, selon Cornelius Nepos , ne regardoient ceux qui en étoient revêtus que comme des mercenaires : les premiers n'y admettoient que des gens de qualité , d'une capacité & d'une fidélité à l'épreuve. La dignité de Maître des Archives, & dans la suite de Logothete, devint très considérable sous les Empereurs Grecs. Les distinctions les plus éclatantes y furent attachées, & il n'y eut point d'honneurs dans l'Etat auxquels ils ne pussent prétendre.

Les Archiviftes des Pápes, nommés en Latin *Scriniarii* ou *Scrivarii*, ne contracterent point l'ignominie que les Romains avoient attachée à cette charge. La dignité des ordres eccléfiaftiques auxquels ils furent prefque toujours élevés, décora fans doute cette fonction peu brillante d'elle-même. Ils prenoient prefque toujours le titre de Notaires régionnaires. Leur Chef tenoit un rang fi diftingué, qu'il paffoit pour poffeder la troifieme dignité du Clergé Romain. Ils étoient chargés de dreffer les bulles, & prenoient communément la qualité d'Archiviftes de la Sainte Eglife Romaine, & non pas d'Archiviftes du Saint Siege Apoftolique : on trouve de ces fignatures depuis les 7e & 8e fiecles. Dans le 10e, fous Benoît VI, on voit Etienne, Evêque de Nole, qui ne fait pas difficulté de fe dire Archivifte de la Sainte Eglife Romaine : c'eft le premier Evêque qui fe foit contenté de ce titre. Dans les 11e & 12e fiecles, ils fe qualifioient Notaires Archiviftes du Sacré Palais de Latran : mais cette qualification ne paffa guere les commencements du 12e fiecle. Un nommé Gervais, fous Callixte II, eft le dernier Archivifte régionnaire, & Notaire du Sacré Palais, qui paroiffe dans les bulles. Si ce n'eft pas abfolument le dernier exemple de ce titre, on peut toujours dire qu'après le 12e fiecle il rendroit une bulle au moins très fufpecte. Cette charge cependant, comme diftinguée de celle des Dataires, ne fut pas fupprimée, mais reftreinte à fes véritables fonctions.

Dans les Eglifes & Abbayes particulieres, le Thréforier ou Garde des Archives fut toujours en confidération. On confondoit volontiers ces deux titres enfemble, parceque l'on conferToit avec le plus

plus grand soin, dans les thrésors des Eglises &
des Monastères ; les chartes de donations, les titres de fondations & autres pieces de conséquence, *Analect. Græc. t.* 1, *cap.* 19... *Annal. Bened. t.* 2, *p.* 485. De nos jours nous avons encore vu les archives de S. Denys placées dans le
thrésor de cette célebre Abbaye. Nos Peres n'au-
roient-ils pas voulu par-là marquer le respect qui
étoit dû aux archives, & l'intégrité dont elles
jouissoient ?

ARMOIRIES. S'il y eut de tout temps des figures sur les boucliers & les drapeaux, ce n'é-
toient dans l'origine que des emblêmes & des
hiéroglyphes de phantaisie qui ne servirent jamais
dans les anciens temps à distinguer les amilles,
ni à en marquer la noblesse. Les armoiries au
contraire sont des marques héréditaires d'extraction & de dignité.

Les Savants sont fort partagés sur leur antiquité, & n'ont aucune certitude du temps & du
pays où l'art qui explique & regle les symboles
héroïques, a pris naissance. La plupart cependant, le Pere Ménestrier entre autres & Mura-
ratori, font honneur aux François d'avoir été
les auteurs ou inventeurs des principes de cette
science, connue sous le nom d'art héraldique.
L'époque n'en est pas certaine ; mais on ne connoît point d'Auteurs qui traitent du blason avant
1150.

Quant à l'antiquité des armoiries, nous sommes fondés à croire que leur premiere institution doit être rapportée aux tournois célebres
vers la fin du 10e siecle, leur accroissement aux
croisades, & leur perfection aux joûtes & aux
pas d'armes, trois temps très distincts dans la

Tome I. K

progreſſion de ces marques honorifiques. M. de Foncemagne, *Académie des Inſcrip. t.* 18, *page* 315...*t.* 20, *p.* 579, a prouvé ſolidement que l'origine des armoiries remonte juſqu'aux tournois.

Henri I, ſurnommé l'Oiſeleur, les inſtitua, dit-on, l'an 934 à Gottingen, pour entretenir la nobleſſe dans l'exercice des armes en temps de paix. Ces jeux militaires ſe perfectionnerent ſous les Othons. Ils ne parurent en France qu'au onzieme ſiecle. Ce fut Geoffroi de Preuilli qui les y introduiſit vers 1036, *Chron. Turon. ampliſſ. collect. de D. Martene, t.* 5, *col.* 1006, & qui leur donna une nouvelle exiſtence, *Acad. des Inſcr. t.* 23, *p.* 241, en faiſant des réglements qu'on y obſerva dans la ſuite. Quand on dit qu'il les introduiſit en France, c'eſt qu'on ne regarde pas comme un véritable tournois cette eſpece de combat figuré que livrerent à Strasbourg les Seigneurs de l'armée de Charles le Chauve, & de celle de Louis, à l'entrevue des deux freres en 842, *Ducheſne, t.* 2, *p.* 375.

Le rapport des armoiries aux tournois eſt ſenſible & en fait connoître l'analogie & l'origine. Les chevrons, les pals & les jumelles, *le Gendre, Hiſt. de Fr. t.* 3, *p.* 34, faiſoient partie de la barriere qui fermoit le camp du tournois. Les combattants, après avoir remporté des épées ou d'autres armes, *Académ. des Inſcr. t.* 20, *p.* 664, avoient droit d'en décorer leurs écus, & de les y placer comme des monuments de leur valeur.

Le nom ſeul de *blaſon*, qui ſignifie en Allemand *ſonner du cor*, exprime l'entrée de chaque troupe dans le tournoi, ce qui ſe faiſoit en ſonnant du cor.

Une chose d'ailleurs qui détruit le sentiment de ceux qui reculent les armoiries jusqu'aux croisades, c'est qu'on sait indubitablement quelles étoient les armes de la famille de Réginbold, Prévôt de l'Abbaye de Mouri en Suisse depuis 1027 jusqu'en 1055 : *Gentilitia ipsius insignia.... in area cerulea mortarium flavum exhibent*, *Gall. Christ. t. 5, p.* 1036 ; quelles étoient celles de Robert I, Comte de Flandres en 1072, *Vredius Sigill. Comit. Fland. p. 6* ; & celles des Comtes de Toulouse en 1088, *Dom Vaissette, Hist. de Lang. t. 5, p.* 680 : ce qui prouve l'existence des armoiries avant la premiere croisade, publiée seulement en 1095.

Cette premiere expédition des Chrétiens dans la Terre Sainte les multiplia. Les Seigneurs & les Chevaliers assemblés de presque toutes les parties de l'Europe, ne pouvant se reconnoître entre eux, & pouvant même être méconnus par leurs gens, ne se contenterent pas de prendre des drapeaux & des boucliers de diverses couleurs pour se distinguer, ils y mirent diverses figures, & varierent leurs cottes d'armes à l'infini ; de là cette variété étonnante de croix sur les armes des anciennes maisons.

Les joûtes & les pas d'armes ajouterent au blason une multitude d'autres parties, telles que les couleurs & les fonds des écussons, les armes parlantes ou qui eurent trait à quelques faits historiques, les devises, les cris d'armes, les supports, &c. &c.

Quoique les armoiries aient commencé sur la fin du 10ᵉ siecle, un sceau qui s'en trouveroit chargé avant le 11ᵉ porteroit un caractere de fausseté. Cette regle est constante chez les plus

habiles Diplomatiſtes. On ne connoît même point
de ſceaux armoriés de Seigneurs qui remontent
juſqu'à l'an 1050. Les écus blaſonnés ne devinrent un peu communs que depuis environ le
milieu du 12ᵉ ſiecle. Un des plus anciens monuments qui ſubſiſte aujourd'hui en original, ſelon
D. Rivet, *Hiſt. lit. de la Fr. t. 9, p. 165*, eſt l'écu
de Geoffroy, Duc d'Anjou & du Maine, mort en
1150, qu'on voit dans l'égliſe cathédrale du
Mans. Il eſt d'azur à quatre lionceaux rampants
d'or & lampaſſés de gueule.

Louis le Jeune eſt le premier de nos Rois qui
ſe ſoit ſervi de fleurs de lis au contre-ſcel de ſes
chartes. Les diplomes antérieurs ſcellés de cachets ou de ſceaux parſemés de fleurs de lis ſont
évidemment faux.

Les armoiries furent donc la diſtinction de la
nobleſſe d'origine juſqu'en 1371, que les roturiers anoblis commencerent à en porter. Charles VIII eſt le premier de nos Rois qui ait créé
une charge de Maréchal d'Armes ou d'Armoiries en 1487, pour connoître de toutes les armoiries des nobles du royaume. Cette charge
fut adminiſtrée tant bien que mal juſqu'aux trou-
bles arrivés ſous Henri III ; alors il y eut dans la
nobleſſe une confuſion extraordinaire juſqu'en
1615. Louis XIII créa une charge de Juge Général d'Armes pour réformer les abus ſur les armoiries & conſtater les véritables. François Chevriers
de Saint-Mauris fut le premier honoré de cette
dignité ; & depuis lui les d'Hozier ont toujours
exercé cette charge.

Hickes, *Diſſert. Epiſt. p. 29*, conjecture que
le blaſon ne fut introduit en Angleterre que vers
le regne de Henri II. Selon Guillaume Nicolſon,

Biblioth. Hist. d'Anglet. part. 3, p. 2, Richard I abandonna les sceaux de majesté, & fit mettre le premier dans son écu deux lions qui devinrent les armes des Rois d'Angleterre. En effet, Sandford, dans son Histoire Généalogique des Rois d'Angleterre, prouve que leurs armes ne sont devenues héréditaires que depuis l'an 1189, premiere année du regne de Richard. Le même Auteur prétend que l'usage de joindre plusieurs armoiries entieres sur l'écu divisé perpendiculairement en deux fut inconnu aux Anglois jusqu'au 14e siecle.

Edouard III est le premier qui ait pris les armes de France, qui ait écartelé son écu, & qui ait fait mettre autour le collier de la Jarretiere avec la devise : elle ne parut sur le grand sceau d'Angleterre que sous Henri VIII. Richard II passe pour l'inventeur des supports des armes de sa Maison. Vers l'an 1218 les Seigneurs Anglois suivirent la mode d'imprimer leurs armes au revers de leurs sceaux : & même ces derniers depuis l'an 1366 n'offrent plus que des écussons armoriés. Le premier Hérault d'Armes d'Angleterre fut institué par le Roi Henri V, qui ne commença à regner qu'en 1413.

Guillaume le Lion, qui monta sur le thrône d'Ecosse en 1165, avoit à son contre-scel un lion en pied, environné de deux rangs de fleurs de lis. Alexandre II les retrancha de ses armes.

En Allemagne, les sceaux réduits à l'écu armorial ne sont pas plus anciens que le 13e siecle.

Les croix qu'on appelle de Lorraine n'entrerent dans les armes de cette Maison, qu'après que Réné d'Anjou, Duc de Bar, qui se portoit pour Roi de Naples, de Sicile & de Jérusalem, *Barre,*

Hift. d'Allemag. t. 5, p. 77 ;, eut épousé Isabelle, fille & héritière de Charles I, Duc de Lorraine. Avant cette époque, les Lorrains portoient d'or à la bande de gueule chargée de trois alérions de sable.

La Croix de Savoie est moins ancienne d'environ 40 ans. L'Abbaye de S. Maurice en Chablais choisit Pierre de Savoie pour son Avoué, & l'Abbé lui en donna l'investiture par le don de l'anneau de S Maurice marqué d'une croix, qui étoit l'enseigne de la légion Thébaine. Ce Prince en composa ses armes, & préféra cette croix à l'aigle de ses prédécesseurs.

La Maison d'Est portoit sur son sceau l'aigle blanc dès 1239.

Pierre de Dreux, de la Maison de France, est le premier Duc de Bretagne qui ait fait mettre des armoiries sur son écu. C'étoit un échiqueté brisé d'un quartier d'hermines. Jean le Roux prit les hermines pures.

Ce fut Louis XI qui honora les armoiries de Médicis de l'écu de France : cet exemple & plusieurs autres confirment la regle héraldique que les Princes souverains ont souvent donné leurs armes aux Seigneurs qu'ils affectionnoient particuliérement. Une de ces plus anciennes concessions d'armoiries, *Acad. des Belles-Lettres, t. 20, page 78*, est celle que fit Richard d'Angleterre à Geoffroi de Troulard, Sire de Joinville.

Il est constant que Clément VI est le premier Pape qui ait fait mettre ses armoiries sur son sceau : mais il n'est pas également aisé de savoir si les Evêques & les Abbés porterent sur leurs sceaux ou contre-sceaux des armoiries d'extraction & de famille avant le 13e siecle. Les usages des

11ᵉ & 12ᵉ fiecles le permirent à la vérité; il eft même bien démontré que des Prélats eurent dans le 12ᵉ fiecle au contre-fcel de leur fceau ou des fymboles, ou des figures de phantaifie, ou même, fi l'on veut abfolument, des armoiries perfonnelles: mais on ne voit que l'exemple du *Gallia Chriftiana*, cité plus haut, *t. 5, page* 1036, qui milite contre la regle de D. Mabillon, *De Re Dipl.* *p.* 132, *n.* 2, qui tient que Thibault, Evêque de Beauvais, eft le premier qui a mis les armes de fa famille au contre-fcel d'une charte de l'an 1289.

Les Evêques & les Abbés des grandes Maifons d'Allemagne, *Gudenus Sylíog.* 1, *varior. Dipl.* *t.* 1, *præf. p.* 23, commencerent vers l'an 1320 à mettre fur leurs fceaux, même conjointement avec leurs images, l'écu des armes de leur églife, & celui de leur famille, plaçant le premier au côté droit, & le fecond au côté gauche.

Les clefs des armoiries papales ne font guere que du commencement du 14ᵉ fiecle: dès le 13ᵉ les mitres des Cardinaux, quoique fimples Diacres, paroiffent fur les fceaux, *Mabill. fæc.* 4, *Bened. part.* 2, *t.* 6, *præf. p.* 96. Le chapeau rouge, dit-on, *Orig. des Card. du S. Siege, p.* 66, leur fut donné par Innocent IV. L'ufage du chapeau pour tous les Prélats vient d'Efpagne, où il parut l'an 1400. Triftan de Sálazar, Efpagnol de nation, & Archevêque de Sens, paffe pour le premier qui l'ait introduit chez les Archevêques de France. Il n'y a pas encore 200 ans que les Evêques qui font Comtes ont mis des couronnes fur leurs armoiries.

Le fréquent ufage des armoiries timbrées parmi les perfonnes d'un moyen étage, même parmi la fimple bourgeoifie, vient de la conceffion

K iv

qu'en fit Charles V en 1371 aux bourgeois de Paris.

Il n'y a point d'époque certaine propre à fixer les armoiries héréditaires. Elles le devinrent les unes plutôt, les autres plus tard : cet usage ne commença à devenir un peu général & constant que sous le regne de S. Louis, quoiqu'il ne le fût pas toujours dans une famille au 14ᵉ siecle, *Hist. Généal. de la Maison de France, t. 7, p. 814*, & même dans les deux suivants, *ibid. p. 825*, & *t. 8, p. 86, 87, 109.* Les armoiries varioient alors assez souvent pour des raisons légitimes, comme pour des acquisitions de nouveaux domaines, de nouvelles dignités, & de nouvelles charges. Quelquefois aussi les associations & les alliances étoient des raisons suffisantes de prendre les armes de la famille alliée la plus puissante. C'est ce qui rendit les mêmes armes communes à plusieurs Maisons différentes, sur-tout avant les regles du blason qui ne font que des derniers siecles.

Les Italiens sont les premiers, selon le Pere Ménestrier, qui ont introduit dans les armoiries, il y a environ 250 ans, les marques des dignités séculieres. Cependant on trouve dès l'an 1271 l'épée de Connétable sur un sceau de Robert d'Artois.

Par la coutume générale de France, *Plaidoy. d'Expilly, 5ᵉ édition, p. 709*, & par arrêt du Parlement de Grenoble de 1494, les cadets de famille sont obligés de différencier leurs armes par des brisures. Les armes diffamées sont une marque de honte & de punition.

La cordeliere, signe de veuvage, doit son origine, *Baluze, Hist. d'Auv. t. 1, p. 327*, à Louise de la Tour, Dame de Coulches en Bourgogne, vers 1460, & non pas à Anne de Bretagne, comme quelques-uns le prétendent. On voit encore fur un ornement des Carmes de Châlons les armes de Louife de la Tour, morte en 1472. Elles portent à l'entour une cordeliere à nœuds déliés, avec ces mots: *J'ai le corps délié;* d'où eſt venu le mot *cordeliere.*

Le cimier eſt au moins du 12ᵉ fiecle, *Vredius, p.* 51. Les ſupports ſont venus bien plus tard.

Les devifes furent en vogue aux 14ᵉ & 15ᵉ fiecles, fur-tout parmi les gens de qualité : chacun s'en faifoit à fa mode. Celle d'Angleterre, *Dieu & mon droit,* Thoyras, *Hiſt. d'Angl. t. 3, p.* 490, fut mife par Edouard III, vers 1340, au bas de fon écu.

L'ufage de mettre le manteau ducal derriere l'écu n'a lieu que depuis le milieu du dernier fiecle : & à l'entour ont été mis les colliers des ordres depuis leur inſtitution.

Le pavillon n'annonce point la fouveraineté indépendante. Quelques Seigneurs particuliers le portoient en plein dans leurs fceaux au quinzieme fiecle.

ARRÊT. Ce mot, Grec d'origine, vient d'ἄρεσον, *placitum.* Il eſt particuliérement confacré à défigner les jugements des Parlements, & autres Cours fupérieures dont il n'y a point appel. Les Latins fe fervirent des termes *judicia, confilia, præcepta* ou *mandata ;* & dans la baſſe Latinité du mot *areſtum,* en ufage au plus tard dès le 13ᵉ fiecle. M. Ducange ne veut pas que ces termes foient fynonymes ; felon lui *areſta* font des jugements prononcés, parties ouies contradictoirement ; *judicia* font des jugements rendus fur les procès par écrit & fur les enquêtes ; *confilia* font les appointés ; *mandata* font les injonctions faites par les Cours Supérieures aux Baillis, Sénéchaux, & autres Juges inférieurs. Il faudroit un ouvrage entier pour expliquer les différentes efpeces d'arrêts & d'arrêtés des Cours : arrêts fur requête, arrêts interlocutoires, arrêts par forclufion, arrêts provifoires, arrêts contradictoires, arrêts de réglements, &c. &c. La plupart de ces arrêts ne font pas feulement différenciés par leurs dénominations, mais encore par leurs formules. Voyez le Traité des Arrêts par Dumoulin. *Tract. de forma Areftorum*, t. 3, part. 6.

Les Rois de la premiere race donnoient quelquefois des arrêts ou plaids, *placita*. Ils différoient des *préceptes* en ce qu'ils étoient feulement foufcrits par les Référendaires & non par le Prince, comme le prouvent les originaux publiés dans le fixième livre de la Diplomatique de Dom Mabillon, p. 480, 482, 484, 485.

Au 9ᵉ fiecle les Commiffaires, *Miffi Dominici*, envoyés dans les provinces par les Rois & les Empereurs, rendoient des arrêts dont les formules initiales n'eurent rien de fixe, *de Re Dipl.* pag. 531, 533, 545 ; les plus communes portent : *Poftquam autem N. N. Miffi Dominici ad illas partes veniffent*, &c.... *Cùm autem in Dei nomine N. N. refiderent in villa N.* &c. Ils font fignés par les Juges, & leur fignature eft réelle ou apparente.

ARTICLES, *articuli*. En compulfant des archives, eccléfiaftiques fur-tout, on rencontrera fans doute des pieces intitulées *articuli* : elles rentrent dans le genre des ftatuts & des réformations ; tantôt ce font des conftitutions d'Evêques,

& tantôt des diplomes de Princes en forme de réglements. Cette dénomination prit particuliérement depuis le 13ᵉ siecle. *Articulus* est pris aussi pour une plainte ou une requête de plainte, & en bien d'autres sens encore.

ASSIGNATION. L'origine de cette premiere piece d'un procès remonte à la plus haute antiquité. C'est l'acte par lequel on cite ou plutôt l'on appelle en justice son adversaire. Toutes les anciennes assignations n'étoient pas comme aujourd'hui données de particulier à particulier. La partie lésée, après avoir formé la plainte, la présentoit au Roi, qui, selon Marculfe, *Formul. lib.* 1, *cap.* 28, adressoit au Comte du pays dont étoit l'accusé une ordonnance, *ordinatio*, qu'on appelloit aussi *charta audientialis*, afin d'obliger l'accusé à se présenter devant le thrône pour y être oui & jugé. Il faut distinguer l'*assignation* de la *citation*, en ce que, pour l'ordinaire, celle-ci étoit propre à une jurisdiction particuliere, c'est-à-dire qu'un Concile, un Pape, un Evêque, un Seigneur, une Jurisdiction, citoient à leur propre tribunal où ils faisoient les fonctions de Juges; au lieu que l'autre étoit donnée pour être jugé par un tribunal commun.

Les cédules d'assignations, telles qu'on les voit aujourd'hui, n'appartiennent qu'aux derniers siecles.

Il ne faut pas confondre ces assignations avec les ASSIGNATS, dont il est fait mention dans l'Histoire de Languedoc, *t.* 3, *col.* 355 & 521, & qui prennent dans le texte le nom d'*assignatio* & d'*assisia*; ils sont d'une nature un peu différente. En vertu d'un mandement du Roi, le Sénéchal d'une province faisoit l'assiette de certai-

nes impofitions , ou plutôt affermoit pour certaine fomme les domaines de la couronne , en
fpécifiant ce que tel ou tel domaine devoit produire de revenu. Ce cadaftre s'appelloit *affigna-
tio* , que l'on doit rendre par *affignat*. On trouve
des actes de cette efpece au 13ᵉ fiecle.

ASTÉRISQUE. L'aftérifque eft une des marques les plus ordinaires qu'on rencontre dans les
anciens manufcrits Latins ; elle y eft figurée en
petite étoile , *figure 65 du premier tableau* , ou
en X cantonné de quatre points , *fig. 66 , ibid*. Il
paroît que l'aftérifque eut plufieurs ufages. C'é-
toit une marque d'omiffion felon S. Ifidore , &
de reftitution felon le célebre manufcrit de la
bibliotheque du Prince de Soubife. Ce manufcrit , du 8ᵉ fiecle au plus tard , & qui eft en vélin
pourpré , renferme les épîtres & évangiles. Les
fameux verfets 7 & 8 du 5ᵉ chapitre de l'épître
de Saint Jean y paroiffent avec l'aftérifque , pour
marquer qu'ayant été omis par la faute des copiftes , on les reftitue à leur place. L'aftérifque étoit
la marque d'un fens tronqué felon Ariftophane ,
de vers dérangés felon Probus , de mots Hébreux
& de fentences qui n'ont point été rendus par
les Septante fuivant les exaples d'Origene ; enfin d'addition à la vulgate fuivant S. Jérôme. Dans
un manufcrit Grec des Œuvres de S. Grégoire de
Nazianze à Rome , l'aftérifque eft placé aux endroits où il eft parlé de l'incarnation du fils de
Dieu , *Palæogr. Græc. p.* 371 , pour rappeller fans
doute l'étoile miraculeufe qui apparut aux Mages.
On s'en fervoit dans Platon , *Trotz. p.* 276 , pour
noter la conformité des dogmes , & dans Homere
pour faire remarquer les plus beaux vers. Il étoit
encore d'ufage au 14ᵉ fiecle dans les manufcrits

D'Allemagne, *Walter Lexic. Dipl. col. 456.*

ATTACHE DES SCEAUX. *Voyez* SCEAUX.

AVOCAT. Depuis le 6ᵉ siecle les Clercs & les Moines étant presque les seuls qui cultivassent les lettres, ils exerçoient avec toute la confiance du public les fonctions d'Avocats & de Notaires. L'Eglise, soit par nécessité, soit autrement, vit sans peine une partie de ses Ministres inférieurs se mêler des affaires du dehors pour le bien de la paix & la tranquillité des particuliers laïques. Sans doute que vers le 12ᵉ siecle les sciences commencerent à trouver des partisans parmi les séculiers, ou que les abus se glisserent dans les fonctions d'avocat, ou peut-être que les Ecclésiastiques séculiers furent jaloux de la confiance que s'attiroient les réguliers; car ce ne fut qu'au Concile de Reims tenu en 1131 qu'il fut défendu aux Moines & aux Chanoines réguliers de se faire Avocats. Le Concile de Cognac, tenu l'an 1238, trancha plus net dans ses canons 12 & 13 en défendant aux Moines & aux Prêtres de faire les fonctions d'Avocats ou de Procureurs.

Le Concile Provincial de Sens, tenu à Melun l'an 1216, voulut que les Avocats s'obligeassent par serment dans les causes commencées & à commencer, faute de quoi ils ne seroient point admis à les poursuivre.

AVOUÉ. Il faut distinguer deux sortes d'Avoués : les uns défenseurs des procès & des causes des églises, & les autres défenseurs des terres à main armée. Les biens des foibles ont toujours été l'objet de la cupidité des puissants. Il étoit difficile & rare que les premiers ne succombassent, n'ayant que la plainte à opposer à la violence & à l'invasion. Pour obvier à cette injustice criante, l'Empereur Valentinien I donna deux loix datées de l'an 365, par lesquelles il institua des défenseurs des villes, *Tillemont, Hist. des Empereurs, t. 5, p. 29.* » C'étoient des bourgeois d'une probité » reconnue, qui étoient choisis par tous les au- » tres, & confirmés par le Préfet du Prétoire, » pour défendre les plus foibles du peuple contre » l'oppreffion des puiffants ». Les Eccléfiafti- ques, plus expofés encore que les Laïques par leurs principes de détachement, obtinrent auffi des Empereurs le droit d'avoir leurs défenfeurs, qui étoient des laïques chargés de maintenir les intérêts des églifes dans les tribunaux des Magif- trats. Dès l'an 368, il eft fait mention *ibid.* d'un défenfeur de l'Eglife Romaine. En 407, un Con- cile de Carthage, *Can.* 97, & en 423 un Concile d'Afrique, *Can.* 42, demandent à l'Empereur des Avoués ou défenfeurs pour leurs églifes : mais c'étoit des défenfeurs de la premiere efpece. On appella donc *Avoué,* comme qui diroit *Avocat,* celui qui faifoit profeffion d'être le protecteur temporel d'une églife ou d'un monaftere. Cette charge s'introduifit dans le 4ᵉ fiecle ; mais elle ne fut reconnue fans oppofition qu'au 8ᵉ, fur- tout en ce qui regarde leurs dernieres fonctions.

Les Avoués, *Advocati,* fuccéderent à ces défen- feurs des églifes, fi célebres à Rome & en Orient aux 5ᵉ & 6ᵉ fiecles, & en tirerent leur origine. Ils furent établis ou par les fondateurs, ou par les Moines, ou par les Princes, pour veiller aux intérêts des Evêchés & des Abbayes. C'étoient probablement d'abord des Scholaftiques ou des Jurifconfultes qui pourfuivoient les affaires de- vant les tribunaux féculiers, où les Clercs ne de- voient pas fe produire, *Hahnius in Diplom. fun-*

dat. Bergensis, *p.* 51. Cela paroît par la loi de l'Empereur Honorius du 22 Février 407, qui permet à l'Eglise d'avoir des Avocats pour maintenir ses droits auprès des Magistrats civils. En cette qualité ils se présentoient en jugement, & plaidoient pour les Evêques, les Abbés & les Moines. Depuis la domination des barbares, ces charges furent remplies par des gens d'épée. Ils défendoient leurs églises respectives par les armes, & au besoin se battoient en duel pour prouver, selon la coutume de ces siecles, le bon droit de leurs protégés.

Ce qui donna d'abord un certain lustre à ces places, c'est qu'une des fonctions de ces Avoués étoit de conduire à la guerre les vassaux des Abbayes qui étoient obligées alors de fournir leur contingent de soldats aux Princes. Tout occupés de ces fonctions militaires, selon le goût de nos premiers ancêtres, ils se déchargerent des affaires moins importantes sur des Sous-Avoués, *Subadvocati*. De là vient que les titres de Vidames ou Vicomtes se trouvent quelquefois confondus dans les anciens monuments avec celui d'Avoué.

Les premiers, devenus puissants par les biens que leur donnerent les Moines & par leurs usurpations sur les fonds mêmes de leurs pupilles, & les substituts également par leur avidité, causerent bientôt de plus grands dommages aux Monasteres que s'ils avoient été abandonnés à leur propre foiblesse. L'Eglise s'opposa en vain à l'établissement des Avoués, comme il paroît par un Concile de Châlons-sur-Saone, tenu vers le milieu du 7e siecle, qui défend aux Abbés & aux Moines d'avoir des laïques pour Avoués : mais le besoin urgent de se défendre l'emporta sur les efforts des Evêques.

Nos Rois, convaincus de la malversation de ces défenseurs, *De Roye*, *de Missis Dominicis*, *c.* 5, *p.* 110, 111, mirent sous leur protection les Abbayes, & se chargerent eux-mêmes de les défendre : mais ces sanctuaires s'étant multipliés, ils ne purent étendre leurs soins sur chacun en particulier ; & le Concile de Mayence de 813 ayant défendu aux Abbés de soutenir par eux-mêmes aucun procès, on en revint aux Avoués que l'on crut s'attacher inviolablement en les comblant de biens, en leur cédant des fiefs, des droits seigneuriaux, &c. Le titre d'Avoué devint par-là une dignité si considérable, que les plus qualifiés s'en firent honneur, comme on en peut juger par Hugues Capet qui se disoit Avoué de l'Abbaye de S. Riquier, sans prendre d'autre titre, *Spicil. t.* 4, *p.* 559.

La plupart des fondateurs se réserverent la qualité d'Avoués, & la firent passer à leurs héritiers, quelquefois même à des filles de leur sang, au défaut des mâles, *Hahnius in Diplom. fundat. Bergens. p.* 51. Ainsi cette dignité devint non seulement un droit héréditaire, *D. Vaissette, Hist. de Lang. t.* 2, *p.* 191, mais encore appréciable comme tout autre bien. Ces deux qualités en rendirent les possesseurs des tyrans & des usurpateurs, *Labbe, Concil. t.* 11, *part.* 2, *p.* 1327 : c'est ce qui obligea les Abbés & les Moines de racheter le droit d'Avoué, sitôt que l'occasion s'en présenta, *Act. SS. Bened. t.* 4, *p.* 624. Cependant la plupart des Monasteres de l'un & de l'autre sexe resterent sous le joug de l'oppression.

Les Conciles de Poitiers de 1100, canon quinzieme

zieme, & de 1148, canon sixieme, s'éleverent
avec force contre ces petits tyrans ; mais leurs
sanctions n'eurent que très peu ou point d'effet.
Grégoire X, dans le Concile général de Lyon de
1274, donna une constitution qui defendoit, sous
peine d'excommunication, à toute personne d'u-
surper de nouveau le droit d'Avoué, & se contenta d'exhorter les anciens possesseurs au désin-
téressement & à la tempérance. Soit que cette ordonnance du Concile fît quelque impression, où
peut-être sur le seul motif de l'équité, on vit au
13ᵉ siecle des familles nobles renoncer d'elles-
mêmes à ce droit en faveur de quelques Monasteres, *Gudenus, Syllog. varior. Dipl. p. 308* ; & au
siecle suivant le nom & l'office d'Avoué furent
éteints : mais la plupart des fiefs & des droits
que les Seigneurs possédoient sous ce titre, ne
retournerent point aux menses dont ils avoient
été détachés.

Les Avoués d'Allemagne paroissent avoir eu
une autre origine, au moins pour la plupart.
Othon I enrichit considérablement le Clergé de
l'Empire, jusqu'à lui conférer des Comtés & des
Duchés entiers avec la même autorité que les
Princes séculiers y exerçoient : mais pour le re-
tenir toujours dans une certaine dépendance, il
établit des Avoués pour gouverner conjointement avec les Prélats, & ces Avoués étoient à
la nomination de l'Empereur. Tel étoit sur la fin
du 10ᵉ siecle l'état du Clergé, qui souffrit avec
peine ce joug qu'on lui imposoit, malgré les plus
beaux droits régaliens dont il jouissoit : il trouva moyen de secouer entièrement sous Frédéric II
& ses successeurs la dépendance où les Avoués le
retenoient. Dès le commencent du 11ᵉ siecle, sous

Tome I. L

les Othons & S. Henri, quantité d'Avoüeries furent réunies aux Evêchés & aux Abbayes : enfin
pendant le funeste interregne de 1272 & 1273,
les Avoüeries furent démembrées de la couronne & abolies en partie, & celles des Eglises
réunies aux Eglises mêmes, *Abbr. Chron. de l'Hist.
d'Allem. p.* 89, 112, 243.

AUTHENTIQUE & AUTHENTIQUER.
Lorsque les Grecs vouloient opposer l'original à
la copie qu'ils appelloient ἀντίγραφον, ils le nommoient αὐθεντικὸν δικαίωμα, ou αὐθεντικὸς χάρτης.
Voilà l'origine des pieces appellées par les Latins
authenticum exemplar, *authentica epistola*, ou simplement *authenticum*, *authentica*. Toutes ces ac-
ceptions sont d'une très haute antiquité. Vers le
12ᵉ siecle le mot *authenticum*, pris substantive-
ment ou adjectivement, en sous-entendant *exemplar*, étoit un terme énergique pour exprimer
toutes sortes d'originaux. Les Papes en faisoient
grand usage dans les bulles où il étoit question
de titres constitutifs. On mettra sous l'article
Original les regles qui regardent les pieces authentiques : mais il est nécessaire de savoir la maniere
d'authentiquer ou d'autoriser les chartes.

En général, tout titre AUTHENTIQUE doit être
muni de l'autorité publique, & renfermer toute
la solemnité convenable à sa natute, conformément aux usages du temps auquel il aura été
dressé ; & ce sont positivement ces usages sur lesquels il est important de ne point se méprendre.

Dans les premiers siecles de notre monarchie
même, les signes d'autorisation d'un acte consis-
toient ou dans les signatures de toute espece,
soit qu'elles fussent explicites, soit qu'elles fussent suppléées par des croix, des monogrammes,

&c. (*voyez* Signature, Monogramme) ; ou dans les vérifications du Référendaire par les formules *Recognovit*, *obtulit* (*voyez* Contreseing); ou dans les souscriptions (*voyez* Souscriptions) ; ou dans les signatures, ou dans la nomination des témoins (*voyez* Témoins) ; ou dans l'apposition du sceau des parties, de leurs Seigneurs, de leur Prince (*voyez* Sceaux). Mais cette maniere d'authentiquer les chartes a eu différentes époques, à raison des temps où les Rois, les Seigneurs & les particuliers ont commencé à employer les sceaux.

En France, dans le 11ᵉ siecle, les Ducs & les Comtes souverains autoriserent leurs chartes de différentes manieres. Tantôt ils y apposoient leurs sceaux seulement, sans signatures ni témoins : tantôt ils y mettoient leur seing, en suivant d'assez près les formules royales : tantôt, & c'étoit le plus ordinaire, ils faisoient nommer dans l'acte les témoins qui ne signoient pas pour cela : quelquefois les noms de ces derniers paroissoient au bas comme signatures, mais de la main des Notaires. Dans le 12ᵉ siecle, en suivant la même maniere d'attester les chartes, ils signent quelquefois eux-mêmes à la fin après la liste des témoins nommés. Dans le 13ᵉ siecle l'apposition du sceau annoncé suppléoit très souvent à toute autre marque d'autorisation. Mais en Angleterre les noms de plusieurs témoins écrits de la main du Notaire en font encore toute l'authenticité.

Au 14ᵉ siecle, outre le sceau qui tint souvent lieu de toute autre formalité, outre la nomination des témoins, encore d'usage alors pour suppléer à toutes marques d'autorisation, on commença à passer les actes devant les Notaires ou

L ij

Tabellions dont la fignature unique fuffifoit pour authentiquer un acte ; on la reconnoît aifément en ce qu'elle ne confifte affez ordinairement que dans certains traits entrelacés, ou dans quelques figures qu'ils s'étoient appropriées.

Dans le 15ᵉ fiecle la plupart des actes font paffés devant les Tabellions & les Notaires publics, dont les formules ont été recueillies & publiées par divers Auteurs. Quoique dans ce fiecle l'appofition des fceaux ait fuffi pour autorifer les actes, on en trouve nombre qui font fignés & fcéllés. En Angleterre les Seigneurs & les Particuliers fcellent fans figner.

Dans le 16ᵉ fiecle les actes paffés pardevant Notaires, & les fous feings privés fcellés, ont tous les caracteres d'autorifation requis en ce temps. Nous fuivons encore les mêmes ufages à peu près.

On peut donc conclure d'après ce détail quelles étoient les différentes manieres d'authentiquer un acte.

1°. En écrivant fon nom, ce qui fut affez rare dans les 11ᵉ, 12ᵉ & 13ᵉ fiecles. Dans le 14ᵉ cet ufage reprit fans être cependant commun, fi ce n'eft dans les actes notariés ou dans les pieces eccléfiaftiques ; car la plupart des laïques ignoroient encore l'art d'écrire.

2°. En faifant infcrire fon nom avec celui des témoins, en y appofant ou faifant appofer des croix, ou le mot *fignum*, foit tout du long, foit en figle, c'eft-à-dire avec une *S* traverfée d'une barre de la tête à la queue, pratique qui fut la plus ordinaire depuis le 8ᵉ fiecle jufqu'aux temps des fceaux ou du renouvellement des fignatures, au 11ᵉ fiecle.

3°. En marquant seulement les noms des témoins précédés de la formule *Testes sunt*, ou autre semblable, également d'usage dans les 11°, 12°, 13° & 14° siecles.

4°. En faisant toucher les actes de la main des témoins dénommés comme le montre la formule *Præsentibus istis subscriptis, ac sibi invicem pellem porrigentibus*. Besly, *Comtes de Poitou, p. 373.* Cette mode ne fut pas absolument commune; elle est du 11° siecle, & pourroit bien se trouver dans le 12°; mais elle revient aux témoins dénommés.

5°. En attachant des bandes de cuir au bas des chartes auxquelles tous les témoins faisoient un nœud. On trouve des preuves de cet usage singulier du 11° siecle dans les archives de Normandie & d'Aquitaine. Il suppléoit aux sceaux que n'avoient point encore les particuliers.

6°. En les faisant confirmer par les Souverains qui se contentoient d'y apposer leur sceau ou leur signature : depuis le 10° siecle jusqu'au 14° inclusivement nos Rois n'ont pas fait difficulté d'apposer leur sceau aux chartes de leurs sujets.

7°. En ajoutant une charte de confirmation à la suite du titre primordial, & c'étoit les ayants cause du donateur qui la donnoient. Cet usage n'eut guere lieu que dans le temps des donations.

8°. Enfin en employant les cyrographes (*voy.* CHARTES-PARTIES). Mais l'authenticité de l'acte ne pouvoit alors paroître qu'autant que chaque partie intéressée rapportoit la portion qu'elle avoit eue du cyrographe.

AUTORITÉ. Les autorités, *auctoritates*, actes que l'on trouve ainsi dénommés parmi les anciens

monuments, tirent leur origine du Sénat de
Rome. On donnoit le nom d'*autorités* aux déli-
bérations du Sénat contrariées par les Tribuns ;
parceque malgré l'oppofition de ces Magiftrats
elles ne laiffoient pas d'être de quelque poids,
quoiqu'il n'y eût nulle obligation de s'y conformer, & qu'en effet perfonne ne s'y conformât,
Journ. des Sav. Octobr. 1714.

B.

Les plus anciens B Grecs reſſembloient au nôtre, à cette différence près, qu'au lieu d'en arrondir les deux ventres, ils les rendoient pointus, en ſorte qu'ils formoient deux triangles ſur une même baſe, ſoit perpendiculaire, ſoit oblique. On en remarque de ſemblables chez les Latins.

b *minuſcule.*

Le b minuſcule étoit connu ſous l'Empire Romain; & quoiqu'on en fît rarement uſage dans les inſcriptions, il ne laiſſoit pas de s'y gliſſer, *Aſſervationi ſopra alcuni frammenti di vaſi antichi di vetro, pag.* 23. Il n'eſt pas rare d'en voir ſur les monnoies Latines des 5ᵉ & 6ᵉ ſiecles. Son antiquité égale ſûrement celle de la curſive.

Dans la minuſcule des manuſcrits du 6ᵉ ſiecle le montant de cette lettre ainſi que de quelques autres, comme d h i l, étoit par le haut un peu courbé vers la gauche; ou bien ſans s'écarter de la perpendiculaire, il doubloit d'épaiſſeur. A cette courbure ſupérieure dont il reſtoit encore des traces au 8ᵉ ſiecle, ſuccédoit l'abbaiſſement d'une pointe vers la gauche, ou l'arrondiſſement des extrémités de ces lettres en forme de battant. Lorſque la haſte de ces lettres va toujours en augmentant de plein, du bas en haut, c'eſt une preuve qu'elles ſont au moins du 9ᵉ ſiecle. Dans ce même ſiecle on commença à former au haut de ces lettres un triangle rectangle dont le ſommet tomboit perpendiculairement ſur la haſte. Cette terminaiſon triangulaire s'accrédita au 10ᵉ

fiecle , & au 12ᵉ l'ufage n'en étoit pas encore
paffé,

Le 11ᵉ fiecle fe diftingue davantage par des
fommets qui tranchent foit obliquement foit ho-
rizontalement le haut de ces lettres, comme
dans nos capitales d'imprimerie. Souvent auffi
vers le même temps, on voit les fommets termi-
nés en fourche, dont l'ufage fe maintint plus ou
moins jufqu'aux derniers fiecles. Ce font là les
moyens de difcerner les écritures minufcules des
9ᵉ, 10ᵉ & 11ᵉ fiecles, quoi qu'en difent quelques
Auteurs de nom.

Les montants de cette lettre ainfi que de celles
fpécifiées ci-deffus, s'élevent dès le temps des
Romains au point qu'elles pénetrent la ligne précédente, ou s'en approchent de fort près. Telle
eft encore leur exceffive hauteur à la fin du 9ᵉ fiecle, dans les diplomes ainfi que dans quelques
manufcrits. A la fin du fiecle fuivant on en
trouve encore beaucoup qui touchent la ligne
fupérieure.

Au 6ᵉ fiecle ces montants fe replient fouvent fur
eux-mêmes en revenant directement fur la même trace. Au 7ᵉ ils font droits, fans fe terminer
pour l'ordinaire en pointes rabattues, mais infenfiblement ils s'inclinent fur la droite. Vers le
milieu du 8ᵉ la courbure eft confidérable ; ce caractere eft encore plus marqué à l'entrée du 9ᵉ,
vers le milieu duquel ces courbures fe perdent
dans l'interligne en déliés très fins. Au 10ᵉ fiecle
on en forma tantôt des boucles, tantôt des lignes tremblantes. Dans le 11ᵉ, après bien des variations, elles commencerent à fe voûter. Au
13ᵉ leur voûte qui étoit furbaiffée fut furhauffée.
Au 14ᵉ ce montant s'abbaiffe jufqu'à toucher la

panfe , ou au moins la hafte à différentes hauteurs. Dans le 15ᵉ la panfe & le montant, à peu
près de hauteur égale, fe réuniffent , & portent
en commun une pointe vers la gauche.

L'Allemagne , au 10ᵉ fiecle , brifoit les montants de ces mêmes lettres. Sur des perpendiculaires d'un quart de pouce s'élevoient des lignes
obliques fix ou fept fois plus étendues, mais toujours dirigées dans le même fens : d'obliques qu'elles étoient, elles fe métamorphoferent en horizontales, fans varier leur direction vers la droite.
On s'en tint à cet ufage jufqu'au milieu du 12ᵉ
fiecle qu'on chargea les extrémités fupérieures de
ces lettres de traits ondulés. Puis fuccéda la mode
de terminer les fommets des lettres par deux traits
fourchus. Au 13ᵉ fiecle ces montants aboutirent
en anfe de panier , à peu près comme la figure
51 *du premier tableau.*

Dans le fiecle même où les hauteurs étoient
en vogue, c'eft-à-dire dans le 10ᵉ, l'Efpagne n'é-
levoit pas fi haut que les autres nations la hafte
de ces lettres ; mais elle avoit cela de fingulier ,
qu'elle les tranchoit par des fommets.

b curfif.

Dans la curfive antique des diplomes , telle
qu'eft celle du 5ᵉ fiecle , le b portoit une queue
fort élevée, quelquefois un peu courbe vers la
droite, quelquefois repliée fur elle-même au
point de fe confondre avec la hafte , du bas de
laquelle elle fortoit affez fouvent vers la gauche
en forme de crochet , ce qui lui donnoit l'air du
cl joints enfemble ; ce trait furabondant étoit
quelquefois à plufieurs reprifes entrelacé dans la
hafte.

Au 8ᵉ fiecle la panfe du *b*, après avoir terminé son arrondissement, se retourne souvent en forme d's, *fig.* 1 *du second tableau.* Dans l'écriture Mérovingienne des 7e & 8e siecles, & dans la Romaine du 9e, la panse au lieu de finir par une *s*, présente plutôt un *e*, comme dans les *figures* 2 & 3, *ibid.* Dans la même cursive Mérovingienne le *b* n'eut quelquefois pour toute panse qu'une *s* sans aucun retour, comme la *fig.* 4, *ibid.* Cette forme s'étend depuis le 6e siecle jusqu'au 8e : quand ce trait joint ou traverse la haste, il dénote un temps borné à peine par le 11e siecle ; lorsqu'il est ondulé, on en peut trouver encore des exemples même au quatorzieme.

On trouve également dans les deux écritures des *b* en forme de 8, dont le bas est fort arrondi, & le haut fort ovale, comme la *figure* 5 *du second tableau.*

Le *b* à panse plus ou moins angulaire paroît au 12e siecle, & se maintient avec quelques variations jusqu'au renouvellement de l'écriture.

Planche du B.

Pour l'intelligence de la planche *B* ci-jointe, il faut se rappeller ou lire l'explication de la premiere planche *A*, pour éviter l'ennui que causeroit la répétition des mêmes remarques. On se contentera de caractériser seulement les divisions du *B* Latin lapidaire & métallique, en continuant de donner l'âge des subdivisions autant qu'il sera possible.

La premiere division renferme les *B* à deux panses. La premiere subdivision tient beaucoup des bas temps ; les deuxieme & troisieme sont de la plus haute antiquité ; la quatrieme a cours depuis le 8e jusqu'au 11e siecle ; la cinquieme re-

I. *Phenicien .*   II. *Grec*

III. LATIN

Capital des Inscriptions .

Capital des Manuscrits .

MINUSCULE

Romain

2 *Lombardique*

3. *Visigothique*   4 *Saxon*

5. *Gallican*

6 *Merovingien*

7 *Allemand*

8 *Carlovingien*   9. *Capetien*

10 *Gothique*

B. CURSIF

D'Italie

2 *De France*

3. *D'Allemagne*

4 *De la Gde Bretagne*

5 *D'Espagne*

monte au 4ᵉ siecle ; les sixieme, septieme & huitieme sont antérieures au 10ᵉ siecle ; enfin la
neuvieme se reporte au-dessus 4ᵉ siecle.

La seconde division présente le *b* minuscule ou
à une seule panse. Ses deux premieres subdivisions peuvent être portées au-delà du 9ᵉ siecle ;
la troisieme est gothique dans presque tous ses caracteres ; la quatrieme, beaucoup plus ancienne,
se travestit en *d* ou en *p* renversé, comme la *figure 6 du second tableau.*

Quant au *B* capital des manuscrits, il est bon
d'observer seulement que le goût du gothique
moderne se fait remarquer, sur-tout dans la neuvieme division.

BACHELIER. Quelques chartes du 13ᵉ siecle
font mention de Bacheliers. C'étoient de jeunes
gentilshommes qui commençoient à faire la
guerre, & qui n'étoient pas encore parvenus à
l'ordre de Chevalerie. La terre qui portoit le titre de *Bachelerie* ou *Bachele* donnoit à celui qui
en étoit possesseur le nom de Bachelier, quelque
âge qu'il eût. Les terres ainsi titrées étoient sujettes à certaines obligations, comme de fournir un
Chevalier, ou un demi, ou un tiers, ou un quart
de Chevalier *d'Ost.*

Cette qualité, qui revient à celle de vassal,
devint un titre brillant parmi les Théologiens
sous le regne de la Scholastique.

BAILLIAGE. On ne doit point trouver ce
terme dans des actes sinceres antérieurs au regne
du Roi Jean ; encore s'en servoit-on alors bien
sobrement. Le département de chaque Baillif s'appelloit *Baillie. Recherches de Pasquier, liv.* 2,
page 112.

BAILLIF. Les Magistrats de la Justice du Roi

furent désignés dès leur origine par les noms de Sénéchal, Prévôt & Baillif. La plus ancienne ordonnance de nos Rois que l'on connoisse, concernant le bien de l'Etat, regarde les Baillifs Royaux. Elle fut donnée en 1190 par Philippe Auguste, qui institua des Baillifs Royaux, différents des simples Baillifs en ce qu'ils étoient supérieurs aux Prévôts. Leur fonction étoit de tenir des assises dans les provinces, de recevoir les plaintes des Sujets, &c. lésés par les Prévôts des Seigneurs, & de réprimer les vexations de ces derniers ; ce qui les fait regarder par Pasquier comme les *Missi Dominici* : & ce fut là une sorte d'appel qui accoutuma les peuples à reconnoître petit à petit la puissance royale. Les Vicomtes étoient d'abord les Juges ordinaires ; Lieutenants des Comtes, ils les avoient remplacés dans l'administration de la Justice.

Henri II, Roi d'Angleterre & Duc de Normandie, semble être le premier dont on ait des chartes ou lettres-patentes adressées aux Baillifs, *Baillivis, Neustria pia*, p. 484, 485. Mais il est remarquable qu'ils ne sont placés qu'après les Vicomtes, les Sénéchaux & les Prévôts. Dans la suite les Baillifs & les Sénéchaux devinrent supérieurs aux autres Justiciers.

Les Baillifs institués ou plutôt envoyés pour diminuer l'autorité des Vicomtes, devoient être d'anciens Chevaliers d'une probité reconnue. D'abord Inspecteurs seulement, ils furent ensuite établis par forme d'Officiers, mais révocables : ils étoient Juges des cas royaux & des nobles, sauf l'appel aux Parlements ou à l'Echiquier, & ils ne laisserent aux Vicomtes que les procès des roturiers. » Philippe Auguste en 1190

» en avoit mis dans presque toutes les villes prin-
» cipales. Le nombre de ces Baillifs faisant om-
» brage aux Seigneurs particuliers, les Rois n'en
» laisserent que quatre, qui sont encore les quatre
» grands Bailliages du ressort du Parlement de
» Paris, Saint-Quentin, Sens, Mâcon & Saint
» Pierre-le-Moutier ». *De la Mare, Traité de
la Police, liv.* 1, *t.* 5, *p.* 30.

Dans l'institution des Baillis Royaux, ils ne pouvoient commettre de Lieutenants en leur place, sauf les cas de nécessité, comme le porte l'ordonnance de Philippe le Bel du mois de Mars 1302. Ces cas de nécessité rouloient sur ce que les Baillifs, étant gens d'épée, servoient d'office dans les armées. Voilà pourquoi vers le milieu de ce même siecle on trouve en Normandie des chartes qui font mention de Lieutenants des Baillifs. Ces derniers avoient donc tout à la fois le maniement de la finance, l'administration de la justice, & le commandement des troupes.

Sur ce qu'il fut représenté à Charles VI, que tout occupés du Militaire, ils négligeoient & ignoroient absolument la science du Droit Romain, qui avoit été adopté en France en 1300, ce Prince leur ôta ces grands districts, en établissent des Gouverneurs; & il statua, par son édit de 1413, qu'ils auroient des Lieutenants lettrés en titre d'office royal, à qui ils donneroient le quart de leurs gages. Ces Lieutenants furent restreints en 1493 à deux pour chaque Baillif. En 1498, Louis XII ordonna que les Baillifs & Sénéchaux, ou leurs Lieutenants, se feroient graduer à l'avenir : ainsi l'on ne vit presque plus de Baillif d'Epée. François I, en 1531, leur ôta la liberté de se choisir des Lieutenants, & il s'en réserva le droit. L'ordonnance de 1546 leur prescrivit de subir l'examen ; ce à quoi ils n'étoient point assujettis auparavant. Enfin les Etats d'Orléans de 1560 statuerent que dorénavant les Baillifs & Sénéchaux seroient tousGentilshommes, âgés de trente ans au moins, afin de pouvoir conduire la Noblesse dans la convocation de l'arriere-ban ; & que l'administration de la Justice demeureroit définitivement à leurs Lieutenants : c'est ce qui établit la distinction de Baillifs d'Epée ou de Robe-Courte, & de Baillifs de Justice ou de Robe-Longue. *Dissert. sur les Baillifs.* 1767.

Les Baillifs seigneuriaux furent institués dans les temps de trouble qui arriverent en France à la fin de la seconde race. Les Seigneurs usurpateurs des drois régaliens les instituerent pour rendre la justice dans leur domaine.

Au 13ᵉ siecle, on trouve dans certaines Eglises un nouvel Officier ecclésiastique sous le nom de Sénéchal ou de Baillif. *Valbonays, Hist. de Dauph. tome* 1, *p.* 101. Le Concile de Lavaur de l'an 1368, régla que l'office de Baillifs, & autres dépendants des Ecclésiastiques, ne seroient plus donnés à vie.

BAISER DE PAIX. Cette cérémonie, en ce qui concerne la Diplomatique, fut souvent un symbole d'investiture. La plupart des transports de biens étoient accompagnés de baisers de paix. *Mém. pour servir à l'Hist. de Bretagne, t.* 1, *Préf. p.* 26. Cette cérémonie étoit regardée comme essentielle dans les accords ; les femmes s'en acquittoient par une personne de l'autre sexe, lorsque la bienséance ne leur permettoit pas de s'en acquitter elles-mêmes.

BAISER DES PIEDS DU PAPE. Dans le 14ᵉ siecle,

les personnes qui écrivoient au Pape, ou qui lui présentoient quelques requêtes, cherchoient les termes les plus respectueux, & ceux qui pouvoient flatter davantage la vanité de certains Pontifes, qu'on accuse d'avoir voulu se regarder comme les maîtres du monde. Il étoit d'usage de dire aux personnes à qui l'on écrivoit, qu'on leur baisoit les mains ; La flatterie dicta dans les lettres adressées aux Papes, qu'on leur baisoit les pieds. On vit alors, *Hist. de l'Eglise de Meaux*, *p.* 239, des Prélats & leurs Chapitres entiers se servir de ces expressions qui passerent bientôt en usage, & donnerent lieu sans doute à la cérémonie de baiser réellement les pieds du Pape.

BANNERET. L'origine du Chevalier Banneret, c'est-à-dire du Gentilhomme qui servoit le Roi avec une compagnie levée à ses propres dépens, & qui en conséquence étoit reçu Chevalier à Banniere ou Chevalier Banneret, peut être fixée à l'an 383, lorsque Conan, s'étant révolté sous l'empire de Gratien, usurpa l'Angleterre & la Bretagne, qu'il distribua à plusieurs Bannerets, *Pasquier, Recherches, l.* 2, *c.* 16. Ils ont fini en France après les guerres de Charles VII, aussi-bien que les Bacheliers, *Le Gendre, Mœurs des François, p.* 204.

BANQUIERS. L'origine des Banquiers en général peut remonter jusqu'à l'invention des lettres de change. Sous Philippe Auguste, les Juifs, chassés de France, se réfugierent en Normandie ; là ils donnerent aux Négociants étrangers & aux Voyageurs des lettres secretes sur ceux à qui ils avoient confié leurs effets en France, & qui furent acquittées ; les Gibelins en firent autant lorsqu'ils furent contraints de quitter l'Italie. De là l'usage des lettres de change & l'établissement des Banquiers dans les villes de commerce.

L'origine des Banquiers en Cour de Rome se tire des Guelfes, qui, du temps des guerres civiles d'Italie, se réfugierent dans les pays d'obédience, & sur-tout dans la ville d'Avignon. C'est là que, favorisés des Papes, ils se mêlerent de faire obtenir les graces & les expéditions de la Cour de Rome, & établirent comme un bureau d'adresse par le canal duquel les dispenses, les brefs & les bulles passoient aux personnes éloignées. C'étoit pour eux une espece de trafic, dont les gains étoient si sordides & les usures si criantes, qu'on les appelloit *Mercatores & Scambiatores Domini Papæ.* Les Banquiers des grandes villes furent bientôt après chargés de faire venir & de payer ces expéditions de la Chancellerie & de la Pénitencerie Romaine : mais ils donnerent lieu à une si grande quantité de fausses lettres expédiées par leur moyen, que Henri II fut obligé d'y mettre ordre. Ils n'étoient cependant pas encore Officiers publics en titre, ni dans le cas que leur attestation fût nécessaire pour la validité des bulles. Ces Expéditionnaires modernes, qui jouissent exclusivement du droit de solliciter, d'obtenir & de certifier tous les actes qui s'expédient à la Chancellerie & à la Daterie du Pape, n'ont été créés en titre d'office formé & héréditaire, que par l'édit du mois de Mars 1673, & par la déclaration de Janvier 1675. Ils sont fixés au nombre de douze pour Paris.

BARBARISME. *Voyez* STYLE.

BARBE. On ne sera pas surpris que cet ornement de l'homme ait trait à la Diplomatique, si l'on fait attention que de la représentation de nos

Rois

Rois fur leurs fceaux, on peut tirer bien des lumieres pour diftinguer l'âge des diplomes, ou juger de leur fincérité.

Les fceaux Mérovingiens ne donnent bien
clairement de la barbe qu'à Childebert III , & à
Chilperic Daniel. Cependant Dom Mabillon ,
*De Re Dipl. p.*136 , prouve que les autres Rois
de la même race ont nourri leur barbe. Elle n'é-
toit alors que médiocrement longue , & cou-
vroit tant foit peu les levres & le menton , d'où
elle pendoit comme un petit bouquet : *Crine pro-
fufo* , dit Eginhard , *& barbâ fubmiſsâ.* Charlemagne & fa poftérité la diminuerent toujours infenfiblement , en forte que Charles le Simple , &
quelques autres Rois de la fin de la feconde race ,
paroiffent fans barbe fur leurs fceaux , quoique
probablement ils en aient porté.

Depuis Hugues Capet jufqu'à Philippe Augufte , nos Rois de la troifieme race font plus ou
moins barbus fur leurs fceaux : on dit fur leurs
fceaux ; car on prétend que fur le déclin du 11ᵉ
fiecle , on ne portoit en France ni barbe ni mouftache , & qu'en Angleterre , tous , hors les Prêtres ,
avoient une mouftache. *Monum. de la Monarch.
Franç. t.* 2 , *p.* 22. Mais depuis Philippe II , nos
Rois ne porterent plus de barbe jufqu'au regne
de Philippe de Valois en 1328. Alors revint la
mode des longues barbes. François I rendit cet
ufage commun en France. On ne s'en eft défait ,
ainfi que de la mouftache , qu'au commencement
du regne de Louis XIV.

Pour ce qui regarde les médailles & monuments antiques , il eft bon de favoir que ce fut
l'an 454 de la fondation de Rome que l'on y vit
pour la premiere fois des barbiers , *Plin. l.* 7 ,

Tome I. M

c. 59 ... *Varron, De Re Ruſt. l.* 2 , *c.* 11 ; & que juſqu'au temps du jeune Scipion la mode fut de ne ſe raſer que juſqu'à l'âge de quarante ans , *Aulu-Gel. l.* 3 , *c.* 4. Scipion , deſtructeur de Carthage , fut le premier des Romains qui ſe raſa tous les jours de ſa vie , *Plin. ut ſuprà.* Depuis cette époque, juſqu'à l'Empereur Adrien , en 870 de Rome , les barbes Romaines ne paroiſſoient que dans les deuils , *Lucan. l.* 2 , *verſ.* 372. Adrien remit la barbe à la mode , pour couvrir une cicatrice de ſon viſage. Depuis ce temps , à quelques Empereurs près , comme Héliogabale & d'autres, on ne voit plus que de longües barbes.

Les Eccléſiaſtiques portoient la barbe & ſe raſoient la tête au commencement de l'Egliſe : *Clericus nec comam nutriat , nec barbam radat ,* dit le Concile de Carthage de 398. Le Pape Léon III fut le premier de ſon ſiecle qui fit raſer la ſienne en 797. Cette coutume dura juſqu'à Jean XII , qui la laiſſa croître en 960 : cette mode ne fut pas de longue durée. Celle de ſe raſer reprit le deſſus , au point que Grégoire VII avoit voulu faire diſparoître les barbes de tous les Eccléſiaſtiques vers 1083 ; ce qui dura juſqu'à Clément VII , qui reprit la barbe , parcequ'ayant été tenu ſept mois en priſon au Château S. Ange par Charles Quint , ſa barbe crut beaucoup , & il la conſerva ainſi depuis. Ses ſucceſſeurs , juſques vers la fin du 17ᵉ ſiecle , en retinrent l'uſage.

Les anciens Moines Cénobites laiſſoient croître leur barbe & leurs cheveux. Mais dès l'Aſſemblée d'Aix-la-Chapelle , en 807 , il paroît que l'uſage en étoit déja paſſé depuis quelque temps. Les Moines convers furent depuis diſtingués des lettrés par la barbe. *Annal. Bened. t.* 5, *l.* 71 , *n°.* 116.

Les anciens peuples septentrionaux ne laisserent pas croître leur barbe. Diodore de Sicile &
Tacite assurent que les Germains étoient rasés.
Ce fut Othon I qui mit les longues barbes à la
mode, & qui introduisit la coutume de jurer par
la barbe : mais Frédéric I fit revenir celle de se
raser, au moins pour les personnes de qualité.
Bachenbergi, Germania media, Dissert. 11*e*.

BARON. La dénomination de Baron, qui,
dans la langue latine, signifioit un *homme vil*,
fut prise dans nos premieres loix pour un nom
commun à toutes sortes d'hommes sans distinction.
Lauriere, Gloss. du Droit Franç. t. 1, *p.* 137. Ce
titre n'a guere commencé à être en honneur que
vers le 6e siecle, l'an 567 environ. De domestiques
des Rois, ils devinrent leurs officiers, puis leurs
intendants, & ensuite leurs vassaux. Ils qualifierent du titre de Baronnie les domaines dont les
Rois les gratifierent, ou qu'ils acquirent. Selon
Frédégaire & Grégoire de Tours, les Grands du
royaume de Bourgogne furent appellés, dès le
6e siecle, *Barons* ou *Farons* ; ce qui revient au
même. Au 9e siecle, la dénomination de Baron
fut appliquée aux principaux membres de l'Etat,
& aux Grands du royaume en général, sans qu'on
voulût distinguer par cette qualité un certain
ordre de noblesse. Au 11e siecle, temps où cette
qualité étoit presque inconnue dans le Languedoc, le Roi Macolm III créa divers Barons en
Ecosse. Les grands Vassaux, les Evêques mêmes,
ibid. qui possédoient de grands fiefs, eurent des
Barons de même origine que ceux des Rois, qui
aidoient les Seigneurs à tenir leurs plaids. Ce
titre eut beaucoup d'éclat aux 11e, 12e & 13e siecles ; de là vint, *La Thaumass. Coutume de Beau-*

vais , p. 412.... *Hist. de Montmorenci , ch.* 5 ; qu'on tenoit pour Princes les Barons du royaume ; & que dans les lettres de nos Rois pour affigner des apanages à leurs freres & à leurs enfants, ils marquoient que telles terres données devoient être tenues *in Comitatum & Baroniam.*

Cette qualité renfermoit éminemment toutes les autres , même avant ces dernieres époques. Les Barons qui rendoient un hommage immédiat à la Couronne , avoient eu feuls féance dans le Parlement de la nation. Ils compofoient ce qu'on appelloit jadis *la Cour du Roi* ou la Cour des Pairs par excellence. Ils ne reconnoiffoient d'autres fupérieurs que le Roi. Les Princes du Sang, les Ducs , les Comtes , les Evêques , étoient également confondus fous le nom de Barons. Cette qualité étoit fi éminente , qu'on la donnoit quelquefois aux Rois. Un ancien Hiftorien appelle Louis VIII Baron ; & Thibault , Roi de Navarre , fut défigné fous le nom de Baron. Depuis le 13ᵉ ou 14ᵉ fiecle ce titre a beaucoup perdu de fon luftre en France , & il ne fe foutient guere que dans les Etats du Nord.

Le titre de premier Baron de France , dont la Maifon de Montmorenci fe glorifie , vient de ce que fur la fin de la race de Charlemagne , Robert le Fort , bifaïeul de Hugues Capet , s'empara du Duché de France. Les Barons de Montmorenci , qui jufqu'alors avoient été vaffaux immédiats de la Couronne , le devinrent du nouveau Duc ; & comme ils étoient les Seigneurs les plus nobles & les plus puiffants de la province , ils obtinrent fans peine le premier rang parmi les Barons du Duc de France. Ils le conferverent, lorfque Hugues Capet réunit toute la Couronne à fon Duché. Au refte, ce ne fut qu'en 1390 que Jacques I, Sire de Montmorenci, prit la qualité de premier Baron de France ; mais il ne le fit qu'après avoir prouvé, en 1402, en plein Parlement, par la bouche de Jean Galli, le plus favant Avocat de fon fiecle, qu'il étoit le plus ancien Baron du royaume. Depuis cette époque, nos Rois n'ont jamais ceffé de leur donner ce titre. *Deformeaux, Hift. de la Maif. de Montmor. t. 1, Préf. p. 20.*

Sous le titre de Baronnet eft connu un ordre de Nobleffe en Angleterre, qui tient le milieu entre les Chevaliers & les Barons. Il fut inftitué par Jacques I en 1611. *Larrey, t. 2, p. 696.*

BASE DES LETTRES. *Voyez* LETTRES TRANCHÉES.

BASILIQUES. Les édifices confacrés à Dieu, & deffervis par des Moines, font connus dans les chartes fous le nom de Bafiliques. Ce mot fignifia d'abord un palais royal : on le donna depuis aux Eglifes bâties par les Rois. Les Cathédrales plus anciennes que la Monarchie Françoife ont été rarement appellées Bafiliques. » Il » n'y a rien, *Mabill. Œuv. pofthum. t. 2, p. 355,* » de mieux prouvé par M. de Valois, dans fa » difceptation *de Bafilicis*, contre M. de La- » noi, que par le mot de *Bafilica*, en France ; » dans les 6e & 7e fiecles, on entend toujours » une Eglife de Moines ». Selon Grégoire de Tours, les Cathédrales font appellées *Ecclefia Senior, Ecclefia Mater* ; l'Eglife deffervie par un feul Prêtre, *Oratorium* ; & les Eglifes paroiffiales, *Ecclefia* fimplement. Dom Mabillon, d'après ces recherches, dit, *De Re Dipl. p. 19,* que du temps de la premiere & feconde race les Cathédrales fe nommoient *Seniores Ecclefiæ*, & les Eglifes des Abbayes *Seniores Bafilicæ*.

BATARDS. Le défaut de naiffance légitime n'emportoit autrefois ni déshonneur, ni irrégularité. Il n'imprimoit furement aucune tache infamante, puifque nous voyons ceux qui étoient tels fe décorer, pour ainfi dire, du titre de bâtards ; les actes en font foi.

Les bâtards font diverfement appellés dans les chartes. Dom Mabillon, *Annal. Bened. t.* 5, *p.* 491, en cite une de 1102, où l'on trouve parmi les foufcripteurs, Gauthier, fils de fa mere ; *Galterius filius fuæ matris.* L'expreffion *fils naturel* n'eut pas, chez les Anciens, *Baluz. Hift. de la Maif. d'Auvergne*, *t.* 1, *p.* 382, la fignification que nous lui donnons ; elle fut fouvent remplacée par celles-ci, *filius nutritus*, *filius æquivocus.* Jean Dauphin, *ibid. t.* 1, *p.* 185, eft appellé bâtard dans un arrêt du Parlement, & *nutritus* dans le teftament fait par fon pere Jean, Comte de Clermont, en 1351. Guillaume le Conquérant fit parade de fa bâtardife, *Des Thuilleries*, *Differt. fur la Mouv. de Bret. p.* 39, jufques fur le Thrône : *Ego Guillelmus*, *cognomento Baftardus*, *Rex Angliæ*, *do & concedo*, &c. &c.

Le fameux Comte de Dunois imita cette franchife dans fes chartes ; *Lobin. Hift. de Bretag. Preuv. col.* 2338 ; il fignoit prefque toujours *Jean*, *bâtard d'Orléans.* On ne doit pas être furpris de voir des Seigneurs de l'antiquité affecter un titre que nous regardons aujourd'hui comme déshonorant. Non feulement le nom de bâtard n'étoit point autrefois odieux en France, *Lauriere*, *Gloff. du Droit Franç. t.* 1, *p.* 149 ; mais même fous nos Rois de la premiere & feconde tace, on n'y faifoit pas de différence entre les enfants légitimes & naturels. Thierri, bâtard de Clovis I, partagea également le royaume avec fes trois autres fils légitimes. Sigebert, bâtard, entra en égal partage avec Clovis II, fon frere. Louis & Carloman, bâtards de Louis le Begue, exclurent même Charles le Simple, leur frere, qui étoit légitime.

Il faut cependant remarquer que cet ufage n'étoit point général pour tous les bâtards, mais feulement pour ceux des Princes & des Nobles qui étoient avoués : & il n'y avoit que ceux-là qui les avouoient ; les autres bâtards étoient ferfs. Il faut actuellement des lettres de légitimation, en forme de chartes, pour que les bâtards foient habiles à fuccéder.

Pendant les premiers fiecles de l'Eglife, ce défaut n'emportoit pas non plus d'irrégularité pour les Ordres & pour les Bénéfices. Mais quelques Conciles du 9ᵉ fiecle, entre autres celui de Meaux, tenu en 845, commençant à regarder ceux qui ne font pas nés en légitime mariage comme des perfonnes déshonorées, les déclarerent incapables de recevoir les Ordres, & d'être admis dans l'état eccléfiaftique. Du temps de Grégoire VII, cette loi fut générale pour toute l'Eglife Latine, & elle fut confirmée dans le Concile général de Latran, tenu fous Innocent III. *De Héricourt, Loix Eccléf. part. 2, p. 223.*

BAUX. Les baux font une efpece de contrat entre le bailleur & le preneur. Sans entrer dans la difcuffion des différences entre le bail à fief, le bail emphytéotique, le bail à longues années, le bail à vie, le bail conventionnel & judiciaire,

M iv

matiere connue de tout le monde, on examinera les dénominations de la plûpart de ces baux dans les anciens temps. Mais il n'eſt pas hors de propos d'obſerver préliminairement qu'il y a plus de trois cents ans qu'on appelloit un bail *ballium* & *bailleta*; termes qui néanmoins n'étoient pas à beaucoup près univerſellement reçus, car il étoit beaucoup plus ordinaire de déſigner les baux par la ſimple dénomination de *lettres*: dans les 13ᵉ & 14ᵉ ſiecles cet uſage étoit encore le plus commun.

La plûpart des propriétaires, dans l'antiquité, ne paſſoient probablement pas de baux dans le goût des nôtres pour faire valoir leurs fonds. Le grand nombre d'eſclaves qu'ils poſſédoient les mettoit à même de cultiver leurs poſſeſſions, ſans les aliéner pendant un certain temps, & ſous de certaines conditions. Mais les loix Romaines, ayant ſolemnellement autoriſé les emphytéoſes dès le 4ᵉ ſiecle, donnerent lieu, à plus forte raiſon, à des conventions d'une bien moindre étendue; & il n'eſt pas inutile d'en connoître les formalités & les préambules. Celui qui avoit intention de prendre une terre à ferme préſentoit une requête ou ſupplique, *Lindenbrog. Formul. Solemn. p.* 1226, dans laquelle il renfermoit tout ce à quoi il s'obligeoit; cet acte s'appelloit *Epiſtola præcaria.* Le propriétaire, acceptant les offres, faiſoit un autre acte qu'on nomma *Epiſtola preſtaria.* Le bailleur gardoit la charte dite *præcaria*; & le preneur, celle qu'on nommoit *preſtaria.* On n'a rien de plus célebre que ces deux eſpeces d'anciennes chartes: on leur donna ſouvent le nom de libelles, *libellus, libellarium.* Le terme de la jouiſſance y étoit fixé.

C'étoit quelquefois un bail à longues années : c'eſt ce qui ſe juſtifie par les loix des Viſigoths, *lib.* 10, *tit.* 1, §. 12; *t.* 4, *de D. Bouquet*, *p.* 429 : *Si per precariam epiſtolam certus annorum numerus fuerit comprehenſus, ita ut ille, qui ſuſceperat terras, poſt quodcumque tempus domino reformet; juxta conditionem placiti, terras reſtituere non moretur.* Tout le monde ſait que la durée du bail emphytéotique eſt depuis 10 ans juſqu'à 99.

Les conditions des précaires varioient à l'infini. De la durée du bail emphytéotique ils prirent le nom d'emphytéoſe, *emphyteoſis*. Les emphytéoſes perpétuelles dégénérerent en fiefs. Dès le temps de Juſtinien, on s'apperçut qu'elles approchoient fort de l'aliénation. C'eſt pourquoi le même Empereur les interdit aux Egliſes par la ſeptieme Novelle.

Quoique pour déſigner les baux ou accenſements la dénomination d'*épitre* ou de *lettre* fût la plus ordinaire, *Baluz. Capitul. t.* 2, *col.* 427, 428, 490, 529, & que dans les 13e & 14e ſiecles cet uſage fût encore le plus commun; dans l'antiquité, comme dans les commencements du moyen âge, très ſouvent on les appelloit ſimplement *præcaria, præſtaria, præſtarium, precaturia, precatoria, deprecatura, præcaria firmitatis, emphyteuſis,* Muratori, Antiq. Ital. t. 3, col. 174; *libellus emphyteoticarius,* ibid. col. 194; *obligatio,* Baluz. Capitul. t. 2, col. 472; & *commendatitia. Obligatio,* ibid. col. 506, répondoit à *precaria,* de même que *commendatitia* répondoit à *preſtaria. Exceptionis pagina,* Maffei, Iſtor. Dipl. p. 172; & *præſtaria traditio,* Muratori, Antiq. Ital. t. 3, col. 149, ſont encore des dénominations de baux; mais la derniere eſt d'un uſage plus moderne que l'autre.

BÉNÉFICE. Cette dénomination, restreinte depuis bien du temps à l'usufruit d'une certaine portion de biens ecclésiastiques, doit son origine à des usages séculiers. Dès le commencement de l'Empire Romain, les Césars, pour récompenser les services de leurs guerriers, leur distribuoient des terres, appellées dès-lors *bénéfices*. L'Intendant du thréfor des *dispofitions* avoit en sa garde le livre des bénéfices, *Hygin. de Limitib. conftit. p.* 134. Nos Rois des deux premieres races, imitant en cela la libéralité des Empereurs, retinrent la même dénomination pour désigner leurs bienfaits. Les chartes par lefquelles on les obtenoit, s'appelloient *beneficiaria* : & même on donna à la charte le nom de la chofe ; car, fuivant le Marquis Maffei, *Iftor. Diplom. p.* 84, 85, les pieces confervées dans les archives impériales concernant les bénéfices, étoient elles-mêmes connues fous le nom de *beneficia*. En effét, on trouve dans le Code, *lib.* 1, *tit.* 23, *leg.* 4, ces paroles décifives d'un refcrit de l'Empereur Conftantin : *Siqua beneficia perfonalia fine die & Confule fuerint deprehenfa, auctoritate careant.*

Ces portions du domaine des Empereurs & de nos Rois étoient abandonnées aux Nobles pour leur vie, & dans la fuite aux Eccléfiaftiques, à condition de vaffelage & de fervice militaire. Mais de ces bénéficiers, les uns en obtinrent la furvivance pour leurs fucceffeurs, les autres les retinrent comme héritages, & prefque tous changerent le nom de leur bénéfice en celui de fief.

BEZANS. On a regardé comme fufpecte une charte de Charlemagne, publiée par Doublet, où il eft dit que ce Prince offrit à l'églife de Saint Dénys quatre bezans d'or : *In fignum rei quatuor modò aureos offero bizantios.* Le Cenfeur, *Journ des Sav.* de 1684, p. 186, certifie que du temps de Charlemagne on ne connoiſſoit point en France les bezans. Mais la ſaine critique ne regarde pas même comme probable cette aſſertion. En effet, le Pape Jean VIII dans le même ſiecle s'eſt inconteſtablement ſervi des mêmes termes, *mille bizanteos*, ſelon Ducange, *Gloſſ. Lat. t.* 2, *col.* 1390. Pourquoi voudroit-on que cette monnoie fût inconnue en France ſous un Prince qui avoit de ſi intimes relations avec la Cour de C. P. tandis qu'elle étoit d'uſage à Rome, où Charlemage & les François firent tant de voyages ?

BIBLIOTHÉCAIRE. La fonction de Bibliothécaire ne fut pas toujours reſtreinte, ſuivant l'étymologie du mot, à l'inſpection & à la garde du lieu qui renfermoit les livres. Cette portion intéreſſante de la littérature ayant été confiée à des perſonnes habiles, on eut ſouvent recours à elles pour réſoudre des difficultés, dreſſer des lettres, y répondre, &c. Peu à peu les Bibliothécaires entrerent dans les Conciles ; & antérieurs aux Chanceliers & Archichanceliers, au moins dans l'Egliſe de Rome, ils en remplirent les fonctions. On voit que dès le ſeptieme ſiecle l'expédition des bulles étoit confiée à des Notaires qui ſe qualifioient Bibliothécaires. On trouve des actes du temps des premiers Rois Carlovingiens, ſouſcrits par leurs Bibliothécaires qui étoient en même temps leurs Chanceliers ou Archichapelains.

Les Biblothécaires des cathédrales, ſur-tout en Italie, donnoient les lettres & les diplomes des Evêques, avant que cet emploi fût confié à d'autres Officiers.

Les anciennes bulles privileges énonçoient au deſſous du texte qu'elles étoient datées ou délivrées par tel Bibliothécaire. C'eſt une regle conſtante depuis le ſixieme ſiecle écoulé juſqu'au douzieme incluſivement. Les Chanceliers eux-mêmes prenoient cette qualité ; mais depuis Céleſtin II on n'en voit plus d'exemple. Différents privileges étoient écrits en même temps par divers Notaires ; il n'en étoit pas de même de ceux qui les expédioient, parcequ'on ne trouve jamais pluſieurs Bibliothécaires ni pluſieurs Chanceliers chargés tout à la fois de dater & de délivrer les bulles. On auroit lieu de tenir pour ſuſpecte une bulle non originale expédiée par un Bibliothécaire diſtingué de celui qu'on ſauroit par des monuments certains avoir été revêtu de cette dignité, qui n'a lieu que juſqu'à la fin du 12ᵉ ſiecle tout au plus.

BILL, en Latin *Schedula*, êſt un terme fort uſité en Angleterre ; depuis long-temps on y appelloit *billa* les requêtes préſentées au Roi. On donne encore ce nom aux actes d'impoſition, de recrue, d'épargne, & à pluſieurs autres. Pour rendre ce mot en Latin, on s'eſt ſervi de *billa*, *billeta*, *billetus*, ou *bulleta*, *bolleta*. La derniere expreſſion eſt un des noms qu'on donne aux billets délivrés aux troupes pour leur étape.

BILLETS DE MORT. Les Communautés Eccléſiaſtiques qui avoient formé entre-elles des ſociétés de prieres s'envoyoient réciproquement les noms & qualités des Chanoines ou Moines décédés depuis peu. On appelloit ces billets mortuaires au 11ᵉ ſiecle, *litteræ currentes*, & dans la ſuite, *brevia mortuorum*, *breves de defunctis*, ou ſimplement *breves*. On conſerve dans pluſieurs archives d'antiques rouleaux en vélin, où font écrits les noms des défunts de certaines Communautés pendant des fiecles entiers.

BISSEXTILE. L'année folaire, c'eft-à-dire la courfe ou la révolution du Soleil d'un point fixe à ce même point, comprend l'efpace de 365 jours cinq heures & quarante-neuf minutes. Ces 5 heures 49 minutes forment, au bout de quatre ans, un jour prefque entier ; & alors l'année fe trouve compofée de 366 jours, & c'eft ce que l'on nomme l'année biffextile : ce jour furnuméraire eft placé dans le mois de Février. Les Romains lui donnoient à peu près la même place que nous, ils redoubloient le fixieme des calendes de Mars, *bis fexto kalendas martias ;* d'où eft venu notre mot *biffextile.* Ce jour paffoit chez eux pour un jour malheureux : Ammien Marcellin dit que Valentinien n'ofoit fortir le jour du biffexte.

BLASON. *Voyez* ARMOIRIES.

BORDES. On pourroit rencontrer dans des manufcrits eccléfiaftiques l'expreffion *dies burdillin* ou *burdillini* ou *bordillini.* Ce terme fignifie le jour des *bordes* ou des *bures,* efpece de jeu ou de combat de lances qui commençoit en France le jeudi avant le dimanche de la Quinquagéfime.

BOUCLIER. Le bouclier, fymbole de la protection que les Princes doivent à leurs fujets, fe trouve depuis Conftantin fur la plupart des médailles impériales poftérieures aux Antonins, orné de diverfes figures, & du monogramme de Jéfus Chrift. Les Princes le tiennent toujours de la main gauche. On le voit fur quelques fceaux de la feconde race ; & il eft ordinaire fur ceux des Empereurs d'Allemagne depuis Conrad I jufqu'à

Othon I, & fur ceux des Seigneurs des grands
fiefs de France & des environs.

Le favant Heineccius, après avoir donné les
différentes formes de cette arme défenfive, ob-
ferve que la variété des images & des peintures
dont le bouclier étoit orné, a donné naiffance
à l'*écu* dans les armoiries & à tout l'art héraldique.

BOUSTROPHÉDON. Ce mot, Grec d'ori-
gine, qui exprime très bien l'action d'un Labou-
reur qui, après avoir fini de tracer un fillon, en
forme un autre à côté, en forte que la fin du premier avoifine le commmencement du fecond, a
été appliqué à une efpece d'écriture en ufage chez
les Grecs & les Etrufques. Cette écriture va de
gauche à droite pour la premiere ligne, puis de
droite à gauche pour la feconde, & ainfi fucceffivement en allant & venant : ou bien elle commence de droite à gauche & revient de gauche à
droite, & ainfi alternativement. L'ufage de cette
derniere continua même après le fiege de Troye.
Elle eft inconteftablement la plus ancienne écriture de ce genre. On voit & on lit dans le premier tome du nouveau Traité de Diplomatique,
une infcription de près de trois mille ans d'antiquité, en écriture Bouftrophédone, découverte
il n'y a pas long-temps fous les ruines d'un temple d'Apollon de l'ancienne ville d'Amycles, par
le célebre Abbé Fourmont.

Les deux peuples ci-deffus nommés font les
feuls qui aient fait ufage de cette écriture à marche & contre marche. Si l'on en trouve quelques
courts exemples fur des médailles & des monnoies chez les Gaulois, *Relig. des Gaul. l.* 1, *c.* 4,
n. 5, *& liv.* 3, *c.* 14 ; ou chez d'autres nations,

Numism. Anglo-Saxon. Sountain ; on doit regarder cette inverſion d'ordre comme inadvertence
& impéritie des monétaires, plutôt que d'en inférer que c'étoit la coutume du pays, au moins
juſqu'à ce qu'on ait des preuves plus ſuivies d'un
pareil uſage. La difficulté de retourner les lettres
en revenant, comme les *figures 7, 8 & 9 du ſecond
tableau*, fit même abandonner inſenſiblement
aux Grecs leur écriture bouſtrophédone, pour
s'en tenir au mode que nous ſuivons.

BREF. Ce mot, conſidéré ſous une acception
générale, a été pris par divers Auteurs, & notamment par Maffei, *Iſtor. Diplom. page* 88,
89, pour un titre, une note, un acte judiciaire,
un inſtrument quelconque. Il eſt actuellement
reſtreint à certains actes émanés des Papes. Rendus par des Princes ſéculiers, ils étoient appellés *préceptes* ou *ordonnances*.

Les Grecs & les Latins ont fait un égal uſage
de ce mot. Quelques Auteurs, *Gloſſ. med. & infim. Græcit. & Gloſſ. med. & infim. Latinit.* prétendent que les Latins ont tiré des Grecs leur
*breve, brevetus, brevicellum, pytacium, pycta-
tiolum, ſcheda, cedula,* &c. La barbarie a donné
naiſſance à tous les dérivés & diminutifs de ces
mots, dont l'analogie ſaute aux yeux, & dont
le ſens eſt à peu près le même, excepté que
pytacium paroît plus particuliérement conſacré à
ſignifier des billets, des tablettes manuelles,
des écriteaux.

Originairement les brefs répondoient à leur
nom par leur briéveté : mais dans la ſuite on ne
prit pas garde à la ſignification du mot, & on en
fit de très longs.

Il n'eſt pas hors de propos d'entrer dans quelque détail fur l'attribution de ce mot à différents actes.

Dans les anciens temps, & prefque jufqu'à nos jours, les lettres, juffions, mandements, billets, tant des Rois que des Particuliers, s'appellerent *breves* & *brevicolæ*.

Dès le 14ᵉ fiecle on appella tout court *brevets*, les actes qu'on avoit appellés auparavant *breveti falvationis*, brefs de fauveté ; *breveti falvi-conductûs*, bref de fauf-conduit ; *breveti victualium*, brefs de victuailles, qui regardoient particuliérement les navires pour leur fûreté contre les naufrages ou contre la difette.

Le *breve facramenti*, qu'on trouve dans les Capitulaires de Baluze, *t.* 2, *col.* 486, 492, & dans Grégoire de Tours, *Hift. p.* 41, étoit l'acte dreffé après la preftation de ferment de fidélité au Roi, & figné des témoins ; ou lorfqu'en juftice, *De Re Diplom. Suppl. p.* 80, on fe purgeoit par ferment de quelques accufations. Le *breve victoriale* étoit l'acte du gain d'une caufe ; *breve originale*, la premiere piece d'une procédure, c'eft-à-dire l'affignation ; *breve inquifitionis*, un bref d'enquête pour faire des informations juridiques, il eft d'ufage dès le 12ᵉ fiecle ; *breve de ftabilia*, un bref d'eftablie, acte par lequel les Ducs de Normandie mettoient en fequeftre entre leurs mains un fief en litige ; *breve refutationis*, *Annal. Bened. t.* 4, *p.* 701, un bref de ceffion & de défiftement. *Breve annuitatis*, depuis long-temps d'ufage en Angleterre, eft un bref d'annuité pour pourfuivre un débiteur qui ne paie pas quelque revenu annuel : *breve principis* revient à nos lettres de cachet, ou aux *committimus*, ou aux évocations : *breve de capella* eft un bref de la Chancellerie :

Chancellerie : *breves pro quæsta*, fort à la mode aux 13ᵉ & 14ᵉ siecles, étoient des pancartes portant permission de quêter : *brevis de convenientia*, Hist. de Langued. *t. 2, col. 432*, étoit un accommodement ou une transaction. Il seroit trop long de s'appesantir sur les autres actes qualifiés du nom de *brefs*, comme *breves donationum*, De Re Dipl. p. 8 & 20 ; *investituræ*, Spicil. t. 5, p. 376 ; *breve patens*, *breve clausum*, *breve de excommunicato capiendo* ou *deliberando*, &c. dont la signification est évidente. On ne dira rien non plus de nombre de brefs qui n'ont été d'usage qu'en Normandie & en Angleterre, & qui ne sont point connus ailleurs.

En général les assignations, citations, décrets, tous actes par lesquels on étoit appellé en justice, & les lettres de Chancellerie qui autorisoient à intenter une action contre quelqu'un, s'appellerent assez communément, les premiers *brevia judicialia*, & les autres *brevia magistralia*. Mais tous ces actes varierent à l'infini selon les differences des cas.

On peut mettre aussi au nombre des brefs les lettres de défense, *cedula inhibitoriæ*, puisqu'elles en portent le nom ; les *breves mortuorum*, dits, antérieurement au 11ᵉ siecle, *litteræ currentes*, &c. &c. Les lettres des Papes qui ont porté & qui portent encore souvent le nom de brefs, *brevia*, *breveta*, méritent aussi quelque attention.

On commence au 13ᵉ siecle à découvrir dans certains rescrits des Papes les premieres traces des brefs ; leur forme ne fut néanmoins fixée qu'après le milieu du 15ᵉ. Toute la difference qu'il y a entre ces rescrits & les autres bulles gît dans la suscription. Au lieu de dire, *un tel, ser-*

Tome I. N

viteur des serviteurs de Dieu, &c. on dit, *un tel Pape V, VI, VII*, selon le rang.

Au 15ᵉ siecle le Pape Eugene IV enchérit encore sur ses prédécesseurs pour préparer les voies aux brefs proprement dits. Ses lettres ne portent point dans leurs dates l'année de l'incarnation ni les calendes : mais elles sont données *sub annulo nostro secreto;* au lieu que l'essence du bref exigeroit qu'elles fussent *sub annulo piscatoris.* D'ailleurs elles portent, selon la forme des brefs, la date du jour du mois.

On fit usage dans les brefs d'une écriture différente de celle des bulles; la ronde ou françoise étoit affectée aux bulles, l'italique le fut & l'est encore aux brefs. Les successeurs d'Eugene IV, dans les brefs qu'ils donnerent *sub annulo piscatoris,* y insérerent aussi quelquefois l'année de l'incarnation, ou l'année du Seigneur, que Nicolas V introduisit, mais dont le commencement n'étoit pas encore fixé invariablement. Ce même Pape donna le premier cette forme que les brefs ont suivie depuis : *Nicolaus, Papa V, dilectis filiis salutem & apostolicam benedictionem... Datum Roma apud S. Petrum sub annulo piscatoris die* 15 *Aprilis* 1448, *Pontificatûs nostri anno* 2°. Telle est la forme des brefs, qui devint de jour en jour plus constante & moins variable, mais à laquelle Nicolas V lui-même ne fut pas toujours fidele : ses successeurs s'y attachèrent tellement, que depuis elle n'éprouva pas de changement durable.

La forme différentielle des brefs consiste donc dans la suscription qui doit énoncer simplement le nom du Pape & le rang qu'il tient parmi ses prédécesseurs de même nom; dans le salut & la bénédiction apoſtolique ; dans la date, qui doit renfermer celle du lieu, du jour du mois, comptant à notre mode, de l'année de l'ere chrétienne en chiffre & de l'année du pontificat ; dans l'annonce du ſceau qui doit être l'anneau du pêcheur ; & enfin dans le ſceau lui-même qui doit être de cire rouge, mais non pas de cire d'Eſpagne.

Une ſingularité du 18ᵉ ſiecle, digne de remarque, c'eſt que l'on connoît un bref de Benoît XIV écrit en François. A la vérité il n'eſt pas le premier Pape qui dans ſes lettres ne ſe ſoit pas ſervi de la langue Latine ; car Benoît XIII a donné quelques reſcrits dans le goût des *motus proprii*, écrits en tout ou en partie en Italien ; mais on n'en avoit peut-être jamais vu en langue étrangere à l'Italie.

Les brefs revêtus de toutes les formalités qui les conſtituent tels, & particuliérement de la clauſe *ſub annulo piſcatoris*, ſeroient très ſuſpects avant Eugene IV ; un ſceau de plomb à la maniere des bulles les convaincroit de faux. Au contraire une bulle ſcellée du ſceau du pêcheur, ſans en avertir, ſeroit fauſſe depuis le milieu du 15ᵉ ſiecle, & très ſuſpecte avant cette époque.

Il eſt eſſentiel aux brefs d'être ſcellés en cire rouge avec l'empreinte de l'anneau du pêcheur, c'eſt-à-dire que S. Pierre y eſt repréſenté dans ſa barque en action de pêcheur. Autour du ſceau eſt le nom du Pape, ſuivi de *Papa* & du nombre ordinal qui le caractériſe, mais ſans chiffre. Voyez *Auboux, Pratique civile & criminelle pour les Cours Ecléſiaſtiques.*

BULLE. Suivant la ſignification propre du mot *bulle*, on ne devroit entendre qu'un ſceau pour l'ordinaire de métal attaché à des lettres :

car dans le droit canon & même dans les bulles ce mot ne signifia jamais une lettre apostolique, mais le sceau dont elle est munie ; & même une bulle qui se qualifieroit telle avant le 13ᵉ siecle, ne seroit pas à l'abri du soupçon. Cependant de même que les chartes ont été qualifiées *sigilla*, du sceau dont elles portoient l'empreinte ; de même certaines épîtres pontificales ont tiré leur dénomination de la bulle de plomb qui y étoit pendante.

Ce titre ne fut pas même réservé aux seules lettres du Pontife Romain : il leur est commun avec celles des Empereurs, de certains Prélats, & de quelques Conciles Œcuméniques. Ces dernieres sont revêtues de la même forme que les bulles des Papes du 14ᵉ siecle. Personne n'ignore que cette dénomination eut lieu pour certains rescrits des Empereurs : la fameuse bulle d'or de Charles IV, & quelques-unes de même espece des Empereurs Grecs, ne laissent aucun doute à cet égard. On ne voit pas au reste que l'on se soit servi du terme de bulle pour caractériser les chartes des autres Rois, Princes, Seigneurs & Prélats du commun, quoiqu'elles aient été scellées de sceaux d'or, d'argent, de cuivre ou de plomb, qui, depuis le 9ᵉ siecle jusqu'au 12ᵉ, furent de temps en temps appellés *bulla*. Cette dénomination du sceau étoit même encore d'usage au 13ᵉ siecle ; on en qualifioit quelquefois les sceaux de cire, *Leyser, Comment. de contra-sig. p.* 15.

Avant donc de considérer les bulles comme rescrits ou lettres, il faut, en suivant leur signification propre, les envisager comme sceaux. On ne sait pas précisément en quel temps on a commencé à mettre des bulles aux actes publics,

Ce qu'il y a de certain, c'est que les sceaux de plomb ou de métal sont d'un âge fort reculé. L'Antiquité expliquée, *t.* 3, *part.* 2, *p.* 230, nous offre celui de Marc Aurele & de Lucius Verus représentant les têtes de ces deux Empereurs, & percé de haut en bas dans l'épaisseur pour passer la cordelette qui devoit l'attacher au diplome. Heineccius, *de Sigill. tab.* 1, *n.* 1, en décrit un autre de Galla Placidia, fille du grand Théodose, qui a les mêmes caracteres, *Moulinet, cabinet de Sainte Genevieve, p.* 89. Ces deux bulles sont de plomb, ainsi que celles des Empereurs Trajan & Antonin le Pieux, fournies par M. Ficoroni; ce qui démontre combien est fausse l'assertion du Dictionnaire de Trévoux qui prétend, *t.* 4, *col.* 1556, que les édits des Empereurs n'étoient pas scellés. Il paroît que cet usage fut adopté par les Papes, & même d'assez bonne heure, puisque M. Ficoroni, *J Piombi antichi, p.* 71, 73, en a publié deux, l'une du Pape *Deus dedit*, qui commença à gouverner l'Eglise Romaine en 614, & l'autre de *Vitalien*, qui monta sur le saint siege en 657; ce qui attribue aux Papes des bulles de plomb beaucoup plus anciennes que ne l'ont pensé plusieurs Savants: d'où l'on peut conclure aussi qu'elles ne peuvent être suspectes, quelque anciennes qu'elles soient. L'exemple que donne Ficoroni, *Tav.* 23, du Pape *Deus dedit*, détruit entiérement le système de Polydore Vergile, qui veut, *l.* 8, *De Invent. Rerum*, que les premiers Papes, jusqu'en 682, aient scellé avec des anneaux imprimés sur la cire; il persuade même qu'on pourroit faire remonter au moins jusqu'à Grégoire le Grand l'usage des bulles pontificales en plomb.

N iij

Les Evêques imiterent l'exemple des Empereurs & des Pontifes Romains, & fcellerent affez fouvent leurs actes en plomb : *Anaft. Biblioth. Præf. ad Synod. octavam*.... *Fleuri, liv.* 59, *p.* 483. Le quarante-unieme canon du fecond Concile de Châlons-fur-Saone, tenu en 813, en fit même une loi aux Evêques pour les lettres formées. Les Abbés en ont pareillement fait ufage, quoique très rarement : *De Re Diplom. p.* 153, *n.* 3. Les Empereurs d'Occident, les Empereurs François mêmes, fe fervirent de fceaux de plomb : mais ils ne donnoient point à l'acte la dénomination de *bulle ;* on ne connoît aucun de nos Monarques de la troifieme race qui en ait ufé.

La figure orbiculaire étant la plus fimple, eft auffi la plus ancienne qu'on ait donnée aux médailles. Elle a toujours été plus particuliérement affectée aux fceaux de métal ; & la plupart des bulles de plomb ont confervé cette forme : quand on dit la *plupart,* c'eft pour ne pas exclure les ovales ; car il s'en rencontre quelquefois. M. Ficoroni, *J Piombi antichi, Tav.* 4, *n.* 12, nous en offre une de cette efpece repréfentant la tête de l'Empereur Alexandre Sévere couronnée de laurier. Il s'en trouve de quarrées ; mais elles font rares. Heineccius, *p.* 60, en a publié deux tirées du livre de Dominique Palatio, *De Geftis Pontificum :* elles portent les noms des Papes Sergius & Etienne.

Les légendes des bulles de plomb des Papes font des plus laconiques & des plus fimples. Jufqu'à Léon IX, élu en 1048, elles ne portent que leur nom au premier côté, & le titre de Pape au fecond : il faut en excepter la bulle du Pape *Deus dedit*, qui d'un côté repréfente le bon Pafteur, *Ficoroni*, *Tav.* 23 ; & Paul I, *De Re Dipl. Supplem. p.* 46, qui a introduit les images de Saint Pierre & de Saint Paul fur les bulles de plomb. Léon IX ne fut que le reftaurateur de cet ufage en 1049 : *Heineccius*, *p.* 142.

Les plus anciens monuments, felon Foggini, *Exercit.* 20 *de antiq. fictis pictifque S. Petri imagin. p.* 465, repréfentent S. Pierre à la droite de S. Paul : mais au moyen âge la plupart des bulles de plomb, des monnoies, & des autres monuments fur lefquels ces Apôtres font figurés enfemble, placent S. Paul à la droite, & Saint Pierre à la gauche. La raifon de cette inverfion vient, ou de ce que l'artifte, *ibid. p.* 468, travaillant au type ou modele du fceau, aura repréfenté S. Pierre le premier, & S. Paul à fa gauche, fans faire attention que l'empreinte devoit néceffairement renverfer cet ordre : ou de ce qu'on aura eu égard aux fpectateurs qui, en regardant les figures, voient S. Pierre à leur droite, & S. Paul à leur gauche ; c'eft le fentiment de Dom Mabillon, *De Re Dipl. p.* 130 ; & de Marca, *De Primatu Petri, n.* 21 : ou de ce que voyant que ces deux Saints fe regardoient en face dans l'origine, & qu'aucun des deux par conféquent n'avoit alors la place d'honneur, on aura infenfiblement changé le profil, fans faire attention que la nouvelle pofition demandoit un nouvel ordre ; c'eft l'opinion des nouveaux Diplomatiftes, *tom.* 4, *p.* 305 : ou enfin de ce qu'on aura retenu l'ufage des Romains, felon lefquels la gauche défignoit la primauté & le premier rang : *Eccard*, *Comment. de Reb. Franc. Orient. t.* 1, *p.* 626.

N iv

Léon IX est le premier qui ait fait mettre, selon Heineccius, *tab.* 2, *n.* 3, des notes numérales sur les bulles, pour distinguer le rang que
tiennent entre eux les Papes qui ont porté le
même nom. Les bulles de ses successeurs jusqu'à Urbain II n'ont pas la même simplicité ni
la même uniformité que les précédentes ; car les
Papes suivants en eurent de plusieurs espèces.
Celle de Victor II, siégeant en 1055, offre
l'empreinte d'une personne à mi-corps, recevant
une clef du ciel ; & au revers, la ville de Rome
figurée, avec l'exergue *Aurea Roma.* Etienne IX,
selon Ciaconius, *De Vitis Pontif. p.* 391, est représenté en bon Pasteur. Alexandre 2, élu Pape
en 1061, est gravé au naturel, *ibid. p.* 407 ; il est
le premier Pape qui se soit fait représenter sur son
sceau. Depuis Urbain II, *De Re Dipl. p.* 129,
jusqu'à Clément VI, les bulles des Papes montrent d'un côté les images des deux saints Apôtres, ou leurs noms écrits tout au long, séparés
par une croix, & de l'autre le nom du Pape.
Depuis Pie II exclusivement, les sigles qui, sur
le premier côté, désignent les noms des deux
Apôtres, au lieu d'être en ligne horizontale,
font placées sur deux colomnes perpendiculaires. Enfin les deux dernieres lettres inférieures
furent retranchées : on ne les voit plus paroître
sur le sceau de Clément II. En général, après le
12e siecle au plus tard, il faut que les sceaux d'un
Pape, lorsqu'il étoit sacré, représentent d'un
côté les faces des Apôtres S. Pierre & S. Paul, séparées par une grande croix, & que le revers
porte la légende, c'est-à-dire, le nom du Pape,
son titre, sous ces deux lettres PP. & le chiffre
Romain qui le distingue de ses prédécesseurs de

même nom. Si le Pape n'avoit pas encore été sacré, la tête du sceau sans le revers suffiroit. Il
n'y a que ce revers qui ait varié dans la suite.
Clément VI y mit cinq rofes, qui étoient les armes de sa famille. D'où l'on peut déduire que
les armoiries, depuis le commencement du 14ᵉ
siecle, ne déparent pas les bulles, qui d'ailleurs
conservent leurs inscriptions ordinaires. Paul II
s'y fit repréfenter affis sur un thrône. La plupart
de ses succeffeurs y mirent leurs armes.

Vers la fin du 12ᵉ siecle, les lacs de soie qui
tenoient la bulle de plomb étoient communément mi-partis de rouge & de jaune. Ces couleurs devinrent affez fixes, mais non pas sans
exception. Cependant on devroit rejeter, depuis
cette époque, une bulle en forme rigoureuse,
qui n'offriroit pas des cordelettes de chanvre; &
une bulle en forme gracieuse, qui n'en auroit pas
de soie, ou du moins de laine. Si depuis le milieu du 13ᵉ siecle jufqu'au 16ᵉ, les lacs des bulles
en forme gracieuse n'étoient pas mi-partis de
rouge & de jaune, il y auroit quelque sujet de les
suspecter.

Les bulles de plomb empreintes des deux côtés s'appellent *bulles entieres*, ou *bulles* simplement, pour les diftinguer des demi-bulles qui,
étant gravées d'un seul côté, ne repréfentent
que les visages des SS. Apôtres. Les bulles imparfaites servoient entre l'élection & la confécration des Pontifes. Innocent III, *Epist.* 1, 83,
élu en 1198, &, depuis, Nicolas IV, *Rymer.*
t. 2, déclarerent qu'elles avoient la même autorité que des bulles entieres.

Avant le 12ᵉ siecle, les bulles n'étoient pas
frappées d'une maniere uniforme; mais depuis

cette époque, il ne faut pas de variation fous un même Pape. Cependant quoiqu'un même Pape ait quelquefois varié l'empreinte de fes bulles, une grande diffemblance entre l'empreinte d'une bulle & les empreintes d'un grand nombre d'autres bulles du même Pape, feroit un figne de faux. De même lorfque la bulle, d'ailleurs d'une configuration reffemblante aux autres bulles, eft inégale, c'eft-à-dire plus enflée en quelques endroits, & plus enfoncée en d'autres ; c'eft un indice qu'on en a détaché les fils pour en inférer d'autres ; ce qu'il eft aifé de vérifier en ouvrant le plomb. Il n'en feroit pas de même fi la bulle étoit feulement mife de travers ; il faudroit rejeter l'erreur fur la diftraction de l'ouvrier.

Les bulles improprement prifes, c'eft-à-dire confidérées comme refcrits apoftoliques, font en général des lettres du Pape expédiées en parchemin, & fcellées en plomb. Cette définition comprend généralement toutes les bulles & les confiftoriales, avec tous leurs caracteres propres, & celles qu'on appelle petites bulles.

On diftingue donc plufieurs fortes de bulles ; les petites, ou moins folemnelles ; & les grandes, ou folemnelles. Les dernieres renferment les bulles confiftoriales, les bulles pancartes, & les bulles privileges.

Petites Bulles.

On peut faire remonter au 7e fiecle l'origine des petites bulles, ainfi que des grandes fcellées en plomb ; car la même différence qui s'y trouve au 11e fiecle, s'y fait remarquer au 7e. Les premieres, c'eft-à-dire les petites bulles, ne montroient que les moindres dates, fans nom de No-

taire ou de Chancelier : les grandes réuniſſoient
à la date du mois & de l'indiction celle des années des Empereurs, de leur conſulat ou poſt-
conſulat, & quelquefois celle du pontificat des
Papes ; elles étoient de plus ſignées du Notaire
& du Chancelier.

Depuis le pontificat d'Urbain II, au 11ᵉ ſiecle, la différence des grandes & des petites bulles
devint plus ſenſible. Celles-ci n'annoncerent jamais un effet immuable exprimé ordinairement
par les formules *in perpetuum, ad perpetuam rei
memoriam*, & autres ſemblables. Dans les 11ᵉ
& 12ᵉ ſiecles, elles n'eurent que les dates du lieu
& des Calendes juſqu'après Urbain III, que Grégoire VIII ajouta l'indiction. Le ſucceſſeur de ce
dernier retrancha l'indiction, & y ſuppléa par
l'année de ſon pontificat. Il fut imité par tous ſes
ſucceſſeurs ; & de là juſqu'à Eugene IV, ces dates
ne ſouffrirent aucune variation. Ce dernier caractere diſtinctif des petites bulles eut lieu juſqu'au 14ᵉ ſiecle ſeulement, comme on va le voir
bientôt.

On pourroit bien confondre dans ces mêmes
ſiecles les ſimples épitres des Papes avec leurs
bulles ordinaires ; car les clauſes comminatoires
qu'on voit dans les premieres, & qui ne ſe rencontrent point dans les autres, ſont preſque la
ſeule marque par où l'on puiſſe les diſtinguer.

Grandes Bulles.

Les grandes bulles, ou bulles ſolemnelles,
portent toutes, ou doivent porter, dans la ſuſcription, des marques de leur durée conſtante &
invariable. Elles doivent annoncer, par la for-

mule *in perpetuum*, ou *ad perpetuam rei memo-riam*, ou *tam preſentibus quàm futuris*, ou autres approchantes, qu'elles ne ſont point limitées à un certain eſpace de temps. C'eſt Urbain II qui le premier employa dans ces ſortes de bulles la formule *ad perpetuam rei memoriam*, au lieu de celle *in perpetuum* uſitée juſqu'alors. De plus, les ſouſcriptions que l'on y voit, doivent faire men-tion du Notaire qui a écrit l'acte, par la formule *écrit de la main de* N. ou du Chancelier, Primi-cier, Bibliothécaire, &c. qui l'a délivré, par la formule *donné par les mains de* N. Cette diſtinc-tion entre les grandes bulles & les petites eſt in-faillible pendant les quatorze premiers ſiecles. On a déja dit qu'il y avoit trois ſortes de bulles ſolemnelles ; les *bulles conſiſtoriales*, les *bulles pancartes*, & les *bulles privileges*. Outre que ces bulles ſont diſtinguées entre elles par le fond, elles le ſont encore des autres par pluſieurs ca-racteres apparents.

Bulles conſiſtoriales.

Les bulles conſiſtoriales, ainſi appellées parce-qu'elles étoient données en plein conſiſtoire, ne regardent que les affaires, ou de la Religion, ou du S. Siege Apoſtolique. Elles ont cela de parti-culier, qu'elles ne ſont munies d'aucune ſigna-ture, & qu'elles ne portent preſque toutes d'au-tres dates que celles du lieu & du jour du mois. Cette particularité a lieu juſques dans le 14ᵉ ſie-cle ; car alors les dates de toutes ſortes de bulles furent preſque réduites dans ce ſiecle à une forme unique, le lieu, le jour du mois, & l'année du pontificat. Ainſi ce ne peut plus être une marque

diſtinctive entre les grandes & les petites bulles.
D'où l'on peut conclure que le défaut de ſignature des Cardinaux , le défaut des dates de l'Incarnation & de l'indiction , des cercles & des monogrammes , ne ſuffiſent pas pour rendre ſuſpecte une bulle conſiſtoriale , qui n'eſt pas en
forme de privilege , principalement depuis le
milieu du 13ᵉ ſiecle juſqu'au 15ᵉ. Dans cet eſpace de temps , on fut moins conſtant pour les
formalités des bulles conſiſtoriales ou ſolemnelles. Mais dans le 16ᵉ ſiecle on multiplia à l'infini les formalités pour la publication des bulles
& autres conſtitutions ; ſignatures hors d'œuvre ,
enregiſtrement , certificat des Couriers Apoſtoliques , ou du Maître des Couriers , ſouſcription
du Cardinal prodataire , expoſition ou lecture de
la piece en pluſieurs lieux , &c. &c. Mais ceci
n'eſt pas de l'eſſence de la Diplomatique.

Bulles pancartes.

Les bulles pancartes ſont celles qui , confir-
mant quelques donations faites à des Egliſes , en
rappelloient aſſez ſouvent la qualité & la quo-
tité , & y ajoutoient quelquefois la confirmation
de toutes les autres poſſeſſions , nommées ſpécifi-
quement , mais en gros. La plus ancienne bulle
pancarte que l'on connoiſſe , c'eſt-à-dire qui con-
tienne le récenſement des biens d'une Egliſe ,
fut donnée par Grégoire IV dans le 9ᵉ ſiecle ,
quoiqu'elles fuſſent en uſage long-temps auparavant.

Le caractere diſtinctif & ſpécifique de ces ſortes de bulles purement pancartes , c'eſt de ne jamais porter tout à la fois le monogramme avec les

fignatures & la date de l'année. La réunion de
ces trois caractères répugne à ces fortes de bulles,
fur-tout depuis le milieu du 12ᵉ fiecle, & les
rend fauftes; ces caractères pris féparément les
rendent auffi très fufpectes. Un autre caractère,
qui, fans être uniquement propre à ces fortes de
bulles, paroît cependant leur être effentiel, c'eft
d'être terminées par un ou plufieurs *amen*. Le
défaut de cette formule aux 11ᵉ, 12ᵉ, 13ᵉ & 14ᵉ
fiecles les rendroit au moins fufpectes.

Paffé le milieu du 13ᵉ fiecle, vers la fin fur-
tout, à peine peut-on découvrir quelques pancartes revêtues des formalités qui les diftinguent
des autres bulles; il en eft de même des bulles
privileges dont on va parler: d'où il fuit qu'après
cette époque il ne faut plus chercher dans les refcrits des Papes, que les dates du lieu, du jour du
mois, & du pontificat. Au 14ᵉ fiecle, ces fortes
de bulles pancartes devinrent extrêmement rares; & depuis on n'en découvre plus.

La plupart des bulles pancartes, outre la confirmation des biens, renfermoient affez fouvent
certains privileges: alors elles portoient les caracteres de bulles privileges.

Bulles privileges.

Ces fortes de bulles étoient ainfi nommées,
parcequ'elles accordoient certains droits, certaines immunités à des Cathédrales ou Abbayes.
Ces bulles, quoique rares, furent affez en ufage
dans les 11ᵉ, 12ᵉ fiecles, & une partie du 13ᵉ.
Elles font dans l'ordre des grandes bulles. Leur
authenticité dépend, outre la formule *in perpetuum*, de la falutation du Pape par le mot *bene-*

valete placé à la fin de la bulle en gros caractères, tout au long ou en abbrégé ; des souscriptions du Pape & des Cardinaux ; des formules de dates usitées dans les grandes bulles ; des signatures de l'Ecrivain & du Chancelier ; des figures circulaires concentriques ; des sceaux, &c. &c.

Depuis Nicolas II, au 11ᵉ siecle, la formule des dates particulieres aux bulles privileges devint presque uniforme ; & elles suivirent presque toutes cet ordre, le lieu, le jour du mois, l'année du Seigneur, celle du pontificat & l'indiction.

Ce n'est guere que depuis Innocent II, au 12ᵉ siecle, que les signatures des Cardinaux, dans les bulles privileges, devinrent d'un usage commun. On en trouve cependant du 10ᵉ qui sont signées par des Evêques, des Prêtres, des Diacres & des Sous-Diacres.

Les bulles privileges subirent le sort des bulles pancartes sur la fin du 13ᵉ siecle ; c'est-à-dire qu'elles n'eurent plus alors de formalités particulieres qui les distinguassent des autres bulles : & dans le 14ᵉ, elles devinrent extrêmement rares. On ne peut rien donner de bien décisif sur ces bulles expédiées dans le 9ᵉ, 10ᵉ siecles, & une partie du 11ᵉ. Elles n'ont de fixe que leurs variations en tout genre. Mais on seroit fondé à regarder comme fausse, quelque originale qu'elle parût d'ailleurs, une bulle privilege donnée depuis le milieu du 11ᵉ siecle, après l'an 1188 sur tout, jusqu'au 14ᵉ exclusivement, & qui n'auroit pas la plupart des caracteres suivants, ni la suscription *servus servorum Dei* ; ni la clause *in perpetuum*, ou *salutem & apostolicam benedictionem*, ou *tam presentibus quàm futuris* ; ni les clauses

comminatoires ; ni la conclufion *amen* ; ni la falutation *benevalete* ; ni une ou deux formules de
dates, dont la premiere fût de la façon d'un
Notaire régionnaire , & la feconde du Chancelier
ou autre ; ni les dates du lieu , du jour des Calendes, du pontificat, de l'indiction & de l'Incarnation ; ni les cercles concentriques; ni la
fentence ou devife, &c. &c. Il faut toujours faire
attention que toutes les bulles de conceffion de
privileges ne font point en forme de pancartes,
& que c'eft des premieres particuliérement dont
on vient de parler.

Quoique la formule *falutem & apoftolicam benedictionem* fût affectée aux fimples bulles, lettres ou decrétales, depuis le 11ᵉ fiecle jufqu'au
14ᵉ, & que celle *in perpetuum* fût propre aux
bulles pancartes ou privileges ; ces dernieres cependant prirent quelquefois la premiere formule:
ainfi l'on ne fauroit déduire aucun moyen de
faux de ce changement. Mais depuis le 11ᵉ fiecle jufqu'au 13ᵉ, une bulle du premier genre qui
porteroit la formule *in perpetuum ,* paroîtroit fufpecte, parceque ces changements n'ont pas été
réciproques. Dans le 15ᵉ fiecle, fous Eugene ,
toutes les bulles en général proprement dites ,
ou fcellées en plomb , eurent une marche conftante dans leurs dates, dont voici l'ordre : le nom
du lieu & fouvent du palais à l'ordinaire , l'année
de l'Incarnation, le jour des Calendes, & l'année
du pontificat. Cet arrangement a fubfifté fans
variation jufqu'à nous.

Outre ces bulles diftinguées par des formes ,
des noms & des objets différents, on en connoît
encore une autre efpece qui rentre dans la claffe
des grandes bulles , & qu'on appelle *Bulla
Cruciata.*

Cruçiatæ. On tire leur origine de celles qu'Urbain II publia pour la première croisade, & qui portoient sans doute le signe de la croix.

Dans le 16ᵉ siecle toutes sortes de constitutions apostoliques furent réduites à trois, les bulles proprement dites, les brefs & les *motus proprii*, voyez BREFS & MOTUS PROPRII. Elles sont distinguées entre elles par leur suscription & leurs dates. Les bulles portent toujours en tête *N. Episcopus servus servorum Dei*, & suivent l'ordre des dates énoncé plus haut.

Caracteres extrinseques.

Les grandes bulles, en tant que distinguées des brefs & des petites bulles en forme de *motus proprii*, ont toujours été écrites en langue Latine ; on ne connoît pas d'autre idiôme employé à cet usage.

Du séjour des Papes à Avignon est venu l'usage d'écrire les bulles de provision en caracteres gothiques modernes. Le caractere Lombardique s'étoit conservé dans les bulles jusqu'au milieu du 12ᵉ siecle.

Le style fut extrêmement humble dans les bulles des 9 premiers siecles, & l'a été quelquefois depuis. *Voyez* PLURIEL, FILS, TRÈS CHER, PONTIF. MÉTROPOLIT. TITRE, FORMULES, ADRESSE.

Critique des bulles en général.

La science de la critique des bulles est une partie essentielle des connoissances diplomatiques. Alexandre III & Innocent III ont parlé des marques auxquelles on pouvoit reconnoître les fausses bulles, & les distinguer des vraies : mais leurs

Tome I. O

principes, ou peu sûrs ou insuffisants, n'ont pû faire de loix générales.

Durand, Évêque de Mende, & fameux Canoniste, a donné pareillement ses décisions sur les qualités que doivent avoir les bulles : mais il s'est trop borné, peut-être sans s'en appercevoir, aux usages de son temps. Ses regles, appliquées aux siecles antérieurs ou postérieurs au sien, ne pourroient qu'induire en erreur. En voici qui sont exemptes de ces défauts.

La chaleur & l'attention avec lesquelles Innocent III & Célestin III ont poursuivi les fausses bulles, ne permettent pas de croire qu'il en existe encore quelques-unes : la facilité de reconnoître les fausses des véritables, avouée par les Papes mêmes, détruit tout soupçon à cet égard.

Plus les bulles sont anciennes, lorsqu'elles n'ont pas été fabriquées par des contemporains, plus elles donnent matiere à la critique, & plus on est sûr de les surprendre en défaut. C'est ce qu'il est aisé de concevoir, à n'envisager seulement que la difficulté de rajuster les sceaux & les fils qui les attachent, d'avoir du parchemin du temps, d'imiter l'écriture, le style & les formules d'un siecle éloigné.

Toutes les bulles fausses ne sont pas supposées. Une bulle supposée est celle qui n'auroit jamais été donnée par aucun Pape ; & une bulle fausse est celle qui énonce le faux, soit par l'artifice du faussaire qui en auroit raclé une partie, soit par la mauvaise foi des dépositions de ceux qui l'auront obtenue : on en jugera mieux par le détail suivant.

Ce n'est pas une regle sûre pour reconnoître les vraies bulles de tous les siecles, que les Papes traitent toujours les Evêques de *freres*, & qu'ils n'emploient jamais le pluriel lorsqu'ils adreffent la parole à une feule perfonne. Cette regle donnée par Innocent III ne doit être appliquée qu'à lui & à fes prédéceffeurs immédiats.

Des fautes ou contre la Latinité ou dans la citation du texte facré ne fuffifent pas pour prouver la fauffeté d'une bulle.

Toutes les bulles qui fe trouvent dans les regiftres des Papes dont elles portent le nom, ou dans les collections authentiques, font incontestables.

On ne doit pas rejeter une copie authentique, faute de l'original fur lequel on puiffe vérifier la bulle.

La fauffeté des dates d'une copie, même authentique, n'emporte pas celle de l'original, *fecond Mémoire de Soiffons, page* 190, 206; & la fauffeté d'une feule date de l'original, de l'indiction, par exemple, ne doit pas non plus l'infirmer.

Une bulle ordinaire, non en forme de privilege, qui réuniroit les dates de l'année, de l'indiction, de l'incarnation & du pontificat, feroit fufpecte depuis Grégoire VII, très fufpecte depuis Urbain II, & fauffe depuis Innocent II jufqu'à Grégoire VIII. Au contraire, les bulles privileges des 12e & 13e fiecles feroient fufpectes, fi elles n'offroient point dans cet ordre les dates du lieu, du dataire, du jour du mois par les calendes, de l'indiction, de l'incarnation & du pontificat.

On ne doit pas conclure qu'une bulle eft fauffe ou fufpecte, pour être fignée d'un Cardinal qui ne fe trouve point dans les liftes imprimées, parceque ces liftes ne font pas toujours exactes.

Une bulle qui accorderoit des droits dont on feroit sûr que les Papes ne s'attribuoient pas encore la difpofition, feroit pour le moins fufpecte.

De ce qu'une bulle eft contradictoire d'une autre bulle, quand elles feroient toutes deux du même Pape, il ne s'enfuit pas que l'une des deux foit fauffe.

Il eft encore plufieurs autres regles générales, mais que l'on trouvera parmi celles des diplomes qui peuvent être également appliquées aux bulles. *Voy.* BULLES, SCEAUX, PRIVILEGES, ANNÉE, DATES.

BULLETIN. *Voyez* CÉDULE.

C.

C capital.

PRESQUE toutes les plus anciennes écritures de l'Europe ont un troisieme élément qui approche du gamma des Grecs, *fig.* 1 *du troisieme tableau*, & du *c* quarré, *fig.* 2, *ibid.* ou rond, *fig.* 3, *ibid.* des Latins.

Le *c* quarré, *fig.* 2, *ibid.* bien plus rare que l'autre, se voit cependant plusieurs fois avant & sur-tout depuis l'ere chrétienne : on le trouve souvent aux 6ᵉ & 7ᵉ siecles sur les médailles de nos Rois, *le Blanc, Traité des Monnoies, p.* 44, 46. Vers le 11ᵉ siecle, il étoit assez fréquent dans les inscriptions, mais plus élancé.

L'usage de retrancher le bout des lettres majuscules, comme on l'a observé à l'article *B*, fit du *c* naturel un *c* fermé comme un *q*, mais sans queue, *fig.* 4 *du troisieme tableau*, & qu'on appelle *c* gothique des bas temps ; cela forma, depuis, le *c* double en arrondissant le haut & le bas de la figure à la jonction des deux caracteres, *fig.* 5 & 6, *ibid.*

Le *C* majuscule & minuscule brisé à deux traits, *fig.* 7, *ibid.* fut reçu très favorablement aux 6ᵉ & 7ᵉ siecles. De cette brisure vint, dans le même temps, le *c*, *fig.* 8, *ibid.* qui n'est pas rare dans les monuments lapidaires de ces mêmes siecles, & qui se rencontre même dans certains manuscrits. De ce dernier, dont la forme approchoit beaucoup d'un double *c*, vint réellement un *c* composé de deux l'un sur l'autre, *fig.* 9, *ibid.* dans le goût de nos grands *E* cursifs. Il fut très ordi-

naire dans les écritures cursives Romaines, Fran-
co-Galliques & Carolines ; quelquefois dans
la cursive Visigothique , mais jamais dans la
Saxonne. Le c de cette derniere forme varia dans
ses grandeurs ; au 7ᵉ siecle il s'éleva quelquefois
au dessus de la ligne ; au 8ᵉ cette élévation devint
fréquente, & ordinaire au 9ᵉ. Quoique fort haute,
elle n'égala pourtant jamais celle des lettres à
montants , dont nous avons parlé à l'article B.

c minuscule.

Le c minuscule des manuscrits de plus de mille
ans ressemble assez à l'e de notre italique, à cela
près que l'extrémité supérieure en rentrant dans
la panse ne la touche pas tout-à-fait : il fut très
arrondi en proportion de sa petitesse ; mais son
élévation successive lui fit perdre de sa rondeur.
Au 12ᵉ siecle sa hauteur est très sensible ; après il
commença à se hérisser de pointes & d'angles
qui nous annoncent le regne du gothique.

Le c minuscule dont la tête est relevée par un
trait courbe, *fig.* 10 *du troisieme tableau* , paroît sur-tout au 9ᵉ siecle dans nombre de manuscrits. Le petit c de même forme, *fig.* 11 , *ibid.*
employé dans les chartes, ne devient un peu constant qu'aux 12ᵉ & 13ᵉ siecles.

c cursif.

Les c cursifs ont d'autres caracteres. Ceux de la
Romaine du 6ᵉ siecle sont parfaitement arrondis
par le haut & par le bas, mais non par le dos qu'ils
ont un peu allongé. Le c cursif est antérieur au
12ᵉ siecle, lorsque , composé de deux pieces , il

reſſemble à peu près à nos *x* dont la partie gauche inférieure manque, & dont la partie gauche ſupérieure eſt liée avec la lettre précédente, comme la *fig.* 12 *du troiſieme tableau.*

Le *c* curſif en forme d'*e*, tel qu'on le voit *fig.* 9, *ibid.* eſt Mérovingien : il eſt la baſe d'une infinité de variantes, dont il eſt cependant aiſé de voir l'origine. Les *figures* 13, 14, 15, 16, 17, 18 & 19 *du troiſieme tableau*, qu'on peut voir également dans la planche 8 de l'*E*, en deſcendent aſſez naturellement : tel fut l'état du *c* curſif Franco-Gallique. Sous la ſeconde race les *c* curſifs parurent moins inconſtants dans leurs figures : ſur un ſimple petit *c* s'en élevoit un oblong ſans rondeur inférieure, qui reſſembloit quelquefois à une *l* fermée par le haut. Voyez *figures* 20, 21 & 22 *du troiſieme tableau.* Voilà l'idée des *c* curſifs ſous Charlemagne. Sous Louis le Débonnaire & ſous Charles le Chauve, ils ne différerent pas de beaucoup. Sous le Roi Eudes, dans le temps de l'écriture allongée, la partie inférieure fut deux fois auſſi haute que la ſupérieure. Ce n'eſt qu'en 1108 que le *c* ſurmonté d'une eſpece d'*e* tronqué, *fig.* 23, *ibid.* ſemble diſparoître.

Une boucle ou friſure au haut du *c*, de l'*e*, de l'*s* & de l'*ſ*, caractériſent très bien le 10ᵉ ſiecle, même la fin du 9ᵉ. Cette forme s'abolit au 11ᵉ, excepté en Allemagne où on la conſerva juſqu'au douzieme.

Le petit *c* purement minuſcule s'établit dans la curſive au 9ᵉ ſiecle ; il s'y multiplia dans le 10ᵉ : il s'écraſa un peu, & dès 931 il prenoit même en Allemagne la figure d'une *r* minuſcule, *fig.* 24 *du troiſieme tableau.*

O iv

En général le *c* ancien éprouva en France des variations continuelles : celui de l'écriture allongée y fut encore plus fujet. Vers le milieu du 11ᵉ fiecle le petit *c* chaffoit des diplomes le *c* curfif pour fe mettre à la place. Plus de trente ans avant la fin de ce fiecle à peine reftoit-il quelque trace de l'ancien *e* bouclé, *figure 25*, *ibid.* fi l'on en excepte la liaifon du *c* & du *t*, *fig. 26*, *ibid.* Il eft fort douteux que le 12ᵉ fiecle puiffe fournir quelque exemple du *c* antique. En Allemagne il n'étoit déja plus connu à la fin du 10ᵉ & au commencement du 11ᵉ, ou dès l'an 1030, même dans l'écriture allongée.

Jufques vers le milieu du 12ᵉ fiecle, le *c*, quel qu'il pût être, étoit toujours tremblant dans l'écriture allongée : dans ce fiecle les traits gothiques & bizarres pour former le *c* fe multiplierent en France.

Il n'eft pas hors de propos d'obferver que le *c* & le *t* des chartes & des manufcrits fe confondirent depuis le 13ᵉ fiecle.

A la tête des diplomes des Empereurs d'Allemagne du moyen âge, on trouve un grand *C* majufcule ; cette lettre, qui a été énigmatique pour bien des Auteurs qui n'ont pas réuffi dans leurs conjectures, eft un refte de l'invocation en figles I. C. N. *in Chrifti nomine.* Le monogramme de cette invocation fe rapprocha toujours de plus en plus, dès les commencements, de la figure du *c*. Sous les Othons cette figure dominoit ; & fous le troifieme Empereur de ce nom on n'y apperçoit plus que ce *c* : cette forme étoit ordinaire au 12ᵉ fiecle, mais au 13ᵉ on commença à l'omettre.

Planche du C.

Pour bien comprendre l'ordre de la planche du C, il faut se rappeller exactement ce qui a été dit sur la composition de la planche premiere ; c'est la clef de toutes les autres : ainsi l'on se bornera simplement à quelques réflexions sur les capitales Latines.

La premiere division du C capital, inscrit sur les matieres dures, contient les C qui forment un angle dans leur contour, & qui sont semblables tantôt au ᴦ Grec, tantôt à L Latine, & tantôt à un angle ouvert du côté droit. Ils sont tous fort anciens, excepté les trois derniers de la premiere & de la troisieme subdivision.

La seconde est composée de C plus ou moins quarrés, dont les figures appartiennent presque toutes au moyen âge ; quelques-unes à la haute antiquité, comme plusieurs de la seconde subdivision ; & quelques autres aux bas temps, comme la derniere de la sixieme.

La troisieme division renferme des C diversement arrondis. Les quatre premieres subdivisions conviennent assez aux premiers siecles, quelquefois au moyen âge, & rarement aux bas temps. La cinquieme désigne une grande antiquité, lorsque quelques-unes de ces figures reparoissent constamment. La sixieme & la septieme indiquent les quatre premiers siecles.

La quatrieme division, uniquement consacrée au gothique, ne s'éleve pas au dessus du 12ᵉ siecle, & descend presque jusqu'au nôtre.

Remarquez des caracteres gothiques dans la cinquieme division du C capital des manuscrits ;

& quelques minuscules & cursives dans la troisieme.

CALENDRIER. Dans l'examen des titres on
doit faire attention aux dix jours qui ont été retranchés pour se conformer au calendrier Grégorien. Ainsi en France si l'on trouvoit des titres
datés du 15e, 16e, 17e, 18e, 19e, 20e, 21e,
22e, 23e ou 24e Décembre 1582, ils donneroient justement lieu à de violents soupçons ; car
ce fut alors que la correction du calendrier fut
acceptée, & ce sont ces dix jours qui furent supprimés par un édit de Henri III, donné le trois
Novembre précédent.

Voici ce qui donna lieu à cette réforme du
calendrier. Il s'étoit glissé deux erreurs considérables dans le calendrier depuis le Concile de
Nicée. Ces deux erreurs étoient la précession des
équinoxes, & l'anticipation des nouvelles lunes,
L'équinoxe du printemps se trouvoit le 11 Mars,
au lieu du 21 où il devoit être suivant le Concile
de Nicée. Les nouvelles lunes étoient remontées
de cinq jours au-dessus du temps qui leur étoit
fixé par le nombre d'or. La premiere de ces erreurs fut corrigée par les Astronomes assemblés
par le Pape Grégoire XIII, & qui retrancherent dix jours. Ce mécompte venoit de ce que
l'année Julienne étoit composée de 365 jours &
6 heures, au lieu que l'année astronomique n'a
que 365 jours cinq heures 49 minutes. Ces onze
minutes excédentes de l'ancien calendrier avoient
causé une erreur de dix jours depuis la réformation faite par Jules César, 42 ans avant la naissance de J. C. jusqu'en 1582. Grégoire XIII, par
sa bulle du 24 Février, remit les équinoxes en
leur place.

I. Phenicien   II. Gh. Grec

III. C. Latin

Capital des Inscriptions

Capital des Manuscrits

Minuscule

Romain
2 Lombardique
3 Visigothique   4 Saxon
5 Gallican
6 Merovingien
7 Allem. and
8 Carlovingien   9 Capetien
10 Gothique

Cursif

D'Italie
2 De France
3. D'Allemagne
4 De la G.de Bretagne
5 D'Espagne

Boutrois Sculp.

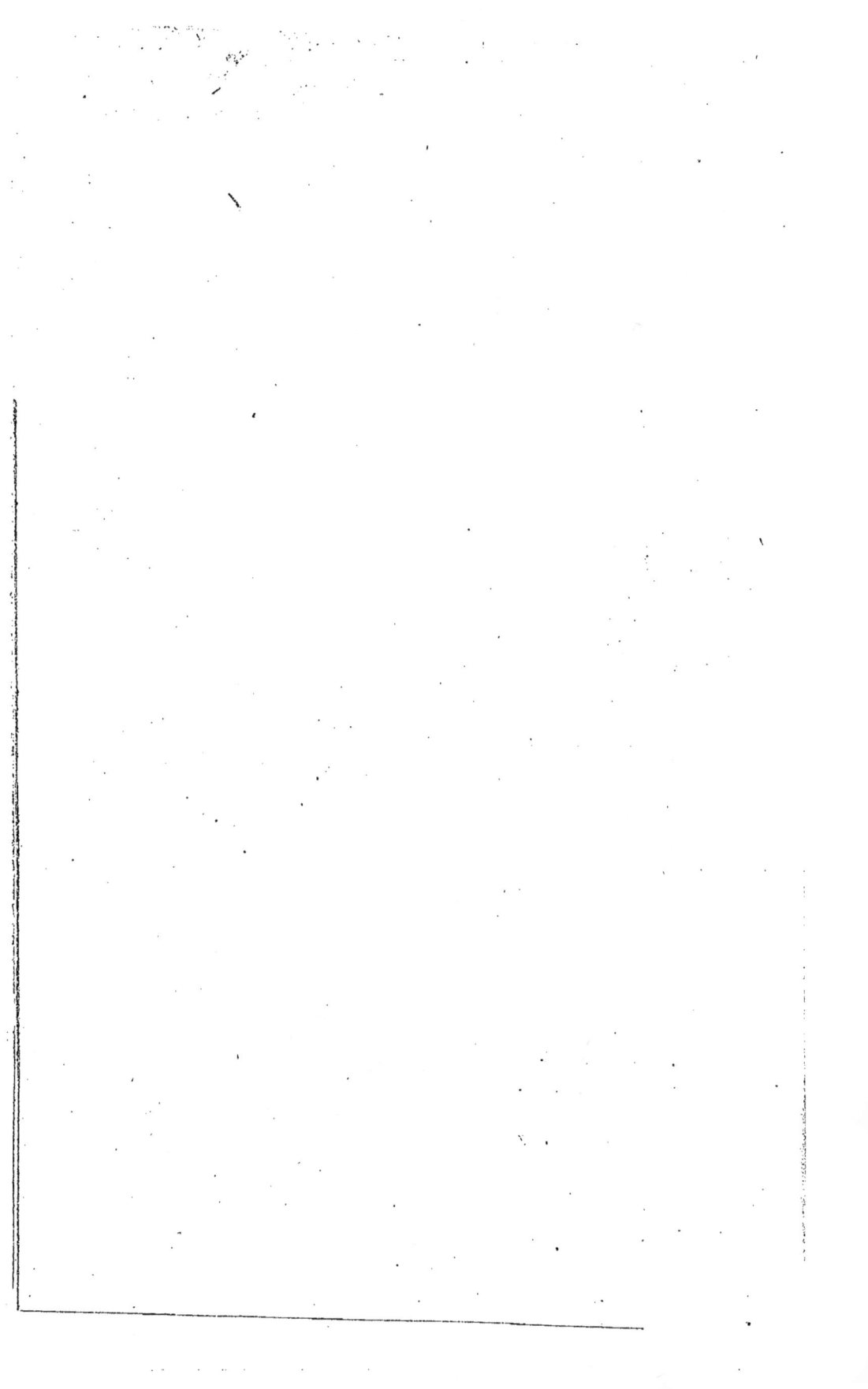

Il s'enfuit que le calendrier a fouffert trois ré-
formes ; la premiere fut faite par Jules Céfar, la
feconde par Augufte , & la troifieme par Grégoire XIII.

Jules Céfar, 41 ans avant la venue du Meffie,
antérieure de 4 ans à l'ere vulgaire, avoit réformé le calendrier au moyen du jour biffextil,
placé de quatre en quatre ans à la fin de Février.
C'eft de cette réforme que le calendrier Romain
fut appellé *Julien* ; l'année d'avant cette réforme
avoit été on ne peut pas plus confufe ; elle s'é-
toit trouvée compofée de 445 jours. Par la négligence des Pontifes qui étoient chargés d'annoncer les jours & les mois, cette intercalation du
jour biffextil, qui ne devoit fe faire qu'après quatre années révolues & à la cinquieme commen-
çante, fe faifoit au commencement de chaque
quatrieme année ; en forte que dans l'efpace de
36 ans ils avoient inféré douze jours biffextils,
au lieu de neuf feulement qu'il auroit fallu. Augufte réforma cette erreur quatre ans avant Jéfus
Chrift, en laiffant écouler 12 ans pleins fans
intercalation. L'année biffextile ne recommença
que la huitieme année de Jéfus Chrift. C'eft là
la feconde réforme que fouffrit le calendrier :
Crevier, Hift. des Empereurs , t. 1 *, p.* 341. La
troifieme eft celle que fit faire Grégoire XIII en
1582.

Cette réforme du calendrier Grégorien ne fut
acceptée par les catholiques d'Allemagne qu'en
1584. Les proteftants d'Allemagne, en haine de
la Cour de Rome, conferverent le calendrier ancien, malgré fon inexactitude, jufqu'en 1699, que
le Mathématicien Weigel fit des obfervations
aftronomiques fur lefquelles il dreffa un calen-

drier plus exact que le Grégorien. Ce dernier fut reçu par un décret du corps des proteftants, & l'on commença à s'en fervir en 1700, en retranchant 11 jours du mois de Février. Il ne diffère de celui des catholiques que pour la célébration de la Pâque. Ce calendrier qu'on appelle *calendrier corrigé*, fut adopté par le Roi de Danemarck en 1745, & par la Suede & la Grande-Bretagne en 1752: *Abbrégé Chronolog. de l'Hift. d'Allem.* Voyez COMPUT.

CAMÉRIER. Sous le Pape Etienne IX, au onzieme fiecle, on voit pour la premiere fois le titre de Camérier que prend le Notaire ou Archivifte des bulles. Quelques-uns des privileges d'Hohoré II au 12ᵉ fiecle, font expédiés par Ranier, VICE-CAMÉRIER. Nous ne connoiffons pas d'exemple plus ancien de bulles dont les dates faffent mention de cette dignité. Il paroît qu'elle étoit confondue avec celle de Vice-Chancelier.

CANCELLATION. La cancellation eft une forte de rature qui fe fait à claires voies, ou en treillis, ou en traçant fur la page ou la partie cancellée une croix de S. André, ou même en coupant le parchemin par cette incifion cruciale. Elle annonce quelquefois l'inutilité, & quelquefois la fauffeté ou la répétition fuperflue de la partie comprife dans la cancellation. On cancelloit quelquefois des pieces dans leur totalité, fans qu'on les regardât comme fauffes: *Ordon. t. 5, p. 115.* C'étoit uniquement pour les rendre inutiles. La cancellation ne marque pas même toujours, ni qu'un acte eft nul, ni qu'il n'a plus de force: car Philippe le Bel, en 1304, ordonne, *Hift. de Nifmes, par Ménard, t. 1, p. 434, aux* Notaires de barrer ainfi les actes dont les expé-

'ditions auroient été délivrées aux parties : *Lorf-qu'ils en auront donné aux parties* (des expédi-tions), *ils barreront la minute par des traits de plume.* Les *vidimus* du 13ᵉ fiecle au plus tard, & des fuivants, énoncent, *Madox Formul. Angl.* p. 8.... *Acherii Spicileg. t.* 9, *p.* 127, que l'acte qu'ils confirmoient n'étoit ni cancellé ni vicié én aucune de fes parties. Cela paffa en formule. *Voyez* RATURE.

CANONISATION. Le premier acte authenti-que & indubitable que nous ayons d'une canoni-fation folemnelle dans les formes modernes, eft confignć dans une bulle donnée par le Pape Jean XVI, en 993, dans un Concile de Rome. Cette bulle place au nombre des Saints, Ulric, Evêque d'Ausbourg. La chofe étoit ancienne, quoique le mot de canonifation ne fût point en-core d'ufage. Ce mot ne fe trouve, pour la pre-miere fois, que dans une lettre d'Oudri, Evê-que de Conftance, à Callixte II, pour la cano-nifation de l'Evêque Conrad, vers 1122, *Acta SS. Bened. Præf. quinti fæculi*, n. 88, n. 99, & p. 471.

La réferve de la canonifation aux Papes eft du 10ᵉ fiecle. Il faut cependant que cette loi n'ait pas été généralement reçue, puifqu'après cette époque la maniere de canonifer les Saints en éle-vant un autel fur leur tombeau, fut encore en ufage, comme on le voit par rapport à S. Ro-muald, en 1032; & qu'il eft avéré que la der-niere canonifation faite par un Métropolitain, comme il étoit d'ufage autrefois, eft celle que fit l'Archevêque de Rouen en 1153.

Ce fut Honorius III qui le premier, en 1225, accorda des indulgences de quelques jours à la

*

cérémonie de la canonifation. Les indulgences plénieres ne commencerent à ces cérémonies qu'en 1523. On remarque que ce fut à la canonifation de S. Roch, au Concile de Conftance, en 1414, que l'on porta pour la premiere fois l'image du Saint canonifé : c'eft l'origine des bannieres des Eglifes : *Baronii Adnotation. in Martyrolog.*

CAPITOLINS. On pourroit rencontrer dans d'anciens monuments Romains des dates qui auroient pour point fixe, ou pour époque, les jeux capitolins : il faut donc favoir qu'outre les premiers jeux capitolins de Rome, inftitués par Camille, il y en eut d'autres qui furent fondés par Domitien, vers l'an 87. Ces derniers fe célébrerent tous les cinq ans, & ils ne furent entiérement abolis que fous l'empire de Conftantin, *Hardion, Hift. Univ. t. 6, p. 348.* Ils furent fi célebres, qu'on ceffa de compter par luftres, & que l'on datoit des jeux capitolins. Cet ufage de dater ainfi dura jufques vers 230, *Antiq. Rom. l. 5, c. 18.*

CAPITULAIRES. Les capitulaires de nos Rois, fi célebres aux 8e & 9e fiecles, font des réglements qui tirent leur dénomination de *capitule, capitulum*. Depuis le 4e fiecle jufques vers le milieu du 16e, non fans exception, on appella *capitules* les canons des Conciles, à caufe de leur diftinction comme en autant de petits chapitres ; & la réunion de tous ces capitules formés dans une même affemblée, s'appelloit *capitulaire*, au moins dès le 8e fiecle.

Lorfqu'on vouloit inférer quelques articles des capitulaires dans la loi falique, l'ufage étoit que ces infertions fuffent agréées par la nation, ou

par ſes repréſentants. Dans un capitulaire de
Charlemagne, on lit : *Generaliter omnes admone-*
mus ut capitula quæ præterito anno legi Salica ,
cum omnium conſenſu addenda eſſe cenſuimus , jam
non ulteriùs capitula ſed tantùm leges dicantur ;
imò pro lege Salica teneantur. Et dans le troiſieme
capitulaire du même Empereur, de l'an 803, il
eſt dit : *Ut interrogetur populus de capitulis quæ*
in lege noviter addita ſunt. Le peuple ſouſcrivoit,
& le capitulaire paſſoit en loi.

Les ordonnances de nos Rois qui portent le
nom de capitulaires, commencent à Charlemagne , & finiſſent à la mort de Charles le Simple,
en 929. Les plus anciens titres dont on ait connoiſſance depuis les capitulaires , ne commencent qu'à Louis le Gros, en 1100; encore juſqu'à
S. Louis , ſi l'on excepte l'ordonnance de Philippe Auguſte, de 1190, ce ne ſont que quelques chartes particulieres pour des Egliſes.

CARDINAL. Le titre de Cardinal eſt très
ancien , & on le trouve dès l'an 499. On dit
même que dans le ſixieme canon d'un Concile
de Rome tenu ſous S. Silveſtre en 324, il eſt
fait mention de Cardinaux Diacres. Ce qu'il y a
de très certain , c'eſt que l'on trouve pluſieurs
fois ce mot dans les ouvrages de S. Grégoire ; &
que de certains Evêques dont les égliſes étoient
ruinées, il en faiſoit des Cardinaux, Evêques
des autres égliſes, *Dupin, Bibl. Eccl. 6ᵉ ſiecle.*
Mais ce titre ne ſignifioit alors autre choſe qu'un
Clerc titulaire d'une égliſe , ſoit qu'il fût Prêtre
ou Evêque. On diſoit, un *Prêtre Cardinal,* ou
un *Evêque Cardinal,* pour déſigner un Prêtre ou un Evêque à qui l'on avoit confié pour
toujours le ſoin d'une égliſe , par oppoſé à

celui qui n'étoit chargé des mêmes fonctions qu'en commende·pour un temps. Mais on ne connoissoit point encore les Cardinaux de l'Eglise Romaine. Il n'est parlé pour la premiere fois de Cardinaux, Evêques de l'Eglise Romaine, que sous le pontificat d'Etienne IV en 770. Etoient-ils vraiment Evêques avec un troupeau ou un territoire déterminé ? C'est ce dont on doute ; car Honorius III passe pour avoir mis le premier des Evêques parmi les Cardinaux dans le Sacré College vers 1220. Les Cardinaux Evêques dans le 11ᵉ siecle en 1093, prirent séance dans les assemblées avant les autres Evêques, même avant les Archevêques & les Primats ; c'est l'époque du commencement de leur supériorité : jusques-là ils s'étoient reconnus leurs inférieurs ; les preuves en sont sensibles dans le Concile de Rome de 993 & dans celui de Clermont, on y voit les Cardinaux ne signer qu'après les Evêques.

Au 9ᵉ siecle, & peut-être avant, ces sortes de Cardinaux signoient les actes du Concile ainsi que ceux qui le tenoient. On en voit un exemple en 853, dans un Concile de Rome où ils signent, *Prêtres de la Sainte Eglise Romaine du titre de S. Clément, des douze Apôtres*, &c. On ne sait pas si avant l'an 963 ils ont signé, *Cardinaux Prêtres, Cardinaux Diacres*: mais c'est ainsi qu'on voit leurs souscriptions dans un Conciliabule de cette année, tenu contre Jean XII.

Le titre de Cardinal a été donné aux Curés, & même aux simples Prêtres, & aux Moines attachés à une église, jusqu'au 11ᵉ & peut-être jusqu'au 13ᵉ siecle, *Ducange*, *Gloss.*

Au 12ᵉ siecle les Cardinaux de l'Eglise Romaine n'étoient point encore en honneur. Il semble

ble

ble même (*Vaiſſette , Hiſt. de Languedoc , t. 2 , p. 383*) que lorſqu'un Cardinal étoit promu à un Evêché hors de l'étendue de la province de Rome, il ne prenoit plus le titre de Cardinal. Cependant il falloit que ce fût une eſpece de diſtinction dès le 11ᵉ ſiecle , puiſqu'Alexandre II accorda le titre de Cardinal à l'Abbé de Vendôme , tant pour lui que pour ſes ſucceſſeurs. Les Abbés de Vendôme jouiſſoient encore de ce titre de Cardinal au temps du Concile de Conſtance.

Les Cardinaux du 14ᵉ ſiecle ne croyoient pas pouvoir poſſéder des Evêchés avec le Cardinalat. » S'ils étoient Evêques dans le temps de leur » création , ils ſe démettoient auſſi-tôt de leur » Evêché ; ils poſſédoient ſeulement de ſimples » Cures & des dignités de cathédrales en com-» mende » : *ibid. t. 4 , p.* 204.

L'uſage de faire changer de titre aux Cardinaux ne remonte pas plus haut que le 15ᵉ ſiecle : *Spond. ad. an.* 1410, *n.* 8.

Dans le ſiecle ſuivant les Cardinaux, Prêtres & Diacres, ſe prévalurent de ce qu'ils coopéroient également à l'élection des Papes , & s'arrogerent la même prééminence que les Cardinaux Evêques. Ce n'eſt que depuis le 13ᵉ ſiecle que les Cardinaux ont dans l'Egliſe le premier rang après le Pape ; & ce n'eſt que depuis les Etats tenus à Saint-Germain-en-Laye en 1561 que les Princes du Sang de France ont eu dans le royaume la préféance ſur les Cardinaux. Aux Etats qui furent tenus à Tours ſous Louis XI, le Cardinal de Sainte Suzanne , Evêque d'Angers , étoit à la droite du Roi, & le Roi de Sicile à la gauche,

Tome I. P

Héricourt, Loix Eccl. part. 1, *p.* 60, *& part.* 4, *p.* 304.

On peut résumer cet article en quatre mots avec Amelot de la Houssaye, *Fra Paolo, p.* 572. Leur grandeur commença sous Nicolas I ; leur accroissement sous Alexandre III & Philippe Auguste ; leur préséance fixe sur les Evêques sous Innocent IV du temps de S. Louis, & leur égalité aux Princes sous Boniface VIII & Philippe le Bel.

Les Cardinaux furent toujours tirés de Rome ou d'Italie jusques vers 1380. Ils s'arrogerent le droit d'élire seuls les Papes après le Concile de Latran, qui fut le dixieme Concile général, & cela à l'élection de Lucius III en 1181, à l'exclusion du Clergé & du Peuple de Rome qui avoit joüi de ce droit depuis 1058. Ces derniers n'eurent plus que le droit de confirmer l'élection, encore leur fut-il ôté dans la suite.

Le nombre des Cardinaux a varié pendant très long-temps : car malgré le réglement du Concile de Constance, qui ordonnoit de ne pas passer le nombre de 24, les Papes suivants le porterent bien plus haut, sans rien observer de fixe. Ce fut Sixte-Quint qui fixa le nombre des Cardinaux à soixante & dix : six Evêques, quarante-cinq Prêtres & dix-neuf Diacres. Ce réglement fut prescrit par une bulle du 3 Décembre 1586, laquelle a été observée par ses successeurs. Le même Sixte-Quint voulut empêcher par la même bulle qu'on élevât deux freres au Cardinalat ; & Urbain VIII est le premier qui y ait dérogé en faveur du frere du Cardinal de Richelieu en 1629.

Ce fut dans le Concile de Lyon en 1243 qu'Innocent IV donna aux Cardinaux le chapeau rouge. Il n'y avoit auparavant que les Légats *à latere* qui portaſſent cette marque de diſtinction. Les Cardinaux réguliers porterent toujours celui de leur ordre juſqu'en 1591 que Grégoire XIV leur accorda auſſi le rouge. Boniface VIII leur donna à tous la pourpre ſur la fin du 13ᵉ ſiecle. Quelques-uns l'avoient cependant déja portée, ſur-tout dans les légations. Le premier qui en uſa ainſi fut le Cardinal Pélage, dans ſa légation de C. P. en 1213. Enfin Paul II leur donna la calotte rouge, le cheval blanc, & la houſſe de pourpre, en 1464.

Les Cardinaux s'appellerent *Illuſtriſſimes* & *Révérendiſſimes* juſqu'en 1630 au 10 de Janvier, qu'Urbain VIII ordonna pour la premiere fois qu'ils ſeroient appellés *Eminences*.

CARTULAIRES. Les cartulaires ſont des recueils de chartes d'une même Maiſon, arrangées ſuivant l'ordre chronologique ou autrement. L'origine des cartulaires pourroit remonter juſqu'au 8ᵉ ſiecle : car on trouve, *Annal. Benedict. t. 2, p.* 145, un Moine de Fontenelle, mort en 749, qui tranſcrivoit les chartes de donations; peut-être en eſt-ce là l'époque. Ce ſentiment ne s'accorderoit pas avec celui de D. Mabillon, *De Re Dipl. lib.* 1, *cap.* 2, *p.* 7, 8, & *lib.* 3, *p.* 235, 237, qui fait honneur à Folcuin, Moine de l'Abbaye de S. Bertin ſur la fin du 10ᵉ ſiecle, du premier & du plus ancien cartulaire dont on ait connoiſſance. On préſume cependant qu'un des plus anciens recueils de ce genre eſt celui de S. Odon, mort en 942; & que ceux de S. Bertin & de Gellone ne ſont que les plus conſidérables de ce fiecle où l'on commença à recueillir les monuments précieux dans des cartulaires. Au fiecle fuivant les Evêques & les Chapitres imiterent l'exemple des Moines : les Eglifes & les Monafteres qui fentirent l'utilité de ces recueils, en firent drefler à l'envi ; de façon qu'ils fe multiplierent bientôt dans tout l'Occident. Ils continuerent d'être en vigueur dans le 12ᵉ fiecle & les fuivants.

On diftingue trois fortes de cartulaires proprement dits : les premiers font des recueils de titres originaux ; les feconds en font des copies authentiques ; les troifiemes ne paroiffent deftitués de toutes formalités juridiques , que parcequ'elles furent introduites long-temps après la rédaction de ces fortes de cartulaires.

Il en eft d'une autre efpece , improprement dits *cartulaires,* qui font fouvent intitulés *chroniques,* où les chartes font tantôt mutilées , tantôt abbrégées , & tantôt expliquées. Il ne s'agit point ici d'apprécier le degré d'autorité de ces compilations informes : elles ne méritent d'autre créance que celle qu'on accorde fans difficulté à des hiftoires compofées fur les monuments du temps. L'on n'a en vue dans cet article que les cartulaires proprement dits.

Défenfe des Cartulaires.

Des Cenfeurs paffionnés , de mauvaife foi ou peu verfés dans ce genre de connoiffance , M. Simon, *Hiftoire de l'origine des revenus Eccléfiaft.* t. 1 , p. 153 , 180, t. 2, p. 269 ; l'Auteur des *Mémoires du Clergé , t. 6, col.* 1086 ; M. Lenglet, *Méth. pour étud. l'Hift. t. 2 , p. 382* ; le Pere Hardouin, *mss. Reg. p.* 397, 287; Ménage, *Hist. de Sablé, p.* 333, 339, &c. &c. se sont portés hardiment pour accusateurs des cartulaires. Mais les uns confondent, sans distinction, les diverses sortes de cartulaires, & arguent de la quatrieme espece, que nous leur abandonnons, pour les rendre tous suspects, sous quelque forme qu'ils paroissent, contre le témoignage même des Auteurs qu'ils citent, *De Re Dipl. p.* 236. Les autres veulent tout anéantir, & soutiennent que ces pieces ont été fabriquées dans le 14ᵉ ou 15ᵉ siecle. Celui-ci s'éleve contre des retranchements que la narration ou le fil de l'histoire sembloit requérir; celui-là se récrie sur une espece d'implication ou contradiction qu'il se forge, *Launoi, Oper. t.* 3, *part.* 1, *p.* 327. Tous enfin, suivant leur marche favorite, mais odieuse, concluent toujours du particulier au général, & déclament contre les cartulaires des Eglises avec aussi peu de fondement que de modération. N'est il pas ridicule en effet d'exiger d'un cartulaire raisonné, qui souvent est l'histoire d'une Eglise ou d'une Abbaye, une conformité avec les originaux aussi exacte, que d'un cartulaire qui en seroit des copies authentiques?

Au reste, les plus excellents manuscrits ne font point exempts de fautes, & les copies des chartes n'ont en cela sur les manuscrits aucun privilege. Mais comme il y auroit de l'extravagance à croire que toutes les fautes des manuscrits ont été commises à dessein & par malice, il y auroit aussi une indécence intolérable à porter ce jugement des copies des diplomes, plutôt que de s'en prendre à la distraction, à la ressemblance des sons, aux lacunes occasionnées par la

P iij

vétusté, à la difficulté de déchiffrer. C'est de là cependant que viennent le plus ordinairement les différences qui se trouvent entre les originaux & les copies, ou les anachronismes dont on fait tant de bruit, ou toute autre altération, dont qui que ce soit ne pouvoit tirer avantage : *Nemo gratis præsumitur malus.*

Le jugement que l'on porte sur cette matiere, doit être exempt de passion & de préjugé, éclairé par conséquent du seul flambeau de la raison & de la saine critique. La premiere espece de cartulaires, qui ne renferme que des titres originaux, ne doit souffrir aucune difficulté ; car alors ce ne sont plus les cartulaires qui doivent être l'objet de la critique, mais chaque piece regardée comme faisant corps à part. Les cartulaires de la seconde espece qui renferment des copies authentiques, sont également à l'abri de tout soupçon ; car ce qui les rend authentiques, c'est, ou d'avoir été revisées par des personnes en place, plus à portée que nous de connoître les défauts d'un acte peu éloigné de leur siecle, ou d'avoir été collationnées juridiquement sur les originaux par des personnes publiques. Or ces deux manieres d'authentiquer ne doivent point être suspectes, ou il n'y a rien au monde qui porte des caracteres de véracité. La troisieme espece de cartulaires ne manque d'authenticité que parcequ'il lui a été impossible d'en acquérir les caracteres, ou les formalités qui sont postérieures ; mais elle ne porte point pour cela un caractere de réprobation. C'est aux Savants qui ont le tact sûr & délicat, & qui d'ailleurs sont modérés & désintéressés, qu'il appartient de décider sur les pieces contenues dans les recueils de la troisieme espece, sans qu'il ait droit, quelques fautes qu'il y trouve, de noircir le compilateur, ou de proscrire la compilation entiere. Le mérite de chaque diplome est indépendant de celui des autres. *Voyez* ORIGINAUX, COPIES.

En général, quand les cartulaires sont collationnés par l'autorité publique sur les originaux, ils doivent faire foi comme eux, parceque les copies authentiques & juridiques égalent en autorité les autographes. Si les cartulaires sont d'un temps antérieur à l'usage de les collationner, ils doivent faire preuve; car l'antiquité leur donne une autorité indépendante de l'authenticité: il faut alors des preuves formelles de falsification pour les rejeter.

Si l'auteur d'un cartulaire étoit reconnu pour avoir été d'une probité à l'épreuve, ce seroit un préjugé bien favorable, & qui devroit modérer le zele de la critique.

CATHOLIQUE. On a fait de ce mot un titre d'honneur pour les Rois d'Espagne. Le troisieme Concile de Tolede, en considération du zele de Recarede, lui donna le titre de *Catholique:* c'est le premier Roi d'Espagne qui en ait été décoré. Ce titre ne fut d'abord que personnel, & ne fut point attaché à tous les successeurs de ce Prince. L'usage en étoit même perdu, lorsqu'on le fit revivre en faveur de Ferdinand, après la prise de Grenade, en 1492; & Jules II le rendit héréditaire en 1509 pour tous les Rois d'Espagne.

CÉDULE. Les cédules, en Latin *scheda*, *schedulæ*, qui ont fait partie des actes diplomatiques, furent employées à divers usages. Les unes eurent quelque rapport aux requêtes, *Concil. t.* 8, *col.* 816; d'autres font de véritables actes d'appel, *ibid. col.* 1760 : on en voit qui affectent la forme ordinaire des bulles, *ibid. t.* 12, *col.* 169, & qui ont pour objet la réforme de quelques abus. Des expositions de foi sur les points contestés entre les Grecs & les Latins, furent appellées *cédules* au Concile de Florence. L'acte des Evêques de France qui s'excusent de n'avoir pu se rendre au Concile de Latran, *ibid. t.* 14, *col.* 259, sous Léon X, est qualifié *schedula*, cédule. La confirmation d'un établissement en 1129 porte la même qualification, *GalliaChrist. Samm. t.* 4, *p.* 537. On a dit aussi *scheda testimonialis* pour un certificat que la bonne latinité appelloit *attestatio*, & sur-tout *testimonium*, & que les temps de barbarie ont rendu par *certificatio*. *Bulleta* ou *bolleta*, qui se rend quelquefois par *bulletin*, fut employé dans la même acception que *schedula*.

CENSEUR. L'autorité de cette ancienne magistrature de Rome avoit été, comme toutes les autres, absorbée par la puissance impériale : le titre même en étoit depuis long-temps aboli, lorsque l'Empereur Dece le fit revivre en faveur de Valérien, qui n'eut pas de successeur dans la censure. Constantin la rétablit en faveur de son frere Dalmace, qu'il créa Censeur en 333 ; mais elle s'éteignit pour toujours dans la personne de ce même Prince, *Hist. du bas Emp. t.* 1, *p.* 532.

Ce n'est donc qu'aux deux époques ci-dessus que l'on peut trouver des actes non suspects des Censeurs. Dans tout autre temps, ils seroient légitimement soupçonnés de faux depuis la destruction de la République.

CÉRAUNION. Cette marque, assez commune dans les manuscrits, est une croix de Saint André dont le centre est traversé d'une barre perpendiculaire, comme la *fig.* 48 *du troifieme tableau* : elle défignoit plufieurs vers improuvés de fuite; ce qui évitoit la peine de répéter des obeles à chacun.

CERCLE. Depuis le 11ᵉ fiecle inclufivement, & au plus tard, on apperçoit à la fin des bulles pancartes ou privileges deux grands cercles concentriques. Au milieu du cercle interne eft une croix qui partage l'aire de ce cercle en quatre parties égales. Au premier quart de cercle on lit *S. Petrus*; au fecond, *S. Paulus*; au troifieme, le nom du Pape avec ces deux *figles PP*, qui fignifient *Papa*; & au quatrieme, le chiffre Romain qui défigne le rang que le Pape tient parmi fes prédéceffeurs de même nom. Dans l'efpace qui eft entre le premier & le fecond cercle, on lit circulairement la fentence ou devife, prefque toujours tirée de l'Ecriture Sainte, que le Pape s'eft appropriée. Les Papes tracerent d'abord de leurs propres mains cette fentence ; enfuite ils en donnerent la commiffion à leurs Chanceliers, qui fignerent auffi affez fouvent pour les Papes. La petite croix qui fe trouve au haut des cercles, très fouvent configurée par le Pape même, faifoit l'office de celle qui devoit être avant fa fouf-cription, qui n'en admettoit pas ordinairement. Des bulles pancartes ou privileges fans devife ou fentence, depuis le milieu du 11ᵉ fiecle, feroient fufpectes : encore faut-il que ce foit celle que le Pape s'étoit rendue propre, à moins qu'on n'ait des preuves contraires.

CERTIFICAT. *Voyez* CÉDULE.

CHAMBELLAN. Parmi les grands Officiers de la Couronne qui affiftoient à la confection des diplomes de nos Rois, & qui les foufcrivoient affez fouvent, on voit la fignature du Camérier ou Chambrier, *Camerarius*. Faut-il confondre ce Grand Chambrier avec le Grand Chambellan ? C'eft ce qu'on n'ofe croire, d'après du Tillet, *part.* 1, *p.* 46, 79, 395. Cet Auteur met une grande différence entre l'une & l'autre charge. Le Grand Chambrier, felon lui, n'étoit qu'une charge privée, dont l'office étoit d'avoir foin de la chambre du Roi, & qui n'étoit grand qu'à raifon des fubalternes qui dépendoient de lui. Elle fut fupprimée par François I en 1545, & les quatre Gentilshommes de la Chambre lui ont fuccédé. Quelques-uns prétendent que le premier Chambrier que l'on connoiffe eft un certain Renaud, en office fous Henri I, en 1060 ; ce qui ne doit point empêcher de croire que l'origine de cette charge remonte jufqu'à la premiere race de nos Rois.

La charge de Grand Chambellan, telle qu'elle eft parvenue jufqu'à nous, fut érigée en 1174. On remarque, *Luffan*, *Hift. de Charles VI*, *t.* 3, *p.* 450, qu'en 1401, on affigna au Grand Chambellan 2000 francs d'or d'appointement, & que c'eft la premiere fois qu'il y eut des gages fixés pour cette charge.

La charge de Grand Chambellan de l'Empire ne fut attachée à la Maifon de Brandebourg que depuis la fameufe diete de Mayence, en 1184. Dans cette affemblée, les grands Officiers de l'Empire, nommés par l'Empereur, remplirent perfonnellement auprès de ce Prince les fonctions de leurs charges ; & depuis cette époque ils les perpétuerent dans leur famille.

CÉSAR. Le titre de Céfar, jufqu'à Néron inclufivement, fut pris comme un nom de famille ;

mais les Empereurs fuivants en firent un titre de dignité. Ce titre fut affecté à l'héritier préfomptif de l'Empire ; & depuis Marc Aurele jufqu'à l'Empereur Valens, nul n'a été fait Augufte dans cet intervalle qu'il n'ait été auparavant créé Céfar.

Lucius Verus eft le premier qui fut appellé Céfar avant que d'être Empereur. Le nom de Céfar fut donc réfervé comme un titre pour la feconde perfonne, & pour exprimer la feconde dignité de l'Empire. Cet ufage dura jufqu'à Alexis Comnene, qui créa une autre dignité fupérieure à celle-là, en faveur de fon frere Ifaac Comnene, qu'il nomma *Sebaflocrator*, qui fignifie *Augufte Souverain*, & à laquelle il donna le pas fur le Céfar, qui ne fut plus que la troifieme dignité de l'Empire Grec.

CHANCELIERS. Les Chanceliers étoient originairement, chez les Romains, des Ecrivains, *De Re Dipl. p.* 113 *& feq.* ou des Huiffiers. On remarque que l'Empereur Carin fit un Chancelier Préfet de Rome, & que le Sénat fut choqué de voir de fimples Huiffiers décorés de cette dignité. Chez les premiers François établis dans les Gaules, les Chanceliers étoient des hommes publics, qui jouiffoient déja de quelque diftinction à la Cour de France dès le 6e fiecle, comme on en peut juger par les loix Ripuaires. Au 8e fiecle, la charge de Référendaire vint fe confondre avec celle de Chancelier. Erkambolde, l'un des Chanceliers de Lothaire, eft le premier qui dans un précepte royal de 852, ait foufcrit avec la qualification de *Regiæ dignitatis Cancellarius*.

Cette dignité n'eut d'abord que des droits fort bornés. Louis le Jeune commença par y attacher celui d'affifter au jugement des Pairs. Ce premier pas une fois fait, elle acquit bientôt enfuite d'autres degrés d'illuftration. Frere Guérin, Chevalier de S. Jean de Jérufalem ; & Evêque de Senlis, ayant été fait Chancelier en 1223, pour en relever l'éclat, fit décider que le Chancelier de France feroit le premier de tous les Officiers de la Couronne, & qu'il auroit féance parmi les Pairs du Royaume. Philippe le Bel, en 1302, lui affigna un rang immédiatement après les Princes du Sang.

Pendant la plus grande partie du 13ᵉ fiecle, la Chancellerie de France fut vacante ; mais il y avoit des Officiers qui en remplifloient les fonctions, fans en porter le nom. Cet événement, qui arriva fous Louis VII, porta ce Prince à introduire dans fes diplomes la formule *vacante Cancellariâ*, entrecoupée par fon monogramme. La même formule fut employée par fes fuccefleurs qui fe trouverent dans le même cas. La charge de Chancelier étoit alors la même que celle de Garde des Sceaux.

Dès le 11ᵉ fiecle, les Ducs & les Comtes, grands vaffaux de la Couronne, eurent auffi des Chanceliers, à l'exemple de leur Souverain.

En Italie, la charge de Chancelier, qui n'étoit pas encore en honneur au 3ᵉ fiecle, devint confidérable au 6ᵉ. Outre qu'il avoit la garde des actes & des titres publics, ainfi que l'infpection générale fur tout le pays, il étoit compté parmi les grandes dignités, & avoit grande part aux jugements & au gouvernement.

L'Empereur Othon II, dans le 10ᵉ fiecle, avoit deux Chanceliers, l'un pour les affaires d'Allemagne, & l'autre pour celles d'Italie : ses successeurs en userent de même.

Au 11e siecle, Guillaume le Conquérant institua en Angleterre un College de Secrétaires, dont le chef fut appellé Chancelier.

Chanceliers des Eglises.

Le sixieme Concile général prouve, *Concil.* *t.* 6, *act.* 9, *col.* 773, que dès le 7e siecle au moins il y avoit des Chanceliers Ecclésiastiques. La Novelle d'Héraclius, faite au commencement de ce siecle, est le plus ancien monument où il soit parlé de l'office des Chanceliers Ecclésiastiques. On croit communément qu'ils faisoient alors les fonctions d'Huissiers dans le sanctuaire de l'Eglise & de la Justice, & que leur nom de *Cancellarii* vient de ce qu'ils se tenoient *ad cancellos*, aux *barreaux :* c'étoit ordinairement des Diacres. Ces Chanceliers étoient en même temps Proto-Notaires dans presque toutes les Eglises d'Orient. En Occident, confondus d'abord avec les Notaires, ils s'en distinguerent dans la suite, au point de devenir leurs maîtres.

L'usage d'avoir des Notaires ou Chanceliers particuliers, passa aux Chanoines, depuis le partage fait entre eux & leur Evêque ; & de là aux Monasteres. On en trouve dès le commencement du 8e siecle qui étoient chargés d'écrire les actes des Evêques & des Abbayes; c'est ce qui leur fit donner les noms de *Scribes*, de *Notaires*, &c. Quoique ces sortes de Chanceliers fussent fréquents au 8e siecle, *Ducange*, *Gloss. t.* 4, *col.* 1222; ils le devinrent bien davantage, lorsque Charlemagne, par son premier capitulaire de 805, eut ordonné aux Evêques, aux Abbés

& aux Comtes d'avoir chacun leur Notaire. Dans
des temps poftérieurs, on découvre des Chanceliers d'Abbés & des Chanceliers de Religieux.

Chanceliers des Papes.

Il eft hors de doute que les Papes eurent une
Chancellerie dès les premiers fiecles de la liberté
rendue à l'Eglife. A la vérité le chef ne porta pas
d'abord le titre de Chancelier. Il fut connu fucceffivement fous les noms de *Notaire régionnaire*,
de *Bibliothécaire*, de *Primicier*, de *Secondicier*,
de *Sacellaire*, &c. Dans une bulle du Pape Formofe, de l'an 869, en faveur du Monaftere de
Gigni, on trouve, peut-être pour la premiere
fois, le titre de *Chancelier du S. Siege Apoftolique*; dignité qui devint très importante dans la
fuite. Sous le Pape Jean XIX, au 11e fiecle, cette
dignité étoit attribuée fpécialement à l'Archevêque de Cologne, qui en faifoit faire les fonctions par un autre. Loifeau, *des Offices*, *l. 4*,
p. 318, dit que Boniface VIII, à qui cette
charge fit ombrage, la fupprima, & inftitua feulement un Vice - Chancelier ; encore n'eft - il
mention de ce dernier que dans la collection des
décrétales, appellée *Sexte*. Auffi l'on peut pofer
en principe que le titre de Chancelier du Saint
Siege, qui paroît après le 9e fiecle, ne feroit
point exempt de foupçon après le 13e, & qu'il
rendroit une bulle très fufpecte depuis le 15e. En
effet, depuis Innocent III, en 1213, les noms
des Chanceliers difparurent pour toujours des
bulles, & les plus folemnelles ne firent plus
mention que d'Officiers fubalternes, comme
Chapelains, *Vice-Chanceliers*, &c.

Vice-Chancelier.

Quoique Boniface VIII ait inſtitué un Vice-Chancelier pour remplir la place du Chancelier, il ne s'enſuit pas que ce titre ait été inconnu auparavant. Preſque tous ceux qui géroient pour le Chancelier, en ſon abſence, ſe qualifierent, ou étoient qualifiés, *Vice-Chanceliers*. Cependant ce titre ne remonte guere au delà du 12ᵉ ſiecle.

En 1090, Hoteſculicus, Prêtre, prit la qualité de Vice-Chancelier, & il n'y a peut-être pas d'exemple plus ancien de cette dénomination. On remarque que Papinien, Evêque de Parme, Vice-Chancelier ſous Clément V & ſes deux prédéceſſeurs, dans le 14ᵉ ſiecle, eſt le dernier, *Wadding, t. 6, ad an. 1303, n. 6, p. 16*, qui ait réuni les charges de Vice-Chancelier & de Bibliothécaire de l'Egliſe Romaine ; & que Pierre, Evêque & Vice-Chancelier ſous Clément VI, eſt le dernier dont on trouve le nom dans les bulles.

On doit conclure de ceci que le titre de *Vice-Chancelier*, dans les dates des bulles antérieures au 11ᵉ ſiecle, ſeroit ſuſpect, en obſervant qu'il faut toujours le diſtinguer de celui qui ſignoit *ad vicem Cancellarii ;* car ſous cette formule, il eſt antérieur au 11ᵉ ſiecle ; & que depuis le commencement du 15ᵉ ſiecle, on ne doit plus rencontrer le titre de Vice-Chancelier. Depuis environ 1230, le titre de *Maître* doit précéder, dans les bulles, celui de Vice-Chancelier, ſans cela une pancarte paroîtroit ſuſpecte. *Voyez* MAÎTRE.

Il n'eft point queftion en France de Vice-Chancelier dans les chartes avant le 11e fiecle. La charge de Sous-Chancelier eft plus ancienne de quelques fiecles. *Voyez* ARCHI-CHANCELIERS, SOUSCRIPTIONS.

CHANCELLERIE ROMAINE. Dans l'état actuel des chofes, la Chancellerie Romaine eft compofée 1°. d'un *Vice-Chancelier*, qui eft toujours un Cardinal. L'expédition de tous les actes fignés du Pape, excepté de ceux qui font fous l'anneau du pêcheur, lui appartient : 2°. du *Régent de la Chancellerie*, commis par le Vice-Chancelier ; c'eft lui qui diftribue les affaires dans les Bureaux : 3°. des *Abbréviateurs du grand Parquet*, qui dreffent la minute des bulles : 4°. des *Abbréviateurs du petit Parquet*, qui les taxent : 5°. du *Préfet des brefs taxés* ; c'eft un Cardinal qui revoit toutes les minutes, & qui en figne les copies : 6°. du *Préfet de la fignature de grace* ; c'eft auffi un Cardinal dans les mains de qui paffent toutes les fuppliques. Quand le Pape figne lui-même les fuppliques, il met *fiat ut petitur* ; le Préfet ne met que *conceffum ut petitur in præfentia Domni noftri Papæ N. Voyez* ABBRÉVIATEURS, DATERIE, BANQUIERS.

CHANOINESSES. On ne doit point être étonné de rencontrer ce mot dans des titres ou monuments très anciens. Quoique l'origine des Chanoineffes ne remonte que vers 790, cependant on trouve, pour la premiere fois, ce mot pris dans le fens de *Religieufes canoniques* dans la regle de S. Bafile donnée vers 368. L'inftitut des Chanoineffes, tel que nous le connoiffons aujourd'hui, commença en Allemagne, & ne fut reçu dans le refte de l'Europe qu'en 1060.

CHAPEAU

CHAPEAU & CHAPERON. Comment juger sainement des antiques, c'est-à-dire des médailles, des sculptures, si l'on n'a au moins une idée succincte des façons de se mettre dans les siecles qui nous ont précédés ? C'est dans l'intention de jeter quelque jour sur cette partie de la Diplomatique, que l'on a parlé de la barbe, qu'on parlera des cheveux, & que, sous les mots génériques de *chapeau* & de *chaperon*, on traite à présent de ce qui regarde les vêtements de tête.

Le chaperon, qui étoit l'habillement de tête universellement en usage chez les François, fut, sous Charlemagne, fourré d'hermine & de poil. Sous Charles V, on le fit descendre de la tête sur les épaules, & il fut réformé sous Louis XI.

Les chapeaux, qui remplacerent le chaperon, commencerent sous Charles VI, mais à la campagne seulement. Ils s'introduisirent dans les villes, pour les temps de pluie seulement, sous Charles VII. Ce Prince est le premier de nos Rois qui en ait porté. C'est avec cet affublement de tête qu'il fit son entrée dans Rouen en 1449. Sous Louis XI, les chapeaux furent à la mode en tout temps : *Le Gendre*, *Mœurs des François*; & *Daniel*, t. 2, p. 1204.

La mitre épiscopale, dit Bocquillot, *Traité Hist. de la Liturg. Sacrée*, n'a été en usage que vers le 10ᵉ siecle. Cependant il est très certain que l'usage des mitres, regardées, non comme une coëffure commune aux hommes & aux femmes, mais comme un ornement ecclésiastique, est plus ancien que le 10ᵉ siecle. Dans les actes du huitieme Concile général, en 870, on trouve une lettre de Théodose, Patriarche de Jérusalem, à S. Ignace de C. P. où il est dit que

Tome I. Q

les prédéceſſeurs de Théodoſe l'ont toujours portée. A la vérité, la plus ancienne mitre qu'on
connoiſſe qui approche de celles des derniers
temps, eſt du 10ᵉ ſiecle. On la voit ſur un ſceau
de 961 de Roricon, Evêque de Laon, donné
par Dom Mabillon, *De Re Dipl. p.* 133. En
Orient, les Evêques, excepté les Patriarches, n'en
firent point uſage. Quoique cet ornement ne fût
pas commun à tous ceux d'Occident, dès le 11ᵉ
ſiecle, Alexandre II en accorda le privilege aux
Abbés de S. Auguſtin de Cantorbery & de Cave;
& Urbain II, aux Abbés du Mont-Caſſin & de
Cluni.

Les bonnets quarrés furent inventés par un
certain Patrouillet dans le même temps à peu près
que les chapeaux, au milieu du 15ᵉ ſiecle.

Le turban, ou le bonnet des Turcs, eſt fort ancien. Il leur vient des anciens Aſiatiques, ſi ce
mot eſt pris pour la bande blanche que les Mahométans portent autour de leur tête : mais ſi on
le prend en ſon propre ſens pour cette couverture
de tête où l'on voit un bonnet un peu élévé, en-
touré pluſieurs fois de grandes bandes; cette invention eſt attribuée au premier Sophi de Perſe,
qui ſuivoit la ſecte d'Ali, & voulut en 1370 diſtinguer ainſi des autres Mahométans ſes ſujets &
ceux de ſa ſecte, en le leur faiſant porter de couleur rouge.

Il eſt à remarquer en paſſant que la peine du
bonnet verd qui nous eſt venue d'Italie pour les
ceſſionnaires & les banqueroutiers, s'étoit introduite en France à la fin du 16ᵉ ſiecle; mais elle
fut comme abolie au commencement du 18ᵉ.

CHAPELAIN. *Voyez* Archichapelain.

CHARTES. Après ce qui a été dit pour aſſuter aux dépôts des chartes ou archives (*voyez* ARCHIVES) tous les degrés de probabilité qu'elles méritent, il est inutile de tant insister sur les droits qu'ont à la créance & à la foi publique les chartes particulieres qui y ont été déposées. *Voyez* CRI-TIQUE.

Le mot *charte* est un terme générique qui, ainsi que beaucoup d'autres, comme *instru-ment*, *monument*, *enseignement*, *pages*, *diplo-mes*, *écritures*, &c. &c. est employé à désigner un ancien titre. Outre ces termes relatifs à toutes sortes de pieces, les Anciens en avoient d'autres destinés plus particuliérement à caractériser une charte dans leurs idées : tels furent *evidentiæ*, qui s'entend sur-tout des chartes qui renferment des donations; *apices* dont les Latins du moyen âge qualifioient les chartes en général ; & *titulus*, qui eut la même étendue de signification. Les preuves de cette expression ne sont pas rares de-puis le 6ᵉ siecle jusqu'au douzieme : *Baluze*, *Ca-pitul. t. 1, col.* 415, 477.

Mais pour ne pas se perdre dans l'immensité de ces pieces antiques, on se restreint aux instru-ments qui portent en titre, ou dans le corps de la piece, le mot *charte*. C'est sous ce point de vue qu'il est question de les considérer, en donnant d'abord un détail des objets pour lesquels ce terme étoit employé. Les degrés de respect dû à l'Eglise, à la Religion, à la Royauté, au Public & aux Particuliers, dicteront seuls l'ordre que l'on doit suivre. Il faut observer préliminairement que dans les neuf premiers siecles on se servoit plu-tôt de *chartula* que de *charta*, & que dans les 11ᵉ, 12ᵉ & 13ᵉ siecles, ce mot s'écrivoit souvent *quarta*, *quartula*.

Détail des Chartes proprement dites, distinguées entre elles par leur objet.

Chartes de fidélité, d'obéissance, d'hommage.

Tout acte où l'on contractoit quelque engagement, comme ferment de fidélité, d'obéissance, d'hommage, &c. dès que la religion du ferment y étoit interposée, se qualifioit *charta sacramenti ;* ce qui revient aux chartes jurées d'Espagne. Si quelqu'un nioit en Justice un fait qui ne pût être constaté, on l'obligeoit au ferment, & la sentence dressée en conséquence s'appelloit *charta sacramentalis*, Marculfe, *Append. Formul.* 2. Presque tous ces titres étoient destitués de dates & de signatures, s'ils n'étoient pas joints à quelques autres pieces, sur-tout avant le 12ᵉ siecle ; & au 13ᵉ ils prirent, à tous égards, la forme des autres actes.

On sait que les Païens en général, & les Chrétiens, seulement depuis la conversion des Césars, jurerent par la vie & le salut des Empereurs, jusqu'à la défense expresse qui en fut faite par Charlemagne, *Leg. Longobard. l.* 3, *tit.* 24.

D'abjuration.

Lorsqu'un Hérétique rentroit dans le giron de l'Eglise, on lui présentoit une formule de foi spécialement opposée à son erreur, & il signoit simplement. Cet acte fut appellé dans les premiers siecles *rétractation*, Tertul. *lib. de Trinit. p.* 844, *edit.* 1616 ; & depuis, *abjuration*, parceque le coupable y joignoit un ferment. Ces deux for-

mules furent affez bien rendues en latin par *facra-
mentum propriæ manûs*. Un autre titre que l'on y
voit encore fouvent, eft le mot générique *jura-
menta*.

De mundeburde.

Les chartes royaux de défenfe ou de protection s'appellerent *chartæ de Mundeburde*, Baluze,
Capit. t. 2, col. 388 ; mais dans le 11ᵉ fiecle,
celles du même genre, accordées par un Evêque
ou un Seigneur, pour mettte à l'abri du pillage
quelque territoire d'une Eglife, étoient appellées
falvitates, Martene, *Anecd. t.* 1, *col.* 271.

Apennes.

S'il arrivoit un défaftre public qui fît perdre à
une maifon tous fes titres de poffeffion, le Ma-
giftrat, *De Re Diplom. Suppl. p.* 82, ou Gouver-
neur du lieu, faifoit expédier deux chartes dites
apennes, qui étoient à peu près des procès-verbaux
du défaftre ; ce qui les fit auffi appeller *chartæ re-
lationis* : l'une étoit affichée en public, & l'autre
délivrée, *Baluze, Capitul. t.* 2, *col.* 460, 484, à
celui qui avoit perdu fes titres. Alors ceux qui
avoient effuyé le défaftre préfentoient au Prince
cette relation par une adreffe dite *notitia fuggef-
tionis* ; & le Roi y répondoit par une charte dite
panchartæ, au moins depuis le 9ᵉ fiecle ; par cet
acte, le Prince confirmoit les biens & privileges
dont on avoit perdu les titres, mais fans rien fpé-
cifier : les pançartes de Charles le Chauve font les
premieres qui entrent dans le détail des biens ou
terres. On dit que l'infortuné préfentoit au Prince
la *relation* de fon défaftre ; car les *relations*, en

général, étoient des efpeces de requêtes, où, après
avoir rendu compte d'un événement funèbre, on
imploroit la protection de quelques perfonnes
conftituées en dignité. La fignification primitive
de ce mot s'eft tellement étendue, que rien n'eft
plus commun, depuis le 4ᵉ fiecle, que les lettres
fous le nom de *relation* : Baluze, *Capit.* t. 2,
col. 394.

Bénéficiaires.

Sous le nom de chartes *bénéficiaires*, beneficia-
riæ, *Gloff. de Ducange*, au mot BENENFICIUM,
on entend des donations faites par les Empereurs ou nos Rois des deux premieres races, aux
Guerriers, aux Nobles, & dans la fuite aux Eccléfiaftiques mêmes, à condition de vaffelage ou de
fervice militaire. Cette partie du domaine, pour
lors appellée *bénéfice*, fut infenfiblement tranf-
mife aux defcendants des uns & aux fucceffeurs
des autres, du confentement des Princes. Bientôt après, les terres, regardées comme des héritages propres par les particuliers, changerent leur
nom de bénéfice en celui de fief.

De donation.

La charte de donation a fouvent porté en tête
le nom d'*épitre* ou *lettre*, & en avoit réellement
la forme, c'eft-à-dire l'adreffe & le falut. *Voyez*
ÉPITRE. Outre le nom *charta*, & plus fouvent
chartula donationis, dont elle fe qualifioit, elle
a pris une infinité de dénominations : *charta tranf-
fufionis*, qui ne fut guere d'ufage : *charta ceffionis*,
charte de ceffion : *charta ufufructuaria*, *De Re
Dipl. Suppl.* charte de ceffion à ufufruit : *femi-*

plantaria, de métayer ; c'étoit la ceffion d'un ter-
rein pour y planter de la vigne, par exemple ; &
au bout de cinq ans le propriétaire partageoit avec
le cultivateur qui avoit fait tous les frais du plant :
legataria, d'ufage au 10ᵉ fiecle ; c'étoit une donation teftamentaire : *inftitutionis*, Concil. *t.* 9,
col. 676 ; *Preuves de l'Hift. de Lang. t.* 2, *col.* 393;
cette derniere étoit en vogue dès le 10ᵉ fiecle ;
c'étoit le titre d'une fondation ou d'un établiffement : *eleemofinaria*, Hift. de Lang. *t.* 2, *col.* 101;
c'étoit une donation à titre d'aumône, qui vient
du terme *alimonia*, ibid. *col.* 114, entretien,
fubfiftance : *folutionis*, ibid. *col.* 418 ; c'étoit
la quittance d'une redevance quelconque. Les
chartes de donation & de dotation devinrent innombrables au 10ᵉ fiecle. C'eft, au jugement des
Savants, la feule reffource d'où l'on puiffe tirer
quelques lumieres fur les événements de ce fiecle
ignorant.

De tradition.

Il faut bien remarquer qu'il y avoit très fouvent une diftinction réelle entre la charte de donation & la charte de tradition, en ce que la derniere étoit la charte d'inveftiture du bien que l'on
avoit donné. Elle s'intituloit *charta traditionis*.
Voyez INVESTITURE.

De confirmation.

La charte de confirmation, qui, au défaut des
chartes de donation, prouve fuffifamment, *Dumoulin, t.* 1, *tit.* 1 des *Fiefs*, §, 8, *n.* 84, la vérité
de la donation, enchériffoit fur les premiers titres.
Dans les 11ᵉ & 12ᵉ fiecles, elle fuivoit d'affez près

Q iv

les donations, parcequ'elle étoit faite, ou par le bienfaiteur même, ou par ses successeurs.

De vente.

Les chartes de vente portent ordinairement des titres très analogues à leur contenu, *Preuves de l'Hist. de Lang. t. 2, col. 257*; & Baluze, *t. 2, col. 445; 471, 490, &c.* Charta obnoxiationis, *ibid. t. 2, col. 422, 446*, & *De Re Dipl. p. 80 & 81*, étoit une vente de soi-même & de sa famille; ce qui arrivoit, ou dans des temps de famine, ou pour satisfaire des créanciers, ou pour solder une amende, ou pour restitution d'un bien mal acquis.

Prestaire & Précaire.

La charte prestaire, *prestaria*, étoit l'acte par lequel une Eglise ou un Monastere abandonnoit à un particulier l'usufruit de quelques terres, à de certaines conditions. *Voyez* ÉPITRES.

La charte précaire, *precaria*, étoit l'acte par lequel le particulier demandoit ou acceptoit cet usufruit. Ces deux sortes de chartes devinrent fréquentes dans les 8e & 9e siecles. *Voyez* ÉPITRES.

D'obligation.

La charte d'obligation & de caution, *charta cautionis*, obligeoit à terme le débiteur devant le créancier. *Voyez* ÉPITRES.

De garantie.

Les chartes d'engagement & de garantie, *pignorationis*, Preuves de l'Hist. de Lang. *t. 2*,

col. 102, 457, contenoient ordinairement une
cession de terre jusqu'au remboursement de certaine somme.

D'héritage.

Les filles qui, selon la loi Salique, étoient exclues de l'héritage de tout bien en franc-aleu, entroient cependant en partage par une charte d'héritage, *hereditoria charta*, Baluze, *Capit. t.* 2, *col.* 461, 462. C'étoit le pere qui la donnoit : il en faisoit autant, *ibid. col.* 465, pour ses enfants inhabiles à hériter suivant les loix, parcequ'il n'avoit pas pu assigner de dot à son épouse. Lorsqu'un pere ne décidoit rien par son testament, les freres ou ayants cause faisoient le partage, & l'acte qui en étoit dressé s'appelloit *charta divisionis*, Hist. de Lang. *t.* 2, *col.* 451.

De citation.

Pour citer quelqu'un à un Tribunal, on lui envoyoit une charte dite *charta audientialis*, Baluze, *Capitul. t.* 2, *col.* 383, 915.

Andelane.

La charte andelane, *Preuves de l'Hist. de Lang. t.* 2, *col.* 77, & ses dérivés, s'appelloit ainsi de deux mots Allemands, parcequ'elle étoit mise de la main du donateur dans celle du donataire.

De défi.

Le cartel de défi ou manifeste cassoit les engagements contractés, & déclaroit la guerre. On l'appelloit *littera diffidentia*, Preuves de l'Hist. de Lang. t. 3, col. 527, plutôt que *charta*.

Charte Normande.

La Charte Normande est le titre ou la loi qui contient les privileges accordés aux Normands. Elle fut octroyée par Louis X ou le Hutin, en 1315.

• Les autres chartes qu'on met ici, ou se rapportent aux épitres, ou trouveront leur explication dans la suite. *Voyez* LETTRES, EPITRES, NOTICES, PIECES LEGISLATIVES, PIECES JUDICIAIRES, CHIROGRAPHE, CYROGRAPHE, SYNGRAPHE, ENDENTURE, &c.

Il est à remarquer en général que dans la confection des anciennes chartes privées, les Romains, sous la domination de nos Rois, suivoient le droit Romain ; & les Gaulois, la loi Salique. Dans le 7e siecle & le suivant, on fit assez d'usage à cet effet de quelques formules de Marculfe, suivant les circonstances qui les faisoient faire ; mais l'on ne doit point exiger que toutes les chartes données sous la premiere race y soient conformes, vu que Marculfe a pris les formules sur les pieces qui lui sont tombées sous la main, & que surement il ne les a pas vues toutes. Les chartes privées d'Italie au 8e siecle suivoient les mêmes formules qu'en France, à cela près qu'on y voit assez souvent les formules du droit Romain. Ces sortes de chartes furent beaucoup moins communes en France aux 10e & 11e siecles, que dans les précédents & les suivants. Les chartes des Seigneurs particuliers du 12e siecle font souvent mention du consentement de leur Souverain & de celui de leur femme & de leurs enfants. L'esprit de chicane, qui dominoit dans le 13ᵉ siecle, introduisit dans les chartes des particuliers beaucoup de nouvelles clauses de précaution & de défiance, pour mettre les parties à l'abri de toutes surprises.

Détail des chartes distinguées entre elles par la forme.

Chartes paricles.

Quoique les chartes paricles n'aient rien dans leur forme extérieure qui les distingue des autres, on croit devoir les mettre sous cet article, parcequ'elles ont donné naissance à quelques autres qui ont des caracteres très distinctifs, & que d'ailleurs il ne s'agit point ici du fond ou de l'objet de la charte, mais du mot *paricle*.

Ce sont les contrats en général, & ceux d'échange en particulier, qui, dans le 9ᵉ siecle, ont donné lieu aux chartes paricles, *charta paricla, charta paricola*; dénomination qui fait entendre aisément qu'on délivroit autant d'exemplaires du contrat qu'il y avoit de personnes intéressées, *De Re Dipl. p.* 5, 6, 7. Les formules de Marculfe, *lib.* 2, *cap.* 23 & 24, *Append.* 17, de Sirmond, de Jérôme Bignon, *cap.* 26; d'Ison, *à la fin de celles de Baluze, c.* 14; & les Angevines, *De Re Diplom. Suppl. p.* 79, nous offrent des preuves de cette multiplication d'acte.

Les chartes paricles, qui ne furent jamais totalement abolies, se transformerent quelque temps après en chartes parties, en chartes ondulées, en chartes dentelées, en cyrographe, &c.

Chartes-parties.

Les chartes-parties, *charta-partita*, ainſi appellées parceque la matiere ſur laquelle elles étoient inſcrites, formoit différentes parties d'un même tout diviſé, remontent juſqu'au 9ᵉ ſiecle. C'eſt un mot générique qui fut ſpécialement caractériſé par la maniere de diviſer les chartes.

Sur une même feuille de parchemin ou de vélin, *Hiſt. de Paris, t. 3, p.* 67, on écrivoit un acte en commençant un peu plus bas que le milieu de la feuille. L'acte étant dreſſé on reviroit la piece de vélin, & du même côté on y tranſcrivoit la même teneur de l'acte, encore un peu au deſſous du milieu. Cela fait, on partageoit exactement la feuille en deux : & c'eſt des différentes formes de ſection que ces chartes-parties prirent leur nom. Ou elles étoient coupées exactement droit ; & alors pour reconnoître qu'elles avoient fait corps enſemble, avant de les diviſer, on écrivoit dans l'entre-deux des actes quelques mots en gros caracteres, de façon qu'après la ſection, chaque partie avoit la moitié de ces grandes lettres.

La même opération ſe faiſoit quelquefois en tranſcrivant les mots ou grandes lettres de haut en bas, & les actes de chaque côté dans la forme de nos colomnes d'*in-folio* ou *in-quarto* ; ou bien en ſuivant notre maniere d'écrire, après avoir fait un acte au haut de la page, on écri-

voit ces gros caracteres au milieu & l'on tranf-
crivoit le fecond acte au deffous, de façon qu'une
partie portoit la moitié des lettres au bas de fon
acte, & l'autre les portoit en tête. Cette méthode
eft plus rare que l'autre à caufe de la difficulté de
placer alors le fceau ; mais au commencement on
ne fe fervoit point de fceaux.

Le mot le plus ufité pour fervir de fymbole in-
terlinéaire entre-coupé par la divifion des chartes-parties étoit le mot myftérieux *cyrographum*.
C'eft de ce mot que ces fortes de chartes ont pris
le nom de *cyrographes*. On y joignoit quelquefois une épithete, comme *memoriale*, *commune*,
&c. ou le nom des contractants. Ce font là les
fymboles communs des anciennes chartes-parties. Dans la fuite on employa toutes fortes de
chofes pour tenir lieu du cyrographe. Chez les
Anglois les lettres de l'alphabet, *Hickes*, *Differt.
Epift. p. 77*, eurent beaucoup de cours au 14ᵉ
fiecle. Cette mode avoit commencé dès le 11ᵉ.
Le figne de la croix ; des mots indéchiffrables ;
une infcription édifiante, telle que, *In nomine
Domini*, *Jhefus Maria*, *Jefus*, *Jefu merci*, *Ave
Maria*, ou autres fentences au gré des contractants, remplacerent très fouvent le cyrographe.
Depuis la conquête de cette nation par les Normands on y trouve auffi *charta cyrographata*, ou
indentata, enfin *indentura*. On va voir ce que
c'étoit. La France employa à peu près les mêmes
cyrographes.

C'eft la défiance qui avoit donné lieu à ces
fortes de chartes-parties, afin qu'en rapprochant
un acte de l'autre à l'endroit de la fection, on
pût aifément reconnoître qu'il en avoit fait partie, & vérifier par là les engagements des con-

tractants : mais elle ne crut point encore avoir prévenu suffisamment tous les détours & toutes les finesses de la fourberie ; elle enchérit sur les précautions précédentes.

Au lieu de couper en droite ligne la feuille qui contenoit les deux chartes, on en fit la séparation par un trait ondulé, d'où sont venues les chartes-parties dites *ondulées*, *undulatæ*. Ensuite pour en multiplier les ondulations & rendre plus difficile la supposition, on les découpa dès le dixieme siecle en dents de scie ; ce qui fit des chartes dentelées ou en *endentures*, que l'on a nommées *charta indentata*, ou simplement *indentatura*, endenture, mots qui ont servi souvent de cyrographes, ainsi que ceux-ci, *c'est endenture*, *'tis endenture*, en Anglois. Elles furent très en vogue en France dans le 14ᵉ siecle entre les Seigneurs, les Ducs & les Princes de la seconde classe.

L'usage des cyrographes simples est très ancien : le fameux Hickes, *Dissert. Epist. p.* 76, 77, nous en cite un chez les Anglo-Saxons de l'an 855. Mais ces sortes de chartes-parties ne s'étoient guere fait connoître en France qu'au 11ᵉ siecle : au moins Dom Mabillon n'en a-t-il pas trouvé d'antérieure à ce siecle, puisque le premier exemple qu'il en apporte, *De Re Dipl. p.* 6, n'est que de l'an 1061.

Cet usage se soutint encore en Angleterre pendant le 13ᵉ & peut-être même pendant le 14ᵉ siecle, quoique celui des endentures eût prévalu dans ce dernier.

L'usage des endentures composées, c'est-à-dire des cyrographes coupés en zigzag ou en forme de scie, par excès de précaution, fut inventé

à la fin du 10ᵉ siecle, s'il en faut croire Ingulfe.
Madox, fameux antiquaire Anglois, n'a point
connu en Angleterre de chartes dentelées antérieures à l'an 1185. Il a pourtant en cela sur-
passé Hickes, *Ling. Septent. Thesaur. præf. p. 29*,
& Rymer, *Præf. p. 3, 94, 95*; celui-là n'en con-
noissant pas avant 1208, & celui-ci avant
1197. Ce qui est surprenant, c'est que Dom Mabillon, qui en avoit connu une en France de
1106, fait pourtant honneur aux Anglois de
cette invention, & soutient, *De Re Dipl. p. 6*,
sur le témoignage d'Ingulfe, qu'ils en usoient dès
le 10ᵉ siecle. Le texte de ce dernier Auteur, sus-
ceptible d'une autre interprétation, prouve du
moins que les endentures composées avoient
cours en Angleterre dès le 11ᵉ siecle. L'usage n'en
devint général que sous Henri III., & on ne peut
nier qu'il ne fût bien établi sous Henri II.

Les endentures composées durerent jusques
sur le déclin du 14ᵉ siecle, temps auquel on
commença à faire les endentures simples, c'est-
à-dire sans lettres ou cyrographes. L'ancien usage
ne fut pas pour cela totalement aboli, puisqu'on
en voit un exemple en Angleterre en 1462. Les
endentures simples en forme d'ondulation ont
duré en Angleterre jusqu'à notre siecle; au lieu
que la derniere de France qui ait passé par les
mains de Dom Mabillon, n'est que de l'an 1344.
Dom Lobineau, *Preuves de l'Hist. de Bretagne,
col. 791*, en cite cependant une qui se qualifie
endenture, & qui est de l'an 1393.

Selon Dom Mabillon, *De Re Dipl. lib. 1, c. 2,
n. 7*, on ne partageoit pas seulement les chartes-
parties ou dentelées en deux, en trois, en quatre, mais aussi en 7, & même en onze, ce qui est

aifé à concevoir en admettant la longueur & la grandeur fuffifante d'une feuille de vélin pour faire les onze actes.

Le premier degré d'authenticité ajouté aux chartes-parties après le cyrographe fut la fignature des témoins, & le fecond fut d'y appofer un ou plufieurs fceaux. Jufqu'au 12ᵉ fiecle les fceaux y furent affez rares, même en France. Depuis on y en voit en bas, aux côtés & en haut : ces deux dernieres pofitions eurent lieu lorfque les endentures ou cyrographes fe trouverent en bas, parceque les replis qu'on étoit obligé d'y faire pour fortifier le parchemin & foutenir l'attache du fceau auroit empêché de faire la vérification dans l'occafion. Dans ce fiecle, où les cyrographes furent très communs, une partie étoit fcellée du fceau du donateur, & délivrée au donataire, & l'autre exemplaire non fcellé étoit gardé dans l'Eglife Epifcopale.

Chirographe.

Le mot *chirographe* a été pris auffi pour chartes dentelées. L'ancienne acception de ce mot n'avoit nul rapport à cette idée, puifqu'il fignifioit une obligation fignée du débiteur & remife entre les mains du créancier, ou fimplement une fignature ; ce qui faifoit qu'avant Guillaume le Conquérant les Anglois appelloient *chirographes* toutes fortes de chartes, parcequ'elles étoient toujours fignées, ou au moins marquées d'un figne de croix. Les Normands, après avoir conquis l'Angleterre, changerent ce nom en celui de *chartes*, parcequ'ils rendirent vulgaire l'ufage des fceaux. La dénomination de chirographe

graphe eſt peut-être venue aux chartes-parties,
ou de ſon interprétation par *ſignature*, ou, par
corruption, du mot cyrographe. Quoi qu'il en
ſoit, c'eſt principalement au 12ᵉ ſiecle que chirographe *chirographum* ſemble réduit à la ſignification de chartes dentelées, ou diviſées par des
lettres capitales.

Syngraphe.

Le mot *ſyngraphe*, auquel quelques Auteurs
ont voulu prêter la même idée ſans fondement,
doit rentrer plutôt dans les chartes paricles,
Eraſm. adag. 78, centur. 1, puiſqu'il dénotoit
un acte ſouſcrit du débiteur & du créancier, &
gardé par tous deux.

Caractères intrinſeques & extrinſeques.

Après avoir parcouru les différentes dénominations des chartes par rapport à leur objet, &
leurs différentes dénominations par rapport à la
forme, il n'eſt pas hors de propos de parler de
leurs caractères *intrinſeques* & *extrinſeques*.

Par caractères *intrinſeques* ou internes, on entend toujours les caractères tellement inhérents
aux chartes qu'ils ſe retrouvent même dans leurs
copies; & par caractères *extrinſeques* ou exter-
nes, ceux qui ſont tellement attachés aux originaux qu'ils ne ſe reproduiſent nulle part, pas
même dans les copies.

Les caractères intrinſeques, qui ſont des ſignes ſi évidents de ſuppoſition ou de vérité,
d'authenticité ou de ſuſpicion, ſont, le ſtyle

Tome I. R

propre aux chartes, les différentes manieres fuc-
ceſſives d'orthographier, le langage employé
dans les chartes, les différentes époques de l'u-
ſage des pluriels & des finguliers, les titres d'hon-
néur pris & donnés dans les foufcriptions des
chartes, les noms & furnoms, & le nombre diftinctif des Princes de même nom, les diverfes
invocations tant explicites que cachées, les
adreſſes, les débuts, les préambules avec leurs
clauſes tant dérogatoires que comminatoires,
les ſalutations ou l'adieu final, les formules générales, les annonces de précaution, les dates,
les fignatures, &c. &c. &c. Voyez chacun de ces
articles à leur rang alphabéthique.

Les caracteres extrinfeques des chartes font,
les figures des lettres qui y font employées, la
forme & la matiere des fceaux qui y font appo-
ſés, & les matieres fur lefquelles & avec lefquelles on a écrit les diplomes ou actes quelconques, ce qui comprend l'inftrument dont on
s'eft fervi pour écrire, la liqueur qu'on a employée pour faire fortir les lettres, & la matiere
fubjective de l'écriture. Voyez tous ces articles à
leur place fous leur nom générique, & fur-tout
au mot ECRITURE.

Renouvellement des Chartes.

Les changements de regne, ou les pertes des
chartes mêmes, en ont fouvent occafionné le renouvellement. Les plus anciens renouvellements
des chartes tirent au moins leur origine du premier fiecle. Tibere, felon Suétone, *in Tit. cap.* 8,
ordonna que les conceſſions des Empereurs précédents n'auroient plus de force fous leurs fuccef-

feurs, fi elles n'étoient renouvellées. Cette loi, qui contribua beaucoup à enrichir le thréfor impérial à chaque mutation de Prince, multiplia infiniment les diplomes dans tout l'empire.

Il y eut plufieurs fortes de renouvellements. 1°. Les Princes intéreflés firent fuivre cette loi à la rigueur. 2°. Ceux qui eurent plus d'humanité & moins d'avidité fe contenterent, *Plin. Jun. lib.* 10, *ep. 66*, de confirmer par un feul diplome ou édit tous les bienfaits de leurs prédéceffeurs. Cette forme de renouvellement fut affez rare. 3°. On renouvella les titres, en fe contentant de rappeller dans un nouvel acte les principaux articles d'un premier inftrument, *De Re Dipl p.* 27, & de le confirmer fans le rapporter tout au long. Cet ufage fut affez fuivi fous la premiere race de nos Rois, & n'eft pas rare au 12ᵉ fiecle. 4°. Un acte qui portoit atteftation du Prince, ou du Juge, ou de l'Evêque, qu'ils avoient vu telle charte, *Lobineau, Hift. de Bret. t.* 2, *præf.* & que nul n'en devoit révoquer la vérité en doute, forme la quatrieme efpece de renouvellement, qui remonte au moins au 8ᵉ fiecle, & qui fut long-temps réfervée aux Souverains. C'eft ce que l'on appelle *vidimus*. Voyez VIDIMUS. 5°. Cette rédintégration fe faifoit quelquefois par un feul diplome du Prince qui renouvelloit & confirmoit tous les titres, *Sigonius, t.* 2, *col.* 387, qui avoient péri dans un défaftre public. On s'adreffoit auffi quelquefois aux Papes pour en obtenir des titres nouveaux, ou au moins confirmatifs des biens & des privileges dont on étoit alors en poffeffion, & réparer par là les pertes des chartes détruites par les guerres, les incendies, & fouvent par la malice des perfonnes intéreffées:

R ij

Ratpert de Cafibus S. Galli, c. 5... Brower. Annal. Trevirenf. t. 1, p. 454. 6°. Enfin la derniere efpece de renouvellement fe faifoit lorfque le Prince ou le Pape dans un nouveau diplome ou une nouvelle bulle inféroit ce qui s'étoit confervé d'un titre endommagé par vétufté ou autre accident, & y fuppléoit, *Frider. Hahnius, præf. in Dipl. fund. Cœnob. Bergenfis,* les fyllabes de manque en rempliffant les vuides par voie d'autorité. Il falloit cette précaution pour conferver aux chartes le pouvoir de faire foi en juftice, fpécialement lorfque ces lacunes tomboient fur des parties intereffantes de l'acte ; car quoiqu'endommagées & pourries, elles ne perdent pas leur autorité, quand elles ne font point viciées dans des endroits effentiels. C'eft la décifion de M. d'Expilli, Préfident au Parlement de Grenoble : *Plaidoy.* 5ᵉ *édit. p.* 533. Le Roi Jean en autorifa de femblables en 1361, *Ordonn. t.* 4, *p.* 401, en faveur des habitans de Talent, près Dijon ; & Charles V, *Ordonn. t.* 5, *p.* 513, en fit de même en 1372 en faveur de ceux de Levigni, diocefe de Langres.

Ces actes de renouvellement faits en France par l'autorité royale avant le 8ᵉ fiecle, feroient fufpects ; l'ufage même n'en devint commun qu'au 12ᵉ. Depuis le 13ᵉ, pour ne point donner lieu au foupçon, ils doivent porter en tête le mot *vidimus* pour la France, & *infpeximus* pour l'Angleterre. Ces *vidimus* ne rendent cependant point véritable une charte fuppofée. *Voyez* VIDIMUS.

CHER. Le titre de *Cher* ou de *Très Cher,* donné à un Evêque par le Pape, eft un figne de faux depuis le 13ᵉ fiecle, mais non pas avant.

CHEVALERIE & CHEVALIERS. Outre les titres de Ducs, de Comtes, de Barons & de Marquis on en vit naître un autre sous les Rois de la seconde race, qui fut la récompense de la vertu & de la valeur : c'est la dignité de Chevalier *Miles*. Dès l'an 955 ce titre, *Annal. Bened.* *t.* 3, *p.* 524, désignoit un homme noble ; & dès le 11ᵉ siecle, *Guibert. de Novigent. l.* 6, *c.* 3, *n.* 12, c'étoit une grande marque de noblesse.

Le titre de *Miles*, Chevalier-Vassal, ou simplement Chevalier, est très ordinaire dans les chartes. Au commencement, ce terme Latin ne signifioit vrai-semblablement que guerrier ou militaire ; mais depuis le 10ᵉ siecle, cette dénomination, à laquelle on avoit attaché une autre idée, prit faveur au point d'être affectée par les Princes & les Souverains : cependant les nobles ne se sont guere qualifiés eux-mêmes Chevaliers *Milites* qu'au commencement du 12ᵉ siecle. L'opinion commune est que les loix de la Chevalerie commencerent dès le regne de Henri I, Roi de France. La réception des Chevaliers se faisoit de la maniere suivante.

Le Prince ou le Seigneur qui faisoit un Chevalier ceignoit l'épée à l'aspirant armé de toutes pieces, l'embrassoit, & lui donnoit un coup sur l'épaule, en lui disant : *Je te fais Chevalier au nom du Pere, & du Fils, & du Saint Esprit.*

L'âge pour recevoir la ceinture militaire étoit ordinairement celui de la majorité. Les Monarques recevoient souvent de leurs inférieurs l'ordre de la Chevalerie, témoin François I qui reçut l'accollade du Chevalier Bayard.

On peut distinguer cinq especes de Chevaliers : 1°. les Chevaliers de la haute noblesse ; 2°. les

Chevaliers Bannerets ou ceux qui poſſédoient des fiefs de Chevalerie ou à bannieres; 3°. les Chevaliers dont la Chevalerie n'étoit que perſonnelle ; 4°. ceux qui n'étoient Chevaliers que parcequ'ils entroient dans un corps de Chevalerie ; 5°. les Chevaliers de loix , gens de robe, différents des Chevaliers d'armes. Ces derniers ne ſont guere que du 14ᵉ ſiecle, ou tout au plus de la fin du 13ᵉ, *Paſquier*, *p.* 87.

Dès le douzieme ſiecle on qualifioit tous les nobles en général de Chevaliers. Le 16ᵉ ſiecle vit la fin de la Chevalerie ; le funeſte accident qui fit périr Henri II en 1559, lui porta le dernier coup.

CHEVEUX. La connoiſſance des modes relatives aux cheveux ainſi qu'à la barbe, peut ſervir beaucoup à la critique des ſceaux , & c'eſt ſous ce point de vue qu'elle fait partie de la ſcience diplomatique.

La mode de porter les cheveux longs finit avec le dernier Roi de la race Mérovingienne. C'étoit la mode ſous cette dynaſtie , dit Agathias , *Bouquet , Recueil des Hiſt. des Gaules & de la France, t.* 3 , *préf. p.* 2 , de porter les cheveux longs & partagés des deux côtés ſur le haut du front. C'étoit une prérogative attachée à la Famille Royale , & leurs ſujets ſe les faiſoient couper en rond ; en ſorte cependant qu'on diſtinguoit à la chevelure ceux qui par leur naiſſance approchoient le plus du throne. Ainſi les Rois les portoient très longs, leurs enfants & parents de même , & la nobleſſe à proportion de ſon rang. Le peuple étoit plus ou moins raſé , & les ſerfs l'étoient totalement du moins parmi les Bourguignons ; mais l'homme payant tribut ne l'étoit pas tout-à-fait.

Pépin & Charlemagne méprisèrent les cheveux longs & flottants, & ils furent imités par leurs successeurs dont la chevelure ne passe pas les épaules.

On recommença sous Hugues Capet à porter les cheveux plus longs. La mode des longues chevelures s'accrédita de plus en plus jusqu'au milieu du 12ᵉ siecle. Alors elle déplut aux Evêques, & devint une affaire de religion. Les laïques qui laisserent croître leurs cheveux furent excommuniés en plusieurs dioceses de France. La crainte d'une excommunication porta Louis le Jeune à faire couper les siens & ceux des Seigneurs de sa Cour. Néanmoins Philippe Auguste & Louis VIII porterent encore les cheveux longs : mais depuis S. Louis inclusivement jusqu'à Louis XIII, nos Rois les ont portés fort courts.

» Sous Louis XIII la mode changea, & comme
» il aimoit fort les cheveux, on lui fit plaisir de
» les porter longs. Ce changement embarrassa
» les courtisans, sur-tout les vieux qui furent
» obligés de prendre perruque. Il est surprenant
» qu'une coëffure aussi commode qu'est la perru-
» que, & qui étoit si commune parmi les Grecs
» & les Romains, n'ait été en usage en France
» que depuis le regne de Louis XIII », *le Gen-*
dre, Hist. de Fr. t. 3, p. 58.

Le Président Hainault est-il fondé à retarder l'époque des cheveux courts jusqu'à François I ?
» On commence, dit-il, en 1521 à porter les
» cheveux courts & la barbe longue, au lieu
» qu'auparavant c'étoit tout le contraire. Cette
» mode fut amenée par le Roi, qui, ayant été
» malheureusement blessé d'un tison par le Ca-
» pitaine de Lorges, sieur de Montgomeri, se

» fit rafer la tête ». Peut-être veut-il parler des courtifans qui fe firent rafer pour plaire au Roi qui étoit devenu chauve par accident.

On prétend que Saint Anicet fut le premier qui défendit aux Clercs de porter de longs cheveux.

CHIFFRES TANT ANCIENS QUE MODERNES. On ignore abfolument l'inventeur des chiffres ; on commença probablement à compter fur les doigts, puis avec de petits cailloux, d'où font venus les termes de *calcul* & *calculer*. On donna enfuite à des lettres de l'alphabet une valeur de convention. C'eft ainfi qu'à l'exemple des Hébreux, les Grecs & les Romains donnerent à quelques-unes de leurs lettres des valeurs numériques. Ainfi chez les Grecs le Δ initial du mot Δέκα, *dix*, valoit le nombre dix : le π initial du mot πέντε, *cinq*, valoit le nombre cinq : l'ε initial du mot ἑκατον, *cent*, valoit cent : le χ initial du mot χίλιοι, *mille*, valoit mille, &c. &c. &c.

Les combinaifons des caractères numériques grecs n'ont été bien connues des Latins qu'au 13ᵉ fiecle. Ce fut l'Archidiacre Jean de Bafingetokes qui communiqua cette fcience en Occident vers l'an 1230.

Les lettres numérales grecques furent affez d'ufage en France & en Allemagne dans les lettres formées des Evêques, qui durerent jufqu'au 11ᵉ fiecle : mais de tous les chiffres Grecs, le plus ufité chez les Latins fut l'épifême ϛαῦ qui prit infenfiblement la forme du *G* avec une queue, *fig. 27 du troifieme tableau.* Il paroît fous cette forme dans une infcription Latine de l'an 296, & dans les manufcrits & les diplomes du premier âge. On le voit en ufage dès le 5ᵉ fiecle dans les manuscrits Latins : il vaut six, & sa valeur est attestée par une infinité de monuments qui ne permettent pas de lui en donner une autre. Quelques Savants & Dom Mabillon même s'y sont mépris, & lui ont donné la valeur du 5 : mais ce dernier, *Ouvrage posthume*, *t. 2*, *p. 346*, a reconnu sa méprise dans les antiquités de S. Denys. Ce qui aura pu occasionner leur erreur, c'est que cet épisème se trouve à la vérité sur les médailles de l'Empereur Justinien pour désigner le nombre 5 : mais il est constant que les monétaires se sont trompés, & qu'ils l'auront confondu avec les U à queue, *fig.* 28 *du* 3ᵉ *tableau*; car cet épisème servoit encore chez les Latins au 4ᵉ siecle, *Walter Lexicon Dipl. tab.* 225, avec la valeur du 6, mais sous une forme un peu altérée. Cependant dès ce siecle même & dans le suivant, s'il reparoît dans les autres monuments de France & d'Allemagne, ce n'est presque plus que pour lui faire signifier le nombre cinq.

Les Etrusques se servoient également de leurs lettres, *Gori, Difesa dell. alfabeto Etrusc. p.* 112, pour marquer les nombres, en les écrivant de droite à gauche. Les anciens Danois, *Fasti Danici, p.* 153, les imiterent dans l'application de leurs élémens.

Les Romains en empruntant des Grecs les arts & les sciences apprirent également d'eux à se servir des lettres de l'alphabet pour compter. Cependant leur maniere ne remonte pas à la plus haute antiquité. Lorsque l'écriture étoit encore rare parmi eux, ils comptoient les années avec des clous, *Plin. l.* 7, *c.* 40, & la maniere de les attacher devint par la suite une cérémonie de leur religion superstitieuse. Quand l'usage de l'écriture fut devenu commun, l'I, l'V, l'X, l'L, le C, le D, l'M furent les seuls caracteres qu'ils destinerent à marquer les nombres, au lieu que dans les autres langues orientales toutes les lettres étoient numérales. Ces sept lettres combinées dans leur plus forte valeur donnent six cent soixante six mille, en les plaçant ainsi DCLXVIM. Cependant on prétend, *Costadeau*, *Traité des Signes*, t. 2, p. 89, que les anciens Romains ne connoissoient point de nombre au dessus de *cent mille*. Cette disette de chiffres les obligea à doubler, tripler, quadrupler leurs caracteres numériques, selon qu'ils avoient besoin de leur faire signifier plusieurs unités, dixaines, centaines, &c. &c. Pour abbréger ils se servirent d'un autre expédient : ce fut de tirer une petite ligne sur quelqu'un de leurs chiffres, & alors il produisoit autant de fois mille qu'il contenoit d'unités. Ainsi le trait ou la petite ligne sur I, *fig. 29 du 3e tableau*, signifioit mille, sur X, *figure 30*, *ibid.* marquoit dix mille, &c. &c. &c.

Lorsque les Romains écrivoient plusieurs unités de suite, la premiere & la derniere étoient prolongées au dessus des autres, *figure 31, ibid.* Ainsi *vir* après ces six unités de la *fig.* 31 signifioit *sex-vir*.

Le D seul marque cinq cents : la ligne perpendiculaire de cette lettre fut quelquefois séparée du corps, comme dans la *fig.* 32 *du troisieme tableau*, sans qu'elle perdît de sa valeur.

L'M tant capitale qu'onciale signifie *mille*. Sous la forme d'onciale elle prit quelquefois l'une des quatre : *fig.* 33, 34, 35 & 36 *du troisieme tableau*,

L'X renversé, *fig.* 37, *ibid.* servoit encore de mille.

Toutes les fois qu'il y a une figure de moindre valeur devant une plus haute, elle marque qu'il faut rabattre d'autant sur la figure de plus haute valeur. Ainsi I, devant V, ne donne que quatre; I, devant X, ne donne que neuf; X, devant C, ne donne que 90, & même deux dix devant cent XXC ne donnent que quatre-vingt. Telle est en général la maniere dont les Anciens se servoient de leurs lettres numérales. Dans la suite toutes les lettres de l'alphabet Latin ont été prises pour des chiffres.

Mais en quoi ces chiffres intéressent-ils la connoissance diplomatique ? C'est ce que l'on va examiner.

Dans les anciens manuscrits on écrit *quatre* par IIII, & non par IV, neuf par VIIII, & non IX, &c. au lieu du V on écrivoit quelquefois au 8e siecle cinq unités de suite IIIII. Le *demi, semi,* étoit exprimé par une *S* à la fin des chiffres. Ainsi on écrivoit CIIS pour cent-deux & demi. Cette *S* prenoit quelquefois la figure de notre 5, comme la *fig.* 38 *du troisieme tableau.*

On trouve dans quelques anciens manuscrits ces chiffres LXL pour exprimer 90. Sous les Rois de la premiere race on trouveroit à peine, dans les dates des années, des nombres rendus tout au long dans les manuscrits : ils y sont toujours représentés en chiffres Romains. Sous la seconde race on avoit coutume tant en France qu'en Allemagne de dater avec ces mêmes chiffres. Le même usage persévéra constamment sous la troisieme, au moins jusqu'au quinzieme siecle : alors on commença en France à mêler des chiffres Romains avec des Arabesques.

Les anciens Espagnols se servirent des mêmes chiffres Romains que nous. Voyez la planche V, à l'article *Chiffres Romains d'Efpagne.* Vous y remarquerez fur-tout l'X dont le haut du jambage droit eft en demi-cercle, & vaut 40 : il eft particuliérement digne de remarque à caufe des erreurs dans lefquelles il a jeté bien des Savants. Du refte, le chiffre Romain s'y eft maintenu jufques dans le 15e fiecle.

Les Allemands ont long-temps fait ufage du chiffre Romain à peu près comme on faifoit en France. Les figures particulieres ufitées en Allemagne depuis le 8e fiecle jufqu'au 15e font gravées fur la même planche.

Dans les dates des chartes l'ufage des chiffres Romains fut également univerfel eu égard aux différents pays : mais pour ne point tomber dans l'erreur, il faut obferver que dans ces dates, ainfi que dans celles des autres monuments de France & d'Efpagne, on omettoit quelquefois le nombre *millieme*, *De Re Dipl.* p. 178, commençant la date par les centaines : que dans d'autres on pofoit le millieme, & l'on omettoit les centaines, *ibid.* enfin que dans le bas âge on fupprimoit également le millieme & les centaines, commençant aux dixaines, *Baluze*, *t.* 4, *col.* 1245.... *Secouffe*, *Ordonn. des Rois*, *t.* 4, *p.* 710... *De Re Dipl.* p. 178, comme fi l'on datoit 74 pour 1774, ce qui fe pratique encore dans les lettres de peu d'importance.

Il eft encore néceffaire d'obferver que les Anciens exprimoient fouvent les nombres par des comptes ronds, *De Re Dipl.* p. 95.... *Daniel*, *Hift. de Fr. t.* 2, *p.* 180.... *Schannat*, *Vindic. Archiv. fuld.* p. 36.... *Annal. Bened. t.* 3, *p.* 661, ajoutant ce qui y manquoit pour les completter, ou omettant le furplus. Cette maniere de compter qui n'eft pas rare dans les livres facrés, a paffé de là dans les monuments.

Les anciens copiftes & même les modernes ont fait fouvent des fautes en rendant les chiffres Romains, fur-tout dans les V, les L, les M, &c.

Pour la ponctuation après les chiffres Romains, on a beaucoup varié, & il n'y a jamais rien eu de fixe.

On ignore quand on a pu commencer l'ancien ufage de l'*o* fupérieur mis après le chiffre Romain : *anno M°. L°. VI°.*

Quant aux chiffres anciens, nommés Arabes, leur origine & l'époque de leur introduction parmi nous font affez peu connues. Les uns, *Coftadeau, Traité des Signes*, t. 2, p. 97.... *Kirker, Arithmet. part.* 1, *c.* 4, font honneur de cette invention aux Indiens, qui les communiquerent aux Arabes, d'où, par le moyen des Maures, ils font venus jufqu'à nous. Cette origine Indienne paffe communément pour la mieux fondée, & elle eft la plus accréditée parmi les Savants. Les autres foutiennent qu'ils viennent des Grecs, qui les ont communiqués aux Indiens, d'où enfuite ils ont paffé jufqu'à nous par les mêmes voies que ci-deffus. Edouard Bernard, Ifaac Voffius, M. Huet, Evêque d'Avranches, & M. Ward, Profeffeur d'Eloquence en Angleterre, font pour ce dernier fyftème qui ne paroît guere appuyé que fur des conjectures arbitraires. Dom Calmet en enfanta un autre qui donnoit à ces chiffres une origine toute Latine, en avançant que c'étoient des reftes des anciennes notes de Tiron. Mais outre que cette reffemblance qu'il croit y trouver eft forcée, l'ufage des notes de Tiron ceffa dès le dixieme fiecle, au point qu'il n'en refte prefque nul veftige dans les monuments depuis le commencement du 11ᵉ, fi ce n'eft l'abbréviation d'& par 7, & d'*us* par 9 ; & nos chiffres ne paroiffent qu'au 13ᵉ fiecle, en France & dans les autres Etats de l'Europe. Ils ont fubi depuis cette époque parmi les Européens le fort de l'Ecriture, *Gloff. Cang. p. 66, antiq. edit.* c'eft-à-dire que leurs figures n'ont pas moins varié que celles de nos lettres. Quelques-uns ont déféré à Planudes, Moine Grec, l'honneur de s'être fervi le premier de ces chiffres : d'autres en donnent la gloire à Gerbert, premier Pape François, fous le nom de Silveftre II : les Efpagnols la revendiquent pour leur Roi Alphonfe X, à caufe de fes tables aftronomiques dites Alphonfines ; mais les fondements de toutes ces prétentions paroiffent très peu folides. Ce qu'il y a de certain, c'eft qu'ils étoient en Europe avant le milieu du 13ᵉ fiecle. D'abord on n'en fit guere ufage que dans les livres de Mathématiques, d'Aftronomie, d'Arithmétique & de Géométrie. Enfuite on s'en fervit pour les chroniques, les calendriers, & les dates des manufcrits feulement : car ces chiffres n'ont jamais été admis dans les diplomes ou chartes avant le 16ᵉ fiecle. Si l'on en trouvoit quelques-uns avant le 14ᵉ, ce feroit un phénomene des plus rares. Dans les 14ᵉ & 15ᵉ fiecles on pourroit, quoiqu'affez difficilement, en rencontrer dans des minutes de Notaires. Ces exceptions, s'il s'en trouvoit, ne ferviroient qu'à confirmer la regle qui ne leur permet de fe montrer que dans les actes du 16ᵉ fiecle.

Ces chiffres ne parurent fur les monnoies, pour

CHIFFRES ANCIENS ET MODERNES

Chiffres Romano-Gallicans.

Chiffres Romains d'Espagne.

Chiffres d'Allemagne

Chiffres vulgaires de France

Années marquées en Chiffre Arabe

Boutrois Sculp.

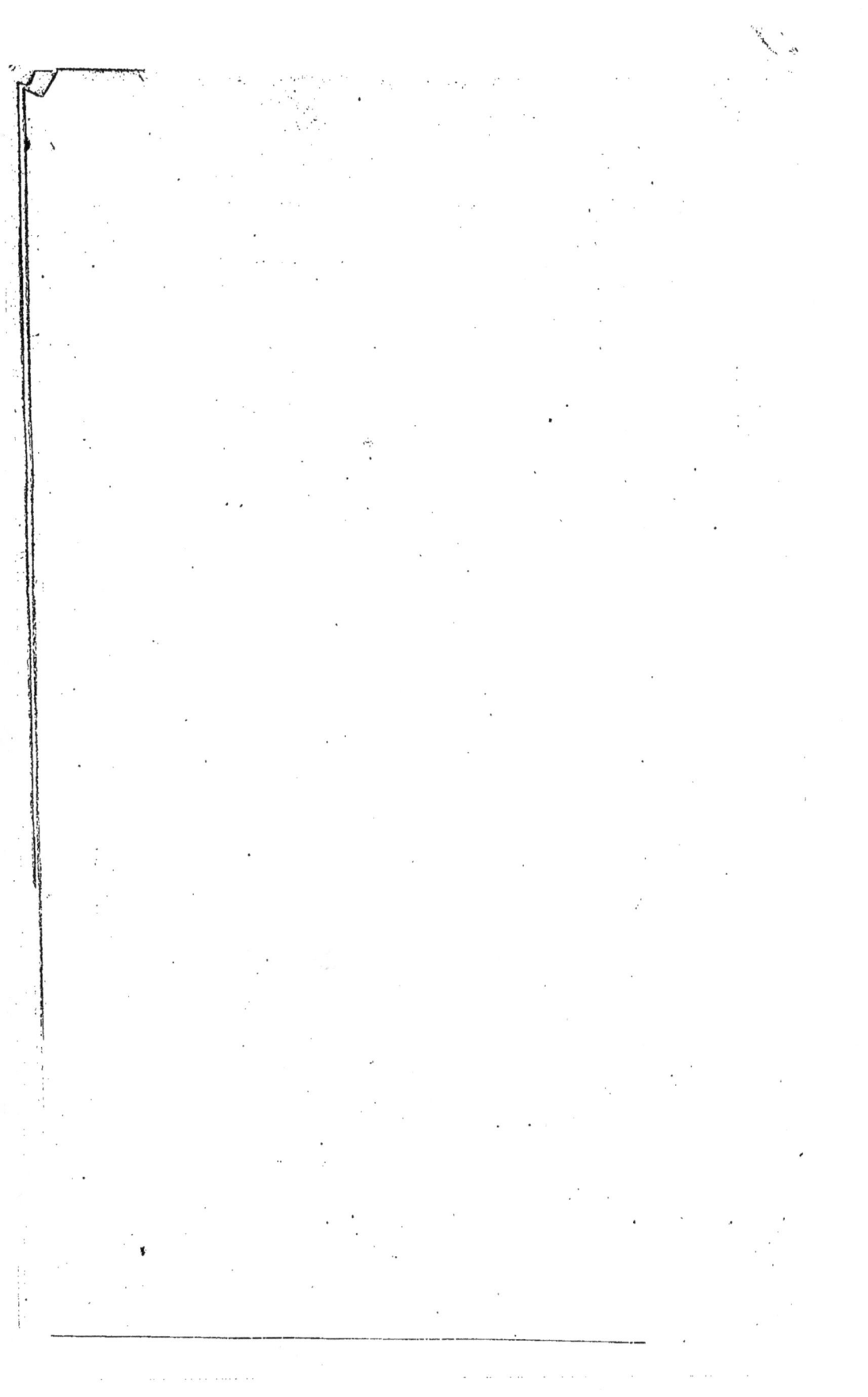

marquer le temps où elles avoient été fabriquées, que depuis l'ordonnance de Henri II rendue en 1549, *le Blanc*, *p.* 371.

La figure de ces chiffres Arabes n'étoit pas encore uniforme parmi nous en 1534 : & ce n'étoit que depuis 1500 que l'usage en étoit ordinaire en France, encore les entremêloit-on souvent de chiffres Romains. Ce n'est même, si l'on en croit un Historien moderne, *Lobineau*, *préf. du second tome de l'Hist. de Bret.* que depuis le regne de Henri III, que l'on commença en France à se servir en écrivant de ces nombres Arabesques. Les Russes ne s'en servent que depuis les voyages du Czar Pierre le Grand, au commencement de ce siecle. Ils avoient été introduits en Angleterre vers le milieu du 13ᵉ siecle en 1233, *Ward*, *Observ. sur les Ecrits des Moder. t.* 18, *p.* 232, & portés en Italie vers le même temps. L'Allemagne ne les reçut qu'au commencement du 14ᵉ siecle vers 1306 : mais en général la figure de ces chiffres n'est devenue uniforme que depuis 1534.

CHRÉTIEN (TRÈS). Le titre de *Très Chrétien* est depuis long-temps la dénomination caractéristique de nos Rois. Grégoire III le donna à Charles Martel, *Godeau*, *Hist. de l'Egl. t.* 5, *pag.* 282. Etienne II, qui vint en France, appella également Pépin *Roi Très Chrétien*, & c'est peut-être la premiere fois que ce beau titre a été donné à un Roi de France par un Pape. Mais ce n'est que sous le Pontificat de Paul II, l'an 1469, que ce titre est devenu une expression de formule dans les bulles & les brefs apostoliques adressés aux Rois de France. Dans la lettre du Concile de Basle à Charles VII, on reconnoît que les Rois de France font appellés *Très Chrétiens* par l'excellence de leurs mérites envers l'Eglise. Dès le 12ᵉ fiecle ce glorieux titre leur avoit été affecté, comme nous l'apprend Jean de Sarisbéri, *epift.* 233. Ce titre n'eft donc pas devenu propre à nos Rois depuis Louis XI feulement, comme le dit le Pere Daniel. A la vérité, le Pape Paul II eft le premier des Souverains Pontifes qui fe foit obligé folemnellement à fe fervir de cette expreffion en parlant de nos Rois ; mais en cela il ne faifoit que fuivre l'antiquité. François I fe donna à lui-même dans quelques actes le titre de *Très Chrétien* : je ne crois pas qu'avant lui on trouve aucun exemple de ce titre pris par nos Rois.

CHRISME. Conftantin le Grand ayant reçu du ciel l'ordre de porter le Labarum pour étendard, *Lactanc. de mort. perfecutor. c.* 44, il en fit ufage jufques dans fes diplomes : de là le chrifme que l'on voit dans les lettres des Papes, des Conciles & des Rois. Il eft prefque toujours figuré comme on le voit *fig.* 39 *du troifieme tableau ;* & c'eft le monogramme abbrégé de Jéfus-Chrift en lettres Grecques. Cette figure ainfi que des croix diverfement conformées font moins un *nota* qu'une efpece d'invocation de notre Sauveur, & un témoignage de chriftianifme.

CHYROGRAPHE. *Voyez* CHARTES-PARTIES.

CLAUSES. Dans le corps des actes de prefque tous les fiecles on rencontre des claufes dont il eft intéreffant pour la diplomatique de connoître les époques & les formules.

On peut diftinguer plufieurs fortes de claufes à raifon de leurs différents objets refpectifs ; les claufes

clauſes dérogatoires, comminatoires, imprécatoires, de réſerve, de précaution, de renonciation, &c.

Les *clauſes dérogatoires* qui dérogent à tout
acte contraire ne ſont pas rares : elles remontent
aux premiers temps. C'eſt ce qu'on exprime actuellement & depuis bien du temps, par le mot
nonobſtant, qui vient certainement de la clauſe
nonobſtantibus appellationibus, copiée ſur les actes
de la Cour de Rome, qui, ſe gliſſa dans les lettres royaux, les ordonnances & les contrats d'é-
change du 13ᵉ ſiecle. Au 14ᵉ ces clauſes ſont très
communes dans les diplomes de nos Rois, où le
nonobſtant revient ſouvent. Dans le 15ᵉ ſiecle on
dérogeoit non ſeulement à tout acte exiſtant,
mais même aux actes à venir par cette formule
aſſez commune, *nonobſtant toutes les lettres im-
pétrées ou à impétrer, à ce contraires.*

Les clauſes dérogatoires n'ont été introduites
dans les bulles que vers le 12ᵉ ſiecle au plutôt ;
& quoiqu'elles ſoient fort anciennes, ce n'eſt
guere que dans ce ſiecle qu'elles commencent à
figurer ainſi que les autres clauſes dans les diplomes des Souverains.

Par une ordonnance de Charles V du 6 Décembre 1373, *Ordonn. du Louvre*, t. 5, p. 647,
il eſt défendu aux Secrétaires du Roi de mettre
dans les lettres royaux des clauſes dérogatoires
ſans l'exprès commandement du Roi.

Les *clauſes comminatoires* ne furent pas ſeulement appoſées par ceux qui ayant la force en
main pouvoient les faire exécuter, mais encore
par des perſonnes privées. Sans doute que les
loix y autoriſoient les particuliers, & devoient
leur prêter main-forte. D'ailleurs les Princes y

Tome I. S

étoient intéreſſés, parceque le fiſc & les ayants cauſe partageoient le profit des amendes. Pour donner plus d'énergie à ces ſortes de clauſes, les particuliers annonçoient ſouvent que c'étoit à Dieu ou à ſes ſaints qu'ils faiſoient les donations, *De Re Dipl. p.* 214, & que nulle puiſſance ne devoit conſéquemment en changer l'ordre.

Dans les premiers temps de la monarchie, *De Re Dipl. p.* 97, les particuliers infligeoient des peines pécuniaires aux violateurs de leurs actes : mais on ne voit pas que les Rois de la premiere race aient eu recours à ce remede ; leurs ſucceſſeurs l'ont employé plus communément. Les Papes n'adopterent ce moyen, que vers le commencement du onzieme ſiecle environ ; & Alexandre II ſubſtitua la peine pécuniaire aux anathêmes alors trop prodigués. Les clauſes comminatoires ne reparoiſſent point au 12e ſiecle dans les ſimples lettres des Papes, & c'eſt preſque pour ce temps la ſeule marque par où l'on puiſſe diſtinguer leurs lettres de leurs bulles ordinaires. *Voyez* MENACES.

Les *clauſes imprécatoires.* Voyez IMPRÉCATIONS.

Les *clauſes de réſerve,* par leſquelles on déclaroit ne faire tort à autrui, ni empiéter ſur la juriſdiction ou les droits d'un tiers, ne doivent commencer à paroître dans les diplomes qu'au 12e ſiecle. Celui de Louis le Gros de 1113 pour la fondation de S. Victor de Paris, s'exprime ainſi : *Salva authoritate, Salvo jure, Salva debita obedientia Senonenſis Archiepiſcopi & Pariſienſis Epiſcopi.* On s'eſt preſque toujours ſervi pour ces clauſes de réſerve, en uſage dans les ſiecles ſui-

vants, de l'expreſſion *Salvo jure, Salva authori-*
tate, & en François : *Sauf le droit d'autrui,* ou
ſauf notre droit & celui d'autrui. On s'en ſert
encore dans les actes.

Les *clauſes de précaution* ont été inventées
pour la ſûreté réciproque des parties. *Voy.* AN-
NONCE.

Les *clauſes de renonciation* ne ſont point rares
dans les actes depuis le 12ᵉ ſiecle. La formule
finale des actes de Notaires : *renonçant, promet-*
tant, &c. eſt encore un reſte de l'uſage des clauſes de renonciation : celles d'aujourd'hui ſont
implicites, mais les autres étoient ſouvent détail-
lées.

COMMITTIMUS. On entend par ce mot
Latin, que l'on a preſque franciſé, le droit &
privilege dont jouiſſent quelques Officiers du
Roi & autres, d'évoquer toutes leurs affaires en
premiere inſtance aux Requêtes de l'Hôtel, ou
à un tribunal particulier. Cet uſage n'a pas
commencé vers l'an 1367, comme on le prétend
communément ; car on en trouve un exemple,
qui eſt au moins un des plus anciens, s'il n'eſt
pas le premier, dans une charte de Henri I, en
faveur de l'Abbaye de S. Evroult, donnée en
1113, & rapporté par Ordéric Vital, *lib.* 12,
dans du Cheſne, p. 840 : *Et ne quis ad Placitum*
Monachos.... niſi in curia Regali provocaret, ge-
nerali authoritate prohibuit. On peut donc aſſurer
que depuis le douzieme ſiecle incluſivement de
pareilles clauſes de *committimus* ne peuvent porter aucun préjudice aux pieces qui les renferment.

COMPTES. (Chambre des) Cette Cour,
regardée comme un Tribunal où l'on examinoit

les comptes des revenus du Souverain, est aussi
ancienne que la monarchie. C'étoit une partie
des fonctions du Conseil du Roi, qui s'en acquit-
toit par un certain nombre de ses Membres qu'il
députoit *ad hoc*. On ne peut fixer l'époque de la
séparation & distraction de la Chambre des Comptes du corps du Conseil Privé, ni de sa résidence
à Paris. Il est seulement certain qu'elle n'étoit
pas sédentaire en 1226, & qu'elle l'étoit avant
1300. *Journ. des Sav. Nov.* 1765.

On voit des Maîtres des Comptes dès Philippe
le Bel en 1307 : ils sont expressément nommés
sur les tablettes de cire que l'on conserve à l'Abbaye S. Germain-des Prés.

Les Correcteurs des Comptes sont des charges
créées par Charles VI en 1410 par édit du 14
Juillet.

Les Auditeurs de la Chambre des Comptes
très anciens, & déja qualifiés, reçurent par l'é-
dit de 1552 un degré d'illustration de plus. *Journ.
des Savants, Nov.* 1765.

COMPUT. On appelle ainsi en terme ecclésiastique la maniere de supputer les temps. Les
diverses parties de cet ouvrage qui roulent sur la
même matiere paroissent entrer suffisamment
dans le détail des objets principaux ; c'est pourquoi on se borne ici aux temps qui ont précédé
la venue du Messie.

On a beaucoup varié dans les derniers siecles
sur le calcul des temps avant Jésus Christ. Les uns,
& c'est l'opinion la plus commune, quoique
peut-être la moins fondée, mettent 4000 ans
seulement avant Jésus Christ, au lieu de 6000
qu'admettent les autres. Eusebe de Césarée a été
le premier entre les anciens qui ait commencé

à abbréger ce calcul. L'Eglise d'Antioche, si l'on
en croit Hesichius, comptoit six mille ans depuis la création du monde jusqu'à Jésus Christ,
ainsi que S. Clément, S. Ambroise, S. Hippolyte,
&c. Dans le troisieme siecle on commença à ne
compter que 5500 ans ; & la fameuse chronique
de Jules Africain fut en partie cause de ce changement. Il acheva cet ouvrage l'an 221 de Jésus
Christ. Ce systême devint commun en Egypte,
& sur-tout à Alexandrie vers le commencement
du 5ᵉ siecle. Il fut depuis appellé l'ere d'Egypte
ou la période d'Alexandrie. Le Concile *in
Trullo* en 692 y ajouta 8 ans, & cette époque
fut nommée la période de Constantinople, ou
l'ere Romaine. Vers le commencement du 5ᵉ
siecle les Eglises d'Occident, entraînées par la
chronique d'Eusebe, suivirent son calcul qui
n'admettoit que 5199 ans avant Jésus Christ.
Rome l'adopta, & Bede est le premier qui ait
osé le rejeter pour introduire celui du texte Hébreu & de la Vulgate. Adon, qui vivoit dans
le 9ᵉ siecle, est le premier qui ait imité Bede. Enfin ce n'est proprement que vers la fin du dernier
siecle, que quelques protestants par entêtement
pour l'Hébreu s'attacherent à la supputation des
Juifs, & en formerent le comput commun. *Pe-
zron, Défenses de l'Antiquité des Temps, ch.* 1.
Voyez CALENDRIER, ANNÉE, &c.

COMTE. Le titre de Comte remonte au
moins aux premiers Empereurs, qui nommerent
leurs Conseillers *Comites*, Compagnons. Dès le
temps d'Auguste, on voit des Sénateurs choisis
pour son Conseil avec le titre de *Comites Augusti.*
Il en est cependant qui pensent que le mot *comes*
Comte, vient de *comedere*, & qu'il désignoit

S iij

ceux qui mangeoient avec l'Empereur, ou qui avoient droit de *Bouche en Cour*, comme nous nous exprimons aujourd'hui. Quoi qu'il en soit, c'étoit plutôt alors une dénomination qu'un titre. En 253 le mot *comes* commençoit, *Tillem. Hist. des Emp. t. 3, p. 389*, à passer pour une dignité. Ainsi le titre de Comte ne doit pas tout-à fait son origine à Constantin le Grand. Mais ce Prince en illustra la dignité au point de la mettre même au dessus des Ducs en 330, *Histoire du Bas-Empire, t. 1, p. 524*. On peut dire que les Comtes étoient les courtisans & les gens de la suite du Prince : c'est pourquoi on appella sa Cour *comitatus, Ant. Mattheus de nobil. part. 1ª. cap. 10*. Dans le quatrieme siecle ils commencerent à devenir militaires ; & au cinquieme, il étoit établi que les Gouverneurs de province se décorassent de la qualité de Duc, & les Gouverneurs des villes ou d'un seul diocese de la qualité de Comte.

Comtes du Palais & Palatins.

Nos Rois de la premiere & seconde races, en parlant d'un de leurs Comtes, le qualifioient *Comes palatii nostri*, & au 9ᵉ siecle *Comes sacri palatii*, Comte du sacré palais. De ces titres à celui de Comte Palatin, il n'y avoit qu'un pas à faire, & au 11ᵉ siecle il étoit déja fait. Les Empereurs, les Rois d'Espagne & d'Angleterre ont aussi eu leurs Comtes Palatins. Dans le 12ᵉ siecle plusieurs Seigneurs, tels que les Comtes de Chartres, de Champagne, de Brie, de Blois, de Toulouse, de Flandres, s'intituloient encore *Comtes Palatins* (*Brussel des fiefs, p. 377*) : mais l'ancienne Maison de Chartres & de Blois est la seule qui

ait continué de s'arroger à perpétuité ce titre dans
la perfonne de fon aîné.

Les Comtes du Palais fous la premiere & feconde race étoient les chefs de la Juftice. Les diplomes royaux appellés *préceptes*, & ceux qui
avoient trait à la forme judiciaire, ou qui renfermoient des Jugements, étoient énoncés par
des Comtes du Palais, au moins depuis le 8ᵉ fiecle : les Archichapelains-Chanceliers ne déli-
vroient que les diplomes eccléfiaftiques.

Il eft conftant & démontré, *De Re Diplomat.*
p. 117, qu'il y eut plufieurs Comtes du Palais à
la fois. Ces Comtes augmenterent en puiffance
à mefure que les Rois mériterent mieux le fur-
nom de fainéans. Vers le 10ᵉ fiecle ils partage-
rent pour ainfi dire entre eux les provinces : de là
les Comtes de Touloufe, de Blois, de Champagne, de Flandres, &c. & tous fe qualifioient
Comtes du Palais ou Palatins.

Comté.

Les Comtes fimplement dits, abufant de la
foibleffe des derniers Rois de la feconde race,
firent des principautés des lieux & des villes
où ils commandoient auparavant par commiffion, & dès lors ils ajouterent à leurs noms
celui de leurs Comtés. Ce n'eft que depuis le
9ᵉ fiecle, & fur tout depuis l'hérédité des fiefs,
que dans les actes on a diftingué les lieux par
Comtés, comitatus. Louis le Débonnaire rendit
le Comté de Paris héréditaire en faveur de Bégon fon gendre : mais Charles le Chauve fut le
premier qui autorifa par un capitulaire la fucceff-
fion des Comtés dans les familles.

Les chartes où il feroit fait mention de Comtés poffédés en propre & par forme d'héritage, & qui feroient antérieures à Charles le Simple en France, & à Henri l'Oifeleur en Allemagne, pourroient à jufte titre paffer pour fauffes. Il en faut excepter en France Bégon, Comte de Paris.

Pour abolir les Comtés fouverains, & empêcher que les Comtés en général ne fe multipliaffent trop, Charles IX ordonna en 1564 que les Comtés & Duchés retourneroient à la couronne au défaut d'enfants mâles.

COMTESSE. Avant le 8e fiecle le nom de *Comitiffa*, Comteffe, ne fe trouve point dans les titres,

CONCURRENTS. Il n'eft pas étrange de rencontrer la date des concurrents dans ces temps où les Notaires, Tabellions, & autres, faifoient un grand étalage de la fcience des dates dans leurs actes : voici ce qu'on entend par ce terme.

Les concurrents ont été inftitués pour réunir fous un feul point de vue le nombre de jours qui reftent en fus des 52 femaines de l'année, jufqu'à ce qu'ils puiffent former une femaine entiere; il ne peut donc jamais y avoir que 7 concurrents. L'année eft compofée de 365 jours & fix heures : il ne faut que 364 jours pour former les 52 femaines. Il refte donc tous les ans un jour & fix heures, ce qui fait pour la premiere année 1 jour de concurrent. La deuxieme année en donnera 2 de concurrents, plus 12 heures; la troifieme en fournira 3 de concurrents, plus 18 heures; la quatrieme en donnant 4 jours, plus vingt-quatre heures, donne par conféquent cinq jours de concurrents; la cinquieme fournit le fixieme concurrent; & la 6e année, la femaine eft plus que complette. De là l'on voit que dans les années biſſextiles il y a deux concurrents. Par la correction du calendrier Grégorien les concurrents ont été abolis dans le Comput Eccléſiaſtique ainſi que les *réguliers*. Voyez Réguliers, Cycle, Épacte.

CONFESSEUR DU ROI. Le titre de Conſeſſeur du Roi pris par un Evêque en 1475 fut un titre nouveau. Il ſe trouve dans un acte de l'ouverture de la Châſſe de Saint Urſin, *Gall. Chriſtiana*, *t.* 2, *p.* 27.

CONJONCTION DE LETTRES. Nous mettons une différence entre *conjonction* & *liaiſon* de lettres. Cette diſparité conſiſte en ce que les lettres liées ne perdent aucuns de leurs traits par leurs liaiſons, au lieu que les lettres conjointes en perdent quelques-uns, qui deviennent communs à deux lettres par la conjonction.

Les lettres conjointes ne ſe montrent réguliérement qu'à la fin des lignes des manuſcrits de la plus haute antiquité, ſur-tout quand ils ſont écrits en vers ou en verſets. La conjonction telle qu'on la voit *fig.* 40 *du troiſieme tableau*, miſe pour *nt* y a ſouvent lieu. Dans l'écriture onciale, depuis le 6ᵉ ſiecle juſqu'au 10ᵉ ſiecle, les conjonctions ſe multiplient indifféremment vers le commencement, au milieu & à la fin des lignes. La conjonction ne ſe trouve ordinairement que dans les écritures curſives & minuſcules anciennes. Elle entroit même quelquefois dans la compoſition des mots, *De Re Dipl. p.* 53, on écrivoit *r&in&* pour *retinet*. Les manuſcrits & les diplomes fourniſſent beaucoup d'exemples de cette maniere d'écrire qui ceſſa au 12ᵉ ſiecle. Il en eſt de même de la conjonction de cette même syllabe dans les mots figurés comme au *troisieme tableau, fig.* 41. Elle cessa pareillement au 12ᵉ siecle, en sorte que ces deux conjonctions faisant partie d'un mot, annoncent un temps supérieur au 13ᵉ. siecle.

CONJONCTION *ae.* Ces deux lettres, regardées comme diphtongues, c'est-à-dire jointes ensemble sous les formes que portent les *figures* 42 & 43 *du troisieme tableau,* sont des premiers temps, quoi qu'en disent Saumaise, *Epist. ad Sarruvium,* & Conringius, *Censura Diplom. Lindav. p.* 316. Le premier avance que ces liaisons ne se remarquent point dans l'antiquité, & qu'elles ne sont que du moyen âge. Le Docte Allemand pose en principe qu'elles n'ont commencé que long-temps après le 9ᵉ siecle. L'autorité de ces deux Savants a entraîné plusieurs Auteurs dans cette erreur contraire à une infinité de monuments.

Beaucoup d'autres Savants paroissent fondés à croire que les *figures* 42 & 43, *ibid.* sont de la premiere antiquité. Le premier caractere se trouve sur les anciennes médailles consulaires, *Veron. illustr. col.* 330, sur celles des Empereurs, *Regum select. numism. p.* 115. *Antiquit. expl. t.* 3, *p.* 208, & sur les inscriptions du même temps, *Antiq. Rom. t.* 3, *p.* 52. On le trouve également dans des manuscrits des 4ᵉ 5ᵉ & 6ᵉ siecles en lettres capitales, *Nouv. Dipl. t.* 3, *p.* 556.

Dans les manuscrits en onciale, minuscule ou cursive, le second caractere prend toutes sortes de formes, *Nouv. Dipl. ibid.* notamment les *figures* 44, 45 & 46 *du troisieme tableau;* mais la plus ordinaire est celle de l'*E* avec cedille, *fig.* 47,

I

(Plate of conjoined or monogrammatic letters: rows of ligatured abbreviation glyphs with their Latin syllable values, including ab, ac, ad, ai, al, am, an, and, ap, ar, as, at, au, ave, ax, be, bi, ca, car, ce, ci, cl, cm, co, cum, cur, con, da, de, dei, di, dn, do, dr, ds, du, eb, ed, eg, ei, el, em, en, end, ent, er, et, ex, fe, fi, fir, geli, ger, gi, gr, gu, hanc, he, hi, hic, hinc, hp, hui, ia, ib, id, ie, il, im, in, inp, is, la, lau, le, lg, li, lu, ma, mae, mar, mart, max, me, mei, mi, min, mite, mo, mu, mur, mu, na, nat, nc, nd, nda, ne, nb, ng, ni, nin, nite, nl, no, np, ns, nt, nta, nte, nto, nu, ntu, nul, oc, ocer, om, on, or, os, ou, pa, pau, ph, pl, ppp, pr, pu, qa, qe, qu, qui, quio, quart, ra, re, ri, rs, ru, se, sec, scri, ssi, st, ss, su, tan, te, ti, th, thb, the, te, tk, thi, ti, tb, tr, to, tra, tu, va, val, ub, ubd, vae, uc, ud, ve, ve, ud, vel, vi, ul, um, ion, un, unc, und, unt, untio, um, up, ur, us, ut, ux, xp, xpe, xv, xx, xxx, xxxx, etc.)

ibid. Il faut cependant avouer qu'on a très souvent employé dans tous les temps l'*e* simple pour la diphtongue *æ*.

La plûpart des Savants croient même que depuis le 12ᵉ fiecle inclufivement , jufqu'au temps de l'imprimerie , la derniere , *fig.* 43 , *ibid.* a toujours été remplacée par l'autre , *fig.* 47 , *ibid.* mais c'eft trop avancer. A la vérité, depuis le commencement du 12ᵉ fiecle l'*e* simple prit tellement le deffus que les diphtongues , *fig.* 42 & 43 *ibid.* devinrent fort rares : mais elles ne furent pas entiérement abolies , comme il eft facile de s'en convaincre par des fceaux autentiques des 13ᵉ, 14ᵉ & 15ᵉ fiecles donnés par Dom Calmet, *Hift. de Lorr. pl.* 9 , 10 & 11. Il faut donc dire feulement que l'ufage de cette diphtongue a été extrêmement rare dans les bas fiecles fur les marbres & fur le bronze , & que fon exiftence reconnue fur ces monuments peut en faire foupçonner également l'exiftence , au moins comme poffible, dans les manufcrits. La planche 6 repréfente les conjonctions des lettres les plus ordinaires dans l'écriture pofée.

CONSTITUTION. Le terme de conftitution, *conftitutum*, a été employé dès les premiers temps de l'Empîre, pour fignifier des ordonnances. Les Empereurs de Conftantinople fuivirent cet ufage, *Concil. t.* 3 , *col.* 263 , & les Empereurs François & Allemands les imiterent, *ibid. tom.* 6 , *col.* 1779. Les Conciles , les Papes & les Evêques expoferent bientôt leurs volontés fous ce titre : celles des Conciles n'étoient fouvent que des decrets comminatoires, *ibid. t.* 12 , *col.* 144 , ou des fentences afflictives , *Concil. Parienf. ad. an.* 573 : celles des Papes font quelquefois portées

fous peine d'excommunication : celles des Evêques ou des Légats, pour leur reffort, n'ont
rièn qui les diftingue des ftatuts de difcipline.
Voyez STATUTS.

CONSULS. Après l'établiffement du fiege de
l'Empire à Conftantinople, les deux Confuls
étoient ordinairement mi-partis de l'un & de
l'autre Empire. La préféance ne dépendoit entre
eux que des autres dignités dont iis étoient revêtus. Les deux Empereurs d'Orient & d'Occident
en datoient fouvent réciproquement leurs loix
qu'ils s'envoyoient, pour qu'elles fuffent obfer-
vées dans les deux diftricts.

L'ufage des Empereurs de prendre le Confulat en prenant le titre d'Augufte ne fubfiftoit plus
en 409 ; mais ils le prenoient l'année d'après le
commencement de leur empire.

La dignité de Conful fut abrogée par Juftinien en 541, & confondue dans la dignité Impériale. Il y avoit 1049 ans que le Confulat du-
roit fans interruption, ayant commencé 509
ans avant Jéfus Chrift. Dès lors Conful & Empereur fut la même chofe : & les Empereurs furent comme Confuls perpétuels pendant environ
quatre fiecles : carquoique Juftin le Jeune recréât
le Confulat le premier Janvier 567, & qu'il fît au
peuple les honneurs de cette charge qui confif-
toient en largeffes, cependant il réunit pour toujours en fa perfonne & en celle de fes fucceffeurs
les titres d'Empereurs & de Confuls ; de façon
que les Empereurs étant Confuls perpétuels, ne
marquoient plus qu'ils l'étoient pour la troifieme
ou quatrieme fois, mais énonçoient telle ou
telle année de leur Confulat, ou d'après leur
Confulat. Cette derniere formule revenoit au

même : c'étoit la date de l'année après la prife de poffeffion du Confulat.

Depuis l'an 567 jufqu'à l'an 668 Conftantin Pogonat voulut que le Confulat fût inféparable de l'Empire, ce qui dura jufqu'à Conftantin Porphyrogenete.

De ce que Juftinien avoit confondu les deux dignités d'Empereur & de Conful, il faut conclurre que ce Prince, en donnant aux enfants de Clovis la qualité de Confuls, leur donnoit en même temps la qualité d'Empereurs. Le titre de Conful ne put fe maintenir avec éclat au-delà du 9e fiecle. La multitude des grands & des petits Souverains qui fe l'arrogerent, l'avilit fans doute aux yeux des Empereurs. Ce titre étant devenu trop commun, ces Empereurs le quitterent vers l'an 900 (*Pagi Differt. Hypatiq. fur le Confulat*). Le titre de Conful refta à prefque tous les Magiftrats des villes, lorfqu'à cette époque, les Souverains n'en voulurent plus. Le changement du Confulat en Echevinage a été fait par Catherine de Médicis en 1556 dans plufieurs villes du royaume, *Savaron, Orig. de Clermont, p.* 115.

L'établiffement des Communes en France au 12e fiecle donna naiffance aux Magiftrats municipaux des villes, appellés Confuls, ou Maires, ou Echevins. Ce titre de Conful ne fut & n'eft guere d'ufage que dans les provinces méridionnales.

La Jurifdiction des Juge & Confuls des Marchands fut créée par un édit de Charles IX, en 1563. *Voyez* DATE DES CONSULS.

CONTRAT. Les contrats & tranfactions forment une partie confidérable des archives en général, & méritent par-là qu'on en faffe une mention particuliere. Ce furent les contrats en général & ceux d'échange en particulier qui donnerent naiffance aux chartes-parties. *Voyez* CHARTES-PARTIES. Il étoit dans l'ordre de la prudence que l'on prît des mefures contre un contractant infidele à fes engagements , & qu'au moyen des chartes divifées ou dentelées, on ne pût changer ou altérer les termes des tranfactions.

Les tranfactions étoient fouvent appellées *conftitutiones* , parcequ'elles renfermoient certains réglements , *Gall. Chrift. Fratr. Sammarth. t.* 4 , *p.* 892 , pour fervir de fondement à l'accord qui venoit d'être fait entre les parties. Au 14ᵉ fiecle l'ufage commun étoit de les appeller *accordum. Molin.* , *t.* 3 , *pars* 5ᵃ. *quæft.* 885 , *Joan. Galli.*

Les contrats ont été appellés *contractus* , *conventio* , & fouvent *convenientia* , *De Re Dipl. fuppl. p.* 83 , *convèntions* , ou autre terme approchant : mais on n'a pas fait difficulté d'appeller le contrat d'échange *concambium* , *confcambium* , *commutatio* , ou autres termes analogiques. Cette forte de contrat , paffé au 9ᵉ fiecle entre les eccléfiaftiques , débute ordinairement par *auxiliante Domino.* Les pactes , *cartæ pacti* , *pactum* , *pactio* , font mis par les formules angevines, *De Re Dipl. fuppl. p.* 83 , au nombre des chartes les plus remarquables.

Les Lettres d'accord furent défignés par les mots *concordium* , *concordia.*

Les contrats de mariage au 11ᵉ 12ᵉ & 13ᵉ fiecles s'appelloient *chartæ nuptiales* , *chartæ conjugales* ; c'étoit en quelque canton un droit de Seigneur de conferver le dépôt de ces contrats fous le nom de *tabulæ matrimoniales* : mais quelque-

fois ces Seigneurs mêmes en confioient la garde
à une Abbaye, *Nouv. Ducange, Gloss.* Ces contrats devinrent assez fréquents dans le 13ᵉ siecle.

On croit que l'institution des contrats de rentes constituées, date de 1417, & qu'elle fut ap-
prouvée du Pape Martin V. *Voyez* BAUX, TRAI-
TÉS.

CONTRE-SCEL. La matiere des contre-
scels intéresse trop la Diplomatique pour ne point
traiter de ce qu'il est nécessaire de savoir sur cet
objet, relativement à la vérification des actes
antérieurs au 16ᵉ siecle.

On entend par *contre-scel* la figure imprimée
au revers du sceau principal. Il s'agit donc ici
de l'empreinte, & non de la matiere du sceau.

Sans accéder à la distinction de Dom Mabillon, l'on comprend sous le mot de *contre-scel*
tout revers de sceau, fût-il d'une grandeur égale
à celle du sceau même; on ne regarde cependant pas comme contre-scel le revers des bulles
de métal, parceque cette espece de sceaux est
ordinairement figurés des deux côtés.

Les sceaux de cire de la premiere & seconde
races de nos Rois n'offrent point de contre-scel;
au lieu que ceux des Princes Lombards, quoique plaqués, *Gattola accession. ad. Hist. abb.
Casinens. p.* 108, en eurent dès le 10ᵉ siecle.
Les contre-scels remontent donc au 10ᵉ siecle en
Italie, au lieu qu'ils ne sont que du 11ᵉ en
France. On peut distinguer dans les contre-scels,
leur dénomination, leur grandeur, leur légende
& leur empreinte. Il n'est pas rare de rencontrer
des contre-scels qui s'annoncent pour tels par le
mot *contra sigillum*, qu'ils portent en tête de
leur légende. On y voit aussi souvent, *sigillum*

minus, lorsque le contre-scel est plus petit que le sceau, & même dans ce dernier cas, le mot générique *sigillum* : mais la dénomination *secretum* ou *sigillum secreti*, pour exprimer un contre-scel, n'est pas aussi ancienne que le contre-scel même.

Les contre-scels Lombards sont tous de la même grandeur que les sceaux dont ils sont le revers. En Angleterre, S. Edouard le Confesseur en avoit un semblable vers le milieu du 11ᵉ siecle. Que les sceaux soient plaqués ou pendants, les contre-scels peuvent être d'une grandeur égale. L'usage le plus commun cependant étoit que le contre-scel fût plus petit que le sceau. Les contre-scels plus petits, autrement appellés les *petits sceaux* ou *cachets*, ne furent pas inconnus au 11ᵉ siecle, puisque l'Empereur Henri III, mort en 1056, scella de son sceau secret ou cachet, par préférence, un diplome qu'il accorda aux Religieuses de Nivelle, *Heineccius*, *p.* 77. Le Roi Louis le Jeune introduisit en France l'usage du petit sceau ou cachet pour contre-sceller. La mode s'en établit vers le milieu du 12ᵉ siecle, à la Cour des Comtes de Flandres, *Vredius*, *p.* 17, 19; mais elle ne passa pas avant ce temps-là aux Seigneurs qui n'étoient pas Souverains : elle ne prit chez les Anglois, dit Dugdale, que vers 1218. Alexandre I, Roi d'Ecosse, introduisit le contre-scel à sa Cour, *Select. Dipl. & numism. Scotiæ Thesaur*, *præf.* *p.* 51; mais ce fut un contre-scel d'une grandeur égale à celle du sceau principal. Ni lui, ni les Rois d'Angleterre du même temps ne se servirent jamais du petit sceau secret conjointement avec le grand.

Les cachets ou contre-scels des Evêques
paroissent

paroissent plus anciens que ceux des Seigneurs laïques. On voit un Archevêque de Rouen, Hugues d'Amiens, qui en avoit un dès 1145, *De Re Dipl. p. 147.* C'est le premier Prélat connu qui en ait usé. Plusieurs autres exemples constatent l'existence des contre-scels ecclésiastiques au 12ᵉ siècle.

M. le Moine prétend que les marques de pouce, enfoncés un peu plus qu'à fleur dans l'envers d'un grand sceau de cire encore fraîche & molle, servirent quelquefois de contre-scel ; que le nombre de ces enfoncements ne fut point arbitraire, & que le sceau de Thomas de Bourlemont, Evêque de Toul de l'an 1331, portant au revers cinq cavités, offre un des plus anciens contre-scels de cette nouvelle espece. Pour prouver que ces marques de pouce n'étoient point arbitraires, il rapporte trois sceaux pendants à un même acte, dont le plus honorable porté en forme de contre-scel deux empreintes de pouces, celui qui le suit dans l'ordre de dignité n'en offre qu'une ; & le troisieme qui est d'un Prieur conventuel n'en porte aucune, *Dipl. pratiq. p. 88.*

On se servit quelquefois du petit sceau seul pour sceller, *Ordon. du Louvre,* t. 2, p. 301.... *Hist. de Langued.* t. 4, preuves, p. 199.... *Ordonn.* t. 3, p. 352.... *Thesaur. Anecd.* t. 1, col. 1484 ; mais au 13ᵉ & 14ᵉ siecle il ne passoit pas encore pour authentique dans certaines provinces de France, ou, pour mieux dire, on n'étoit pas d'accord sur son autorité. Charles VI déclara, *Ordonn.* t. 8, p. 594, que des lettres-patentes ou tous autres actes faits & signés de sa main, & scellés de son sceau secret, auroient autant d'autorité que s'ils étoient scellés de son grand sceau.

Tome I.   T

Les Seigneurs féculiers de haute-noblesse eurent aussi de petits sceaux ; sur-tout au 13ᵉ & 14ᵉ siecles. Pris féparément, ils devinrent authentiques à mesure que ces Seigneurs ainsi que les Evêques cesserent de se faire repréfenter sur leurs grands sceaux. Ce changement paroît avoir commencé dès le 13ᵉ siecle, quoiqu'il n'ait été consommé qu'au 15ᵉ : ce fut alors qu'on ne vit plus guere que des armoiries sur les sceaux. *Voyez* ARMOIRIES.

Les légendes des contre-scels ont ou n'ont point de connexion avec celles du sceau ; on rencontre l'un & l'autre indifféremment. Quelquefois il est des contre-scels finguliers qui n'ont aucune connexité avec le grand sceau, & qui cependant ne peuvent servir fans lui, tels font ceux fur lefquels on lit quelquefois des verfets de Pfaume. On retrouve aussi quelquefois sur les contre-scels, mais en petit, la même légende ou à peu près que celle qu'on lit sur le sceau. Quoique l'ufage des légendes fur le contre-scel fût ordinaire, il ne faudroit point être furpris d'en rencontrer qui ne portassent aucune infcription quelconque.

Les empreintes des contre-scels ont varié autant que les sceaux. *Voyez* ARMOIRIES. Quelquefois même c'eft le sceau principal en petit.

Les contre-scels n'offrent rien de bien extraordinaire, finon qu'il eft difficile alors de bien distinguer quel eft proprement le contre-scel. On appliquoit un contre-scel au revers d'un contre-scel qui devenoit par-là le sceau principal.

CONTRE-SEING. Un acte contre-figné eft celui fur lequel un officier public met fon feing pour en attefter la vérité. Non feulement les di-

plomes des Rois, mais ceux des grands tant ecclé-
fiatiques que féculiers, furent certifiés par des
contre-feings. C'étoit des Référendaires, des
Chevaliers, des Chapelains, des Tabellions,
des Notaires, des Secrétaires, des Bibliothécaires, des Archiviftes, des Greffiers, de fimples
Ecrivains qui faifoient les fonctions d'hommes.
publics.

Parmi les caracteres qui diftinguent les contre-feings, il y en a deux que l'on peut fixer à
peu près. Le premier renferme la formule *obtu-*
lit, contenue dans la foufcription de celui qui
contre-figne. Les Référendaires foufcrivoient
ainfi, parcequ'ils préfentoient au Roi le diplome
à figner. Cette formule ne s'étend pas au-delà de
la premiere race, & n'y fut pas même invariable : on ne la trouve que dans des donations,
des confirmations, des privileges & des préceptes. Mais les jugements portés au nom du Roi
ne furent jamais contre-fignés par la formule
obtulit.

Elle fut remplacée par la claufe *recognovit,* qui
eft le fecond caractere des chartes contre-fignées.
Cette derniere fut commune aux diplomes Mérovingiens, Carlovingiens & Capétiens jufqu'à
Philippe I inclufivement. Elle défignoit la vérification néceffaire pour éviter les furprifes. Sous
la premiere race, elle étoit confacrée pour les jugements, & tout au plus pour les exemptions d'impôts, de péages, & autres droits qui regardoient
les intérêts du Roi : fous les deuxieme & troifieme, elle parut indiftinctément dans toutes
fortes de chartes royales, mais non pas univerfellement.

Ces deux formules, écrites de la main des Référendaires ou des Chanceliers, font toujours précédées fimplement de leur nom propre, fans être accompagnées d'aucun titre quelconque, mais bien d'un paraphe en forme de buche. Elles font toujours fuivies du mot *fubfcripfit*, dont la plupart des caracteres formés tantôt en notes de Tiron, tantôt en lettres ordinaires, font prefque toujours indéchiffrables. Cette vérification fe faifoit quelquefois par les Subftituts auxquels les Référendaires & Grands Chanceliers avoient commis l'exercice de leurs fonctions ; alors ces Chanceliers en fous-ordre l'annonçoient dans leur contre-feing. Sous la premiere race leur formule étoit fimple : *N. ad vicem* ou *vice N. recognovit.* Sous la feconde race, ils y joignirent les titres à peu près en cette forte : *N. Regiæ Dignitatis Cancellarius ad vicem Herivei Archiepifcopi, fummi que Cancellarii, recognovit.*

Les Chanceliers des Evêques ou des Abbés authentiquoient auffi les actes de leur maître affez communément par la formule *Relegi & fubfcripfi*, qui avoit pris un peu après les commencements de la troifieme race. Au 10ᵉ fiecle on trouve, dans plufieurs chartes, des contre-feings de Chanceliers eccléfiaftiques qui *relifoient & reconnoiffoient* les actes. A cette formule fuccéda cette autre : *Data per manus N. Cancellarii*, prife fur le modele des bulles confiftoriales. Elle commença dès le 11ᵉ fiecle, & ne ceffa qu'avec le 13ᵉ. Dès le 14ᵉ on ne trouve plus aucune formule, mais feulement en abbrégé ou tout au long le nom de celui qui étoit chargé de l'expédition. *Voyez* NOTAIRES.

En deux mots : les diplomes Mérovingiens font fignés du Roi, & contre-fignés avec la formule *obtulit* : mais les jugements qu'ils rendoient furent seulement vérifiés par leurs Référendaires avec la clause *recognovit.* Une charte, qui sous Charlemagne & ses successeurs seroit contresignée avec la clause *obtulit*, seroit suspecte : & les chartes, mêmes royales, qui depuis la fin du 12e siecle porteroient en vérification la clause *recognovit*, ne devroient pas faire foi.

Les actes des Prélats peuvent bien avoir été vérifiés par des Chanceliers dès le 10e siecle ; mais contre-signés par leur Secrétaire avant le 15e, ils ne seroient point exempts de suspicion.

COPIES. On distingue deux sortes de copies des chartes ou diplomes anciens ; celles qui étoient tirées à quelques jours de distance sur les originaux, & qui en tiennent lieu à juste titre, comme on en voit un exemple au fameux Concile de Florence, *Hist. Concil. Florent. p.* 306 ; & celles qui, tirées à plus de distance, méritent mieux ce nom, quoique presque aussi anciennes que les originaux. Ce qui occasionna un grand nombre de copies des diplomes, fut le renouvellement de ces mêmes actes ordonnés par les Princes. *Voyez* CHARTES (Renouvellement des), & VIDIMUS.

Il n'est point aisé de distinguer ces dernieres copies des originaux : voici cependant quelques moyens de juger de leur différence ; mais le goût & le tact délicat d'un habile antiquaire sont encore plus surs.

Différence entre les originaux & les copies.

La piece fait-elle mention de l'apposition du sceau ? Examinez s'il y reste encore, ou s'il paroît quelque indice qu'il y ait été mis. Il y a eu deux manieres de l'appofer; ou en placard comme nous le faifons à nos lettres, ou pendant à des courroies paffées par une incifion dans la charte. L'indice de la premiere façon eft une couleur différente, ordinairement brunâtre fur l'endroit de la charte où le fceau a été appofé. L'indice de la feconde eft l'incifion, les lacs de foie, les courroies de cuir, les lemnifques de parchemin, les replis de la piece pour confolider l'incifion, &c. &c. Si le fceau s'y trouve, ou que quelques-uns de ces indices s'y manifeftent, c'eft un origi-nal; fi l'on n'en apperçoit aucun, c'eft une copie, mais copie du temps même de l'original, puif-qu'on fuppofe qu'elle n'en fauroit être diftinguée par l'écriture.

Quand même l'appofition du fceau n'y feroit point annoncée, fi la charte en eft munie, ou qu'elle en conferve des veftiges, elle eft originale. Si les pieces dépourvues de fceaux font foufcrites de différentes mains, foit fignatures réelles, foit des croix, mais d'écriture vifiblement difparate, elles font originales. Suppofez ainfi l'omiffion du fceau, pourvu qu'il ne foit pas annoncé, les fi-gnatures réelles fuffiront en général pour certifier qu'une piece eft originale: mais l'abfence de ces deux chofes ne fuffit pas pour prononcer que les actes paffés depuis le milieu du 11e jufqu'au mi-lieu du 12e fiecle, ne font point originaux; par-ceque dans cet efpace de temps on n'y regarda pas de fi près.

L'annonce du fceau, dont cependant on ne découvriroit aucun veftige, manifefte ordinaire-ment une copie; on dit *ordinairement*, parce-qu'il a pu arriver que, lorfqu'on aura fait men-tion du fceau, l'écrivain ait pris pour modele

d'anciens diplomes où cette formule se trouve ;
ou parcequ'il sera survenu quelque accident qui
aura empêché de mettre la derniere main à l'original : ces raisons sont plausibles , sur-tout lorsque le monogramme du Prince s'y trouve. S'il
étoit question de concessions peu considérables ,
toutes ces regles ne doivent point être exigées à
la rigueur jusques vers le 13ᵉ siecle environ , sur-
tout en Normandie , qui sortit à peine au 11ᵉ siecle de la barbarie , & dont les diplomes les plus
solemnels ne différoient quelquefois des simples
actes que par une courroie attachée au bas , serrée
de plusieurs nœuds , qui tenoit lieu de sceau & de
signatures.

Quoique pour l'ordinaire ce fût la même main
qui transcrivît les originaux & les copies , les dernieres en général sont beaucoup plus sujettes à
être défigurées par des fautes que les premiers ,
dans lesquels il s'en trouve cependant.

Au reste , il ne faut pas supposer gratuitement
que les Notaires aient jamais eu la témérité d'i-
miter l'empreinte de l'anneau royal , ou d'affecter de rendre trait pour trait les signatures réelles :
on en trouve cependant de cette seconde espece
figurées dans les copies ; ce qui les rend très difficiles à distinguer des originaux dans les temps
où l'usage de sceller & de signer soi-même n'é-
toit pas ordinaire. Jusqu'au commencement du
11ᵉ siecle , les Notaires se dispensoient même
d'énoncer dans les pieces , que c'étoient des copies.

Autorité des copies.

Pour qu'une copie fasse autorité , il faut , ou
que l'antiquité en soit décidément reconnue ,

T iv

Dumoulin, *t*. 1, *col.* 317, *n.* 41 ; ou qu'elle ait été tirée par l'autorité du Juge, ou souscrite par une personne publique qui en certifie la conformité avec l'original, *ibid. n.* 40, 45 ; ou qu'il soit prouvé que la copie a été levée contradictoirement, *ibid n.* 71 ; ou qu'elle ait été authentiquée par le Souverain ; solemnité qui fait qu'elle ne differe alors en rien de l'original, *Loix Civil.* *t.* 2, *l.* 3, *tit.* 5, *sect.* 2, *n.* 10 ; ou qu'elle ait été attestée par des Chefs des Cours Souveraines, *Weincker*, *Collect. Archiv. p.* 48, ou par des Maîtres des Comptes, en ce qui concerne les copies des pieces tirées des archives de leur Tribunal, *Dumoulin*, *ibid. n.* 28. Avec chacune de ces qualités en particulier, les copies font preuve, & ont autant de force que l'original même : on voit même que dans le 14ᵉ siecle il est dit à la fin de quelques lettres royaux, *Ordonn. t.* 6, *p.* 403, que les copies qu'on en fera vaudront l'original.

Ce qui donne un grand poids aux copies qui nous restent des titres anciens, c'est que dès le 13ᵉ siecle, si elles étoient intéressantes, comme des privileges, par exemple, on les vérifioit sur les autographes, *Fleury*, *Hist. Eccles. t.* 18, *l.* 88, *p.* 472.

Fautes dans les copies.

Lorsque l'on est embarrassé sur des copies, il faut consulter les originaux, si l'on en a, ou les copies authentiques qui les remplacent de droit ; & alors ces pieces doivent êtres admises ou réprouvées, selon qu'elles s'accordent ou ne s'accordent pas dans les différents points de comparaison. Cette comparaison devient alors essentielle ; car l'on ne doit point décider de la faus-

feté des originaux fur la feule infpection des copies. Celles-ci font fujettes à plufieurs fautes , à
raifon fur-tout de l'éloignement de l'original , &
du rang qu'elles tiennent dans le nombre des
copies. Une faute de chronologie qui pourroit
fouvent rendre les originaux fufpects , ne feroit
rien dans les copies , & l'on n'en doit légitimement rien conclure.

Une copie authentique peut décider de l'original.

Cependant. fi elles étoient authentiques , &
immédiatement tirées fur l'original , des anachronifmes & d'autres défauts groffiers qui s'y
rencontreroient , jetteroient un violent foupçon
fur l'original , qu'on fuppofe ne pouvoir être repréfenté ; parceque le favoir & la bonne foi des
perfonnes publiques & des revifeurs doivent fe
préfumer , quoiqu'abfolument parlant ils euffent pu être en défaut , au moins quant au premier article. A cette exception près , on peut juger de la vérité des originaux par les copies , fur-
tout fi les copies ont été prifes chacune en particulier fur l'original , comme le furent les *vidimus*
& les renouvellements. Voyez CHARTES.

Si les différentes copies , prifes féparément ,
portoient toutes les mêmes fautes , il feroit plus
naturel alors de rejetter les fautes fur l'original ,
que d'en accufer les copiftes , qui n'ont pas tous
les mêmes intérêts.

La fimple copie ne décide rien.

Cet objet demande une fcrupuleufe attention ;
car il eft extrêmement rare & difficile de pouvoir,

fur les feules copies, juger auffi bien au défavan-
tage qu'à l'avantage des originaux. La raifon de
cette difparité vient de ce qu'une copie peut
avoir tous les caractères intrinfeques qui ne contredifent en rien les ufages, formules, ftyle, &c.
du temps qu'elle rappelle, & portent à prononcer avantageufement fur la vérité de l'original,
qu'on fuppofe cependant être faux ; tandis qu'une
foule de fautes, même un peu confidérables,
dans les copies, ne fuffiroient pas pour convaincre de faux un original. Bien plus, fi les copies
étoient tellement dépravées, foit par malice,
foit par ignorance, foit par des corrections con-
jecturales, qu'on ne pût y reconnoître le texte
primitif ; alors elles ne prouveroient ni pour ni
contre les originaux : car les fautes des copies ne
prouvent pas plus la fuppofition des originaux
que celle des copies mêmes. S'il en étoit autrement, que deviendroient l'Ecriture Sainte, les
ouvrages des SS. Peres, le Code, &c. dont on
n'a depuis long-temps que des copies qui n'ont
pas été à l'abri des fautes & des méprifes ? On ne
peut attaquer les chartes en ce point, que le
contre coup ne retombe fur la Religion.

Mais, dira-t-on, fi les vices dont une copie
feroit infectée ne fuffifent pas pour affeoir un jugement fixe fur la fauffeté de l'original, ne s'enfuit il pas qu'on ne pourroit non plus prononcer
fur la vérité d'un original, à raifon des qualités
avantageufes dont la copie feroit revêtue ? Car on
peut fuppofer un fauffaire affez habile pour avoir
fabriqué une charte affortie aux formules, au
ftyle, aux ufages, à l'hiftoire du fiecle auquel
elle eft attribuée, & dont il ne refte que des copies : or les copies ne peuvent tranfmettre que

ces caracteres intrinfeques, *voyez* CHARTES ; & les caracteres extrinfeques, qui font incommunicables aux copies, & qui déceleroient bientôt la fourberie aux yeux des connoiffeurs, ne fe trouvent que fur l'original qui eft fuppofé perdu. On ne pourra donc jamais juger de la vérité de l'original par la copie, quoiqu'on puiffe quelquefois par ce moyen juger de la fauffeté des originaux. On répond d'abord, conféquemment aux principes ci deffus, que ces fortes de copies quelconques militent en faveur des originaux. On répond en fecond lieu que cette fuppofition, que les ennemis acharnés des diplomes voudroient trouver vraifemblable, n'eft qu'un être de raifon qu'il eft moralement impoffible de réduire à l'acte. Car comment fuppofer qu'un homme auffi habile & auffi adroit qu'on le voudra, ait pu faire, dans ces temps d'ignorance où nous le plaçons, ce qu'un génie verfé dans l'antiquité, avec toutes les lumieres que notre fiecle a acquifes, ne feroit peut-être pas fans broncher en quelque point, comme contre l'hiftoire, ou contre la topographie, ou contre l'exiftence des donateurs ou des témoins, ou contre la nomenclature des perfonnes, ou contre d'autres chartes véritables confervées en des endroits inconnus que l'on ignore, ou contre les dates, les qualités, les poffeffions & jouiffances, les droits, les circonftances, les dépendances, &c. &c. &c. ? Une pareille fuppofition n'eft pas admiffible.

Regles concernant les copies.

De tout ce qui vient d'être dit fur les copies, il faut conclure 1°. que l'on peut communément

juger du contenu des originaux ou de leur fub-
ftance par les copies : 2°. que la conformité de
plufieurs copies entre elles, pourvu qu'elles ne
foient point tirées les unes fur les autres, mais
fur l'original, ou fur des copies authentiques,
affure le contenu de l'original, quelques prétendus défauts qu'on croie y trouver : 3°. que fi ces
défauts étoient réels dans les copies, il ne s'enfuit
pas qu'on doive les attribuer à l'original, mais
qu'il eft plus raifonnable de les mettre fur le
compte des copiftes, à moins que la copie ne fût
authentique, & vidimée ou collationnée felon
les regles ; car une copie ne prouve rien contre
un original, s'il n'eft sûr qu'elle lui foit conforme ; à plus forte raifon, fi l'on peut voir par foi-
même qu'elle en differe : 4°. que les fautes légeres d'une copie, dont les formules & les faits
hiftoriques font exacts, prouvent en faveur de
l'original, & en atteftent la vérité : 5°. que l'authenticité de la copie, jointe à ces autres petits
avantages, doit bannir abfolument tout foupçon :
6°. que les copies même non authentiques peuvent faire juger de la vérité d'un autographe,
qui ne fubfifte plus, pourvu qu'elles foient remplies de faits hiftoriques, & qu'elles foient anciennes au moins de deux fiecles : 7°. que les copies authentiques peuvent n'avoir pas une reffemblance entiere & parfaite avec les originaux ;
mais que toute copie dreffée par l'autorité publique eft cenfée conforme à l'original dans tous
les points effentiels : 8°. qu'il n'eft pas extraordinaire que des copies foient fautives ; mais que
ces fautes des copiftes ne doivent point être rejetées fur l'original, ni même rendre les copies
fufpectes ; & qu'on doit les attribuer à l'igno-

rance, à la négligence, ou à l'inadvertence des copistes : 9°. enfin que tout le monde convient, *Traité de la vérit. Relig. t. 3 ; p. 313.* que les copistes ont pu se tromper ; mais que cette possibilité ne suffit pas pour dire qu'ils se soient réellement trompés : il faut des faits qui constatent l'erreur ou la falsification.

COR-EVÊQUE. Quoique dès les premiers temps les Evêques eussent des Vicaires qui étoient la même chose quant aux fonctions, que les Cor-Evêques, comme on le voit par le 8e canon du Concile d'Antioche ; cependant quant à la dénomination, les Cor-Evêques ne remontent pas au-delà du commencement du 4e siecle. La premiere fois qu'il en est parlé sous ce titre, c'est au Concile d'Ancyre de 314. On leur donnoit indifféremment au 9e siecle le nom de *Cor-Evêque,* ou Co-Evêques, ou de *Chorevêques.* Ce nom, selon le plus grand nombre des Savants, se donnoit anciennement à des Evêques subalternes, qui alloient faire les fonctions de l'Evêque principal dans les bourgs & les villages : quoiqu'ils fussent ordonnés comme les autres, leur pouvoir étoit restreint à certaines fonctions. En 803 il y eut un accord entre les Evêques pour les supprimer : la sentence de leur abolition ne fut cependant portée qu'en 849 ; depuis cette époque ils devinrent rares : car dans le Concile de Châlon de 886 on en voit un, & l'on en trouve encore quelques-uns jusqu'à la fin du 11e siecle ; mais depuis, il n'en est fait mention nulle part, ni en Orient, ni en Occident. Les Vicaires Généraux, surtout depuis le fameux concordat, les ont remplacés dans leurs fonctions.

COURONNE. A l'article des fceaux on parlera affez amplement des couronnes ; on fe contentera feulement de faire ici deux remarques pour l'intelligence des médailles, l'une fur les couronnes des Empereurs Romains, l'autre fur celles de nos Rois.

Les couronnes des Empereurs étoient prefque toujours de laurier en forme de bandeau. Juftinien fut le premier Empereur qui prit une couronne fermée : les couronnes radiales n'étoient données qu'aux Princes qu'on mettoit au rang des Dieux, foit avant foit après leur mort ; & Néron fut le premier qui la prit pendant fa vie, *Science des Médailles inftruct. 9*.

Nos Rois de la premiere race ont porté fucceffivement des couronnes de quatre fortes ; la premiere étoit un bandeau couvert de perles ; la feconde un cercle d'où s'élevoient des pointes en forme de rayons ; la troifieme un bonnet enrichi de pierreries, dont le bord étoit couvert de perles ; & la 4ᵉ un mortier tel que les Préfidents le portent encore : cette derniere forme a été en ufage au moins jufqu'à S. Louis. Après ce Prince, elle varia jufqu'à Charles VII, qui lui donna la forme qu'elle a aujourd'hui.

COUSIN. Avant le 13ᵉ fiecle les Rois n'appelloient perfonne leur parent ou leur coufin s'il ne l'étoit en effet. Louis XI eft le premier qui ait traité de *coufin* le Comte de Dammartin, Grand Maître de France, quoiqu'il n'y eut entre eux ni alliance ni parenté. Depuis ce temps-là le titre de *coufin* n'eft à la Cour qu'une diftinction accordée au rang & à la qualité. Henri II eft le premier de nos Rois qui ait décoré les Maréchaux de ce titre d'honneur.

CRITIQUE. Indépendamment de toutes les regles particulieres de critique, répandues dans cet ouvrage, on va réunir sous un seul point de vue les regles générales qu'il est essentiel de suivre dans l'examen des diplomes, & sans lesquelles on courroit infailliblement risque de se méprendre lourdement.

La vérification des diplomes & autres titres anciens est une science ennemie des préjugés, & fondée sur les principes de la loi naturelle, comme le droit des gens & la Jurisprudence.

Personne n'ignore les principes suivants : de l'acte on peut conclure au possible, mais non du possible à l'acte, ni de l'incertain au certain, encore moins au nécessaire : on ne peut & on ne doit jamais conclure du particulier au général : on ne présume point la fausseté ; personne ne doit être supposé malfaiteur sans raison & sans intérêt, *nemo gratis præsumitur malus* : on ne doit jamais établir des faits sur de simples conjectures : dans le juste équilibre des preuves pour & contre, on doit incliner pour le parti le plus doux : on ne doit point imputer un crime, lorsqu'on peut en purger la personne par une interprétation favorable, *favores ampliandi, odia restringenda* : on ne démontre pas la vérité des principes, &c. &c. &c. Ce sont ces notions si évidentes, déduites visiblement de la loi naturelle, que la corruption générale n'a pu effacer de la conscience de qui que ce soit, qui serviront de base aux jugements des diplomes. Qui pourroit s'y refuser ? De ces principes lumineux un peu approfondis, découlent, comme d'une source pure, des conséquences sans nombre qui ne font pas moins lumineuses ; & tels font les flam-

beaux de la critique, qui doivent éclairer l'examen des anciens titres. Il sera plus facile de juger
de la vérité de ces principes, en les appliquant à
l'examen des chartes.

Regles concernant la vérité des diplomes.

Il est moralement impossible qu'une charte soit
fausse, lorsqu'elle est revêtue de tous les caracteres qui lui sont propres : car, quoiqu'absolument parlant il n'existe point de chartes qui n'aient
pu être contrefaites par un habile faussaire, on
n'en peut juger que par ses caracteres ; & on les
suppose tous réunis pour en constater la vérité.
Une charte est revêtue de tous les caracteres de
vérité, lorsqu'elle n'en renferme aucun qui ne
puisse se rapporter au siecle auquel elle doit ap-
partenir, & aux personnes qui doivent l'avoir
dressée ; peu importe que ces caracteres aient été
plus ou moins en vogue : d'où il faut conclure
que la moindre vraisemblance qui peut s'étendre à tous les caracteres d'une piece, la justifie
de toute accusation de faux. La raison en est qu'on
doit présumer de la vérité d'une piece, tant
qu'on n'en peut démontrer la fausseté par des
moyens convaincants, ou du moins fort proba-
bles, & que d'ailleurs les titres anciens, non
convaincus de faux, servent de principes, & ne
se démontrent pas. De plus, on ne peut tirer aucun moyen de faux d'un usage qui n'est pas décidément connu pour invariable. Ainsi un titre qui
contient des dispositions inconnues ou rares dans
le siecle auquel on l'attribue, n'est pas faux dans
le premier cas, ni suspect dans le second ; car
toute piece qu'on ne sauroit attaquer que par des
arguments

arguments négatifs, des possibilités, des présomptions, des conjectures, des vrai-semblances, est dès lors déchargée de l'accusation de faux ; il faut d'autres titres ou d'autres autorités, si pressantes & si précises, qu'elles puissent anéantir ou balancer les titres & les autorités contraires.

Il est des chartes vraies qui contiennent de faux exposés, & des chartes fausses qui en contiennent de véritables. Cette contradiction vient de ce que les Notaires ou Référendaires ont dressé ces actes sur des mémoires fournis par les parties, & qu'ils les ont employés sans les examiner. Il en est de même encore à présent.

Il suit de ces principes, qu'il y a peu d'anciens diplomes qu'on puisse convaincre de faux.

Regles concernant la faussété des Diplomes.

Il est moralement impossible qu'un acte qui porte tous les caracteres de faussété soit vrai. Une charte porte tous les caracteres de faussété, quand elle n'en offre aucun qui puisse convenir au siecle & aux personnes dont elle s'annonce. L'incompatibilité des caracteres entre eux, d'un seul même avec la piece dans laquelle il concourtoit, en prouve également la faussété. Il faut cependant avoir égard au siecle ; car ce qui est preuve de vérité dans l'un, est souvent preuve de faussété dans l'autre. Ainsi, pour être critique non recusable des diplomes, il faut connoître les usages de chaque siecle ; & alors les pieces fausses deviennent aisées à reconnoître.

Ce qui constitue la différence des usages des siecles a pourtant commencé à un point, ou par

une nuance, peu fenfible d'abord ; il faut donc
prendre garde de qualifier de faux le titre où
l'on trouvera ce point commençant, ce premier
ufage. Il faut un commencement à tout ; &, en
fait de mode, on ne tranche pas net du blanc
au noir.

Un moyen de faux légitime & fuffifant, du
moins en apparence, ne fauroit être détruit, jufqu'à lever tout foupçon fondé, que par des faits
contraires auffi formels que conftants, lorfqu'il
ne s'agit point d'une piece authentique. Les allégations ne portent jamais coup : ainfi une piece
ne doit pas toujours paffer pour fauffe, parcequ'elle eft ainfi traitée dans les monuments anciens ; elle ne doit pas même être mife au rang
des pieces fuppofées, par cela feul qu'elle contient des chofes fauffes & fabuleufes. Combien
pourroit-on citer de médailles, frappées depuis
un fiecle par la flatterie, qui n'aient pas avancé
de faux ou exagéré des faits ? Encore moins
doit-on rejeter des actes parcequ'ils énoncent des
faits uniques ou extraordinaires ; c'eft plutôt une
preuve de leur fincérité : un impofteur ne va pas
chercher des chofes incroyables pour fe faire
croire.

La contradiction de quelques objets avec l'hiftoire femble, en fait de critique, avoir un grand
avantage fur tous les autres moyens de faux.
Un original qui peche *effentiellement* contre l'hiftoire, mérite d'être rejeté fans autre examen :
on dit *effentiellement*, car des chartes peuvent paroître donner atteinte à l'hiftoire, tandis qu'elles
ne fervent qu'à l'éclaircir, & quelquefois même
à la redreffer.

L'oppofition manifefte de la date avec l'écriture de l'acte équivaut aux anachronifmes les plus monftrueux; au lieu que leur parfait accord n'opere qu'une très grande probabilité, qui pourroit même difparoître devant d'autres défauts effentiels, ou devant un grand nombre de vrai-femblances défavorables. Des actes qui fe contredifent fur le fond & l'effence des chofes ne font pas croyables, à moins que l'on ne démontre la fuppofition d'une des contradictoires. Le défaut de vrai-femblance eft un titre de réprobation; mais il n'eft que trop ordinaire d'abufer de ce point de critique. La mort de tous les témoins qui ont foufcrit une piece fort récente, forme une préfomption de faux moins équivoque.

Les témoins inconnus, dans un acte dreffé en un lieu où l'on ne manque pas de témoins connus, n'annoncent rien de plus favorable.

Des incifions, des taches fur un endroit important, portent encore l'empreinte de la mauvaife foi, &c. &c.

En deux mots, pour déclarer juridiquement des pieces fauffes, il faut des preuves authentiques de trois fortes; preuves littérales, preuves teftimoniales, preuves fondées fur des indices indubitables & plus clairs que le jour. Toute regle qui enveloppe les vraies chartes dans la condamnation des fauffes doit être réprouvée; & toute regle qui fait grace aux faux titres eft fauffe elle-même.

Regles concernant la fuspicion.

Les diplomes faux ne portent pas toujours avec eux des témoignages évidents de falfification. Certains indices font plus fouvent naître

des foupçons. L'homme à préjugé franchit le pas,
& fe décide ouvertement contre l'acte ; mais l'efprit fage refte en fufpens.

Pour ne raifonner qu'avec juftefle, il faut être
inftruit des vérités fuivantes : La conjecture eft
fufceptible de plus ou de moins de vrai-femblance, fuivant que fes motifs font plus ou moins
nombreux, plus ou moins folides : le foupçon
eft pareillement fufceptible d'une infinité de degrés : La conjecture ne balance l'autorité, que
lorfque la premiere eft très forte & l'autre chan-
celante : Le filence des Auteurs contemporains
n'affoiblit pas un fait, à moins qu'ils n'en difent
rien, lorfque leur matiere demandoit qu'ils en
parlaffent : Ce qui eft douteux fimplement, ne
doit pas être regardé comme faux ; ni ce qui eft
fimplement fufpect, comme fuppofé : En ce qui
concerne les faits, toutes chofes égales, l'Auteur
connu doit être préféré à l'anonyme, l'eccléfiaftique ou le religieux au laïque, l'homme en
place au fimple particulier, le contemporain à
celui qui ne l'eft pas, & le défintérefté à celui
qui a le défaut contraire. Il y a trois fortes de
foupçons ; le *fimple*, le *légitime*, & le *violent*.
Le foupçon *fimple* eft un jugement défavorable,
mais appuyé feulement fur des chimeres & fur
de fimples poffibilités ; auffi, quelque multipliés qu'ils foient, ils ne peuvent jamais parvenir à former une certitude de faux : Le foupçon
légitime, par lequel l'efprit n'eft ni totalement
en fufpens, ni totalement décidé à affirmer l'erreur ou la vérité, mais flotte indécis entre l'une
& l'autre, donne atteinte à la fincérité d'une
piece, parcequ'il eft ordinairement fondé fur
l'inobfervation des ufages conftants au fiecle

dont il s'agit : Le foupçon *violent*, qui entraîne l'efprit fage à nier la vérité d'un fait ou d'une charte, invalide le titre & rend nulle la preuve qu'on en tire ; parcequ'il eft appuyé ou fur la réunion de plufieurs foupçons légitimes, ou fur la contrariété, du moins apparente, des faits énoncés avec des hiftoires contemporaines dont l'autorité feroit reconnue. Le foupçon *fimple* ne mérite pour réponfe que d'autres conjectures : le *légitime* ne peut fe détruire que par des faits non fimplement poffibles en eux-mêmes, mais moralement poffibles, c'eft-à-dire dans les circonftances dont il eft queftion : le foupçon *violent* eft détruit par des faits pofitifs, qui démontreroient, par exemple, dans les fiecles voifins, quelques exceptions à l'ufage qu'on préfumeroit invariable.

Il ne faut cependant pas s'y tromper : une piece aura toutes les apparences de faux, fans en avoir la réalité, quand elle fera fufceptible des plus violents foupçons, quoiqu'il ne foit pas moralement impoffible qu'elle foit vraie. Combien de découvertes ne fait-on pas tous les jours dans l'hiftoire & dans la connoiffance des ufages, qui, en croiffant de jour en jour, pourroient donner des lumieres pour une défenfe légitime !

Toutes regles de critique, prifes en général, qui ne quadrent pas avec celles que l'on vient de donner, ne peuvent fervir qu'à induire en erreur : elles feront fûrement infuffifantes pour affigner le degré de crédibilité que chaque titre ancien a droit d'exiger en particulier. Les ennemis des communautés, les Simon, les Lenglet, &c. les auteurs du nouveau pyrrhonifme hiftorique, les Germon, les Hardouin, &c. les Encyclopédif-

V iij

tes, enfin, les demi-Antiquaires, n'ont que trop multiplié les regles fauffes de critique. L'affurance avec laquelle ils les donnent peut faire illufion à des efprits fuperficiels amis de la nouveauté; mais elle n'en impofe pas à ceux qui pefent tout au poids du fanctuaire.

CYCLE. Le cycle a fervi de dates dans les diplomes & les chartes, fur-tout aux 12ᵉ & 13ᵉ fiecles, temps d'ignorance, où l'on donnoit un rang diftingué parmi les gens de lettres à ceux qui étoient verfés dans la fcience du comput eccléfiaftique : c'eft ce qui détermine à donner quelques notions des cycles ufités.

Cycle de 19 ans.

Le cycle de 19 ans, appellé *nombre d'or* parcequ'on l'écrivoit en caracteres d'or dans les calendriers, fut inventé par Méton, Athénien, 432 ans avant Jéfus-Chrift. Ce nombre de dix-neuf fervoit à marquer la premiere lune, & par conféquent toutes les autres de chaque année. Ce cycle étoit fondé fur ce que l'on croyoit qu'au bout de 19 ans la lune fe trouvoit précifément au même point de l'année folaire; de forte que s'il y avoit eu nouvelle lune le premier Janvier à fix heures du foir jufte, dix-neuf ans après elle ne devoit pas manquer au même jour & à la même heure. Cependant, après bien des années, l'expérience fit reconnoître clairement qu'il s'en falloit d'une heure vingt-fept minutes & quelques fecondes que dix-neuf années folaires ne fuffent d'accord avec dix-neuf années lunaires, malgré les fept mois intercalés répartis fur le tout ; de façon que depuis le Concile de Nicée jufqu'en

1582 il y avoit quatre jours de mécompte. Pour remédier à cet inconvénient, les épactes (*voyez* EPACTES) furent substituées à ce cycle ou au nombre d'or ; & il n'eut plus d'autre usage dans le calendrier réformé, que de servir à les trouver.

Cycle lunaire.

On confond ordinairement le cycle de 19 ans avec le cycle lunaire, parceque tous les deux ont même origine, même nature, mêmes révolutions, même effet. Cependant il y a quelques différences : 1°. en ce que le premier devance le second de trois années ; ainsi l'on compte la sixieme de celui-là, lorsqu'on ne compte que la troisieme de celui-ci : 2°. en ce que le commencement du cycle de la lune se prend du premier de Janvier, & que celui de 19 ans n'a pas coutume de commencer avant Mars. La troisieme différence consiste aussi dans la maniere de les trouver.

Maniere de les trouver.

Pour trouver le nombre d'or, il faut ajouter 1 & retrancher tous les dix-neuf ans de l'ere de Jésus-Christ, le surplus sera l'année du nombre d'or ; ou s'il n'y a point de surplus, ce sera la dix-neuvieme année de ce cycle : au lieu que pour trouver l'année du cycle lunaire, il faut faire la même opération en retranchant 2. La raison en est que Jésus-Christ est né la deuxieme année du nombre d'or, & la dix-huitieme du cycle lunaire. Ces deux cycles se montrent tour à tour, & quelquefois même ensemble dans les chartes des 10°, 11° & 12° siecles : mais en général on ne

V iv

les a jamais affez bien diftingués ; ce qui jette fouvent dans l'erreur.

Cycle folaire.

Le cycle folaire de 28 années n'a été inventé que pour marquer les fept jours de la femaine, au moyen des fept premieres lettres de l'alphabet. L'ordre de ces dernieres fe change d'année en année en rétrogradant. Si donc une premiere année a G pour lettre dominicale, la feconde doit avoir F ; la troifieme E ; la quatrieme, en qualité de biffextile, D C ; en forte que la premiere de ces deux lettres n'ait d'ufage que jufqu'au 24 Février, & que l'autre prenne fa place pendant le refte de l'année. Si l'année étoit compofée de cinquante-deux femaines juftes, la révolution feroit fixe & invariable, en forte que la lettre qui auroit fervi à marquer le Dimanche, par exemple, le marqueroit toujours : mais il refte un jour & fix heures moins onze minutes pour parler correctement. *Voyez* BISSEXTILE. Ce jour occafionne la rétrogradation des lettres ; & les fix heures, qui, au bout de 4 ans, forment un jour, donnent lieu à ce qu'on appelle *année biffextile* ; c'eft à-dire que chaque quatrieme année eft compofée de 366 jours ; au lieu que les trois autres ne le font que de 365. C'eft ce qui empêche auffi que tous les fept ans le même ordre de féries & de lettres dominicales ne fe renouvelle. Il faut fept révolutions complettes de quatre années pour remettre les unes & les autres dans le même rang & la même difpofition qu'elles avoient entre elles. De là cette révolution de 28 ans connue fous le nom *cycle folaire.* Voy. CYCLE PASCHAL, EPOCOLOGIQUE.

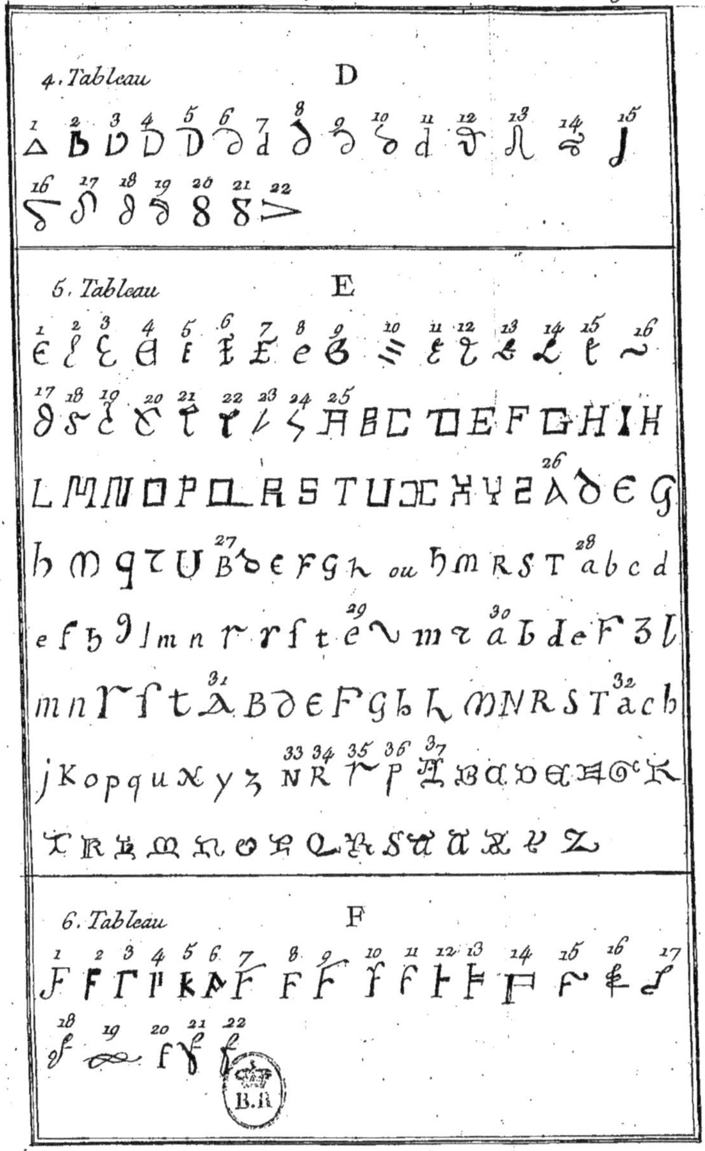
4. Tableau
D
5. Tableau
E
6. Tableau
F

D.

D *capital.*

LE s Latins emprunterent d'abord pour le quatrieme élément de leur alphabet le delta des Grecs, *fig.* 1 *du quatrieme tableau*, qu'ils tournerent de tous les fens : il eſt chez eux de toute antiquité. Par la ſuite ils arrondirent un côté de ce triangle, puis deux ; ce qui leur donna le D capital & minuſcule, qui prirent auſſi les différentes formes que préſentent les figures 2, 3, 4, 5 *du quatrieme tableau*. Des deux derniers 4 & 5 *ibid.* eſt venu le D curſif, *fig.* 6 *ibid.* fait d'un ſeul trait arrondi par-tout, & de celui-ci le petit d *fig.* 7 *ibid.* que notre imprimerie a retenu.

Le D majuſcule, auſſi exhauſſé qu'étroit, s'introduiſit en France depuis l'an 1000. Les écritures allongées lui accorderent un rang qu'elles commençoient à refuſer au d curſif. Il s'y étoit déja gliſſé en Allemagne dès le 10ᵉ ſiecle ; & depuis le milieu du 11ᵉ il y devint même plus invariable dans la même écriture allongée, qu'en France. Cette forme vacilla pendant le 13ᵉ, & ne ſe ſoutint que dans les bulles des Papes, quoiqu'avec des variations étonnantes.

D *oncial.*

Le D oncial, *fig.* 8 *du quatrieme tableau*, n'étoit pas tellement propre aux Gaules, qu'on n'en uſât auſſi en Italie. On employa par-tout le même D ; avec cette différence, que les uns en inclinoient un peu la tête, *fig.* 9 *ibid.* & que d'autres la relevoient en pointe ou en crochet, *fig.* 10

ibid. Ils se montrèrent au 6ᵉ siecle sur les médailles de Tibere couronné Empereur en 578.
On les trouve tous figurés de même sur un diplome d'Othon III ; mais ils se trouvent mêlés
avec les *d* droits, *fig.* 11 *ibid.* dans quelques manuscrits d'Allemagne du 8ᵉ siecle. On retrouve
encore le même *d*, mais moins élégant, après le
regne de l'écriture onciale.

d minuscule.

La minuscule des manuscrits emprunta souvent le même *d*. Les manuscrits & les diplomes
Saxons n'ont point cessé d'en faire usage depuis
le 7ᵉ siecle jusqu'à Guillaume le Conquérant, &
même après ; car du milieu du 11ᵉ siecle jusqu'au
milieu du suivant, les *d* ronds & droits se trouverent à peu près mi-partis dans les écritures minuscules Angloises. En Ecosse le dernier dominoit. Après cette derniere époque, les *d* ronds
reprirent le dessus dans les chartes d'Angleterre
& d'Ecosse.

Au 10ᵉ siecle, l'écriture Lombardique, soit
serrée, soit brisée, l'adopta avec tant de constance qu'il ne laissa aucun accès au *d* droit, *figure* 11 *ibid.* En France, depuis l'an 1050, les
manuscrits reçurent presque indifféremment ces
deux caracteres, jusqu'à ce que le *d* rond, quoique plus récent, eût fait presque totalement oublier l'ancien *d* droit ; ce qui n'arriva que sous
Saint Louis. Dès le regne de Philippe Auguste,
on ne voit plus ce mêlange dans les diplomes ; si
ce n'est dans quelque reste de l'écriture allongée,
où le *d* rond avoit cependant encore la grande
vogue. Le *d* droit ne reparut guere dans les ma-

nuſcrits avant l'an 1450; & , un ſiecle plus tard, on trouvoit encore le *d* rond dans des manuſcrits entiers.

En Eſpagne, dès le 11ᵉ ſiecle au plus tard, on trouvoit également ces deux *d* dans la minuſ-cule. Au 10ᵉ ſiecle, ce mêlange n'avoit pas en-core lieu dans les chartes de ce royaume; il ne s'y introduiſit que vers la fin du 11ᵉ ſiecle, & y perſiſta juſqu'au 13ᵉ incluſivement : alors le *d* rond y regna ſeul, comme il avoit fait ailleurs au 14ᵉ ſiecle. Il tenoit du delta grec, *fig.* 12 *du quatrieme tableau.*

On peut dire en général, par rapport au *d* rond, *fig.* 6 *ibid.* & au *d* droit, *fig.* 11, que leur mêlange eſt plus grand dans les manuſcrits de la fin du 11ᵉ & du 12ᵉ ſiecle entier, que dans les temps voiſins, antérieurs & poſtérieurs. Au-paravant, le *d* droit étoit plus ordinaire : mais depuis le milieu du 12ᵉ, & même plutôt, lorſ-qu'il s'agit de chartes, l'avantage eſt pour le *d* rond. Il y domina ſans rival depuis ce ſiecle. D'abord il éleva la queue beaucoup plus haut qu'il ne l'avoit fait dans l'onciale : mais aux 13ᵉ & 14ᵉ ſiecles il reſſembloit aſſez au petit delta grec, *fig.* 13 *ibid.* mais contourné comme la *fi-gure* 14 *ibid.*

D *curſif & allongé.*

Il y a deux ſortes de *d* qui ont ſervi à l'écriture curſive, ce ſont les mêmes que ceux qui en-troient dans la minuſcule, à très peu de diffé-rence près, le *d* rond & le *d* droit. Ces deux *d* different eſſentiellement entre eux, en ce que le rond n'a jamais ni pied ni éperon, & que la hafte du droit s'éleve perpendiculairement. Le pied du *d* droit eft, aux 7ᵉ, 8ᵉ, 9ᵉ & 10ᵉ fiecles, porté plus bas que le niveau de la ligne, & c'eft prefque la feule lettre qui excede la ligne en deffus & en deffous ; du moins n'en eft-il aucune qui le faffe plus réguliéiement. Jufqu'au 10ᵉ fiecle, fon pied fe releve un peu vers la droite, foit en angle, foit en courbe. Au 11ᵉ fiecle, c'eft vers la gauche qu'il le porte en forme de queue. Vers 950, l'ufage, déja accrédité depuis le commencement du fiecle, de le terminer au niveau de fa panfe, s'établit au point de remplacer bientôt tous les autres.

En France, dans l'écriture allongée du 10ᵉ fiecle, la panfe de ce *d* eft faite en voûte ou fpirale. En Allemagne, au contraire, après être montée en ferpentant, elle redefcend intérieurement de même. Au 11ᵉ fiecle, ce *d* perdit quelquefois fon éperon ; alors il eft cenfé transformé en *d* rond. Tout ce qu'on a dit de la hafte du *b* eft pareillement applicable au *d*, & ne fert pas moins à fixer l'époque des manufcrits.

Le *d* rond s'éleva d'abord verticalement, comme la *figure* 15 *du quatrieme tableau*, enfuite obliquement vers la gauche : cette maniere eut fes partifans jufqu'au milieu du 13ᵉ fiecle. La queue un peu relevée comme dans l'onciale, *figure* 10 *ibid.* étoit cependant plus ordinaire. Dès le commencement du 13ᵉ fiecle, s'introduifit une autre forme qui prévalut enfin ; c'étoit le delta des Grecs remonté, *fig.* 16 *ibid.* puis on rabattit cette queue en rondeur, *fig.* 17, 18, 19, *ibid.* Quand cette queue, au lieu d'être en dehors, rentroit avec le même contour en dedans par un plein très marqué, c'eft un indice

D. 317

du 13ᵉ ou 14ᵉ fiecle. Vers le milieu du 14ᵉ, il eut quelquefois la forme d'un 8, comme les figures 20 & 21 *ibid.* mais au 15ᵉ fiecle on voit le delta grec dans fa forme la plus exacte, *fig. 12 ib.* Pendant ces derniers fiecles, & dans les manufcrits qui n'étoient point en curfive, il exiftoit fous la forme d'un hexagone avec une très petite queue à l'angle gauche fupérieur.

Planche du D.

Pour l'intelligence de la planche du D, on renvoie aux éclairciffements donnés fur le contenu de la planche premiere. Les D capitaux latins vont fixer feuls notre attention.

La premiere divifion du D des marbres & des bronzes eft anguleufe. Les deux premieres fubdivifions remontent jufqu'à l'antiquité la plus reculée : la troifieme dure jufqu'au 11ᵉ fiecle : les autres ne defcendent guere au delà du 9ᵉ.

La feconde divifion offre des D aigus ; ils font pour la plupart d'une haute antiquité. Il faut noter que les D en forme de B de la feconde fubdivifion nous viennent d'Efpagne, & datent du 7ᵉ fiecle.

La troifieme divifion repréfente les D majufcules ordinaires : la premiere fubdivifion défigne le fiecle d'Augufte ou les temps voifins, par des D dont le fommet eft en ligne droite horizontale ; les fuivantes defcendent à peine au moyen âge.

La quatrieme divifion, dont les D font ouverts ou à hafte prolongée, eft prefque toute fupérieure au 10ᵉ fiecle.

La cinquieme divifion du D en forme de P,

d'O, &c. eſt des plus antiques dans les deux premieres ſubdiviſions. La troiſieme, où l'on voit le *th* anglo-ſaxon ſouvent employé ſous les Rois Mérovingiens & Viſigoths, dans les 6e & 7e ſiecles, eſt du moyen âge, ainſi que la ſeptieme & la quatrieme ; la cinquieme & la ſixieme ſont des bas temps.

Toutes les figures de la ſixieme diviſion doivent être reléguées aux bas ſiecles.

Il en eſt peu de la ſeptieme diviſion, à queue notablement prolongée, qui ne ſoient antérieurs au 10e ſiecle.

Dans la huitieme diviſion, on voit des D de forme onciale ou ronde, & des *d* curſifs des derniers temps. La premiere ſubdiviſion ne deſcend pas au deſſous du 8e ſiecle. La deuxieme eſt renfermée entre le 5e & le 11e. La troiſieme eſt encore ancienne. La ſeptieme eſt moderne ; & la huitieme eſt gothique, reconnoiſſable à ſes angles.

La huitieme diviſion du D en forme d'*a*, ou du *d* d'imprimerie, offre le *d* romain en petit : il s'en trouve dans des inſcriptions du 4e ſiecle.

Sur le D capital des manuſcrits, on obſervera que la capitale ſe diſtingue de l'onciale dans les quatre premieres diviſions ; que l'onciale revendique la cinquieme, & que la ſixieme doit être attribuée au Gothique moderne.

DAMOISEAU. Le titre de Donzel ou Damoiſeau, *Domicellus miles*, ſe trouve dès 1078, ſi l'on en croit les Auteurs de l'Hiſtoire généalogique de France.

DATERIE. La Daterie de Rome & la Chancellerie n'étoient d'abord qu'une même choſe : le grand nombre d'affaires les a fait partager en

I. Phenicien II. Grec

III. LATIN

Capital des Inscriptions

Capital des Manuscrits

Coulubrier Sculp.

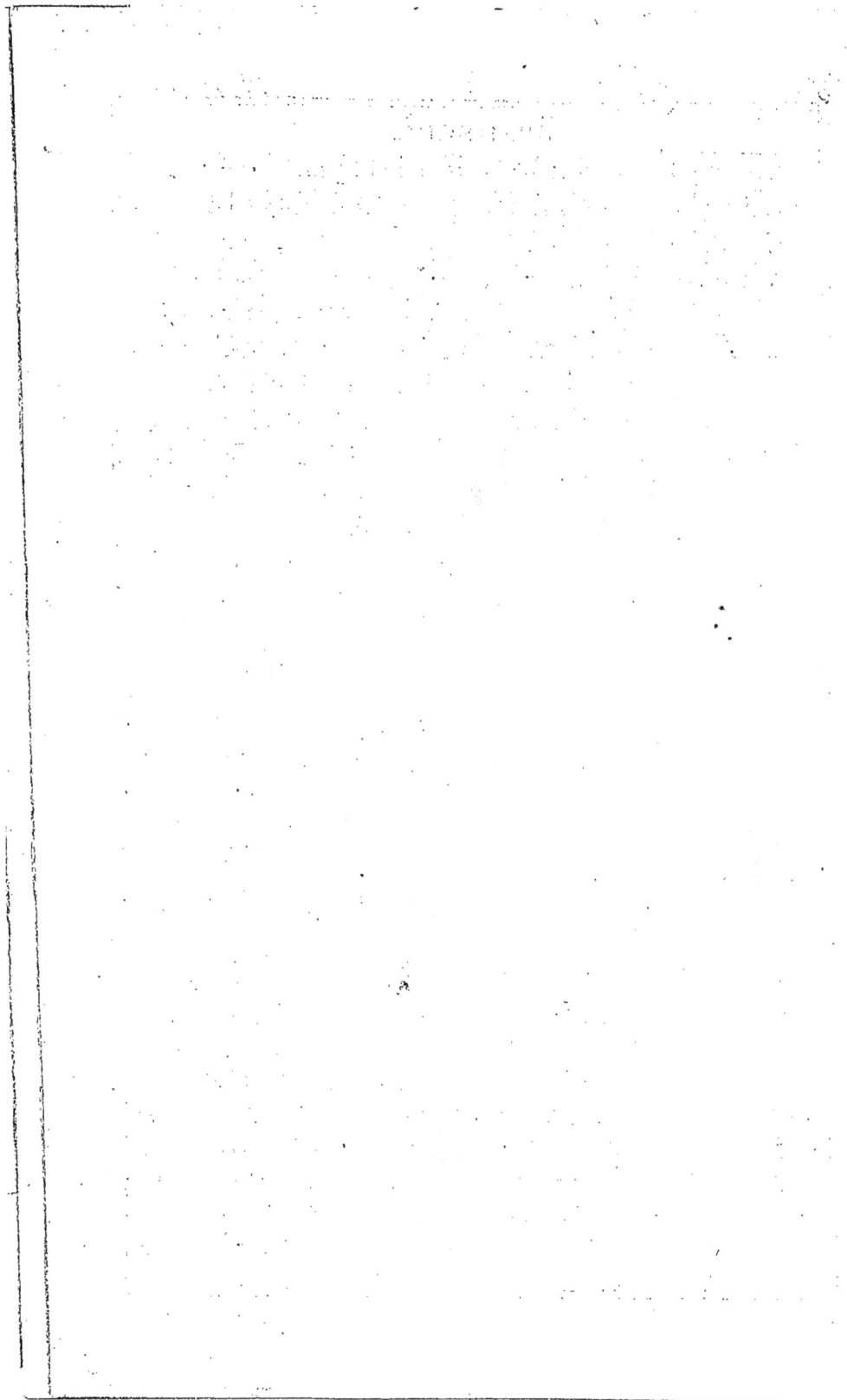

MINUSCULE

1. Romain
2. Lombardique
3. Visigothique
4. Saxon
5. Gallican
6. Merovingien
7. Allemand
8. Carlovingien
9. Capetien
10. Gothique

CURSIF

D'Italie
2. De France
3. D'Allemagne
4. De la Grande Bretagne
5. D'Espagne

Boutrois Scul.

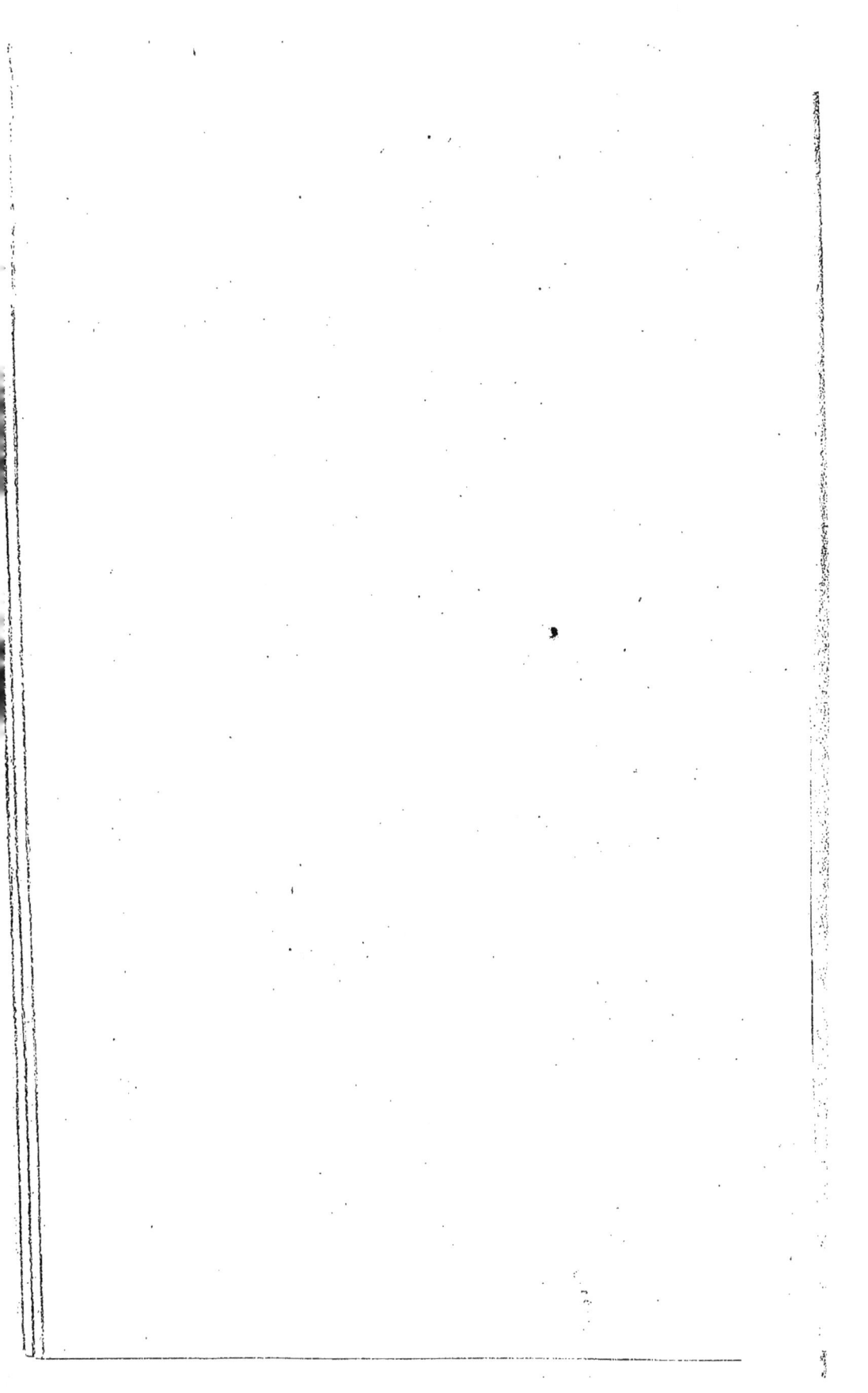

deux tribunaux. *Voy.* CHANCELLERIE ROMAINE.
Il ne fera queſtion ici que de la Daterie.

Pour l'expédition d'une bulle ou difpenfe, on
s'adreſſe au Cardinal Dataire par une fupplique
ou requête : il la foufcrit en ces termes, *Annuit
Sanctiſſimus.* On dreſſe une feconde requête avec
les clauſes & les reſtrictions qui doivent être in-
férées dans la bulle : on la préſente au Sous-Da-
taire qui écrit au bas le fommaire de ce qui y eſt
contenu, & la donne au Dataire. Ce dernier
préſente la fupplique au Pape, qui la figne en
accordant la grace par ces mots, *Fiat ut petitur.*
Après l'enregiſtrement des fuppliques, & d'autres formalités, on dreſſe la minute de la bulle
au Parquet des grands Abbréviateurs, & l'un
des cent Ecrivains Apoſtoliques la couche fur le
parchemin. Tous en corps ils taxent ce qui doit
leur être payé, à raifon de l'importance de la
bulle. C'eſt une chofe remarquable, que les bulles qui fortent de la Daterie paſſent par les mains
de plus de mille perfonnes, diſtribuées dans
quinze Bureaux, & que l'on paie à proportion
de ce que l'on a donné aux Ecrivains Apoſtoliques, leur taxe fervant de regle aux autres.

Par rapport à la Diplomatique, les Dataires
& Sous-Dataires ont fouvent foufcrit des bulles : mais on ne doit point voir cette foufcription avec ces titres dans les quatorze premiers
fiecles. Cent cinquante ans après, ces titres ren-
droient encore les bulles fufpectes. Le nom de
Prodataire parut dans les bulles de Sixte-Quint
pour la premiere fois.

Définition & étymologie des dates.

DATES. Par le mot *date* on entend l'annotation du lieu & du temps où les diplomes, les actes, les lettres, &c. ont été donnés ou écrits sous la formule ordinaire, *Donné ce*, &c. *en*, &c. Du mot latin *data* ou *datum* est venu le mot *date*. On sous-entendoit toujours ou *epiſtola*, ou *charta*, ou *edictum*, ou *diploma*.

Pour suivre un certain ordre & répandre plus de jour sur cette matiere, il est à propos de diviser les dates en quatre classes : dates de temps, dates de lieu, dates des personnes, dates des faits. Ces quatre classes renferment à peu près toutes les sortes de dates dans le détail desquelles on va entrer.

Il faut observer préliminairement que les anciennes chartes aiment les comptes ronds, qu'elles complettent ceux qui ne le sont pas, & négligent l'excédent.

Dates de temps.

Parmi les dates du temps on en distingue d'abord de deux sortes ; les unes vagues & indéterminées, & les autres spéciales. Les premieres n'annoncent qu'une suite indéfinie d'années, par exemple, *regnante Domino noſtro Jeſu Chriſto*, pour désigner que c'est depuis l'établissement du christianisme. Cette formule ne devint ordinaire qu'au 3ᵉ siecle dans les Actes des Martyrs. Elle devint aussi d'un usage commun dans les chartes depuis le 7ᵉ siecle jusqu'au 12ᵉ ; mais alors il étoit rare qu'elle ne fût accompagnée d'aucune autre note chronologique. L'on datoit également, d'une maniere un peu moins vague, dans les chartes du moyen âge : *Sous le regne d'un tel.* .... *Sous le pontificat d'un tel.*

Les

Les dates fpéciales de temps déterminent l'année, le mois, la femaine, le jour, & quelquefois même, quoiqu'affez rarement, l'heure & le moment de la confection des actes. Toutes ces époques font d'une utilité finguliere pour la connoiffance de l'antiquité ; mais elles font expofées à bien des difcuffions & des difficultés, comme on en pourra juger par le détail fuivant.

Date du monde.

La date du monde ou de la création de l'univers fut toujours la date favorite des Grecs ; ils l'employerent univerfellement. Il faut feulement obferver qu'ils ont toujours commencé invariablement leurs années au premier Septembre, ainfi que l'indiction, quand ils en uferent.

Date de l'indiction.

La plus ancienne des dates de temps, qui eurent cours en Occident, eft celle de l'indiction. *Voyez* INDICTION. Comme l'on compte quatre fortes d'indiction ; la *Julienne*, qui doit fon inftitution à Jules Céfar ; la *Conftantinopolitaine*, qui avoit cours avant Juftinien ; l'*Impériale* ou *Céfarienne*, qui part du 24 Septembre ; & la *Romaine* ou *Pontificale*, commençant au premier Janvier, qui donna l'exclufion à la précédente, & qui fut fuivie, fur-tout dans les bulles des Papes, au moins depuis le 9ᵉ fiecle jufqu'au 14ᵉ, quoiqu'avec bien des variations : il n'eft point étonnant que les dates de l'indiction varient à raifon des points fixes d'où on les fait partir.

Tome I. X

Quoiqu'on ne doute pas que depuis Conſtantin on ait ſouvent compté les années par les indictions (on parle de l'indiction Impériale ou
Céſarienne), il ne s'en trouve cependant aucune
date antérieure à l'Empereur Conſtance : & même , avant le Concile tenu à Rome en 342 , ſous
le Pape Jules premier , aucun Auteur Latin ne
fait mention de la date des indictions ; & Saint
Ambroiſe n'en parle, *De Noe & Arca, cap.* 17 ,
n. 60, que comme d'un uſage récent. Saint Atha-
naſe eſt le premier Auteur eccléſiaſtique qui ait
employé cette date : elle fut adoptée par les Rois
de France de la ſeconde race, & par eux tranſmiſe
aux Empereurs Allemands. Dom Mabillon , *De*
Re Dipl. p. 187 , la fixe à l'empire de Charlemagne pour l'uſage des Princes : mais il convient
qu'avant le 8ᵉ ſiecle l'indiction eut cours en
France & dans les Conciles & dans les monuments : on pourroit y ajouter les titres & les
chartres ; car , dès le 5ᵉ ſiecle , Victorius y introduiſit , avec ſon cycle paſchal , les indictions ,
qui dès lors ſont ſouvent fautives , ou du moins
très embarraſſantes ; & de plus il eſt probable
que les Gaules ſuivirent l'uſage des Romains qui
les dominoient.

Cette date fut introduite chez les Anglois ,
De Re Dipl. p. 178 , lors de la miſſion de Saint
Auguſtin par Saint Grégoire.

Indiction dans les Bulles.

Les dates en général n'ayant commencé dans
les lettres ou reſcrits apoſtoliques , qu'aux Décrétales ſous Saint Sirice , il n'y faut pas chercher plus haut des dates de l'indiction. Une

lettre du Pape Félix, de l'an 490, nous fournit l'exemple le plus ancien d'une pareille date. Neuf ans après elle reparut dans une lettre du Pape Symmaque. Saint Grégoire n'est donc pas le seul qui s'en soit servi dans ses lettres, comme l'assure Dom Cellier, *tome* 17, *p.* 223. Pendant les 7e, 8e, 9e, 10e & 11e siecles, la date de l'indiction se montre dans les bulles, les lettres & les privileges des Papes. Mais il faut observer que, surtout depuis Grégoire VII, les Papes se servirent plus volontiers de l'indiction Romaine, qui commence au 1er Janvier ; & que depuis Léon IX l'indiction commença plus rarement au premier Janvier qu'au premier Septembre. Cette regle, quoiqu'assez générale, souffre cependant nombre d'exceptions. Dans le 11e ainsi que dans le 12e siecle, jusqu'après Urbain III, la date de l'indiction fut exclue des petites bulles. Grégoire VIII l'y remit ; mais son successeur l'en retrancha, & fut imité par ceux qui le suivirent. Dans le 13e siecle, les variations qu'occasionnerent les différents points d'où l'on faisoit partir l'indiction, continuerent comme dans le précédent, même dans les bulles consistoriales.

Indiction dans les actes ecclésiastiques.

La date de l'indiction étoit déja très en vogue dans les actes ecclésiastiques du 8e siecle. Pendant les 9e, 10e & 11e siecles, on s'y servit quelquefois de l'indiction Constantinienne, tant en France & en Allemagne, qu'en Angleterre & même en Italie : cependant, même aux 12e & 13e siecles, l'indiction Romaine étoit toujours de mode ; mais aux 14e & 15e, l'indiction Im-

périale commençant au 24 Septembre, fut la plus
fuivie en France, en Allemagne & en Angleterre.

Indiction dans les Diplomes & autres actes laïques.

Il eft conftant que dans les diplomes & les autres actes laïques, il n'eft fait aucune mention de
la célebre époque de l'indiction avant le regne
de Conftanrin ; que l'Italie, au 5ᵉ fiecle, commençoit l'indiction au premier Septembre, *Cang.
Gloff. Latin. t. 3, col.* 1395 ; que les Rois Mérovingiens n'ont guere employé la date de l'indiction dans leurs diplomes ; que dans le 7ᵉ fiecle elle étoit d'ufage en Angleterre, *Hickes,
Differt. Epiftol. p.* 80 ; que dans le 8ᵉ elle y étoit
commune dans les chartes privées ; & qu'elle fe
montre en ce fiecle dans les diplomes de nos
Rois, ainfi que dans quelques chartes particulieres de France & d'Italie, *Annal. Bened. t. 2,
p.* 109. L'indiction Grecque qui commençoit au
premier Septembre, & la Romaine qui partoit du
premier Janvier, furent indifféremment adoptées par les Rois Carlovingiens, *Vaiffette, Hift.
de Lang. t. 1, p. 748 :* mais aux 10ᵉ & 11ᵉ fiecles, l'indiction prife du mois de Septembre fut
générale & la plus ufitée dans les chartes en
France, en Angleterre & en Allemagne. Cependant les François, dans ce dernier fiecle, à
l'exemple de la Cour de Rome, commençoient
fouvent l'indiction au premier Janvier, & la fi-
niffoient avec l'année. Dès les commencements
du 12ᵉ fiecle, l'ufage de cette date devint rare
dans les lettres royaux de France : elle y fut totalement abolie fous Louis le Jeune ; & en géné-

ral l'indiction ne se soutint assez bien qu'en Italie. Excepté cette partie de l'Europe, elle devint encore plus rare par-tout au 13e siecle; & lorsqu'on s'en servoit en Allemagne, on usoit de la Césarienne, ainsi que dans les actes notariés de France du 14e siecle & des suivants.

Il est à conclure de cet article, que nos Rois Mérovingiens ont très sobrement usé de l'indiction, date qui se trouve assez communément dans les chartes des Rois d'Angleterre du 7e siecle : que les diplomes de Charlemagne ne doivent point être rejetés par cela seul qu'ils seroient datés de l'indiction : qu'on ne doit pas facilement soupçonner de faux les diplomes où l'indiction ne convient pas avec les années de J. C. puisque tous les Savants, *Muratori, Antiq. Ital. t. 3, col.* 59 .... *Gattola, Accessiones ad Hist. Cassinens. p.* 40, conviennent qu'il y a un grand nombre d'actes sinceres dont l'indiction est fautive & très embarrassante : que l'indiction Romaine fut suivie avec quelques variations, au moins depuis le 9e siecle jusqu'au 14e, dans les actes laïques; & que l'indiction Constantinienne devint la plus commune en France & en Angleterre aux 14e & 15e siecles : que la date de l'indiction ne peut être antérieure au 4e siecle dans les actes ecclésiastiques, ni au 5e dans les lettres des Papes; mais que, depuis le milieu de ce siecle, l'usage ou l'omission de l'indiction ne décide ni pour ni contre la vérité des mêmes actes : qu'on doit trouver cette date, sous peine de suspicion, dans les bulles privileges des 12e, 13e & 14e siecles : que, depuis Eugene IV, les bulles ou brefs qui, dans leur date propre, & non dans celle de leur certificat, marqueroient l'in-

diction, prouveroient par-là leur fausseté : enfin, qu'on ne peut rien conclure des divers commencements de l'indiction.

L'indiction Romaine a prévalu depuis long-
temps dans l'Eglise : ce n'est cependant que depuis le pontificat d'Innocent XII, qu'on a repris
ce calcul dans les grandes bulles.

Dates du cycle, du terme paschal, de l'épacte,
des concurrents, &c.

Dans les temps où l'on donnoit un rang distin-
gué parmi les gens de lettres à ceux qui étoient
versés dans la science du comput ecclésiastique,
on vit éclore dans les actes des dates de toute
espece ; tout fut mis à contribution, par l'envie
de paroître ; *cycle, terme paschal, épacte, con-*
currents, &c. Voyez chacun de ces mots en particulier.

Les dates commencerent, au moins dès le 9ᵉ
siecle, à se montrer dans les actes ecclésiastiques ;
& au milieu de ce siecle, elles s'introduisirent
dans les chartes privées. Aux 12ᵉ & 13ᵉ siecles,
elles se montrent, tant dans les uns que dans les
autres, avec une sorte d'affectation bizarre. Louis
le Jeune, qui avoit retranché de ses diplomes la
date de l'indiction, y supplée quelquefois par
celles des concurrents & de l'épacte. On ne peut
rien conclure de ces sortes de dates dans les actes, sinon qu'elles deviennent plus rares depuis
le 14ᵉ siecle, à proportion que les actes s'approchent de notre temps.

Les plus anciens monuments qui prouvent l'u-
sage des épactes dans les dates, ne remontent
qu'au 8ᵉ siecle : au 11ᵉ il n'étoit pas rare de voir

des chartes datées de deux épactes différentes, la majeure, & la mineure.

Olympiades.

On trouve dans quelques titres, des dates d'olympiades : mais comme ce n'étoit point les anciennes olympiades grecques qu'on avoit en vue, & que ce n'étoit autre chose que la durée d'un regne, divisée en autant de quatre années qu'il étoit possible, cette sorte de date rentre par-là dans la classe des *dates des personnes*.

Ere des Turcs.

En traitant les dates des eres, on se renferme toujours dans ce qui est de l'objet présent ; en conséquence on ne croit pas devoir parler de l'ere des Martyrs ou de Dioclétien, de l'ere d'Antioche, de l'ere d'Alexandrie, & d'autres dont il ne fut peut-être jamais fait mention dans les chartes. On ne traite, en passant, de l'ere des Turcs, que parcequ'il se trouve quelques chartes datées de l'ere des Arabes. On l'appelle *hégyre*, d'un mot arabe qui signifie *fuite* : c'est en effet l'époque de la fuite de Mahomet de la Mecque à Médine, arrivée le 16 Juillet, l'an de J. C. 622. C'est Omar III, Empereur des Sarrasins, qui ordonna que l'on compteroit les années du jour de l'hégyre. Notez que l'année des Arabes est lunaire, & composée de douze lunes justes.

Ere des Arméniens.

La connoissance de l'ere des Arméniens n'est utile à la Diplomatique, que parcequ'on la trouve dans quelques titres écrits en françois, sous la

X iv

dénomination de *lettreure* : elle commence au 9 de Juillet de l'an de J. C. 552.

Ere de Pise.

L'ere de Pise, qui ne diffère de notre ere commune qu'en ce qu'elle la précede d'un an, a été quelquefois fuivie en France, particuliérement dans les dates du 12ᵉ fiecle.

Ere d'Efpagne.

L'ere d'Efpagne commence trente-huit années complettes avant la naiffance de Notre-Seigneur ; c'eft l'époque de la réduction de l'Efpagne fous l'obéiffance d'Augufte. Ou cette date marchoit toute feule dans les actes du pays, ou on l'accompagnoit de la date de l'ere chrétienne en égale portion, jufqu'à ce que celle-ci l'emporta fur l'autre vers la fin du 12ᵉ ou dans le 13ᵉ fiecle. Dans le 14ᵉ, les Efpagnols ceflerent de fe fervir de leur ere, & lui fubftituerent l'année de l'incarnation : elle fut totalement abandonnée en Aragon l'an 1359. Dès 1350, Pierre IV d'Aragon l'avoit même défendue dans les royaumes de Caftille & d'Aragon : elle fut entiérement profcrite en 1384. Le Portugal n'abandonna l'ere efpagnole, & ne fe détermina à fuivre l'ufage commun, que dans le 15ᵉ fiecle, en 1415.

Ere Chrétienne.

L'ere chrétienne fe produit dans les actes fous tant de formes & de noms, qu'il eft néceffaire d'en avoir des idées claires. *An de grace, an de la nativité, de la circoncifion, de l'incarnation, de la trabéation,* trabeâ carnis indutus, *Du-*

cange, *Gloss*. telles étoient les différentes dénominations de l'ere chrétienne, & tel eſt l'ordre qu'il eſt à propos de ſuivre en la diſcutant. Il faut obſerver ſeulement avant tout, que l'ere vulgaire en général devint très fréquente en France depuis le milieu du 8ᵉ ſiecle, mais qu'elle ne fut pas d'un uſage ordinaire dans les chartes royales avant Hugues Capet ; que l'ere chrétienne, qui avoit commencé à faire date en Eſpagne dès le 11ᵉ ſiecle, n'y fut ſuivie uniformément qu'après le milieu du 14ᵉ ; que ce ne fut que vers 1415 que les Rois de Portugal commencerent à ſe ſervir, *De Re Dipl. p.* 177, de l'ere chrétienne pour compter leurs années ; que cette époque, qui étoit déja de quelque uſage dans les dates des Grecs, n'a été ordinairement employée dans l'Orient & dans la Grece, que depuis la priſe de Conſtantinople par Mahomet II en 1453 ; que cette ere vulgaire, dont nous faiſons uſage aujourd'hui, eſt celle qui place l'année de l'incarnation à la 754ᵉ année de la fondation de Rome ; qu'elle commença l'année à quatre points différents, ou au premier Janvier, ou au 25 Mars qui eſt proprement l'époque de l'incarnation, ou au 25 Décembre qui eſt celle de la nativité, ou à Pâques. L'introduction de cette ere vulgaire ne dérangea rien, ſous la premiere race de nos Rois & une partie de la ſeconde, par rapport au commencement de l'année qui étoit fixé pour lors au mois de Mars, *De Re Dipl. p.* 172, ou à Pâques.

An de Grace.

La date de l'*an de grace*, que l'on rendoit en latin par la formule *anno gratiæ*, fut de quelque uſage depuis le 12ᵉ ſiecle ; elle fut ainſi appellée parcequ'elle partoit du jour de la naiſſance du Sauveur : elle commença alors à ſe montrer dans pluſieurs chartes. Au 13ᵉ ſiecle, lorſque l'on datoit de l'année courante, on ſe ſervoit aſſez de la formule *l'an de grace ;* elle fut même une des plus ordinaires en France & en Allemagne. Au 14ᵉ, elle ſe montre très communément dans les actes des Laïques ; & elle a toujours continué d'être de miſe juſqu'à notre temps. La ſeule regle que l'on peut tirer de cette date, c'eſt qu'elle rendroit ſuſpect un acte qui ſeroit daté de l'an de grace avant le 12ᵉ ſiecle.

An de la Nativité & du Seigneur.

Tout ce que l'on peut dire de la date de la nativité, *anno a nativitate*, dont on fit uſage pour exprimer que l'on partoit du commencement du chriſtianiſme, ou de la loi de grace ; c'eſt que dans le Languedoc & les pays voiſins on la confondoit ſouvent, dans le 12ᵉ ſiecle, avec celle de l'incarnation ; c'eſt qu'elle devint la plus ordinaire aux 14ᵉ & 15ᵉ ſiecles. On en datoit ſûrement dans les temps où l'année commençoit au 25 Décembre, *voyez* Année ; mais on ne l'exprimoit pas toujours ainſi. Dès le 9ᵉ ſiecle, on avoit vu dans les actes laïques une ſemblable date ſous une formule à peu près pareille ; c'étoit l'an du Seigneur, *anno Domini.* On en trouve un exemple dans la charte de fondation de l'Abbaye de Bonneval près de Caſtel-Sarraſin, l'an 847, *Vaiſſette, Hiſt. de Lang. t.* 1, *Preuves, col.* 94. Cette date étoit une expreſſion générale pour rendre ce que l'on entendoit par la date de l'incarnation. Denys le Petit, au 6ᵉ fiecle, paffe communément pour avoir introduit le premier l'ufage de compter les années depuis la naiffance ou l'incarnation de Jéfus-Chrift.

An de l'Incarnation.

La date de l'incarnation, *anno ab incarnatione*, la plus commune au 12ᵉ fiecle, commença à être en ufage au moins avec la feconde race; & le Concile de Leptines n'eft pas le premier, comme l'ont avancé plufieurs Ecrivains, qui ait daté de l'incarnation, puifqu'on trouve cette date dans un capitulaire de Carloman de l'an 742, *Acta SS. Bened. fæc.* 3, *part.* 2, *p.* 48. Plufieurs Savants, Simon, *Hift. des Revenus eccléf. t.* 2, *p.* 271 .... Le Cointe, *ad an.* 817 .... Muratori, *Antiq. Ital. t.* 3, *col.* 34 .... Lenglet du Frefnoi, *Méthode pour étudier l'Hiftoire*, &c. &c. fe font trompés fur l'origine de cette date, & en ont entraîné plufieurs autres dans leur erreur, comme Rouffeau de la Combe, *Recueil de Jurifprudence*, *part.* 1, *p.* 101 .... Carlencas, *Effais fur l'Hift. des Belles-Lett. part.* 2, *p.* 78 .... Ménard, *Hift. des Evéques de Nifmes.* Il n'y a qu'à fuivre, par rapport à cette date, les bulles, les diplomes & les chartes : rien ne peut mieux éclaircir la matiere.

Dans les Bulles.

La date de l'année de l'incarnation fe trouve quelquefois dans les bulles privileges du 9ᵉ fiecle : mais elle n'eut un affez grand cours dans les bulles, que fur la fin du 10ᵉ; on la trouve

dans ce fiecle à la date du Chancelier ou Bibliothécaire, mais non pas à celle de l'Ecrivain de la
bulle. Voyez ci-après *Date des Bulles*. Au 11ᵉ
fiecle, on ne l'admettoit encore que dans les
bulles les plus folemnelles. Il faut obferver que
depuis Léon IX, qui rendit cette date plus commune, les bulles commencerent plus fouvent
l'année de l'incarnation au 25 Mars qu'au premier Janvier. Cette regle, quoique plus générale, à prendre les chofes en total, fouffre cependant nombre d'exceptions : jufqu'à Nicolas II
inclufivement, on rendoit le plus fouvent cette
date par *anno Domini*, l'an du Seigneur; & ce
n'eft que fous fon fuccefeur qu'on ufa invariablement du terme d'incarnation.

Au 13ᵉ fiecle, les variations fur le point fixe
de l'année de l'incarnation, que l'on commença
ou au premier Janvier, ou au 25 Décembre, ou
au 25 Mars, ou même à Pâques, continuerent
comme dans les précédents : mais cette forte de
date, dans les 13ᵉ & 14ᵉ fiecles, ne fut pas, à
beaucoup près, fi commune que dans le 12ᵉ.
Dans le 15ᵉ, Eugene IV, fur la repréfentation
de Blondus de Forti, Secrétaire du Confiftoire,
renouvella la date de l'incarnation, qui étoit
tombée dans une efpece de défuétude, & voulut
qu'on fût exact à l'inférer dans les bulles & refcrits. Il n'eft pas l'auteur de cette date, comme
l'ont avancé plufieurs Ecrivains, mais feulement
le reftaurateur. Cette date, depuis ce Pape, a
fubfifté jufqu'à nos jours dans les bulles proprement dites, ou fcellées en plomb; car les brefs
de ce Pape, ou plutôt les lettres qui préparerent
les voies aux brefs, ne la portent point, non
plus que les *motus proprii* des fiecles fuivants.

Dans les Actes Ecclésiastiques.

Les dates des lettres & autres titres ecclésiastiques ont toujours varié sur l'époque du commencement de l'année, comme on l'a vu dans l'article précédent. Les actes du Concile de Twiford, en Angleterre, tenu en 685, sont un des plus anciens monuments où se trouve la date de l'incarnation. Elle se montre dans presque tous les actes ecclésiastiques du 8ᵉ siecle : dans le 9ᵉ elle n'est pas moins ordinaire ; mais on la prend souvent pour le jour de la naissance de Jésus-Christ. La plus commune des dates du 10ᵉ est celle de l'incarnation du Seigneur ; mais elle est diversement exprimée, & ne marche jamais seule. En Italie, les termes plus ou moins, *plus minusve,* accompagnent quelquefois cette date. Dans le 11ᵉ siecle, elle fut également suivie ; mais on continua à l'exprimer diversement, & à varier sur l'époque, ainsi que dans les 12ᵉ, 13ᵉ & 14ᵉ. Dans ce dernier siecle, les Espagnols la substituerent à la date de leur ere ; & les Portugais dans le 15ᵉ, mais sans exprimer toujours la formule *ab incarnatione.*

Dans les Diplomes & Chartes.

La date de l'incarnation ou de J. C. ne doit point paroître dans les diplomes de nos premiers Rois, à moins qu'elle n'y ait été fourrée par une main ignorante. Les Rois d'Angleterre commencerent dès le 7ᵉ siecle à dater leurs diplomes des années de l'incarnation, *Casley, a Catalog. of the Manuscr. plat.* 2. Une charte privée, qui contient une donation faite à l'Eglise de Dijon par

Ermenbert, eſt datée de l'incarnation, *Perard*, *p. 7 Hiſt. crit.* Quoique cette date ne fût pas encore en uſage en France, il n'eſt guere probable qu'elle n'y ait pas été du tout employée dans le 7ᵉ ſiecle, puiſqu'elle l'étoit en Angleterre. Dans le 8ᵉ ſiecle, la date de l'incarnation fut aſſez commune dans les diplomes & chartes de ce dernier royaume : mais en France, ſi cette date ſe rencontre dans les diplomes de Charlemagne, dernier Roi de ce ſiecle (ce que contrediſent pluſieurs Diplomatiſtes), elle s'y rencontre bien rarement, &, comme dit Dom Mabillon, *p.* 190 *de Re Dipl.* peut-être dans les diplomes d'État & de la premiere importance ; cependant elle ſe montre dans un diplome accordé à l'Abbaye de S. Arnould de Metz en 783. Charles le Gros n'eſt donc pas le premier qui ait introduit, comme on le prétend quelquefois, la date de l'incarnation dans les diplomes des Rois & des Empereurs : on peut ſeulement dire qu'il eſt le premier qui ait ordinairement daté ſes diplomes de l'incarnation, & qu'avant lui cette date étoit rare dans les diplomes royaux.

Dans le 10ᵉ ſiecle, la date de l'incarnation fut générale en France, en Allemagne, en Angleterre, &c.

Dans le 11ᵉ, depuis la mort de Guillaume le Conquérant, en 1087, la date de l'année de l'incarnation eſt aſſez rare dans les chartes anglo-normandes, au lieu qu'elle ſe trouve dans les chartes anglo-ſaxonnes.

Dans le 12ᵉ ſiecle, elle étoit ordinaire dans les diplomes & les chartes privées de France ; elle n'y étoit pas rare dans le 13ᵉ : mais en Normandie & autre part, au lieu de *l'an de l'incarna-*

tion, on mettoit quelquefois *l'an du Verbe in-carné*. Depuis le 14ᵉ fiecle, on a fouvent retran-ché le mot *incarnationis*, en datant fimplement *anno*, &c.

D'après ce que l'on vient de voir, on peut pó-fer en principes, 1°. que la date de l'incarna-tion, antérieure aux commencements du 6ᵉ fie-cle, feroit une preuve de faux : 2°. que depuis l'an 740, cette date ne doit faire naître aucun foupçon contre les actes des Conciles, même en France : 3°. que nos Rois Mérovingiens n'ont jamais daté des années de J. C. en aucune façon, quoique de pareilles dates fe trouvent affez com-munément dans les diplomes des Rois d'Angle-terre : 4°. que les diplomes de Charlemagne ne devroient point être rejetés parcequ'ils feroient datés des années de l'incarnation : 5°. qu'avant Charles le Gros, la date de l'incarnation étoit rare dans les diplomes de nos Rois, & que de-puis elle y fut fréquente : 6°. que, dans les bul-les, cette date, avant le 7ᵉ fiecle, ne doit pas paroître exempte de fufpicion ; Dom Mabillon ne l'avoit rencontrée dans aucune bulle non fuf-pecte antérieure à Léon IX ; cependant il ne faut pas faire un principe d'un argumeut auffi néga-tif, on peut feulement en inférer que cette date, jufqu'à ce Pape, n'y fut point commune : 7°. que, depuis le commencement du 12ᵉ fiecle, une bulle privilege doit porter la date de l'incarna-tion ; mais qu'une fimple bulle ainfi datée, de-puis 1159 jufqu'en 1250 environ, feroit très fuf-pecte ; au lieu que cette date fe montra enfuite indifféremment, quoique rarement, jufqu'à Eu-gene IV ; que depuis ce Pape elle ne fouffre point d'autre exception, que celle de certaines bulles hétéroclites, qui uniffent la fufcription des bulles avec les dates des brefs, & la fufcription des brefs avec les dates des bulles ; & que, ce cas excepté, une bulle depuis le 15ᵉ fiecle, qui n'énonceroit pas le terme d'incarnation, feroit fufpecte : 8°. qu'on ne peut rien conclure des différentes manieres de commencer les années de l'incarnation ; que cependant une bulle qui s'attacheroit encore au calcul de l'ere de Pife, après le milieu du 12ᵉ fiecle, deviendroit fufpecte, &, depuis le commencement du 13ᵉ, pourroit paffer pour fauffe : 9°. qu'on peut noter d'une pareille cenfure une bulle, depuis le 12ᵉ fiecle exclufivement, dont la date de l'incarnation anticiperoit de neuf ou de feize mois le calcul des François. *Voyez* ANNÉE.

Date de la Trabéation.

La date de la trabéation, *trabeâ carnis indutus,* que l'on trouve dans quelques actes eccléfiaftiques des 11ᵉ & 12ᵉ fiecles, eft la même que celle de l'incarnation, il n'y a que l'expreffion de différence.

De la Paffion de Jéfus-Chrift.

On met tout de fuite la date de la paffion de J. C. quoiqu'elle paroiffe devoir entrer dans une autre claffe de dates, parceque, dans le 11ᵉ fiecle, où on la voit fréquemment dans les actes eccléfiaftiques, elle eft quelquefois confondue avec l'année de l'incarnation. L'une & l'autre devoient naturellement différer de 33 à 34 ans ; cependant, comme l'on n'étoit point d'accord

sur

fur la durée de la vie de Jéfus-Chrift, celle de la paffion fut fujette à beaucoup de variations.

Du regne de Jéfus-Chrift.

C'eft pour la même raifon, qu'on place ici la date du regne de Jéfus-Chrift. On a vu plus haut que c'étoit une date générale pour marquer fimplement le temps du chriftianifme, fans autre note chronologique : mais il fut bien plus commun de la voir accompagnée de la date de l'année propre, comme qui diroit *l'an du regne de J. C. tel.* La lettre encyclique que l'Eglife de Smyrne écrivit à toutes les autres Eglifes, vers l'an 166, fur le martyre de S. Polycarpe, eft le plus ancien monument où l'on trouve la formule *regnante Jefu Chrifto*, fi ufitée dans les actes du moyen âge. On la trouve dans le 9ᵉ fiecle, & même auparavant, ainfi que dans les 10ᵉ & 11ᵉ inclufivement. Depuis ce dernier fiecle elle ne doit plus fe montrer : c'eft la feule regle qu'on en puifle déduire ; elle rentre alors dans l'efpece de la date de l'incarnation.

Dans la claffe des dates du temps font comprifes les dates des mois, des jours & des heures, ainfi que celles des féries, des dimanches & des fêtes. On va voir ce que chacune peut répandre de lumiere fur la Diplomatique.

Dates du mois.

Il y a des chartes qui fe trouvent datées du mois fans l'être du jour : mais la date du jour eft toujours accompagnée de celle du mois. Depuis l'an 1000 jufques vers le 15ᵉ fiecle environ, l'on

Tome I. Y

datoit du mois aſſez ſinguliérement en Italie & en quelques autres endroits : on partageoit chaque mois en deux parties égales dans les mois de 30 jours, & inégalement dans les mois de 31 jours ; en ſorte que dans ceux-ci la premiere partie étoit de 16 jours, & la ſeconde de 15. On caractériſoit la premiere partie d'un mois quelconque par ces mots, *intrante* ou *introeunte menſe* ; & la ſeconde par ceux-ci, *menſe exeunte, ſtante, inſtante, aſtante, reſtante.* Les jours de la premiere portion du mois étoient marqués 1, 2, 3, &c. ſelon l'ordre direct ; ceux de la ſeconde ſuivoient l'ordre rétrograde, à la romaine : ainſi la date *XV die exeunte Januario* étoit le 17 de Janvier ; *XIV die exeunte,* le 18 ; *XIII exitûs Januarii,* le 19 ; & ainſi de ſuite. On rencontre même, en France, dans les actes publics, nombre d'exemples de ces dates. On trouve la date du mois dès les premiers ſiecles, entre autres dans la lettre encyclique de l'Egliſe de Smyrne de l'an 166. Sans être conſtante, elle s'eſt montrée dans chaque ſiecle ; & dans le 12ᵉ on data encore, dans quelques actes eccléſiaſtiques, du jour du mois entrant ou finiſſant, ainſi que du commencement, du milieu & de la fin du mois. Cette date eſt une de celles qui furent le plus univerſellement ſuivies, & on l'obſerve encore aujourd'hui rigoureuſement.

Dates des ſemaines & des jours.

Il eſt rare que les ſemaines entrent dans la date des chartes ; au moins on n'en connoît pas d'exemple, à moins que l'on ne mette de ce nombre les dates des dimanches & des fêtes, dont il fera queſtion ci-après. Mais la date du jour fut très uſitée. La différente maniere de commencer le jour, ou à minuit, ou à midi, ou au coucher ou au lever du ſoleil, peut faire que deux chartes datées du même quantieme l'aient été en deux jours différents ; mais elle ne peut pas opérer dans les dates une différence de plus d'un jour.

Les dates romaines des calendes, des nones & des ides ſont une matiere qui a été ſi ſouvent rebattue, qu'il paroît inutile d'en expliquer la nature : il ſuffira d'avertir que cette ſorte de date fut la plus commune juſqu'au 13ᵉ ſiecle, & que vers ce temps on y ſubſtitua généralement notre mode ſimple & naturelle. Il eſt cependant bon d'obſerver qu'au lieu de compter à rebours, par exemple, le 4 des nones de Janvier, le 8 des ides, le 19 des calendes, pour le 2, le 6 & le 14 de ce mois, on diſoit quelquefois le premier des nones de Janvier, & ainſi juſqu'à quatre ; le premier des ides, & ainſi juſqu'à huit ; le premier des calendes, & ainſi juſqu'à dix, neuf.

La date du jour du mois ſe trouve dans les plus anciens monuments diplomatiques, tant eccléſiaſtiques que laïques, & eſt même la plus ordinaire dans les premiers ſiecles. Un diplome de l'Empereur Galba, le ſeul que l'on connoiſſe du premier ſiecle, inſcrit ſur deux tables de cuivre attachées enſemble en forme de feuilles de livres, eſt daté du jour du mois. La lettre de Saint Ignace aux Romains, du 2ᵉ ſiecle, porte la date du jour par les calendes, ainſi que la lettre encyclique de l'Egliſe de Smyrne dont il a été parlé ci-deſſus. En un mot, c'eſt une des dates qu'on trouve le plus univerſellement, tant dans les refcrits des Empereurs, & des Rois de France même de la premiere race, que dans les bulles, dans les actes eccléfiaftiques, & dans les chartes privées de tous les fiecles, lorfque ces titres portent des notes chronologiques du temps où ils ont été formés. Aux 13ᵉ & 14ᵉ fiecles, elle n'étoit pourtant point encore regardée comme affez effentielle, pour qu'on ne l'omît pas quelquefois. Les feules obfervations que l'on puiffe faire fur cette date, c'eft que, 1°. dans le 5ᵉ fiecle, & probablement auparavant, les édits & les refcrits des Empereurs offrent quelquefois deux dates de jour ; celle du jour où ils ont été donnés, & celle du jour de leur réception. 2°. Les bulles originales ont prefque toujours exactement marqué la date du jour du mois. Pendant les cinq à fix premiers fiecles, cette date s'exprimoit par les calendes, les nones & les ides ; mais depuis la fin du 6ᵉ jufques vers la fin du 11ᵉ, quelques bulles nous offrent le quantieme du mois à notre maniere. Cette mode, depuis l'an 1450, fut réfervée pour les brefs, & les calendes pour les bulles.

Date de l'heure.

La date de l'heure eft une des plus rares dans les actes quelconques ; on la voit cependant, dès les premiers temps, dans la lettre encyclique de l'Eglife de Smyrne au fujet du martyre de Saint Polycarpe. Depuis ce temps jufqu'au 13ᵉ fiecle, où l'on commença à la marquer dans les dates des chartes, *Ampliff. Collect. t.* 1, *col.* 1347, on ne la trouve prefque plus. Dans un acte de la fin du 14ᵉ fiecle, elle fe trouve finguliérement exprimée : on la lit ainfi : *Die fextâ Augufti,*

horâ quaſi poſt occaſum ſolis, die tamen adhuc
exiſtente, adeò quòd una littera poſſet legi, Dipl.
pratiq. *p.* 111. Cette maniere de rendre l'heure
du crépuſcule eſt originale.

Date des Féries, Dimanches & Fêtes.

Les dates des fêtes, dimanches & féries ſe rencontrent de temps en temps dans les chartes,
même avant le 9ᵉ ſiecle : de là au 13ᵉ, elles parurent plus fréquentes ; mais depuis cette époque, c'eſt-à-dire depuis le 13ᵉ, elles devinrent
preſque générales. Auparavant, il étoit rare de
dater du lundi, mardi, mercredi, jeudi, &c.
on aimoit mieux ſe ſervir du nom de férie ſeconde, troiſieme, quatrieme, cinquieme, &c.
Ce n'eſt auſſi que depuis le commencement du
13ᵉ ſiecle, qu'il devint ordinaire de dater d'un
tel jour devant ou après tel dimanche, telle fête,
ou tel jour de ſon octave.

C'eſt dans des pieces du 9ᵉ ſiecle, que l'on a
rencontré pour la premiere fois, *Pérard, p.* 22....
Baluze, Capitul. t. 2, *col.* 587.... *Nouv. Traité
de Dipl. t.* 5, *p.* 460, les dates des dimanches &
des fêtes ; on n'en a point encore trouvé d'exemple antérieur : mais dans le 11ᵉ ſiecle elles ne
ſont point rares, non plus que dans le 12ᵉ. Dans
ce dernier ſiecle, où l'on fit uſage de la date des
féries, la date du dimanche eſt quelquefois dé-
ſignée par les premiers mots de l'introït de la
meſſe du jour, comme l'on dit encore le dimanche *Judica,* le dimanche *Lætare.* Ce dernier
uſage fut fort commun dans le 13ᵉ ſiecle, & ne
fut point inuſité dans le 14ᵉ. Ceci regarde les
actes eccléſiaſtiques ; car autrement la premiere

Y iij

proposition de cet article seroit fauffe, puifque
l'on connoît un diplome accordé à l'Abbaye de
Saint Arnould de Metz en 783, où l'on trouve
une date d'un jour de fête. Il eft vrai que, dans
les actes laïques du 9ᵉ fiecle, ces dates de fêtes
& dimanches n'étoient point rares, & que de là
jufqu'au 15ᵉ, on en trouve des exemples de plus
d'une efpece : il fuffit d'en citer un dont la rencontre pourroit embarraffer. Dans l'Hiftoire du
Dauphiné, *Valbonais, t. 2, p. 119*, on trouve
un diplome de Humbert premier, daté de l'an
1302 *in die dominica carnis privii novi*. Il y avoit
alors *dominica carnis privii novi*, & *dominica
carnis privii veteris. Dominica carnis privii* veut
dire en général le dimanche gras. On diftinguoit
le nouveau & l'ancien, parcequ'avant qu'on eût
avancé la quadragéfime de quatre jours, pour
compenfer les dimanches que l'on ne jeûnoit
pas, le dimanche qui eft actuellement le premier dimanche de carême, étoit alors le dimanche gras. Ayant été compris dans la fainte qua-
rantaine, on le compta toujours en quelques
pays pour le dimanche gras ancien, & le dimanche de la quinquagéfime pour le dimanche gras
nouveau.

Date de la Lune.

Depuis le 9ᵉ fiecle, & fur-tout depuis le 11ᵉ
où l'on commença à étudier avec ardeur le calcul eccléfiaftique, on rencontre des dates du jour
de la lune, des fêtes mobiles, & d'autres notes
chronologiques qui ne font point affez fpécifiées
pour faire connoître tout de fuite le quantieme
qu'elles veulent indiquer : il faut alors avoir
recours au célebre ouvrage de l'*Art de vérifier les*

dates ; c'eft un calendrier perpétuel dans lequel on trouve la nomenclature de toutes les dates des chartes & des chroniques.

Dates du lieu.

Après avoir parcouru ce qui regarde les dates de temps, il eft à propos de jeter un coup d'œil rapide fur les dates de lieu, pour paffer de là aux dates des perfonnes. La date du lieu apprend dans quelle ville, dans quelle place, dans quel château un diplome a été dreffé. Avant le 12e fiecle, il étoit rare qu'après avoir daté d'une ville, on fpécifiât le palais où la piece avoit été donnée : mais dans ce fiecle, on détermina le lieu précis de la confection de l'acte. Au 13e, on porta l'exactitude jufqu'à marquer la falle dans laquelle on l'avoit paffé. Au refte, cette date du lieu n'étoit point exigée par les Loix Romaines, & n'eft requife que depuis l'ordonnance de 1462, confirmée par celle de Blois, qui ordonne que les Notaires mettront le lieu & la maifon où les contrats font paffés ; par conféquent les actes antérieurs font foi, *Guénois, Confér. des Coutum. fol.* 116, fans l'obfervation de cette date.

Dans les Bulles.

Ce n'eft que dans le 9e fiecle, que l'on commence à trouver dans des bulles la date du lieu. Celles où l'on en voit les premiers exemples, font de Jean VIII. Cette date, qui n'étoit jamais paffée en coutume dans les refcrits apoftoliques, & qui n'y avoit paru que de loin en loin, vers le milieu du 11e fiecle, devint conftante ; & dès le

Y iv

12ᵉ, elle y devint invariable ; on doit l'y voir dans toutes les bulles poftérieures.

Dans les Actes eccléfiaftiques.

On commence dès le 9ᵉ fiecle à appercevoir la date du lieu dans les actes eccléfiaftiques. Il eft queftion ici de la date fpéciale du lieu ; car il n'eft guere probable que l'on puiffe caractérifer ainfi le terme *publicè*, que l'on trouve dans quelques dates des chartes de ce fiecle, par lequel on vouloit noter qu'elles avoient été données *publiquement*. Quelques-uns penfent cependant que ce terme défignoit, dans les diplomes de nos Rois, le palais du Prince, qui étoit regardé comme une maifon publique de Juftice. Les actes eccléfiaftiques portent encore la date du lieu dans les 10ᵉ & 11ᵉ fiecles. Dans le 12ᵉ, elle fut bien plus commune : mais dans le 13ᵉ, elle n'étoit point encore générale, non plus que dans le 14ᵉ.

Dans les diplomes & chartes privées.

La date du lieu dans les actes laïques eft bien antérieure à ce que nous venons de voir. Les loix des Empereurs du 14ᵉ fiecle la portent expreffément, quoique pas invariablement. Leurs édits & refcrits, dans le 5ᵉ fiecle, ont affez fouvent la même note locale. Dès le 7ᵉ, les diplomes de nos Rois l'offrent affez communément ; mais le terme de palais eft plus rare dans ces dates fous les Mérovingiens, qu'il ne le fut fous les Carlovingiens. Dans le 9ᵉ fiecle, elle fut fi ufitée, que l'on voit des chartes privées qui ne portent point d'autre date. De là jufqu'à nos jours elle ne doit faire naître aucune difficulté :

mais ce qui pourroit en occafionner, c'eft, par exemple, que dans le 14ᵉ fiecle on trouve des ordonnances portant le nom du Roi Jean, & qui font datées de Paris, dans un temps où il eft certain qu'il n'y étoit pas. Cependant ces actes ne doivent pas pour cela être fufpects, puifqu'ils font dépofés dans des regiftres publics, refpectables par leur antiquité. Il vaut mieux en faire une regle, & pofer en principe que les lettres royaux des 14ᵉ, 15ᵉ & 16ᵉ fiecles ne doivent point être fufpects pour porter la date d'un lieu où le Roi ne pouvoit être. Voyez *le Nouv. Traité de Diplomatique, t. 4, p. 664,* qui démontre cette regle par des faits inconteftables.

En général, la date du lieu eft très ancienne, quoiqu'inconftante; & l'omiffion de cette date ne doit faire naître des foupçons que depuis le commencement du 12ᵉ fiecle.

Date des perfonnes.

Sous le nom de dates des perfonnes, on comprend toutes celles qui ont affigné l'époque de l'élévation de quelqu'un à une dignité, ou qui partent de ce point. Ainfi les dates des Confuls ou du Confulat, les dates des Empereurs, ou de leur élévation à l'Empire, les dates des Papes ou des Evêques, ou de leur exaltation au Pontificat, les dates des Rois, ou de leur regne, &c. &c. vont faire la matiere des difcuffions fuivantes, effentielles à la Diplomatique.

Date du Confulat.

Tout acte public étoit nul par les loix romaines, s'il ne portoit la date du jour & du Conful;

mais cette loi ne regardoit que les actes originaux, & l'authenticité des copies ne dépendoit pas de ces dates. Au lieu de la date des Confuls, on ne datoit quelquefois que de telle année après le Confulat de tel & tel : ou bien, fur-tout depuis le 5ᵉ fiecle, on ne nommoit qu'un Conful dans les actes faits en Occident ; & alors il étoit queftion du Conful d'Occident. *Voyez* Consul. Il faut fuivre, pour éclaircir cette date, ce que les bulles, les actes eccléfiaftiques, les diplomes, & les chartes privées peuvent fournir de lumiere de fiecle en fiecle.

Dans les bulles.

Les quatre premiers fiecles ne fourniffent aucune piece d'examen fur cet objet. Les lettres des Papes du cinquieme datent après le quantieme du mois du Confulat ou après le Confulat. Pendant ce fiecle & le fuivant, il arriva plufieurs fois qu'il n'y eut qu'un Conful ; mais, indépendamment de cette raifon, depuis la fin du pontificat de Gélafe, il eft très rare de trouver des lettres des Papes datées de deux Confuls, parcequ'en Orient on datoit du Conful d'Orient, & en Occident du Conful d'Occident.

Sous le Pape Vigile, vers le quart du 6ᵉ fiecle, commença la fameufe époque d'après le Confulat de Bafile, dont on ne ceffa de fe fervir qu'en 567.

Les bulles privileges du 7ᵉ fiecle nous offrent ordinairement la date du Confulat des Empereurs, & elles n'en doivent point montrer d'autre dans cette efpece ; car toute bulle poftérieure au commencement du 7ᵉ fiecle, qui porteroit la

date d'un ou de deux Confuls, autres que les
Empereurs, devroit être déclarée fauffe. Les Papes fuivirent le même ufage dans quelque piece
du 8e & même du 9e fiecle, malgré la reftauration de l'Empire d'Occident. Mais la derniere
fois qu'on ait trouvé dans les bulles des traces
du poft-Confulat des Empereurs, c'eft dans une
bulle du Pape Formofe : auffi vers la fin de ce
9e fiecle, la date de leur Confulat, ou poft-
Confulat, difparut entiérement, au point qu'une
bulle, portant l'une de ces deux dates, feroit
fufpectée au 10e fiecle, violemment foupçon-
née au 11e, & réputée fauffe au 12e.

Dans les Actes eccléfiaftiques.

Les actes finceres du martyre de S. Ignace,
Ruinart, p. 22, édit. 2, portent la date des
Confuls : c'eft le plus ancien monument eccléfiaftique où cette date foit marquée. Dans le
même 2e fiecle, la lettre encyclique de l'Eglife
de Smyrne à toutes les autres Eglifes, nous offre
la date du Proconfulat, qui ne fut rien moins
que commune. Dans le 4e fiecle, ces actes, excepté les profeffions de foi, portent affez exactement la date du jour & du Conful. Le Concile
d'Afrique, tenu fous Innocent I, au 5e fiecle, en
fit une loi dans fon cinquante-fixieme canon,
pour les lettres d'ordination. Cet ufage étoit alors
fuivi dans les Gaules, quoiqu'elles ne fiffent
plus partie de l'Empire.

Au 8e fiecle, la date du poft-Confulat étoit
employée encore dans les pieces eccléfiaftiques ;
mais la date des regnes l'éclipfa petit à petit dans
le fiecle fuivant.

Dans les Diplomes & Chartes.

Les loix impériales des quatre premiers siecles
sont datées du jour, du mois, du lieu, & des
Consuls. C'étoit toujours alors des Consuls ordinaires dont il étoit question, & jamais des
Consuls subrogés. Quelquefois cependant l'une
de ces dates manque, & les Consulats des Empereurs sont les dates où il y a le plus de confusion. Mais dans les lettres des particuliers du
premier siecle, celle des Consuls est la plus rare,
quoiqu'on en trouve des exemples, & celle du
jour du mois est la plus ordinaire. Mêmes usages
au 5e siecle; mais après le milieu de ce siecle, il
étoit ordinaire de ne dater que d'un seul Consul.
Une remarque essentielle, c'est que l'on a des
preuves certaines que les actes publics de ce siecle n'étoient pas toujours datés des Consuls ordinaires. On exprimoit quelquefois la vacance du
Consulat par cette formule originale: *Sous les
Consuls que nommeront les Augustes.* Dans le 6e siecle, les Romains datoient plus souvent des Consuls & du post Consulat, que les Gaulois, à qui
cette date n'étoit cependant pas étrangere dans
les chartes privées. Car jamais nos premiers
Rois, qui vouloient sans doute marquer leur indépendance, n'ont daté des Consuls. C'est la seule
regle que l'on puisse tirer, sans exception, de la
date du Consulat dans les actes laïques.

Date du Pontificat des Papes & des Evêques.

Avant le 9e siecle, les dates du Pontificat des
Papes & des Evêques étoient rares; mais depuis

d'érection des grands fiefs en souveraineté, les Evêquesse crurent en droit d'aspirer à la même élévation, & d'affecter le même honneur. Ils daterent de leur Episcopat ; & on vit des Rois mêmes se servir de cette nouvelle maniere de dater, qui avoit déja passé en coutume dès le 11ᵛ siecle. Comme dans le 13ᵉ on faisoit parade d'une foule de dates, on y mit quelquefois jusqu'à celles des Abbés, des Archidiacres, &c. &c.

Dans les bulles.

Dès le 7ᵉ siecle, la date du pontificat des Papes étoit en usage, quoique non constant, malgré ce qu'en disent nombre de Critiques, qui reculent cette époque jusqu'à la donation que Pépin fit au Pape, en 755, de la seigneurie temporelle de Rome, de l'exarchat de Ravenne, de la Pentapole, &c. &c. Le 8ᵉ siecle rendit cette date plus commune ; mais alors on la prit plus ordinairement du jour de leur ordination ou consécration, jusqu'au commencement du 12ᵉ siecle ; & depuis, du jour de leur élection. Au 9ᵉ siecle, cette date y devint plus fréquente : au 10ᵉ elle s'accrédita au point qu'il n'est presque plus de privilege où elle ne se trouve : au 11ᵉ siecle elle étoit en même honneur, &, sans la prodiguer dans les bulles de peu d'importance, on l'admettoit dans les plus solemnelles. Dans les siecles suivants, mais constamment depuis Eugene IV, cette date doit paroître dans les bulles. Il faut observer que, depuis le 14ᵉ siecle au moins, la Chancellerie Romaine comptoit les années du pontificat, non du jour de l'élection, mais de celui du couronnement.

Avant le 6ᵉ fiecle, la date du pontificat dans les bulles prouveroit donc la fuppofition, & pendant ce fiecle, elle donneroit lieu au foupçon. Elle ne commence pas aux inveftitures, fur le déclin du 11ᵉ fiecle, comme quelques-uns le prétendent, puifque les 8ᵉ, 9ᵉ, 10ᵉ & 11ᵉ fiecles, en fourniffent des exemples. Depuis cette derniere époque, elle eft néceffaire fous peine de fufpicion dans les bulles pancartes, & dans les fimples bulles, feulement depuis l'an 1220.

Depuis le 8ᵉ fiecle inclufivement jufqu'au 15ᵉ, les dates de l'épifcopat, de l'ordination ou du pontificat des Evêques furent communes dans les actes eccléfiaftiques; au 11ᵉ fiecle, la plupart des Prélats daterent leurs chartes de l'année de leur élévation. Au 12ᵉ, on trouve des pieces datées, non feulement du pontificat & de l'ordination, mais même de la mort des Prélats. Au 13ᵉ, la date de l'épifcopat étoit encore très fréquente; elle diminua au 14ᵉ pour finir au 15ᵉ.

On peut obferver en paffant que les Ducs, Comtes & Marquis fuivirent l'exemple des Prélats, & s'arrogerent la même prérogative.

Date du regne des Empereurs & des Rois.

Quoique de toutes les notes chronologiques, la date du regne des Souverains foit peut-être la plus ancienne, comme le prouvent les médailles; cependant ce fut Juftinien qui le premier, profitant du long efpace de temps qui s'écoula fans Confuls, établit la mode de dater du regne des Empereurs, & ordonna de marquer dans tous les actes publics l'année de fon empire, fans préjudice des autres dates. Cette nouvelle formalité à dû commencer dans les actes publics la onzieme année de Juftinien, indiction premiere, c'eft-à-dire au premier Septembre de l'an de J. C. 537. Les Rois barbares qui s'étoient établis fur les débris de l'Empire, & en particulier les Monarques François, l'avoient précédé dans cet ufage. Cependant l'époque fixe de l'année du regne ne fut pas toujours ftrictement marquée dans les diplomes. Quand cette date avoit lieu, les Mérovingiens l'annonçoient eux-mêmes : *Donné telle année de notre regne.* Cette formule fut d'ufage jufqu'à Louis le Débonnaire. Sous les Carlovingiens, jufqu'aux trois premiers regnes de la troifieme race, les Notaires exprimoient eux-mêmes qu'ils faifoient l'acte fous l'année d'un tel Roi. Après Philippe I, on revint à peu près à l'ancien ufage des Mérovingiens. Les grands Feudataires de la Couronne datoient également du regne des Rois de France, *De Re Dipl. p.* 213 ... *Lobineau, Hift. de Bretag. t.* 2, *p.* 316, preuve qu'ils en reconnoiffoient la fuzeraineté.

Pendant un interregne, on datoit de la mort du Prince précédent, *Longueruë, Annal. Francor. inter Gallic. fcriptor. Bouquet, t.* 3, *p.* 703, & cela étoit dans toutes les regles. Mais dater de la mort d'un Roi pendant le regne d'un autre, c'eft ce qui eft furprenant, & qui n'eft cependant pas fans exemple, *Vaiffette, Hift. de Lang. t.* 1, *p.* 534.

Les dates des regnes ont été fujettes à des variations fans nombre. Souvent elles ne femblent s'accorder, ni entre elles, ni avec ce que l'hiftoire nous enfeigne ; & de là des demi-Antiquaires fe font crus en droit de rejetter une infinité de titres vrais, fur ce que la date ne leur pa-

roiſſoit pas juſte. Pour applanir cette difficulté ;
il faut ſavoir, *Cochin*, *t.* 6, 260, 393, 391,
que le regne d'un ſeul Roi formoit pluſieurs
époques ; ainſi l'on partoit, tantôt du regne de
Charlemagne ſur les François, tantôt du regne
de Charlemagne ſur les Lombards, & tantôt de
l'Empire de Charlemagne. Pour un autre Prince,
on datoit de ſon ſacre, qui s'étoit ſouvent fait du
vivant de ſon pere, de ſon avénement à la Couronne, de ſon mariage, de la conquête de pluſieurs royaumes en différents temps, &c. &c.
Quelques-uns comptoient, ſelon la révolution
complette d'une année de regne, d'autres les ſup-
putoient caves, c'eſt-à-dire que, le Prince étant
parvenu à la Couronne au milieu ou à la fin
d'une année civile, on la réputoit toute entiere,
quoiqu'incomplette. Enfin l'époque qu'avoit en
vue le Notaire étoit très ſouvent connue ; quelquefois elle a été très long-temps incertaine, &
ne s'eſt manifeſtée que dans la ſuite, par la découverte de quelques pieces qui n'avoient point encore paru ; ou elle eſt demeurée inconnue, & ſe
découvrira peut-être quelque jour. On va voir
des preuves de ces variations en parcourant les
uſages des pieces eccléſiaſtiques & laïques reſpectivement à cette date.

Dans les Bulles.

Le Pape Vigile fut le premier des Souverains
Pontifes qui introduiſit dans ſes bulles la date
du regne des Empereurs. Elle ſe perpétua depuis
Vigile juſques vers le milieu du 11ᵉ ſiecle. Auparavant les Papes n'avoient jamais daté de l'empire de qui que ce ſoit. Dans le 7ᵉ ſiecle, les
bulles

bulles un peu folemnelles font mention de cette date, ainfi que de celle de leur Confulat ou poft-Confulat. Cependant les dates des années des Empereurs étoient quelquefois omifes. Dans le 8ᵉ fiecle, cette date fut également fuivie : on voit même une bulle d'Adrien I, datée en même temps des années de l'Empereur Grec & du patriciat de Charlemagne. Depuis le rétabliffement de l'Empire d'Occident par nos Rois, les dates de leur couronnement fuccéderent à celles des Empereurs Grecs, dont il ne fut plus mention dans les bulles. La date des années des Empereurs fe retrouve encore communément au 10ᵉ fiecle. Au commencement d'Othon, les Papes recommencerent à dater des années des Empereurs ; ce qu'ils avoient interrompu pendant l'interregne : mais depuis cette époque, la date du regne des Empereurs ne fut plus fi fréquente. On voit une bulle de Léon VII datée du regne de Louis d'Outre-mer ; ce qui eft très extraordinaire : on préfume que c'eft parceque le privilege qu'il accorde eft pour l'Eglife de S. Martin de Tours.

Depuis l'an 1038, il ne fut plus queftion de date des années de l'Empereur, même dans les bulles privileges les plus folemnelles : d'où il faut conclure que toute bulle datée de l'année d'un Empereur, après le 11ᵉ fiecle, feroit fauffe, fi elle ne pouvoit être excufée par quelques raifons appuyées fur des faits conftants. De ce qui a été dit plus haut, on peut inférer encore que l'omiffion de la date des Empereurs dans les bulles, depuis le milieu du 6ᵉ fiecle jufqu'au milieu du 11ᵉ, ne doit leur porter aucune atteinte : qu'une bulle antérieure au 6ᵉ, & poftérieure au 8ᵉ, portant la date des Empereurs de Conftantinople,

Tome I.   Z

seroit au moins très suspecte ; qu'elle seroit évidemment fauße, si elle portoit la date de l'Empereur d'Occident depuis 919 jusqu'en 962 , puisqu'il n'y en eut point.

Dans les Actes ecclésiastiques.

Dès le 6ᵉ siecle , les Eglises d'Espagne & de France avoient déja commencé à dater leurs actes du regne de leurs Rois , comme on le voit par le Concile de Tarragone , de 516 , & par le cinquieme Concile d'Orléans , qui est le premier qui ait daté du regne de nos Souverains : on dit qu'il est le premier ; car le Concile d'Agde de 506 , antérieur à celui d'Orléans , date du regne d'Alaric , Roi des Visigoths , sous l'empire duquel étoit cette ville. Cette date se soutint constamment , mais non pas universellement , dans tous les siecles suivants : dans le 11ᵉ , elle étoit même presque sans exception.

Dans les Diplomes & Chartes.

Il a été dit que Justinien avoit ordonné le premier que la date des années des Empereurs fût marquée dans les actes publics ; & ce fait est certain : mais quoiqu'elle ne fût pas prescrite plutôt , cela n'empêche pas que cette date ne pût paroître antérieurement à Justinien , soit sur les médailles , soit sur d'autres monuments quelconques. Tout le monde convient, *Tillem. Hist. des Emp. t. 3 , p.* 621 , 629 , 639 , qu'il y a bien des fautes dans les dates des loix impériales ; & cela peut venir en partie de la différente maniere d'envisager les regnes des Empereurs. Au second

& en partie au troisieme siecle, le regne des Empereurs se compte pour l'ordinaire du temps qu'ils ont pris le titre d'Augufte, & non pas de celui où ils ont été reconnus pour Empereurs par le Sénat : mais à la fin du 3ᶜ siecle, & dans le 4ᶜ, on compte leur regne du temps qu'ils ont été faits Céſars.

Aux cinquieme & sixieme siecles.

Les diplomes de nos premiers Rois, outre la date du jour à la mode des Romains, ajoutent la date de leur regne ; ce qui leur eſt particulier : & ils excluent les dates des Empereurs, pour marquer leur indépendance. Les dates des chartes privées des Romains & des Gaulois, dans le 6ᵉ siecle, étoient à peu près les mêmes, & ne différoient que parceque les uns datoient plus souvent du Conſulat des Empereurs, & les autres plus souvent du regne de leur Roi. Cette derniere date cauſe souvent bien de la confuſion, l'année d'un Prince ne commençant pas toujours lors de ſon avénement au Thrône, mais quelquefois avec l'année civile : en ſorte que tantôt il faut compter les regnes par les années courantes, & tantôt par les années révolues.

Au septieme siecle.

Au 7ᵉ siecle, la date des regnes de nos Rois devint ſi commune, que ſouvent elle ſe trouve toute ſeule dans les diplomes. En Italie, on datoit encore, dans ce siecle, des années des Empereurs, *Allat. Animad. in Antiquit. Etrusc. p. 67.*

Au huitieme.

Dans le 8ᵉ siecle, Charlemagne, juſqu'à l'an

Z ij

8oo, data de fon regne en France, & de fon regne en Italie : les commencements de ces deux regnes ont plufieurs.époques différentes, qui embarraffent très fouvent. La mort de fon pere Pépin, fon couronnement, la mort de fon frere Carloman, qui le fit regner feul, font autant de points d'où l'on eft parti pour dater de fon regne en France. Pendant les interregnes, ou fous des Princes qu'on ne reconnoiffoit pas pour Rois, les chartes privées de ce fiecle, où la date des regnes étoit fort en ufage, datoient de telle année après la mort du dernier Roi.

Au neuvieme.

Dans les fiecles fuivants, mais fur-tout au 9e, en France & en Allemage, les regnes des Princes fe comptent fréquemment en marquant une nouvelle année de regne au commencement de l'année civile, qui fe prenoit alors à la fête de Noël. Ainfi un Prince étant monté fur le Thrône le 20 Décembre, par exemple, on datoit jufqu'au 25 de la premiere année du regne ; & au 25, on commencoit à dater de la feconde année, parceque l'on n'avoit égard qu'à l'année civile, & non à la révolutiou de 365 jours depuis le commencement du regne. Outre cette façon de compter les années des regnes dans le 9e fiecle, on partit encore de différentes époques pour en dater : ainfi l'on diftingue deux époques dans les dates des diplomes de Louis le Débonnaire. Il ne comptoit les années de fon regne fur l'Aquitaine, que depuis la fête de Pâque de 781, jour auquel il avoit été couronné Roi à Rome, quoiqu'il eût été nommé Roi d'Aquitaine dès fa naiffance. La feconde époque eft celle de fon empire, qu'on fixe au 28 Janvier 814, quoiqu'il eût été couronné Empereur au mois de Septembre 813.

On diſtingue au moins quatre époques du regne de Lothaire dans les dates de ſes diplomes. La premiere ſe prend au 31 Juillet 817, quand il fut aſſocié à l'Empire par Louis le Débonnaire. La ſeconde commence en 822, temps où il fut envoyé dans le royaume d'Italie. La troiſieme part de l'an 823, lorſqu'il reçut la couronne impériale des mains du Pape. La quatrieme eſt priſe de l'an 840, où il ſuccéda à l'Empire après la mort de ſon pere.

Les dates des diplomes de Louis II, fils de l'Empereur Lothaire, ont auſſi quatre époques différentes. La premiere eſt de l'an 844, lorſqu'il fut déclaré Roi d'Italie. La ſeconde eſt de l'année 849, quand il fut aſſocié à l'empire par ſon pere. La troiſieme ſe prend au 2 Décembre 849, jour auquel il fut ſacré Empereur. La quatrieme part de l'an 855, lorſqu'il ſuccéda à ſon pere le 28 Septembre.

On compte juſqu'à ſix époques du regne de Charles le Chauve conſtatées par des dates. La premiere eſt de l'an 837, lorſque ſon pere lui donna le royaume de Neuſtrie; la ſeconde, de l'an 838, lorſqu'il fut fait Roi d'Aquitaine; la troiſieme, de 839, lorſqu'il reçut le ſerment de fidélité des Seigneurs de ce royaume; la quatrieme, de l'an 840, lorſqu'il ſuccéda à Louis le Débonnaire; la cinquieme, de l'an 870, le 9 Septembre, lorſqu'il fut couronné à Metz Roi de Lorraine; enfin la ſixieme, de l'an 875, le 25 Décembre, lorſqu'il fut couronné Empereur.

Charles le Gros employa également diverſes époques dans ſes dates. La premiere part de la mort de son pere le 28 Août 876 ; la seconde, de l'an 879, quand il fut fait Roi de Lombardie ; la troisieme, de Noël 880, jour auquel il fut couronné Empereur ; la quatrieme, du 20 Janvier 882, jour de la mort de son frere Louis, Roi d'Austrasie ou de la France orientale ; la cinquieme, de l'an 884, époque de la mort de Carloman, Roi de France.

Louis de Baviere date aussi de diverses époques. La premiere est de la fin de l'an 825 ; la seconde, de l'an 833 ou 834 ; la troisieme, de l'an 838 ; & la quatrieme, de l'an 840.

Les Savants admettent plusieurs époques de commencement de regne dans les diplomes du Roi Eudes. Les deux principales sont les années 887 & 888. Cette derniere est l'époque de son couronnement.

La premiere époque du regne d'Arnould est du mois de Novembre de l'an 887, lorsqu'il fut déclaré Roi de Germanie après la déposition de Charles le Gros ; la seconde est de l'an 894, lorsqu'il passa en Italie ; la troisieme est l'année de son élévation à l'Empire en 896.

Les autres Rois datent plus communément d'une seule époque ; c'est du commencement de leur regne.

Une observation essentielle relative à cette matiere, c'est que les Souverains n'étoient pas toujours reconnus, aussi tôt leur exaltation, dans toutes les parties du royaume ; c'étoit quelquefois deux, trois, quatre ans plus tard, *Ménard, Hist. de Nismes, t. 1, p. 134.* C'est ainsi que le commencement d'un même regne change d'époque dans divers pays.

La plus ordinaire des dates usitées dans les char-

tes privées au 9ᵉ siecle est celle des regnes des Rois
& des Empereurs. Nous avons déja vu qu'on datoit de la mort d'un Roi. Dans ce siecle, on datoit *du regne de Jésus-Christ,* regnante Christo,
dans l'attente d'un Souverain. Cette formule fut
même usitée dans des pays qui avoient leur Roi,
mais qui ne l'avoient pas encore reconnu.

Au dixieme siecle.

Plusieurs Souverains du 10ᵉ siecle daterent
leurs diplomes de différentes époques de regne.
Charles le Simple en employa quatre : la premiere, le 28 Janvier 893, année de son couronnement ; la seconde, le 3 Janvier 898, année de la mort du Roi Eudes, où il devint alors
maître de toute la monarchie françoise ; la troisieme, le 21 Janvier 912, année de la mort de
Louis de Germanie, où il commença à regner
sur la Lorraine ; la quatrieme, l'an 900, lorsqu'il
fut reconnu dans la Septimanie & l'Aquitaine.

Raoul date de l'année de son couronnement
923.

Louis d'Outremer date de son sacre en 936,
quelquefois de la mort de son pere Charles le
Simple en 929.

Lothaire, fils de Louis d'Outremer, data fort
rarement ses diplomes de son association à la
royauté en l'an 952, du vivant de son pere,
mais communément de son couronnement, l'an
954.

Louis V, fils de Lothaire, & le dernier Roi
de la seconde race, fut associé l'an 979 à la
royauté par son pere, avec lequel il accorda quelques diplomes : on n'en connoît pas qu'il ait
donné depuis la mort de Lothaire.

Sous la troisieme race, les diplomes varient beaucoup dans les dates. Ceux d'Hugues Capet font datés de son élection l'an 987; & lorsqu'il eut associé au thrône son fils Robert en 988, la plupart de ses diplomes font datés & signés de l'une & de l'autre époque.

Il ne faut pas perdre de vue que la révolution des années d'un regne ne se prenoit pas toujours lors du couronnement, mais au premier jour de l'année civile, en faisant des années incomplettes.

L'observation qu'on a faite sur les chartes privées du fiecle précédent a encore lieu dans celui-ci. Les Rois n'étoient pas toujours reconnus par toutes les provinces de leur domination aussi-tôt après leur couronnement; en conséquence on datoit *du regne de J. C. dans l'attente d'un Roi*, ou d'après la mort du dernier Souverain. En Italie, la date du prince regnant est toujours d'usage.

Les Empereurs d'Allemagne, au même fiecle, datent le plus communément de leur exaltation au thrône : mais comme ils ne portoient le titre d'Empereurs qu'après avoir été couronnés tels, alors ils datent quelquefois de l'époque où ils ont reçu la couronne impériale. Quelques-uns ont plusieurs autres époques, à raison des acquisitions qu'ils faisoient, tant par succession que par droit de conquête.

Au onzieme fiecle.

C'est dans le 11ᵉ fiecle sur-tout que l'on commença à étudier beaucoup le calcul ecclésiastique; il est évident, par les dates accumulées dans

les chartes, qu'on se piquoit alors d'habileté
dans cette science : mais les différentes manieres
de compter les années, & les variations si fréquentes dans les dates des regnes de nos Rois,
font encore aujourd'hui la croix des Chronolo-
gistes. Les diplomes nous font souvent appperce-
voir plusieurs points fixes, en partant de certains
faits qui méritent de faire époque. Mais il y en
a d'autres, & en grand nombre, qui, soit par
erreur des copistes, soit à cause des différents
temps où nos Rois étoient reconnus successivement par leurs provinces & leurs sujets, soit en
conséquence des différentes manieres de commencer les années civiles & les années des regnes, soit par l'ignorance où nous sommes de ce
qui a pu servir d'époque, datent de certains
points qui ne font propres qu'à jeter actuellement dans l'embarras ceux qui voudroient accorder tous ces calculs. Cette observation, qui est
le fruit de la lecture d'une foule de diplomes, a
sur-tout lieu dans ce siecle, quoique le précédent
ne soit pas exempt de pareils inconvéniens. On
se contentera de rapporter les époques fixes de
ce siecle, ou qui ont été les plus suivies dans les
dates. Les diplomes qui seront datés autrement,
entreront dans la classe de ceux que regarde l'observation antérieure.

La premiere époque du regne du Roi Robert
est le 30 Décembre 987, jour auquel il fut sacré. On rapporte plus communément ce sacre au
premier Janvier 988, & l'on confond mal à propos ces deux époques, parcequ'on comptoit l'année du regne par l'année civile. La troisieme se
prend à la mort de Hugues Capet, qui avoit
associé Robert au thrône; elle arriva le 24 Octo-

bre 996 : c'eft la plus célebre & la plus fuivie. Une quatrieme, affez rare, eft celle qui part du fecond facre de Robert à Reims en 990 ou 991.

Henri premier fut facré à Reims le 14 Mai 1027, du vivant de fon pere ; il lui fuccéda le 20 Juillet 1031 : voilà les deux feules dates qui partent de points connus & fixes.

Les chartes les plus inconteftables varient entre elles fur le regne de Philippe premier, dont on compte au moins quatre époques. La premiere fe prend au jour de fon facre, le 25 Mai 1059; la feconde, à la mort du Roi Henri fon pere, le 4 Août 1060 ; la troifieme, au temps auquel Philippe prit par lui-même le gouvernement du royaume en 1061 ; la quatrieme, à la mort du Comte Baudouin, fon tuteur, en 1067.

Les diplomes de l'Empereur Henri II font datés de deux époques ; du 6 Juin 1002, jour auquel il fuccéda à fon pere Othon III ; & du 14 Février 1014, jour où il fut couronné Empereur. Son fucceffeur Conrad II compta également de fon exaltation au thrône & de fon couronnement comme Empereur. Henri III y ajouta les époques de fon affociation au thrône par Conrad III, & de fon couronnement, à Soleure, comme Roi de Bourgogne, en 1038. Henri IV compte de l'an 1054, lorfqu'il fut défigné & couronné Roi de Germanie ; du 5 Octobre 1056, jour auquel il fuccéda à fon pere ; & du 31 Mars 1084, jour auquel il reçut la couronne impériale.

Les Rois d'Efpagne datent rarement de leur regne. Jufqu'à Edouard le Confeffeur, on n'apperçoit guere cette date dans les diplomes des Rois d'Angleterre. Ceux de Guillaume le Con-

quérant offrent deux époques ; celle de la mort
du Roi S. Edouard, le 5 Janvier 1066 ; & celle
de son couronnement dans l'Abbaye de West-
minster, le jour de Noël suivant.

Dans les chartes privées, la date des regnes
est toute commune.

Au douzieme siecle.

Les dates des regnes de nos Rois partent encore, dans le 12e siecle, de différents points dont
il faut connoître au moins les plus usités.

Louis le Gros compta les années de son regne,
de son association au thrône de son pere encore
vivant, & de son sacre après la mort de son pere ;
la premiere époque est fixée à l'an 1099, & la seconde au 3 Août 1168 : il y a des diplomes datés
de ces deux points. Dans la premiere époque, on
datoit souvent les actes du regne du pere & du
fils tout ensemble, & quelquefois du regne de
l'un d'eux séparément : dans la seconde, plusieurs dates partent précisément du mois d'Août
1109, & non du commencement de l'année civile ; en sorte que des actes passés en 1109 datent encore de la premiere année du regne de
Louis VI. Il est singulier que Louis le Gros ait
quelquefois joint dans ses diplomes, aux années
de son regne, celles de la Reine son épouse,
Duchesne, Généal. de Dreux, p. 5 : il ne l'est
pas moins qu'il y ait donné place aux années de
son fils aîné Philippe, & sur-tout à celles de
Louis le Jeune, après leurs sacres respectifs en
1129 & 1131, *Vaissette, t. 2, Preuves, p. 474,*
& qu'il ait fait mention, dans ses dates, du consentement de ses enfants, *Félibien, Preuves de
l'Histoire de S. Denys, p. 93.*

Louis VII, facré le 15 Octobre 1131, prit l'adminiftration du royaume en 1135 pendant la longue maladie de fon pere, à qui il fuccéda le premier Août 1137 ou 1136. Toutes ces époques ont fervi de points d'où font parties les dates de fes diplomes. D'ailleurs, il fut couronné quatre fois : la premiere à fon facre, & les trois autres à fes trois mariages fucceffifs; ce qui a peut-être fait encore quatre époques. Il data auffi de la naiffance de fon fils Philippe Augufte; & quelquefois la date du regne ne fe trouve point dans fes diplomes. Philippe Augufte, facré à Reims le premier Novembre 1179, couronné une feconde fois à S. Denys le 29 Mai 1180, fuccéda à fon pere le 18 de Septembre de la même année. C'eft de ces trois époques que les diplomes & les hiftoires comptent les années de fon regne. Dans plufieurs originaux, la date du regne fut pourtant omife.

Les grands Vaffaux de la couronne ne donnerent guere alors d'autres marques de dépendance envers nos Rois, que de dater les chartes des années de leur regne : encore ne le font-ils pas fouvent; & lorfqu'ils le font, ils y ajoutent celles de quelque autre Souverain.

Les Empereurs d'Allemagne de ce fiecle continuent de dater de deux époques; de leur élévation au thrône de Germanie, & de leur couronnement comme Empereurs. Il ne faut en excepter que Conrad III, qui ne data jamais que des années de fon regne, même après avoir reçu la couronne impériale.

En Efpagne, les dates du regne font encore rares; mais elles ne le font pas dans les chartes des Rois d'Angleterre & d'Ecoffe.

Cette date se soutient toujours dans les chartes privées.

Au treizieme siecle.

Dans le 13ᵉ siecle, on distingue assez bien les diplomes solemnels de ceux qui le sont moins, par la date du regne, dont ces derniers sont destitués.

Le couronnement de Philippe Auguste, du vivant de Louis le Jeune son pere, le premier Novembre 1179, & la mort de ce dernier, forment les deux époques des dates de son regne.

Louis VIII, le premier Roi Capétien qui n'ait pas été couronné du vivant de son pere, ne date que du commencement de son regne.

Quoique Saint Louis n'ait été déclaré majeur que le 25 Avril 1236, il data toujours ses diplomes de la mort de son pere, & de l'année de son couronnement en 1226.

Philippe III date de son couronnement en 1270.

Philippe IV met très rarement la date de son regne; la date de l'année courante lui suffit.

L'Empereur Frédéric II date de quatre époques; 1°. de son couronnement, à Palerme, comme Roi de Sicile, en 1198; 2°. du jour de son élection pour succéder au royaume de Germanie en 1212, & non pas du jour de son couronnement; 3°. du 22 Novembre 1220, jour auquel il reçut à Rome la couronne impériale; 4°. de son titre de Roi de Jérusalem : il commença cette espece de regne en 1226, du vivant de Jeanne de Brienne. La date du regne en général ne paroît cependant pas dans tous les diplomes de ce Prince.

L'Empereur Philippe & ſes ſucceſſeurs datent de leur couronnement.

Les années des regnes ſont aſſez communément omiſes dans les diplomes des Rois d'Eſpagne : ceux d'Angleterre ſont beaucoup plus exacts à cet égard ; il partent ou de leur couronnement, ou de l'année où ils ont été reconnus pour Rois. Cette date n'eſt point invariable dans les diplomes d'Ecoſſe.

Parmi les dates des chartes privées, celle du regne des Princes ſouverains eſt ordinaire : mais quelquefois, comme en Normandie, elles ne ſont datées que du lieu, du jour & de l'année courante. En Angleterre, on y emploie aſſez ſouvent la date du Prince regnant.

Au quatorzieme ſiecle.

Le 14ᵉ ſiecle ramene ſenſiblement les dates des regnes à une unité d'époque.

Louis X, quoique Roi de Navarre dès 1307, ne date ſes diplomes que de ſon regne ſur les François, c'eſt-à-dire de l'an 1314, après la mort de ſon pere.

Après la mort de Louis X en 1316, la régence du royaume fut déférée à Philippe le Long ſon frere. Dans l'intervalle depuis le 8 Juin 1316 juſqu'au 9 Janvier de la même année (l'année commençoit à Pâques), jour de ſon couronnement, il donna quelques diplomes en qualité de Régent. Mais ces deux Rois & pluſieurs de leurs ſucceſſeurs de ce ſiecle ne datent point de leur regne ; on y voit ſeulement les dates communes du lieu, du jour, & de l'année courante. Il n'y a guere que quelques diplomes de Jean II & de Charles V où l'année du regne ſe rencontre.

Les Empereurs datoient souvent de l'année de leur regne, mais par une seule époque ; ils y joignoient seulement la date du lieu, du jour, & de l'année courante. Les Rois d'Espagne & de Sicile datérent à peu près de même. Les chartes des Rois d'Angleterre n'ont rien de bien différent des autres ; on remarque seulement qu'Edouard III datoit quelquefois de ses regnes en France & en Angleterre.

En France ainsi qu'en Angleterre, les chartes privées étoient quelquefois, dans ce siecle, datées du regne des Monarques respectifs.

Au quinzieme siecle.

Dans le quinzieme siecle, on voit Charles VII, Louis II, ainsi que ses deux successeurs, dater de leur regne, mais toujours d'une seule époque ; au lieu que les Empereurs d'Allemagne datent encore de plusieurs époques ; de leur avénement aux thrônes des Romains, de Hongrie, de Boheme, &c. & de leur couronnement impérial. Mais alors elles sont, ainsi que dans le siecle suivant, spécifiées par les formules communes : *De notre regne en Hongrie, l'an, &c. De notre regne sur la Boheme, l'an, &c.*

Au seizieme siecle.

Dans les diplomes de nos Rois du 16e siecle, on trouve presque toujours les dates du lieu, du jour, de l'année courante, & du regne.

Dates historiques.

Les dates du temps, des lieux & des personnes ne sont pas les seules notes chronologiques que les Anciens aient employées pour fixer l'âge des pieces qu'ils devoient laisser à la postérité ; ils y ont joint des notes historiques, qui, à l'avantage de la date, joignoient celui de rappeller des faits intéressants : ainsi l'on montre dans l'Eglise de Sainte Léonide de Milan un monument du 5ᵉ siecle, daté de l'an 104 de l'Eglise catholique. Muratori, *Thes. nov. t. 4, p.* 1954, croit que c'est l'époque du jour où les Ariens rendirent cette Eglise aux Catholiques. C'est une des plus anciennes dates historiques que l'on ait encore rencontrées. Au 11ᵉ siecle, cette sorte de date n'étoit point rare dans les actes ecclésiastiques, non plus qu'au 12ᵉ & aux suivants ; on s'en servoit aussi dans les chartes laïques. On trouve une de ces dates historiques dans un diplome accordé à l'Abbaye de Saint Arnould de Metz en 783. Elles devinrent assez ordinaires dans le 11ᵉ siecle & dans le 12ᵉ : on connoît une charte de 1105 qui date de l'apparition d'une comete, *Annal. Bened. t.* 5, *p.* 478 : & Dom Vaissette, *Hist. de Lang.* nous en fournit une autre bien plus ancienne ; elle est conçue en ces termes : *anno quo infideles Franci Regem suum Carolum inhonestaverunt.* Elle marque l'époque de la déposition de Charles le Simple, & fait voir que le Languedoc n'obéissoit point à la France, & que les colons de la Septimanie ne se regardoient point comme François (c'étoit vers 920). L'époque des donations, des confirmations, des augmentations, étoit quelquefois notée sur le même acte en forme de date, *De Re Dipl. p.* 213.

Il ne reste plus, sur les dates proprement dites, qu'à remarquer qu'elles étoient & qu'elles sont encore presque toujours exprimées en chiffres

fres romains ou arabes ; qu'Urbain VIII ordonna
que désormais les lettres apostoliques énonce-
roient le jour du mois tout au long, & non par
chiffres ; & que, depuis le 9ᵉ siecle, on omit
quelquefois dans la date le millieme & les cen-
tiemes, & cela jusqu'au 16ᵉ siecle inclusivement.
Dans les lettres indifférentes, on voit encore à
présent des exemples de cette omission.

Après avoir parcouru les différentes sortes de
dates, il est indispensable de parler de leur *fré-
quence* ou de leur *rareté* dans les différents siecles ; des erreurs qui s'y sont glissées, & de ce que
l'on doit en conclure ; des *formules* par lesquelles
on vouloit faire appercevoir qu'il s'agissoit de la
date, & de leur *place* ordinaire dans les actes.

Fréquence & rareté des dates dans les différents siecles.

On trouve un nombre de titres sans dates, ou
qui n'en ont que d'imparfaites ; ce qui devint
plus fréquent au 12ᵉ siecle, que dans tous les autres ; mais ce n'est pas une raison suffisante de
réprobation, s'il n'y en a point d'autre. Tous les
savants Antiquaires, *Fontanini, Vindic. Dipl.*
p. 239.... *De Re Dipl.* p. 210, 211, 212....
Cochin, t. 6, p. 270, conviennent qu'il n'y eut
jamais de loi qui astreignît les François à ces notes chronologiques, & qu'en conséquence ils ne
doivent pas être inquiétés sur une pareille omission.

Dans les premier, second, troisieme & quatrieme siecles.

Il a déja été observé que les dates ne commencent dans les bulles qu'aux décrétales sous Saint

Tome I.   A a

Sirice : elles font fouvent omifes dans les pieces
des Ecrivains du premier fiecle : mais dès le 2ᵉ,
on voit les lettres des Peres apoftoliques datées
à la maniere des Romains ; tels font la lettre de
S. Ignace , & les actes de fon martyre ; la lettre
encyclique de l'Eglife de Smyrne , de l'an 166 ,
fur le martyre de Saint Polycarpe, datée du
mois, du jour, de l'heure, du pontificat, du
proconfulat, & du regne de Jéfus-Chrift. Cependant le très grand nombre des actes de ce
fiecle, ainfi que du 3ᵉ, ne préfentent point de dates : les actes eccléfiaftiques du 4ᵉ, excepté les
profeffions de foi, en offrent affez fouvent.

En fait d'actes laïques, les dates, dans le premier fiecle, étoient fouvent omifes ; on les trouve
cependant quelquefois dans les pieces intéref-
fantes : tel eft un diplome de Galba qui contient
un honnête congé de quelques foldats vétérans ;
il eft daté du jour, du mois & des Confuls. Dans
le 2ᵉ fiecle, les dates ne font ni uniformes ni
conftantes. Dans le 3ᵉ, elles fe montrent davantage. Dans le 4ᵉ, les loix & édits des Empereurs
font toujours datés ; mais l'une des trois dates en
ufage, c'eft-à-dire du jour, du lieu ou des Confuls, manque quelquefois.

Aux cinquieme & fixieme fiecles.

Les dates font encore rares aux 5ᵉ & 6ᵉ fiecles
dans les bulles : elles deviennent plus communes
dans les actes eccléfiaftiques, ainfi que dans les
refcrits des Empereurs ; & nos premiers Rois en
faifoient un ufage affez fréquent.

Au feptieme.

Depuis le 7ᵉ fiecle jufqu'à nous, on ne trouve

presque point de bulles qui ne portent avec elles
les dates qui conviennent aux temps où elles font
expédiées : mais, dans les actes eccléfiastiques de
ce fiecle, l'ordre & le nombre des dates varierent
auffi beaucoup. Les diplomes de nos Rois Mérovingiens font communément datés.

Au huitieme.

On s'apperçoit, au 8ᵉ fiecle, du progrès que
faifoient les dates dans les actes eccléfiastiques :
elles furent très ufitées dans les diplomes de nos
Rois, & elles fe trouvent ordinairement jufques
dans les chartes privées.

Aux neuvieme & dixieme.

Quoique dans les 9ᵉ & 10ᵉ fiecles on commen-
çât à multiplier le nombre des dates dans les pieces qui regardoient les Eglifes, l'omiffion de toute
date n'eft cependant pas rare : on trouve même
un nombre de diplomes royaux & impériaux,
ainfi que de chartes privées, qui en font totalement deftitués, ou qui n'en portent qu'une feule,
ou qui n'en ont que d'infuffifantes.

Aux onzieme & douzieme.

Les 11ᵉ & 12ᵉ fiecles ont donné pour cette
partie dans des excès. Si les chartes eccléfiaftiques non datées font communes en France, en
Allemagne, & fur-tout en Angleterre & en Normandie, celles qui atteftent l'ufage contraire le
font encore davantage ; &, dans ce dernier cas,
les dates étoient variées & multipliées à l'infini.
On en peut dire autant des chartes privées de ces
deux fiecles. Les chartes des Rois d'Angleterre
font quelquefois datées, & quelquefois ne le

font pas, ou ne le font qu'imparfaitement, & les dates en font hiſtoriques.

Aux treizieme & quatorzieme.

Malgré la manie des dates, qui avoit pris dès le 11ᵉ ſiecle, on trouve encore dans les 13ᵉ & 14ᵉ, des pieces originales, tant eccléſiaſtiques que laïques, deſtituées de dates : dans la plupart elles y ſont aſſez ſouvent abbrégées; & l'on en voit qui n'ont que la date de l'année. En Italie, dans les chartes privées du 13ᵉ ſiecle, elles étoient quelquefois multipliées avec une ſorte d'affectation; & en Angleterre pour l'ordinaire on ne trouve aucune note chronologique.

Comme l'on commença dans le 14ᵉ ſiecle à paſſer les actes pardevant les Notaires, alors, ſur la fin de ce ſiecle, les dates ſe montrerent plus réguliérement, quoiqu'avec preſque autant de variété que dans les ſiecles précédents. Mais dans le 15ᵉ, du temps de Louis XI, & même auparavant, on ne voit guere de lettres miſſives avec la date de l'année.

Cette perquiſition des dates de ſiecle en ſiecle conduit naturellement à poſer en principe que l'omiſſion entiere des dates n'eſt pas ordinairement un moyen de faux, ni même de ſuſpicion. A la vérité, les Loix Romaines ordonnoient certaines dates; mais, dans quelques ſiecles ſuivants on ne s'y crut point obligé. A plus forte raiſon l'omiſſion d'une ou de pluſieurs des dates reçues dans le temps ne doit-elle pas cauſer le moindre doute.

Erreurs dans les dates.

L'erreur dans les dates des diplomes ou chartes

ne doit pas les faire regarder pour cela comme
fuppofés ou fufpects. En effet, combien de mécomptes de cette efpece ne trouve-t-on pas, &
dans des infcriptions, *Monum. de la Monarchie
Franç. t. 2, p. 284....* *Valbonais, Hift. de Dauphiné, t. 1, p. 306* ; & dans des manufcrits,
Thef. Anecd. noviff. t. 1, Differt. ifagog. p. 19....
Dubos, Hift. critiq. t. 1, p. 486, 512 ; & dans
des loix, *Tillem. t. 6, p. 57* ; & dans des Conciles, *Hift. de Langued. t. 2, p. 525* ; & dans des
Auteurs fans nombre ? On doit les rejeter fur les
Ecrivains ou Secrétaires, plutôt que d'en inférer
la falfification. A plus forte raifon, des anachronifmes dans les diplomes viennent-ils de l'inattention ou de l'inexactitude du Secrétaire. D'ailleurs, le peu d'uniformité dans la maniere de
dater anciennement les chartes parmi les différents peuples, a pu & a même dû donner lieu de
bonne foi à ces fautes de chronologie. Mais que
l'on convienne de ces erreurs & qu'on les fuppofe
réelles, elles ne font pas ordinairement une raifon légitime de rejeter les actes où elles fe trouvent.

La faine critique doit être extrêmement réfervée dans fes jugements par rapport aux dates :
il ne faut pas confondre l'erreur avec les variations. Les *années des Confuls*, par exemple, font
prefque incertaines par les variations des faftes
confulaires : les années de l'incarnation & les années civiles le font également par les différentes
manieres dont chaque nation les a comptées, &
par les divers commencements que les peuples
leur ont affignés : les indictions le font auffi par
les différents points d'où on les fait partir : les
regnes eux-mêmes, quoique certains, n'ont pas

laiffé, par leurs différentes époques, de jeter une confufion extraordinaire dans la chronologie. Toutes ces variations, celles fur-tout du commencement de l'année, qui n'étoit point uniforme dans les pays mêmes où cette maniere de compter étoit le plus en vogue, doivent rendre extrêmement circonfpect & réfervé quand il eft queftion de prononcer fur la fauffeté des actes, où l'on fuit des fupputations fi embarraffantes.

Au refte, les dates pourroient être réellement fauffes, & la piece où elles fe trouvent, très authentique : il en eft mille exemples qu'il feroit facile de conduire jufqu'à notre fiecle même ; il fuffira d'en donner un que préfente un acte des plus folemnels, c'eft le diplome fameux du couronnement de Pétrarque au Capitole. Cet événement fe paffa le jour de Pâques 1308, & l'acte eft daté, *Vº idus Aprilis* ; il falloit mettre *VIº idus,* parceque c'étoit le 8 d'Avril.

Quelles font donc les regles certaines qui peuvent guider le Critique dans le jugement qu'il doit porter des dates ? Outre celles qui font déja diftribuées dans les différents paragraphes de cet article, on en va donner encore quelques-unes qui ne font pas moins fondées.

Les dates de l'incarnation, de l'indiction, du regne, qui ne feroient fautives que d'un ou de deux ans, ne doivent pas porter préjudice aux chartes ; car il y a eu tant de variations dans la maniere de compter & dans le point d'où l'on partoit, qu'il n'eft point étonnant que quelques Ecrivains ou Notaires s'y foient mépris, ou aient eu une façon particuliere de dater dont nous ne fommes point au fait.

On auroit tort de s'infcrire en faux contre des

titres du même lieu & du même temps, qui va-
rieroient dans leurs dates ; car, de ce qu'une certaine date fe trouve dans un acte, on peut bien
conclure qu'elle étoit admife dans le lieu, mais
on ne doit pas en inférer qu'elle fût alors feule
en vogue. De là il réfulte que, malgré le témoignage précis d'Auteurs qui prouveroient qu'en
certains lieux & en certains temps on commençoit l'année de telle & telle maniere, on n'en
pourroit pas toujours conclure que tous les actes
de ces lieux & de ces temps, de quelque efpece
qu'ils fuffent, duffent porter cette date.

Les variations dans les dates du regne d'un
même Prince ne prouvent point la fauffeté des
diplomes où elles fe trouvent ; car le fyftême
des variations dans les époques des regnes eft le
feul véritable, & tous les Critiques conviennent
que ce feroit une témérité de tirer de là un moyen
de faux. Quand il paffera pour conftant que les
années d'un regne ne furent comptées que d'une
feule époque, alors on pourra tirer un moyen
légitime de fufpicion d'une variation de date :
mais pour avoir cette certitude, il faudroit avoir
vu tous les diplomes du regne dont il s'agit ; ce
qu'on ne peut pas même fuppofer.

Pour concilier les dates des regnes, il faut
examiner s'il n'eft queftion que d'une année commencée ou incomplette, ou d'une année ache-
vée ou complette ; fi la premiere année du regne
eft comptée fuivant l'année civile, ou après la révolution de douze mois depuis le couronnement.
Si, après toutes ces précautions, les dates annoncent des époques de regne évidemment contraires à l'hiftoire conftante du temps, alors elles
doivent être rejetées, ainfi que les pieces mêmes

qui tombent dans le difcrédit: mais on dit *évidemment contraires à l'hiftoire* ; car il ne faut pas
toujours regarder des chartes comme fuppofées,
parceque leurs dates femblent fe contredire, &
ne s'accordent pas avec celles de quelque Auteur
contemporain.

Les dates générales & uniques ne fourniffent
nul moyen de fufpicion, ni par leur généralité,
ni par leur unité. Une date finguliere, s'il étoit
moralement impoffible que l'écrivain du temps
l'eût employée, taxeroit de faux la chatte où elle
fe trouveroit. S'il n'y avoit pofitivement que la
date qui ne quadrât pas avec le temps de l'écriture de la piece, on ne devroit en rejetter la faute
que fur l'inadvertence de l'écrivain qui auroit
mis un fiecle pour un autre, ou fur la fimplicité
de celui qui auroit ajouté la date après coup par
trop de précaution.

Les dates fautives des copies ne portent point
préjudice à l'original, parcequ'elles ne provien-
nent fouvent que de l'ignorance ou de l'inadvertence des copiftes.

Les additions de dates vraies ou fauffes, même dans les originaux, ne doivent infpirer aucun foupçon, fur-tout lorfqu'elles font d'un
ufage poftérieur à l'acte : le poffeffeur de la piece
aura cru corriger un défaut dans fon acte, faute
de connoître les ufages reçus dans le temps de la
confection de la piece.

Une bulle, fur-tout dans le moyen âge, dreffée & datée en des temps différents, n'eft point
fufpecte. On en vit des exemples vers le 11ᵉ fiecle, & depuis. On voyoit affez fouvent la même
chofe au 14ᵉ fiecle fur les ordonnances de nos
Rois, *Ordonn. des Rois de France*, t. 3, *préf.*

p. 6, parcequ'on datoit du jour auquel elles avoient été ſcellées. Les diplomes eux-mêmes peuvent avoir été faits ſous un Roi, & datés ſous ſon ſucceſſeur, parceque la mort du premier aura mis obſtaclé à l'entiere confection de l'acte.

Place des dates.

La place des dates dans les actes quelconques fut toujours variable, tantôt après, tantôt avant les ſignatures : rien de moins fixe, ſur-tout depuis l'inondation des barbares. Les Romains, avant les Empereurs, commençoient leurs décrets par la date. On en trouve encore des exemples au 3ᵉ ſiecle. Depuis le milieu du 8ᵉ juſqu'au 11ᵉ, on la trouve aſſez communément à la tête des actes ſynodaux. Nos Rois Mérovingiens la plaçoient toujours tout au bas du diplome, & ce fut en général l'uſage le plus commun. Cependant dès le 9ᵉ ſiecle les chartes privées d'Italie les plaçoient quelquefois après l'invocation initiale : dans les 13ᵉ & 14ᵉ ſiecles, on les voit dans ce pays à la tête des actes, lorſque ces dates étoient prolixes & multipliées : & à la fin du texte, lorſqu'elles étoient plus ſimples. En Allemagne, dans le même temps, on les trouve ordinairement placées à la ſuite d'une nombreuſe liſte de témoins. Ces deux uſages ont toujours eu cours, & l'ont encore parmi nous.

Formules des dates.

On a dit que le mot date venoit des termes latins *data* ou *datum*, & qu'on ſous-entendoit *epiſtola* ou *diploma*. Dans le moyen âge, au lieu du mot *donné*, on ſe ſervoit des mots *fait* ou *écrit*. Les Rois de la premiere race ſe bornoient à

l'expreffion *data* ou *datum :* mais ceux de la feconde ajoutoient à celle-ci *actum* ou *acta.*

Les dates des lettres des Papes, depuis les premiers temps jufqu'au 10ᵉ ou 11ᵉ fiecle, commencent prefque toujours par *data*, rarement par
datum. Mais il faut obferver que depuis la plus
haute antiquité jufqu'au commencement du 12ᵉ
fiecle, les privileges des Papes, ou les bulles
confiftoriales, fe diftinguent par deux formules de
dates : l'une de la main du Notaire chargé de les
dreffer, avec la formule *fcriptum per manum*, &c.
elle confiftoit dans le mois & l'indiction : l'autre
du Bibliothécaire ou Chancelier, qui avoit foin
de les revêtir des marques convenables d'authenticité, par la formule *data* ; & elle marquoit les
années de l'Incarnation, du Pontificat du Pape,
& du regne des Empereurs conjointement ou féparément. Ces doubles formules de dates fe fou-
tenoient encore pendant le 11ᵉ fiecle, quoiqu'on
fe bornât fouvent à l'une des deux. Mais fur la fin
de ce fiecle, la premiere difparut, & la feconde
devint feule d'ufage, en forte qu'elles rendoient
très fufpecte une bulle après le milieu du 12ᵉ fiecle, & fauffe depuis le commencement du treizieme.

Dans les lettres des écrivains laïques du premier fiecle, ou trouve quelquefois la formule
data ou *datum* exprimée tout au long ou en
abbrégé.

Outre ces formules propres à l'expreffion des
dates, on les trouve fouvent précédées ou fuivies
d'invocation, foit implicite, c'eft-à-dire en monogramme, ou en traits énigmatiques, foit explicite fous cette formule à peu près : *In Dei nomine feliciter amen.* Cette formule fut d'un ufage

très fréquent dans les diplomes de nos anciens Rois, fur-tout depuis le commencement du 8ᵉ fiecle jufqu'à Hugues Capet inclufivement. Elle étoit ufitée chez les Romains, dont les Francs l'avoient fans doute empruntée. Elle devint plus rare dans les bulles depuis le 10ᵉ fiecle ; & l'on fe contenta fouvent du dernier mot *amen*.

En général, une date dont les formules n'auroient nul rapport avec celles de fon fiecle, rendroit un acte très fufpect, fur-tout fi elles convenoient parfaitement à un fiecle poftérieur.

DAUPHIN. Guignes André, Souverain du Dauphiné, eft le premier qui fe foit fait un titre d'honneur de celui de *Dauphin*, Chorier, *Hift. du Dauph. t.* 2, *p.* 38 : on croit communément que c'étoit vers l'an 1040. M. Valbonais, *Hift. p.* 2, 3, rapporte un acte de 1140, où l'on trouve ce titre donné à un Prince du même nom, qui étoit fans doute Guignes IV, *Guigo Comes qui vocatur Delphinus.* Ce titre a paffé à l'héritier préfomptif de la Couronne de France en 1349, par accord confenti par le Souverain du Dauphiné & Philippe de Valois.

L'Epoque du titre de Dauphin d'Auvergne, que la maifon d'Auvergne a tiré de celle de Viennois, n'eft que du commencement du 13ᵉ fiecle ou environ, , fi l'on en croit Chorier, *t.* 2, *p.* 104. Cependant il pourroit dater de la fin du 12ᵉ ; car le premier qui paroiffe fous le nom de Dauphin dans la maifon d'Auvergne, eft le fils aîné du Comte Guillaume V, & c'eft dans un acte de 1167.

DÉBUT ou formules initiales des bulles, des actes eccléfiaftiques, des diplomes & des chartes.

Début des Bulles.

Le début des refcrits apoftoliques confifte dans l'invocation, la fufcription, l'adreffe, le falut, & le fceau d'invariabilité par la formule *in perpetuum* ou autre. On voit toujours ces quatre ou cinq caractères au commencement des bulles, enfemble ou féparément, felon qu'elles font plus ou moins folemnelles. Voyez chaque article en fon rang.

Début des actes eccléfiaftiques aux premier, fecond & troifieme fiecles.

Les lettres des Peres Apoftoliques des trois premiers fiecles, font, dans leur début, conformes à celles des Apôtres leurs maîtres : les formules initiales font prefque les mêmes, c'eft-à-dire qu'elles commencent par le nom de la perfonne qui écrit, avec fes titres & qualités, & par l'adreffe & le falut.

Au quatrieme fiecle.

Dans le 4ᵉ fiecle, l'ufage s'établit parmi les Evêques de commencer leurs lettres par l'invocation de J. C. fuivie des titres, de l'adreffe & du fouhait.

Au cinquieme.

Dans le cinquieme, les débuts furent les mêmes, à cela près que les Auteurs mirent leur nom tantôt au commencement du fouhait ou falut, tantôt à la fin.

Aux fixieme, feptieme & huitieme.

De là jufqu'au 8ᵉ fiecle, il n'y eut prefque

point d'autre changement : mais alors les formules initiales furent fujettes à mille variations. Ce
qu'on peut dire de plus particulier, c'eft que depuis le milieu de ce fiecle jufqu'au onzieme, la
plupart des actes fynodaux commencent par la
date de l'Incarnation, quelquefois précédée de
l'invocation.

Au neuvieme.

Ces obfervations font également faites pour
le 9ᵉ fiecle : ce que l'on y voit feulement de particulier, c'eft que les contrats d'échange entre
les Eccléfiaftiques débutent ordinairement par
Auxiliante Domino ; & que les particules illati-
ves *igitur, ergo, &c.* font fouvent les premiers
mots des chartes.

Au dixieme.

Le début des actes du 10ᵉ fiecle fut également
fujet aux variations. On voit en tête tantôt une
invocation implicite ou explicite, fur-tout depuis l'an 946, tantôt les dates, tantôt la fufcription, tantôt tout uniment : *Notum fit ; noverint
omnes, fciant omnes, &c.*

Au onzieme.

Mêmes variétés dans les formules initiales des
actes du onzieme. Si les chartes qui commencent par les invocations ne font point rares, celles qui commencent *ex abrupto* par la fufcription,
ne le font pas davantage : d'autres vont droit au
but, *fciant omnes, noverint, &c.* ou bien elles
débutent par les dates.

Au douzieme.

Les actes du 12ᵉ fiecle ne different des formules initiales du précédent, qu'en ce qu'on les
voit plus communément débuter par des préambules édifiants.

Au treizieme.

Mais ces préambules, ainfi que les invocations & les autres indices de la piété chrétienne,
deviennent plus rares au commencement des
actes du 13ᵉ fiecle; & les anciennes formules initiales en furent communément bannies. Cependant on peut encore les réduire à cinq principales, qui font 1°. l'invocation accompagnée de
la fufcription ou de la date; 2°. la fimple fufcription fouvent précédée des mots *ego*, *nos*.
3°. *Notum fit*, *noverint univerfi*, *fciant omnes*, &c. 4°. les dates fuivies de la fufcription;
5°. Un préambule fort court, ou la formule initiale des Epitres. Les chartes qui commencent
par une invocation font en petit nombre; &
celles qui portent en tête la fufcription, débutent
quelquefois par le nom de l'Auteur, dont il n'y
a fouvent que la lettre initiale; alors on omet
les mots *ego* ou *nos*.

Au quatorzieme & quinzieme.

Les formules initiales des actes eccléfiaftiques
du 14ᵉ fiecle reviennent toutes à celles du précédent, ainfi que celles du 15ᵉ; à cela près que
dans ce dernier les actes paffés par-devant les
Notaires Apoftoliques ou Impériaux débutent
communément par l'invocation fuivie des dates.

Au seizieme.

Dans les pieces du seizieme, mêmes débuts que dans les siecles précédents.

Début des pieces laïques dans les cinq premiers siecles.

Les lettres des écrivains du premier siecle débutent toutes dans le goût Cicéronien, *Tullius Cicero, Marco Antonio salutem*, où l'on voit la suscription, l'adresse & le salut ou le souhait. Le début du premier diplome qu'on connoisse, & qui est de l'Empereur Galba, est dans le même goût : *Sergius Galba . . . Veteranis . . .* Il est probable que dans les 2ᵉ, 3ᵉ, 4ᵉ & 5ᵉ siecles on suivit la même mode : les pieces justificatives des usages de ces temps sont trop rares pour fournir des exemples contraires. Les monuments de la Jurisprudence ancienne des Romains nous offrent cependant quelques décrets qui commencent par les noms des Magistrats en charge, ou par des dates.

Au sixieme.

Dans le 6ᵉ siecle, quelques monuments de Justinien débutent par l'invocation de J. C. *Banduri, Numism. Imp. t. 2, p. 637.* On la voit aussi, mais implicite, à la tête des diplomes de nos Rois Mérovingiens. Elle y est toujours suivie de la suscription composée du nom du Roi & du titre d'*homme illustre*. C'est ainsi que commence le premier diplome donné par Clovis, qui fait une donation au Monastere de Réomay, soumis alors à la regle de S. Macaire, *Perard, Hist. Critiq. t. 2, p. 455.*

Au septieme.

Les édits & les lettres des Empereurs du 7ᵉ fiecle commencent par des invocations diftinctes & écrites tout au long, ainfi que les diplomes des Rois Lombards : mais chez les François & les Anglois, le début par une invocation implicite, eft le plus commun ; elle étoit fuivie de la fufcription & des titres.

Au huitieme.

Toute la différence qu'il y eut dans le début des diplomes de nos Rois de la feconde race au 8ᵉ fiecle, c'eft que l'invocation initiale étoit formelle, ainfi que celle des Rois Lombards ; Pépin la mit en monogramme. Les formules initiales des diplomes des Rois Anglo-Saxons étoient alors inconftantes, tantôt ils commençoient par l'invocation, tantôt par la fufcription, & tantôt par le préambule.

Les chartes des particuliers en France, lorfque ce font des donations, commencent affez par l'adreffe, ou par le préambule. En Italie, le début par l'invocation étoit plus ufité qu'en France. En Allemagne elles commençoient ordinairement par *Ego in Dei nomine.*

Au neuvieme.

Tous nos Rois du 9ᵉ fiecle, compris Charlemagne, depuis fon élévation à l'Empire en l'an 800, commencent leurs diplomes par des invocations formelles, prefque toujours différentes les unes des autres, & par la fufcription. Les Rois Anglo-Saxons les commencerent par la formule épiftolaire, en donnant le falut.

Les

Les chartes privées de France commencent, pour l'ordinaire, par l'invocation, fuivie de la fufcription, fouvent par un préambule édifiant. Les actes délivrés par des Princeffes tiennent en cela des chartes privées. L'ufage d'Italie eft de commencer les chartes privées par une invocation, fuivie de la date du regne des Rois ou des Empereurs.

Au dixieme.

Les Rois de France du 10ᵉ fiecle copierent la forme du début des diplomes de leurs prédéceffeurs ; mais ils ne conferverent pas les mêmes expreffions dans leur invocation, ni dans leur fufcription. Les Ducs & les Comtes fouverains commencerent fouvent leurs chartes par des préambules fuivis de leurs titres ou fufcriptions : plufieurs cependant affecterent les formules initiales des diplomes royaux.

Les Empereurs d'Allemagne, les Rois d'Italie, d'Efpagne & d'Angleterre, fuivirent la même marche que les nôtres dans le début de leurs diplomes.

Les chartes privées d'Italie commencent affez fréquemment par l'invocation ; mais en France, ces fortes de pieces privées, lorfque ce font des donations pieufes, débutent affez fouvent par une efpece d'appréhenfion de la fin du monde : *Mundi termino appropinquante . . . Mundi fenio fefe impellente ad occafum ,* &c. ou par des préambules édifiants.

Au onzieme.

Les invocations formelles, fuivies des fufcriptions, continuent de faire le début des diplomes

Tome I. **B b**

de nos Rois dans le 11e siecle jufqu'à Henri I; car ce Prince introduifit une nouvelle forme initiale, qui fut imitée de fes quatre fuccefleurs immédiats. Après l'invocation, ils fe fervirent de la formule *Gloriofæ matris Ecclefiæ filii noverint*, *&c.* fuivoit enfuite un long préambule, puis la fufcription ordinaire commençoit finguliérement par *Igitur hæc & hujufmodi ego*, *&c.*

Les chartes des Ducs & des Comtes feudataires imitent de fort près celles de nos Rois.

Les Rois de Germanie & les Empereurs uferent, à bien peu de chofe près, des mêmes formules initiales, que les Rois de France.

Les Rois d'Efpagne & d'Angleterre débutent par une invocation formelle ou cachée. Quelques-uns de ces derniers y font entrer l'une & l'autre : mais la plupart des diplomes Anglois retiennent la forme épiftolaire. On les adrefle aux Archevêques, Evêques, Abbés, Comtes, &c. & on leur fouhaite le falut.

Les chartes des Seigneurs débutent fouvent par des prologues ou par des dates fuivies de la fufcription. Celles qui commencent par la fufcription, font très communes. Les chartes qui commencent par *Notum fit*, & d'autres termes équivalents, font en grand nombre : on n'eft pas en peine d'en trouver qui commencent par des invocations extrêmement variées.

Au douzieme.

Les diplomes de nos Rois du 12e fiecle débutent par l'invocation & la fufcription ; il n'y a d'exception que quelques diplomes de Philippe Augufte, qui commencent par la fufcription fuivie de la formule *Noverint*, *&c.*

Les Ducs, les Comtes & les Grands Vassaux imiterent nos Rois, en mettant à la tête de leurs chartes l'invocation suivie de la suscription : ils débuterent cependant quelquefois par la suscription ou par les dates.

Les diplomes des Empereurs commencent tous par l'invocation. Ceux des Rois de Sicile varient : c'est tantôt la suscription, tantôt l'invocation, & quelquefois la date, que l'on voit en tête. Les Rois d'Espagne mettent conjointement à la tête de leurs diplomes des invocations implicites, & des invocations explicites.

Les Rois d'Angleterre font servir de début à leurs diplomes, tantôt l'invocation, tantôt la suscription : la forme épistolaire avec l'adresse & le salut aux Prélats & aux Seigneurs, y est pourtant encore assez commune, ainsi qu'en Ecosse, où les diplomes royaux sont tous destitués d'invocation, & commencent souvent par la suscription.

Comme les formules initiales des chartes privées étoient l'effet du caprice des Notaires, elles varierent beaucoup : cependant elles reviennent toutes à peu près à celles du siecle précédent, sur-tout par rapport aux invocations.

Au treizieme.

Il faut distinguer dans le 13e siecle les diplomes solemnels, de ceux qui le sont moins. Les premiers débutent par l'invocation, la suscription, & la notification *noverint, sciant.* La plupart des diplomes de Louis VIII suivent cette mode, ou sont en forme de lettres. S. Louis suit plus communément la premiere maniere ; cependant la formule initiale de ses établissements, publiée en 1270, eſt conçue en ces termes : *Loeys Roix de France par la grace de Dieu... à tous bons Chré-tiens habitans el royaume & en la Seignorie de France, & à tous autres qui y ſont préſens & avenir ſalut en Notre Seignieur.* La Pragmatique Sanc-tion de S. Louis, datée de Paris du mois de Mars 1268, l'année commençant à Pâque, porte en tête la ſuſcription *Ludovicus Dei gratia Franco-rum Rex*, ſuivie de la formule *Ad perpetuam Rei memoriam*, empruntée des bulles pontificales.

Les chartes des différents Princes ſouverains François débutent, pour la plupart, par la ſu-ſcription au ſingulier ou au pluriel. Les plus ſo-lemnelles de quelques-uns d'entre eux, comme des Ducs de Bretagne & des Comtes de Tou-louſe, offrent une invocation en tête.

La ſuſcription ou l'invocation forment ſépa-rément le début des diplomes des Empereurs d'Allemagne. Les Rois d'Eſpagne varient de même dans leur formule initiale. Ceux d'Angle-terre ſont plus conſtants à commencer par leur nom ou ſuſcription ; & ceux d'Ecoſſe ne ſouffrent aucune exception ſur cet article.

Les chartes privées varient à l'infini leurs formules initiales ; le très grand nombre com-mencent ſans invocation par la ſuſcription *ego N*, ou ſeulement *N*. En Italie, les laïques dé-butent, ou par les dates, ou par une invocation ſuivie des dates, parmi leſquelles ſe trouvent les années des Empereurs, des Rois, & du pontificat des Papes, ou par la ſuſcription.

Au quatorzieme.

Les diplomes prennent une nouvelle forme dans le 14e ſiecle. Une ſuſcription ſimple ſans invocation quelconque fait tout le début de ceux de nos Rois. Elle étoit affez communément fuivie d'un préambule, qui, fur-tout fous le regne de Charles V, depuis 1369, eft fouvent pompeux & oratoire, & prefque toujours un obfcur galimathias. Sans doute que fes Secrétaires defiroient flatter le goût du Prince pour les belles-lettres.

Dans les fiecles précédents, on mettoit fon nom à la tête des lettres qu'on écrivoit ; ce qui formoit la fufcription : Charles V en fit la clôture des fiennes. Au refte, les lettres royaux ont très fouvent la forme de notification : *N. fçavoir faifons à tous préfents & à venir* ; ou la forme épiftolaire, avec le falut à ceux à qui on les adreffe.

Les Grands, qui fe plaifent toujours à imiter les Rois, ne nous offrent plus à la tête de leurs chartes aucune invocation : c'eft la fufcription qui en fait le début, ainfi que des diplomes des Rois d'Angleterre & d'Ecoffe. Les Empereurs d'Allemagne & les Rois d'Efpagne nous fourniffent bien peu d'exceptions contraires.

Les actes des particuliers paffés par-devant les Notaires apoftoliques, commencent ordinairement par des invocations, ainfi que les teftaments. Les autres actes débutent par la notification : *Noverint*, &c. *A tous ceux qui ces préfentes lettres verront ou oront.... fachent*, &c. Les chartes dentelées commencent quelquefois par la date.

Au quinzieme.

Tous les actes laïques du 15ᵉ fiecle, comme ceux du précédent & du fuivant, renferment leur début fous trois formules. C'étoit, ou la fufcription, ou l'adreffe en forme de lettres : *A*

B b iij

tous préfents & à venir, falut, &c. ou la notification, *Noverint univerfi, fciant omnes,* &c. Voici
cependant quelques exceptions : Edouard IV
d'Angletere, premier Roi de la maifon d'Yorck,
commence fouvent fes diplomes par le mot *Rex*
tout feul, fuivi de l'adreffe ou de la notification.
Edouard V emploie le même ftyle. Une lettre de
Richard III adreffe la parole au Pape Sixte IV
contre l'ufage ancien, *beatiffime Pater,* &c.

La plupart des actes des Seigneurs & des particuliers de ce fiecle ont été paffés pardevant les
Tabellions & les Notaires publics, dont les formules propres ont été recueillies & publiées par
divers Auteurs.

Toutes ces variations fucceffives fur le début
des pieces diplomatiques, prouvent qu'on ne
peut ordinairement en juger par leurs formules
initiales, qui dépendoient du caprice des Notaires & des Ecrivains. *Voyez* INVOCATION,
SUSCRIPTION.

DÉCLARATION. Les interprétations des
édits ou des ordonnances de nos Rois font appellées *déclarations.* A peine remontent-elles au-
delà de François I. Elles font datées du jour, au
lieu que les édits ne le font que du mois.

DEVISE des Papes ; *Voyez* CERCLES.

DIPLE. Le diple eft une double ligne, *fig. 22
du quatrieme tableau,* ou un figne que l'on rencontre fréquemment dans les anciens manufcrits,
pour noter des endroits mal à propos retranchés
ou changés par d'autres Editeurs.

DIPLOMATIQUE. La fcience de juger fai-
nement des anciens titres a été réduite en art, &
c'eft ce qu'on appelle Diplomatique. L'utilité de
cette fcience, inconnue jufqu'à Dom Mabillon,

qui peut, à juste titre, en être appellé le pere
& l'inventeur, s'étend sur des fonds inépuisables.
Elle intéresse également la Religion, qui y
trouve la succession de ses dogmes; l'Eglise, qui
y voit des preuves de la piété magnifique de nos
Peres; les Souverains qui y reconnoissent les prérogatives de leur couronne, les pactes de leur
exaltation, leurs généalogies & leurs alliances;
les Magistrats, qui y débrouillent les fondements de leurs arrêts; les Nobles, qui y dé-
chiffrent l'antiquité de leur Maison, & les consi-
dérations dont elle a joui; les ordres Religieux,
qui, obligés d'être tous les jours sur la défensive,
y puisent des secours avérés & irréprochables;
les Corps-de-Villes, qui y conservent les privileges accordés à leur Communauté; enfin, les
Gens de Lettres, qui ont dû & qui doivent à cet
art l'avantage de ne pas passer pour futiles & su-
perficiels.

Ces avantages devoient sans doute attirer à
cette science l'applaudissement de tous les Savants: mais, dans l'ordre de l'humanité, sa nouveauté & son excellence ont dû lui attirer des
contradicteurs & des critiques, comme un mérite supérieur excite l'envie & la jalousie des ames
basses. Les Germon, *Discept.* 1, *p.* 271, 272;
Discept. 2, *p.* 65; *Discept.* 3, *p.* 14; les Bau-
delot, *De l'utilité des voyages*, *t.* 2, *p.* 86; les
Lenglet du Fresnoy, *Méthode pour étudier l'His-*
toire, *t.* 2, *p.* 378; les Simon, *Lettres critiq.*
p. 108; *Biblioth. critiq. t.* 1, *c.* 2, *p.* 19; les
Raguet, *Hist. des Contestat. sur la Diplomat. p.* 7;
mirent tout en jeu pour porter atteinte à la soli-
dité des principes de la Diplomatique: mais les
armes qu'ils employerent tournerent contre eux.

& la Diplomatique en triompha. Dom Mabillon lui-même, Dom Ruinart & Dom Couſtant ſes confreres ; le ſavant Freret, *Mém. de l'Acad. t.* 8, *p.* 263 ; l'Académie des Belles-Lettres , *Hiſt. de l'Acad. t.* 1 , *p.* 443 , & une infinité de ſes Membres les plus érudits, ont contribué , par leurs éloges les mieux fondés & par leurs défenſes raiſonnées , à l'illuſtration & aux brillants ſuccès de la Diplomatique : & les nouveaux Diplomatiſtes, DD. Touſtaint & Taſſin , ont conſommé l'œuvre par leurs immenſes & heureux travaux, & lui ont aſſuré ce point de gloire où elle eſt enfin parvenue.

Ce n'eſt point ici une affaire de parti, ni l'effet d'un enthouſiaſme déſordonné, ou d'une trop grande vénération pour les Savants profonds qui ont travaillé ſur cette matiere. On en appelle à la raiſon dépouillée de tous préjugés ; & devant ce juge déſintéreſſé on ne craint pas d'avancer que les objets de cette ſcience méritent une conſidération particuliere à toutes ſortes de titres : & on va voir, à l'article *Diplomes* , les motifs ſur leſquelles ces raiſons ſont fondées.

DIPLOMES. Par le mot *diplome* on entend aujourd'hui , & les bulles pontificales , & les diplomes, ſoit royaux, ſoit impériaux : mais la ſignification de ce terme générique s'étend auſſi aux lettres patentes, aux privileges, aux donations, enfin à toutes ſortes de chartes, pourvu qu'elles ſoient un peu antiques. Les diplomes généralement pris ſont donc des lettres patentes des Empereurs , des Rois, des Princes , des Républiques, des grands Seigneurs & des Prélats. Ces inſtruments, dans la balance de l'équité, ont un poids qui doit naturellement entraîner le préjugé, à moins qu'il ne soit démontré légitime.

Autorité des Diplomes.

L'empire qu'ils doivent avoir sur l'esprit, & l'autorité qu'on leur attribue, sont fondés sur de puissants motifs; il suffit de présenter les principaux. Ce sont, 1°. les circonstances qui accompagnerent presque toujours la transaction de ces actes solemnels; c'est-à-dire, » la majesté d'une » Cour pléniere, la présence des grands Offi- » ciers de la Couronne, la signature du Prince, » le contre-seing du Référendaire ou Chance- » lier, l'apposition du cachet ou du sceau des » Rois, &c. &c. l'assemblée publique des Sei- » gneurs voisins & des Vassaux pour les chartes » des Suzerains de grands fiefs, le consentement » manifeste des deux parties contractantes, & » la caution réciproque des Vassaux & de leurs » Seigneurs «. *Mercure de Janvier* 1724, *p.* 8.

2°. La certitude des faits qu'ils renferment, & qui, au jugement de nos plus habiles Critiques, *Schannat, Vindic. Archiv. Fuldens. p.* 91... *Hergott. Geneal. Diplomatica Gentis Habsburg. Prolegom.* 1, *p.* 3... *Perezius, Dissert. Eccles. p.* 167... *Chronic. Gotwicense Prodrom. part.* 1, *lib.* 2, *p.* 77... *Joan. Jungius ad Lud. Waltheri Lexicon Diplom. &c.* doit l'emporter d'emblée sur les Historiens, même contemporains. La raison de la préférence est dans l'ordre. » La charte » est dressée avec des formalités qui ôtent même » le soupçon de l'erreur : la date, les noms & » les qualités des personnes contractantes y sont » apposés avec une présence d'esprit dont ne sont » pas susceptibles le Journaliste & l'Historien

» qui, dans leur cabinet, travaillent de tête,
» souvent sur des oui-dire, toujours après que
» les faits sont arrivés, & quelquefois même
» dans des lieux fort éloignés «. *Mercure de Dé-*
cembre 1725, *p.* 3007. Quelque chose de plus
encore, c'est que l'autorité d'un diplome dressé
par des personnes publiques, toutes choses égales, sera toujours, à des yeux integres, d'un tout
autre poids, que la composition d'un simple particulier & même d'une infinité d'autres qui se
feront successivement admirés. On ne doit donc
pas balancer sur la valeur de ces actes, excepté
les cas de surprise & de flatterie qu'on y découvriroit; & pour constater ces cas mêmes, il est
encore bien des précautions à prendre. Qui pourroit répondre, par exemple, que les Historiens
& les Notaires suivissent des époques & des dates
uniformes; qu'une différence de date d'un ou de
deux ans fût un titre de réprobation plutôt qu'une
variation dans le comput; qu'il ne se soit pas glissé
de fautes dans les manuscrits des Auteurs; que
ce trait d'histoire en contradiction ne soit pas
fondé sur de purs préjugés; que l'on n'ait pas
donné trop de créance à des histoires qui en mé-
ritoient moins; que l'on n'ait point pris des copies
pour des originaux; que même dans ces derniers
une méprise fût ou ne fût point réfléchie; qu'enfin ce mot qui nous fait rejeter cet acte soit un
trait de faussaire, plutôt qu'une équivoque dans
les noms?

3°. Les avantages qu'ont les diplomes sur les
inscriptions & les médailles, que l'on donne comme une des sources de l'histoire. En effet, les
médailles & les inscriptions les plus solemnelles
le font-elles autant que les diplomes mêmes qui

le font le moins ? En effet, les diplomes donnent-ils, comme les médailles, par leur obfcurité & leur précifion énigmatiques, un champ libre à l'égarement phantaftique d'une imagination vi-ve, mais déréglée, & à des interprétations arbi-traires & quelquefois infoutenables, *Hardouin* ? Les fauffaires des diplomes font-ils reconnus & ont-ils acquis un nom comme les Carteron, les Laurent Parméfan, ces fameux fabricateurs de médailles ? La chofe même eft-elle auffi poffible ? & n'eft-il pas plus aifé, *Muratori, Antiq. Ital. t.* 3, *Differt.* 34, *col.* 10, de contrefaire une dou-zaine de lettres fans être gêné par la grandeur du type ou du coin, puifqu'il eft très rare d'en trou-ver d'un même moule, que de contrefaire un titre fans s'écarter ni de l'écriture, ni du ftyle du temps, ni des points fixes de l'hiftoire ?

4°. L'autorité que la jurifprudence donne aux actes tant publics que privés, qui n'ont pas à beaucoup près la folemnité des diplomes. On appelle *acte public* celui qui eft dreffé par un No-taire, Tabellion, ou autre perfonne publique, lequel, à raifon de fon antiquité, acquiert une au-torité plus grande, *pleniorem fidem, Dumoulin, T.* 1, *tit.* 1, §. 8, *n.* 76, mais qui toujours l'em-porte même fur la preuve par témoins, fi l'on n'en démontre la fauffeté. Lorfque cet acte eft au-thentique, c'eft-à-dire qu'il eft relevé par l'appofi-tion d'un fceau, alors, *Dumoulin, tit.* 21 *in lib.* 4 *cod.* il a tous les caracteres de vérité auxquels on ne fauroit refufer une pleine créance,

L'acte privé eft celui qui, dreffé par un parti-culier, *ibid. t.* 4, n'eft autorifé ni par un fceau authentique, ni par la fignature ou la préfence de témoins mentionnés dans l'acte. Cependant

ces fortes d'écritures qui comprennent les obligations, les quittances, les livres de comptes,
les aveux, &c, &c. prouvent très fouvent en juftice, foit pour, foit contre ceux qui alleguent
ces fortes d'inftruments. Et l'on s'obftinera à refufer à des chartes une créance que les Magiftrats
les plus féveres ne refufent point aux livres d'un
Marchand, pour peu de réputation qu'il ait !

5°. Enfin, ce qui confirme de plus les diplomes & les chartes dans le droit de primauté qu'ils
ont fur tous les divers autres inftruments, c'eft le
refpect dû aux archives où ils ont été confervés.
Ces dépots du Prince, de l'Etat & des Magiftrats ; ces thréfors publics, dépofitaires des actes
& des titres des Seigneurs, d'une province, d'une
cité ; ces édifices confacrés à l'utilité commune,
qui renferment des mémoires d'Etat, des annales, des ftatuts, des coutumes, des privileges,
des titres, *Rutger Ruland*, *Tract. de Commiff.*
cap. 3, n. ultim... Nicol. Myler. Tract. de Statu
Imp. cap. 47... Franç. Michel Neveu de Windtf-
chlée, Differt. de Archivis Argentorat. n. 14,
affurent, felon le jugement du plus grand nombre des Jurifconfultes, *Balthaf. Bonifaç. lib. de*
Archiv. cap. 10.... *Wenckeri Collect. Archiv.*
p. 48... *Nicol. Chriftoph. Linckeri Differt. de*
Archiv. Imper. n. 6... *Dumolin, t.* 1, *col.* 309...
Balde... Alexandre... Jafon... De Caftre... Jean
André... la Glofe... les Canoniftes... &c. &c. à
toutes les écritures qui y font dépofées, même
aux actes privés, *Lincker cité,* une certitude mo-
rale qui prouve en juftice, & qui force l'adhéfion
de toutes perfonnes non prévenues. *Voyez* Archives, Originaux, Copies.

Définition & forme des Diplomes.

On a déja dit que les diplomes étoient les lettres patentes des Souverains. On ne voit point d'acte qui se qualifie de ce nom. Le nom de *diplome*, qui tire son origine d'un mot grec qui signifie *plié en deux*, leur est venu de la forme qu'ils avoient dans les commencements. Ces lettres patentes étoient communément inscrites sur deux tables de cuivre attachées ensemble & jointes comme deux feuilles d'un livre; c'est de là que vient l'origine du terme *diplome*. Tel est le premier que l'on connoisse, *Maffei*, *Istor. Dipl.* p. 30; il est de l'Empereur Galba, & contient un honnête congé de quelques soldats vétérans : il est fait dans le goût le plus simple : *Sergius Galba....* suivent les titres : *veteranis.... honestam missionem & civitatem dedit.* Il est daté, & il marque qu'il fut enregistré & homologué au Capitole. Lors même que les diplomes changerent de forme, ils en retinrent le nom. Les diplomes étoient dès lors fort connus : on y accordoit des privileges & des immunités à des corps ou à des particuliers. L'Empereur Zénon, par sa loi du 23 Décembre 476, statua qu'on n'accorderoit pas de diplomes à des particuliers, mais seulement à des provinces, à des villes & à des corps considérables : mais les démembrements de l'Empire firent que cette loi ne fut que peu ou point observée, au moins dans les nouveaux Etats des peuples conquérants, quoique les vaincus eussent fait adopter aux vainqueurs la plupart de leurs loix, de leurs usages, & une partie de leur jurisprudence. Le plus ancien diplome qui nous soit resté de nos premiers Rois en original, est celui

de Childebert premier, donné en 558 en faveur
de S. Germain des Prés : il est d'un vélin aussi fin
& aussi beau que celui des plus anciens manuscrits.

Les Rois d'Angleterre n'ont commencé à donner des diplomes que dans le 7ᵉ siecle. On ne
sait pas au juste le temps auquel les Etats de
l'Empire se sont attribué le droit de donner des
diplomes : mais les Princes de la Maison de
Brunsvick-Lunébourg sont les premiers, *Tract.
Jo. Eisenhardti de Jure Diplom. cap.* 11, *p.* 24,
qui l'ont exercé en leur propre nom sans l'autorité des Empereurs. On regarde Henri VIII, dit
le Noir, comme le premier Duc de Baviere qui,
ayant fait une donation de son chef, l'an 1120,
en ait donné un diplome ; ce qui avant lui n'a-
voit été fait en Allemagne que par les Rois & les
Empereurs.

Le premier Roi de la monarchie françoise,
Clovis, donna des diplomes, & ses successeurs
l'imiterent. Il y a très peu de différence dans la
forme des diplomes des trois premieres races de
nos Rois ; ils ne different guere que dans les expressions. Voici en abbrégé l'ordre & la substance
de ces diplomes, tels qu'on les trouve dans les
diplomes mérovingiens. Ils portoient en tête une
invocation monogrammatique, au moins on n'en
connoît pas d'autre, sans cependant prétendre
l'affirmer : elle étoit suivie de la *suscription*, ce
qui composoit la premiere ligne ; d'un *préambule*, de l'*objet* du diplome, des *menaces* ou des
amendes ; de l'annonce ou du sceau ou de la signature ; l'une & l'autre manquent cependant
quelquefois ; de la *souscription*, qui contenoit
premiérement une invocation monogrammati-

que, puis le nom du Roi; de la *ruche*, qui renfermoit plufieurs *ſſ* pour *ſubſcripſi*; de la fignature du Référendaire qui avoit préfenté l'acte; du fouhait par la formule *benevalias*, placée auprès du fceau. Tout au bas de l'acte étoient placées les dates du jour, du mois, de l'année, du regne & du lieu; enfuite une invocation formelle tout au long, & *feliciter*, formule finale.

Telle eft la marche des diplomes des Rois Mérovingiens. Leurs diplomes de moindre conféquence n'étoient foufcrits que par les Référendaires; car, fous cette race, ainfi que fous les deux fuivantes, il y avoit des diplomes folemnels, & d'autres qui l'étoient moins. Les derniers ne préfentent pas toutes les formalités dont font revêtus les premiers.

Les diplomes carlovingiens fuivent affez le même plan, à quelques exceptions près, qui confiftent plus dans les expreffions que dans le fond de l'acte. On peut en voir les différences aux articles INVOCATION, SUSCRIPTION, IMPRÉCATIONS, ANNONCE, SOUSCRIPTION, SIGNATURE, &c.

Sous la troifieme race, jufqu'après le regne de Saint Louis, cette forme fe maintint à peu près; alors ils commencerent à en prendre une nouvelle: mais le changement eft total après le regne de Philippe le Bel. Les diplomes folemnels portent l'invocation du nom de Dieu, de J. C. notre Sauveur, & de la fainte Trinité; l'ere chrétienne, l'année du regne du Roi, fon monogramme, la préfence des quatre grands Officiers; & ils font munis d'un fceau avec contre-fcel. Les moins folemnels ne s'affujettiffent pas à toutes ces formalités, mais ils en obfervent quelques-unes, plus ou moins; ce qui fait voir qu'il ne faut point juger des uns par les autres, & qu'on ne doit point prendre les diplomes les plus folemnels pour fervir de regle & de modele à tous les autres, fous peine de déclarer faux les uns, faute de conformité avec les autres. Dans ces mêmes temps, les Empereurs d'Allemagne fuivirent affez dans leurs diplomes les ufages des Rois de France, en diftinguant comme eux les folemnels de ceux qui le font moins.

Dans le fiecle fuivant, c'eft-à-dire dans le 14e, les diplomes de nos Rois prirent une nouvelle forme : plus d'invocation, nouvelle formule finale, plus de fignature des grands Officiers, &c. &c. *Voyez* toutes les parties d'un diplome féparément, & l'article ECRITURE.

DOCTEUR. Le titre de Docteur a été créé peu avant le milieu du 12e fiecle, pour fuccéder à celui de *Maître* devenu trop commun. On attribue l'établiffement des degrés de doctorat, tels que nous les avons aujourd'hui, à Irnerius qui en dreffa lui-même le formulaire. La premiere inftallation folemnelle de Docteur, conforme à ce *profpectus* ou formulaire, fe fit à Bologne en la perfonne de Bulgarus, Profeffeur de Droit. L'Univerfité de Paris fuivit cet ufage pour la premiere fois vers 1145, en faveur & pour l'inftallation de Pierre Lombard. Spelman croit que le nom de Docteur n'a été un nom de titre & de degré en Angleterre, que fous le Roi Jean, vers 1207.

DONATION. Nous avons vu au mot CHARTE tous les différents noms que l'on donnoit aux pieces par lefquelles on affuroit à quelqu'un une donation. Il n'eft pas rare de voir ce don, *donum*, comme on l'appelloit quelquefois, porter en titre le nom de *charte*, & dans le texte celui
d'*épitre*,

d'*épitre*, ou appellé tour à tour *épitre* & *charte*.
Il eſt très difficile de décider leſquelles ſont les
plus ordinaires des épitres ou des chartes de donation dans la plus haute antiquité, *Baluze*,
t. 2, *col.* 399. On diſtingua autrefois, mais très
rarement, *ibid. col.* 426, 571, la donation, de la
ceſſion; car les donations furent preſque toujours appellées ceſſions ſous la premiere race de
nos Rois : mais, dans ces temps reculés, elles
furent ſouvent diſtinguées des lettres de tradition, qui étoit l'inveſtiture propre des biens donnés. Les lettres de donation entre mari & femme
ſont appellées, dans le moyen âge, *epiſtolæ con-
ſtitutionis* ou *epiſtolæ adfatimæ* : on en dreſſoit
ordinairement deux d'une même teneur, *ibid.
col.* 478.

L'énumération des biens aumônés eſt très fa-
miliere aux chartes de donation de la premiere
& de la ſeconde race de nos Rois : on y annonçoit ſouvent en détail, comme on a vu que cela
ſe pratiquoit dans les bulles pancartes, les prés,
les bois, les ruiſſeaux, les moulins, les vignes,
les maiſons, les ſerfs, les terres ; & l'on compre-
noit toutes leurs dépendances ſous les mots *ap-
pendices* ou *adjacents*, *cum omnibus appendiciis
ſuis*. Ces détails, qui ſe rencontrent dans les
chartes un peu conſidérables, & que les diplomes
mérovingiens préſentent continuellement, ſoit
que les biens aient été donnés, ou vendus, à des
Egliſes ou à des particuliers, ſe trouvent même,
Annal. Bened. t. 2, *p.* 618... *Gal. Chriſt. t.* 8,
col. 487, quoique plus rarement, dans les titres
de confirmation. Il n'appartenoit qu'aux Princes,
aux Papes, & aux Seigneurs ſuzerains, de faire
de ces ſortes de titres.

Tome I. C c

Il n'eſt pas hors de propos de remarquer que, dans les anciens diplomes & chartes, les mots *dare, donare, concedere*, ſont très ſouvent pris pour *confirmare, reddere, reſtituere*, & que ce qui paroît être un don, *Des Thuileries Diſſert. ſur la Mouv. de Bretag. p.* 102, n'étoit qu'une confirmation ou une inveſtiture toujours néceſſaire à chaque mutation de poſſeſſeur.

Les fonds de terre que les Egliſes poſſéderent dès le milieu du troiſieme ſiecle, donnerent lieu à un grand nombre de lettres & de chartes de donation en forme. Ce qui prouve que, du temps de Julien l'Apoſtat, les particuliers donnoient par écrit des fonds aux Egliſes, c'eſt un fragment que nous donne Gonon, *lib. 3 de Vitis Patrum Occident. p.* 216, d'un acte de donation faite par une Dame Lyonnoiſe à Saint Domitien & à ſes compagnons, Moines du territoire de Lyon. Dans le 7ᵉ ſiecle, comme on s'écartoit déja en France des formes légales dans la rédaction des actes, le Concile de Paris, de 615, ſe crut obligé de ſtatuer, par ſon dixieme canon, que les donations des Evêques & des Clercs en faveur de l'Egliſe auroient leur effet indépendamment des formalités. Les donations commencerent vers le 11ᵉ ſiecle, au moins, à ſe faire, en poſant ſur l'autel la charte par laquelle on ſe deſſaiſiſſoit de certains biens, comme ſi c'eût été des offrandes faites à Dieu, *Hiſtoire généal. de la Maiſon de France, t. 3, p.* 664, *troiſieme édit... Annal. Bened. t. 5, p.* 25. Cette pieuſe coutume continua d'être religieuſement obſervée dans le 12ᵉ ſiecle. Dès le précédent & dans les ſuivants, les donations ſe faiſoient dans un lieu public, en préſence de témoins. Le conſentement des petits-enfants intéressés, *ibid. t. 6, p. 503*, étoit requis pour la validité des donations faites aux Eglises, & elles n'étoient regardées légales, qu'autant qu'elles étoient ratifiées par la femme, les enfants, les peres & les parents du donateur. Voici comme se faisoient ces donations : le bienfaiteur se dessaisissoit, entre les mains de l'Evêque diocésain de l'Eglise, du bien qui faisoit l'objet de son présent : le Prélat en investissoit l'Eglise, & confirmoit la donation par une charte où il employoit souvent les termes *donamus, concedimus*, comme auroit pu faire le véritable donateur.

DUC & DUCHÉ. Du temps de l'Empereur Probe, en 276, les Généraux des divers corps de troupes étoient désignés sous le nom de Ducs, *Duces*, Tillem. *Hist. des Emp. t. 3, p. 565*. C'est l'origine des Ducs, qui furent quelque temps après Gouverneurs de provinces. Dès le regne de Dioclétien, ces Gouverneurs en prirent le titre; mais il n'étoit encore qu'usurpé. Il devint plus commun sous Constantin : ou, pour mieux dire, cette dignité fut instituée par Constantin en 330, *Hist. du bas Empire, t. 1, p. 523*; car ce n'est qu'après le transport du siege impérial à Constantinople, qu'on trouve les noms de Ducs d'Isaurie, de Phénicie, de la Palestine, de l'Arabie, &c. employés plus ordinairement. Ces titres, & les fonctions qui y étoient attachées, n'étoient d'abord que des commissions : ce qui le prouve, c'est que les enfants des Gouverneurs n'héritoient pas de leur dignité, & que les Empereurs les déposoient quand ils vouloient; *Ant. Mattheus, de Nobilit. part. 1, cap. 5*. M. le Beau, cité plus haut, prétend au contraire que le titre

de Duc étoit celui des Commandants en chef,
répartis sur les frontieres, & qu'ils étoient perpétuels ; qu'afin de les attacher au département
dont la défense leur étoit confiée, Conftantin
leur affigna, dans le lieu même, des terres confidérables, qu'ils poflédoient en toute franchife,
avec droit de les faire passer à leurs héritiers militaires ; que ces terres s'appelloient *Bénéfices*,
& que c'eft, selon un grand nombre d'Auteurs, le
plus ancien modele des fiefs. Il paroît que le titre
de *Duc* fut même, fous les enfants de Conftantin, l'apanage des Proconfuls ou Préteurs, qui
n'étoient que des efpeces de Lieutenants de Police. L'invasion des Barbares ne changea rien à
ces titres. Au 6e fiecle, les Ducs étoient chargés
du gouvernement des provinces, & les Comtes
de celui des villes. La coutume s'établit dès lors
peu à peu en France d'appeller Ducs ceux qui
gouvernoient plufieurs dioceses, & Comtes ceux
qui n'en gouvernoient qu'un seul fous les Ducs.

La fucceffion héréditaire des duchés eft manifefte dès le 8e fiecle dans la personne d'Eudes,
Duc d'Aquitaine : mais ce n'eft que fous les derniers Rois de la seconde race, qu'elle se réalifa
par ufurpation. Après les commencements du 10e
fiecle, les Ducs & les Comtes convertirent en
principautés les lieux & les villes où ils commandoient avant par commiffion ; & dès lors ils ajoû-
terent à leur nom celui de leurs duchés ou de
leurs comtés.

Les duchés furent héréditaires en France jufqu'en 1566, que Charles IX ordonna qu'ils feroient reverfibles à la couronne au défaut de
mâles.

Jufqu'au temps de ce Prince, les érections des

duchés ne s'étoient faites qu'en faveur des Princes du Sang. Les premieres lettres patentes d'érection en duché-pairie furent données en faveur de Jean, Comte de Bretagne, en 1297, pour remplacer la pairie de Champagne, réunie à la couronne par le mariage de Philippe le Bel avec Jeanne de Navarre en 1284. Depuis cette époque, il y a eu plusieurs érections de cette espece; mais c'étoit toujours en faveur des Princes ou Souverains, ou du Sang royal. Ce n'est que sous Charles IX, que l'on a commencé à ériger par brevet les terres de quelques Seigneurs particuliers en duchés-pairies. Le plus ancien & par conséquent le premier duché-pairie de cette derniere sorte est celui d'Usez, érigé en 1572.

Le premier Prélat François qui ait pris le titre de Duc est Robert de Courtenay, qui monta sur le siege de Reims en 1299, *Hist. Généal. de la Maison de France*, t. 2, p. 10.

Le Roi Edouard III fut le premier qui établit la dignité de Duc en Angleterre, au 14e siecle : il créa son fils Edouard Duc de Cornouaille.

Les chartes où il est fait mention de duchés possédés en propre & par forme d'héritage, doivent passer pour fausses, si elles sont antérieures à Charles le Simple en France, & à Henri l'Oiseleur en Allemagne : il en faut excepter, en France, Eudes, Duc d'Aquitaine.

E.

L'*E* fut quelquefois arrondi, & quelquefois quarré. L'*e* rond, *fig. premiere du cinquieme tableau*, se voit chez les Grecs plus de huit cents ans avant J. C. dans les inscriptions; car on ne connoît point de manuscrits grecs où il soit quarré. Les Tables Eugubines en montrent de même forme; ce qui prouve son antiquité. Il ne fut admis sur les médailles latines qu'au 3ᵉ siecle. Il est ordinaire dans les manuscrits en lettres onciales des 4ᵉ & 5ᵉ siecles, pour ne rien dire de quelques autres qu'on pourroit faire remonter plus haut.

E majuscule.

L'*e* rond en forme de notre *E* majuscule cursif, *fig. 2 du cinquieme tableau*, ou composé de deux *c*, *fig. 3 ibid.* est remarquable dans les inscriptions des 2ᵉ & 3ᵉ siecles, *Antiquité expliquée, t. 3, part. 2, planc.* 128.

L'*e* rond fermé, *fig. 4 ibid.* est d'une antiquité bien constatée, *Palæograph. p.* 170.... *Antiquité expliq. t. 3, part. 2, planc.* 136, & qui ne peut être postérieure au 5ᵉ siecle. On le voit de plus dans le manuscrit 255 de S. Germain des Prés, qui est du 7ᵉ siecle. Cet *e* fut depuis appellé gothique, parcequ'il fut d'un usage ordinaire dans cette écriture vulgaire au 13ᵉ siecle, & qu'au suivant on n'en voyoit presque point d'autres, si ce n'est sur des monnoies; encore cette exception n'arriva-t-elle que rarement. En Espagne, au 7ᵉ siecle, il se lioit par la traverse avec le caractere suivant.

L'*e* droit fut diversement figuré. Lorsqu'au lieu des trois lignes horizontales on ne voit que trois points accollés à la perpendiculaire, *fi . 5 du cinquieme tableau*, ou que les trois lignes horizontales traversent la haste autant à gauche qu'à droite, *fig. 6 ibid.* c'est un signe antérieur au 9ᵉ siecle, dans lequel ils ont cessé : ils sont communs aux manuscrits en capitales, antérieurs au 6ᵉ siecle. Les manuscrits du 12ᵉ abondent en *e* de la *fig. 7 ibid.* dont les formes varient sans cesse, quoique ces derniers traits y dominent. En Espagne, dans les inscriptions du 7ᵉ siecle, la haste surpassoit la ligne horizontale supérieure.

E minuscule.

L'*e* minuscule, *fig. 8 ibid.* se forme de l'*e* rond oncial : il peut bien remonter jusqu'au temps de la République Romaine. Quand il se rencontre fréquemment dans des manuscrits totalement écrits en lettres onciales, c'est une preuve de l'antiquité la plus reculée.

Il faut distinguer trois choses dans l'*e* minuscule ; le tour, la tête, & la traverse. Le tour presque en demi-cercle forme le corps ou le dos de l'*e*. La tête est l'arc élevé au dessus de la traverse ; elle perd peu à peu sa rondeur exacte, & tend à former une ogive, & même, dès le 13ᵉ siecle, un angle rectiligne. La *traverse* est censée la corde de l'arc ci-dessus, quoique quelquefois elle en soit détachée.

Le petit *e* minuscule tour simple, ou avec une pointe légere qui le lioit ordinairement avec la lettre suivante, prit cours, en France & ailleurs, au 9ᵉ siecle, dans les diplomes, & sur-tout dans la formule des dates diplomatiques. Il parut de plus en plus commun, quoiqu'avec quelques mêlanges des anciennes figures de l'*e* curſif. Au 11ᵉ ſiecle, ces figures devinrent fort rares, ſi ce n'eſt dans l'écriture allongée, où elles tomberent auſſi bientôt. On n'en voit preſque plus après le milieu du même ſiecle : mais en Eſpagne elles dominoient encore au 12ᵉ.

Quand cet *e* minuſcule, *fig.* 8 *du cinquieme tableau*, eſt bien arrondi, & que ſa traverſe horizontale ne dépaſſe point ſa tête, c'eſt la marque, dans un manuſcrit, d'une antiquité ſupérieure au 8ᵉ ſiecle. Lorſque cette traverſe eſt prolongée en pointe un peu relevée par le bout, elle indique un temps antérieur au 10ᵉ. Elle devient oblique aux 10ᵉ & 11ᵉ ſiecles, anguleuſe vers le 12ᵉ, & tout à fait tortue dans les derniers temps, qui ſont le regne du bas gothique.

Dès 1240, on trouve en France des *e*, *fig.* 9 *du cinquieme tableau*, d'un grand uſage en Angleterre & en Ecoſſe, au 14ᵉ ſiecle. Au 15ᵉ, on en vit de toutes les façons, dont on ne ſent pas bien les rapports.

Il en eſt de même de ces trois fauſſes paralleles, *fig.* 10 *du cinquieme tableau*, repréſentatives de l'*e* entier, qui s'eſt cependant ſoutenu juſqu'à nos jours dans les bulles des Papes.

E curſif.

L'*e* curſif s'eſt montré ſous différentes figures ſans nombre, ſur-tout à cauſe de ſes liaiſons avec les lettres voiſines. Dans les écritures romaines, mérovingiennes & carolines, il a une très grande reſſemblance avec le *c* curſif, & tient beaucoup de notre grand *E* curſif, *fig.* 2 *ibid.*

soit qu'il soit plus tortueux, ou que sa tête soit bouclée, ou relevée, ou rentrante, ou contournée de droite à gauche.

Le caractere distinctif le plus commun de l'écriture franco-gallique, depuis le milieu du 7ᵉ siecle jusqu'à la fin du 8ᵉ, est que la courbe supérieure s'approche rarement du montant jusqu'à le toucher.

Dans les diplomes carlovingiens, les *e* des *figures* 11 & 12 *ibid.* sont, ou peu s'en faut, les caracteres dominants de l'*e* cursif. Le regne du dernier commence avant le milieu du 8ᵉ siecle, & ne se termine que sur la fin du 9ᵉ. Si on le trouve un peu moins exact, il remonte plus haut, & descend plus bas. Le même *e* fut en vogue en Espagne aux 10ᵉ & 11ᵉ siecles ; & en Italie, depuis le 7ᵉ jusqu'au 10ᵉ, où cependant il eut des concurrents dans l'intervalle.

L'écriture papale des 11ᵉ & 12ᵉ siecles éleva cet *e*, comme la *fig.* 13 *du cinquieme tableau*, sur une base sinueuse horizontale, & il est familier dans l'écriture romaine : de là ces *e*, *fig.* 14 *ibid.* qui sont de singuliers restes expirants de l'ancienne cursive, & propres à l'écriture des 11ᵉ & 12ᵉ siecles, vulgairement dite *lombardique*, & qu'on peut encore mieux appeller *bullatique* ou *papale*.

L'*e* romain, *fig.* 15 *ibid.* montoit souvent au dessus de la ligne, soit de toute la ligne, soit de toute la courbe supérieure : néanmoins la lombardique papale des derniers temps n'y paroît pas toujours astreinte.

Dans la romaine antique, la tête de l'*e* étoit une boucle, lorsque la liaison avec la lettre suivante se faisoit au moyen de la traverse ; mais lorſque le caractere ſuivant tiroit ſon origine de la tête de l'*e*, on la terminoit en pointe. Lorſque la liaiſon avoit lieu avec la lettre précédente, alors cette tête de l'*e* & la traverſe étoient poſées ſur cette même liaiſon, qui ſervoit de baſe, étant en forme d'*s* couchée, comme la *fig.* 16 *ibid.*

- Les écritures ſaxonnes & mérovingiennes eurent, vers les 8e & 9e ſiecles, des *e* fermés comme la *fig.* 17 *ibid.* Aux 8e, 9e & 10e ſiecles, quelques Ecrivains, principalement en France & en Italie, les transformerent en eſpece d'*s* avec une ſaillie à leur tête du côté droit, comme la *fig.* 18 *ibid.* Au 10e ſiecle, ils l'emportoient, dans certains diplomes, ſur toutes les autres figures de la même lettre.

Vers le 10e ſiecle, les Eſpagnols avoient des *e* dont la traverſe, attachée à la pointe de la courbure ſupérieure, remontoit perpendiculairement, comme la *fig.* 19 *ibid.* mais l'uſage le plus commun étoit que l'*e* rond majuſcule, *fig.* 1 *ibid.* fût traverſé par un trait oblique, comme la *fig.* 20 *ibidem*, ou horizontal, pour ſervir de liaiſon.

Les *e* compoſés d'un double *c* l'un ſur l'autre n'ont, pour ainſi dire, jamais lieu dans aucune eſpece d'écriture ſaxonne : les *e*, *fig.* 21 & 22 *ibid.* y ſont plus d'uſage, & tous les autres en dérivent à peu près, ou de l'*e* des diplomes carolins.

E allongé.

L'*e* de l'écriture allongée s'éleve rarement au deſſus de la ligne, excepté dans la mérovingienne & dans la plus ancienne caroline : encore, dès le commencement du 9e ſiecle, cet *e* ſuréminent n'a-t-il lieu qu'en qualité d'initial d'un mot.

Dans cette écriture, une petite tête peu proportionnée à la hauteur de l'*e*, une tête repliée en arriere, & un corps tortueux, caractérisent particulièrement le 10ᵉ siecle, sur tout en Allemagne. Jamais on n'éleva plus souvent une espece d'*s* sur l'*e* pour lui servir de liaison avec les lettres voisines, que depuis le déclin du 10ᵉ siecle jusqu'à la fin du 11ᵉ; jamais on ne le vit trembler avec tant d'excès; jamais il ne fut élevé si haut, ni plié & replié en tant de façons. La suppression des traits superflus & des tremblements est remarquable au 12ᵉ siecle.

E simple.

L'*e* simple fut souvent employé pour la diphthongue *æ* dans des manuscrits & des inscriptions très anciennes. Dans l'écriture courante, cette mode fut très commune aux 12ᵉ, 13ᵉ, 14ᵉ & 15ᵉ siecles. *Voyez* Æ.

Planche de l'E.

On ne répétera pas pour l'intelligence de cette planche les observations qui ont été données sur la planche premiere; ce seroit des redites inutiles & à charge au lecteur : on passe tout de suite à l'examen de l'*E* capital latin; & d'abord on examine l'âge des *E* métalliques.

La littérature latine n'a rien de plus ancien que les *E* de la premiere division : il en faut cependant excepter plusieurs figures de la cinquieme subdivision, caractérisée par les prolongations supérieures & inférieures de la haste, toutes fort en usage chez les Espagnols aux 7ᵉ & 8ᵉ siecles.

Les *E* de la seconde division, tranchés en

talut, ou par des sommets & des bases, ou irréguliers, sont presque tous anciens. Ceux qui sont
à la tête des deux premieres subdivisions passent
le 2ᵉ siecle; les suivants sont plus modernes,
presque à raison de leur rang.

Toute la troisieme division remonte au moins
jusqu'au moyen âge, excepté les dernieres figures
de la premiere subdivision & de la quatrieme,
qui sont fort récentes.

La quatrieme division comprend les *E* de caractere oncial. Les deux premieres subdivisions
sont de l'ancien temps. Les figures de la troisiéme
perséverent jusqu'au 12ᵉ siecle; & la quatrieme
représente les *e* minuscules & cursifs avant le gothique.

La cinquieme division n'admet que des *E* dans
le goût de nos *E* majuscules cursifs; ce sont deux
c l'un sur l'autre.

La sixieme division est toute gothique; ses formes extraordinaires le démontrent assez. Plusieurs des caracteres de la quatrieme subdivision
appartiennent au 11ᵉ siecle. La sixieme & la septieme sont propres à l'Espagne.

La septieme division nous fournit un léger
échantillon des *e* minuscules gothiques des 14ᵉ
& 15ᵉ siecles.

Respectivement à l'*E* capital des manuscrits,
on observe que les sept premieres divisions sont
des capitales pures; la huitieme, des gothiques;
les neuvieme & dixieme, des onciales; & que
dans cette derniere on voit quelques minuscules
& cursives.

ECRITURES. Les hommes, rassemblés en
familles, se communiquerent leurs pensées par
l'usage de la parole. Le besoin de se ressouvenir

Phénicien ⊰ | Grec }

III LATIN

Capital des Inscriptions }

Capital des Manuscrits }

MINUSCULE

Romain }

Boutrois Sculp.

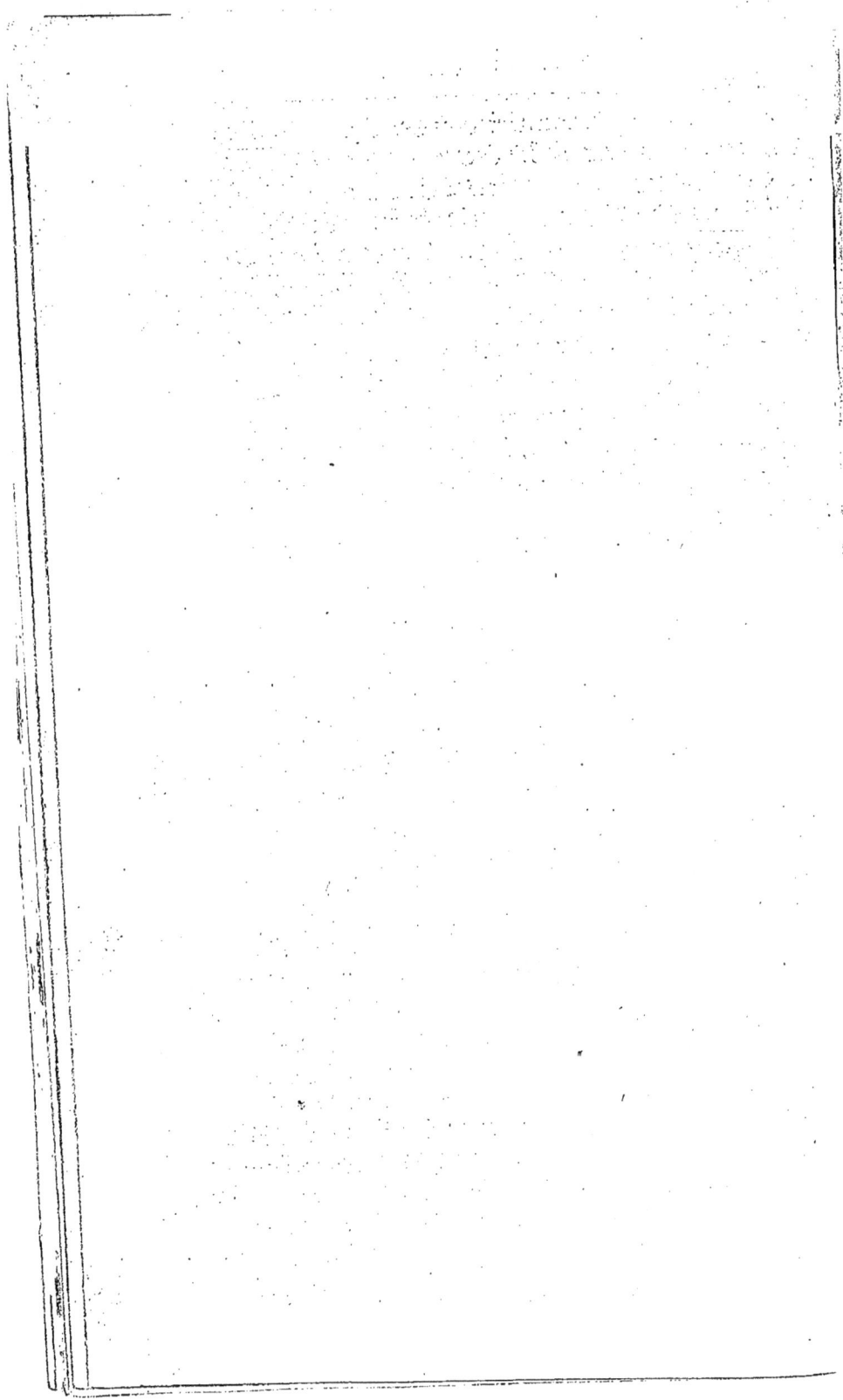

Lombardique   3. *Visigothique*

4. *Saxon*

5. *Gallican*   6. *Merovingien*

7. *Allemand.*   8. *Carlovin.*

9. *Capetien*

10. *Gothique*

CURSIF

D'Italie.

2. *De France.*

3. *D'Allemagne.*

4. *De la Gr. Bretagne.*

5. *D'Espagne.*

de certains faits, l'invention des arts utiles dont ils craignoient l'oubli, les vertus des grands hommes qu'ils vouloient faire paffer à leurs neveux comme des exemples encore vivants, leur firent chercher & inventer l'art de fe tranfmettre les idées, fans que les fons fuffent néceffaires. Au moyen du bois, des pierres, des marbres & des métaux, ils tracerent quelques fignes de convention, ou qui repréfentoient la chofe même, ou qui en étoient le fymbole ou l'emblême. C'eft ce que nous appellons l'écriture des penfées, bien différente de l'écriture des fons, puifque celle ci fe prononce, & que l'autre ne peut point s'articuler.

Ecriture des penfées.

L'écriture des penfées fignifioit donc, au lieu de fons, une totalité de chofes, une action, un événement avec toutes fes circonftances, & quelquefois même, au moyen de certaines nuances, le jugement qu'on devoit en porter. On peut diftinguer plufieurs fortes d'écritures de penfées. L'une étoit *hiéroglyphique repréfentative* : vouloit-on faire concevoir l'idée d'une montagne, d'un fleuve, d'un arbre, on peignoit ces objets. Celle-ci, ainfi que la fuivante, ne pouvoit s'exercer que fur des objets corporels. L'autre étoit *hiéroglyphique imitative* : ainfi un cercle fignifioit le foleil ; un croiffant, la lune, en quelque état qu'elle fe trouvât. Une troifieme étoit *hiéroglyphique caractériftique* : ainfi l'hippopotame fignifioit l'impudence & la cruauté. Une quatrieme étoit *fymbolique* & *emblématique* ou allégorique : ainfi un foleil annonçoit la divinité ; l'œil peignoit un monarque ; une fauterelle, animal que l'on croyoit alors sans bouche , représentoit une personne initiée dans les mysteres , & obligée au secret. Enfin une cinquieme étoit purement *énigmatique.*

Cette écriture de pensées en général a été fort en vogue chez les Egyptiens & chez les Chinois : elle l'est encore chez ces derniers, qui ont même des caracteres arbitraires qui dénotent des pensées, sans signifier en même temps des mots.

Ecriture des sons.

Cependant il restoit toujours une difficulté de rendre une infinité de pensées intellectuelles & métaphysiques , & c'est ce qui fit inventer l'écriture des sons. Au lieu d'une infinité de traits & de caracteres qui, étant isolés, avoient un sens propre & fort étendu, on se restreignit à deux douzaines, ou à peu près, de ces signes, auxquels on donna un son de convention ; puis, par les divers assemblages & les différentes combinaisons de ces caracteres sonores rapprochés, on forma premiérement des mots univoques, expressifs pourtant, qui furent les racines de plusieurs autres mots composés de ces monosyllabes, qui servirent les uns & les autres à rendre les pensées , & à les différencier, selon leur degré d'approximation ou de disparité. Telle est la marche graduelle de l'esprit humain dans l'invention de l'écriture.

Du Peuple à qui est due l'invention de l'écriture.

Mais quel est le peuple à qui l'invention de l'écriture appartient primitivement ? C'est un point qui n'est pas aisé à décider. Cependant on

peut dire que, de toutes les écritures alphabétiques, la chaldaïque, l'égyptienne & la famaritaine ou phénicienne, font les feules qui puiffent entrer en lice pour difputer d'antiquité. On
tombe affez d'accord fur ce fait général : mais
pour defcendre dans le particulier, c'eft autre
chofe ; les fentiments font fort partagés. Une
foule d'Auteurs, *Pline, Hift. Nat. l.* 7, *c.* 56....
Cicéron, de Natura Deorum, lib. 3.... *Jambli-
que, lib. de Myfter. cap. de Deo & de Diis....
Tertullien, de Coron. milit. c.* 8 ; *de Teftim. anim.
c.* 5, 9.... *Plutarque, Sympof. lib.* 20, *c.* 3....
Diodore de Sicile, l. 2, tous cités par M. Schuckford, *Hiftoire du Monde, t.* 1, *p.* 228, & *t.* 2,
p. 216, 288, déferent cette gloire à l'Egypte,
& attribuent l'invention des lettres au fameux
TAAUT, fils & Secrétaire de Mifraïm : mais ces
Auteurs ne marquent pas diftinctement fi ces lettres étoient hiéroglyphiques ou épiftolographi-
ques. Le premier & le dernier des Auteurs cités
en rapportent réellement l'invention aux Phéniciens. Le Pere Kircher, *Œdip. Ægypt. t.* 3,
Diatrib. 2, s'eft porté pour les Egyptiens, jufqu'à prétendre déterminer la figure des lettres :
mais il a été vivement réfuté par l'Abbé Renaudot, *Mém. de l'Acad. des Infcript. t.* 2, *p.* 248,
255. La découverte du Jéfuite auroit été d'autant plus avantageufe, fi elle avoit réuffi, que,
de tous les monuments égyptiens, obélifques &
momies, quelque nets & diftincts qu'en fuffent
les caracteres, on n'a pas encore pu parvenir à
en former un alphabet régulier, bien loin d'a-
voir trouvé des rapports entre quelques autres
alphabets & le leur.

Buxtorf, *Differt. de Litteris Hebraïc.* §. 2.

Conringius ; Spanheim ; Meier ; M. Morin ; *Exercitat. de Ling. part.* 2, c. 5, 6, *pag.* 194 ; M. Bourguet, savant Protestant, &c. &c. se sont déclarés ouvertement pour la chaldaïque, qu'ils regardent comme la langue primordiale d'où sortent toutes les autres : mais ils ne sont fondés que sur des arguments de convenance, & des probabilités qu'on peut détruire par des vraisemblances encore plus fortes. La simplicité des caracteres de cette écriture, un des plus forts de leurs motifs, n'est ni plus grande que celle des caracteres samaritains, ni soutenue également dans toutes les lettres. Un inconvénient qui peut ruiner ce système, c'est qu'il n'est pas possible de dériver les lettres grecques, les premieres qui aient été portées en Europe, des chaldaïques ; au lieu qu'elles naissent manifestement des phéniciennes ; & que de plus on ne sauroit produire des caracteres chaldaïques qui ne soient au moins postérieurs d'un ou de deux milliers d'années aux plus anciens monuments des Grecs dont on a connoissance.

L'invention de l'écriture due aux Phéniciens.

Enfin tout dépose exclusivement en faveur de l'antiquité de la langue phénicienne. Par la *Phénicie* on n'entend pas seulement les villes de la côte maritime de la Palestine, mais de plus la Judée & les pays des Chananéens & des Hébreux. Hérodote lui-même, *lib.* 2, *col.* 104, par les Phéniciens désignoit évidemment les Hébreux ou les Juifs, puisque, selon lui, les Phéniciens se faisoient circoncire, & que les Tyriens, les Sidoniens, &c. n'étoient point dans cet usage.

Par

Par écriture phénicienne, on entend donc la samaritaine, c'est-à-dire l'ancien hébreu, *Souciet*, *Differtation fur les Médailles Hébraïques*, *p. 4*; différent de l'hébreu quarré ou chaldaïque, qui eft le moderne, que les Juifs ont adopté depuis la captivité de Babylone, ainfi que l'ont penfé S. Jérôme, S. Irénée, S. Clément d'Alexandrie, &c. &c. *Differtat. 2 de præftantia & ufu numifm. antiq. t. 1, p. 70.*

Les Auteurs qui adjugent l'antiquité à l'écriture famaritaine font fans nombre. Genebrard, Bellarmin, le Pere Morin, M. Huet, Dom Montfaucon, Dom Calmet, M. Renaudot, Jofeph Scaliger, Grotius, Cafaubon, Walton, Bochard, Voffius, Prideaux, Capelle, Simon, &c. &c. fe font hautement déclarés en faveur de ce fentiment; & ils font appuyés fur les Auteurs anciens & fur l'analogie des caracteres famaritains avec les caracteres grecs; reffemblance néceffaire pour obtenir la gloire de l'antiquité puifque les derniers fe perdent dans la nuit des temps, & que cependant ce n'eft point eux qui les ont inventés.

En combinant la defcendance des lettres, il en réfultera beaucoup de jour fur ce fyftême, & un nouvel appui pour le dernier fentiment.

Les Grecs tiennent l'écriture des Phéniciens.

Les Grecs ont reçu leurs lettres, c'eft un fait : mais de qui les tiennent-ils ? Dom Calmet, *Differt. t. 1, p. 24*; Dom Légipont, *Differtat. Philogico-bibliograph. §. 4, n. 9 & 10, p. 114*; M. Schuckford, *Hift. du Monde, liv. 4, p. 222*, décident que les Grecs en font redevables aux Egyptiens, & cela fur la foi de Voffius, qu'ils

citent à tort. Toutes les preuves de ce dernier ;
De Arte Gramm. lib. 1, *cap.* 10, se réunissent
au contraire en faveur de Cadmus, qui, selon
le Président Bouhier, *De priscis Græc. & Latin.*
Litteris Dissert. n. 3, quoiqu'Egyptien d'origine,
étoit né en Phénicie, & y apprit les lettres, qu'il
communiqua aux Grecs. Ce dernier sentiment
de l'Académicien est garanti dans Vossius, *De*
Arte Gramm. p. 44, par Hérodote, Denys d'Ha-
licarnasse, Pline, Saint Clément d'Alexandrie,
Victorin, Saint Isidore, Suidas, & même Plutarque. Donc Cadmus, parti de Phénicie, porta
aux Grecs les premieres lettres, qui furent depuis
appellées ioniques. Mais il a été dit plus haut,
que par les *Phéniciens* on entendoit les *Hébreux :*
donc les Grecs doivent l'origine de leur écriture
aux caracteres samaritains.

Les caracteres grecs, parfaitement semblables
aux phéniciens dans l'origine, se sont à la vérité
écartés un peu, avec le temps, de leur figure
primitive, *Renaudot, Mém. de l'Académ. t.* 2,
p. 249 ; mais ils laissent voir encore nombre de
traits de ressemblance : & les monuments des
Grecs les plus antiques, comparés aux monnoies
& médailles des Samaritains les plus anciennes,
présentent des caracteres absolument semblables.
L'écriture la plus ancienne de l'Europe nous
vient donc du samaritain, & non du chaldaïque,
avec lequel elle n'a aucun trait de conformité,
ni de l'égyptienne, avec laquelle elle n'a pas plus
de rapport.

Les Latins la tiennent des Grecs.

Les Pélasges, premier peuple de la Grece, soit
par la voie de la navigation, soit par les colonies

grecques qui passerent en Italie, porterent premiérement leur forme d'écriture chez les Etrusques. Aussi, depuis les lumieres jetées sur la littérature étrusque, on voit que de dix-huit lettres
qui composoient l'alphabet de ces derniers, huit
sont exactement semblables à autant de caracteres samaritains, & six autres ont, avec un pareil nombre de samaritains, des traits apparents
de conformité. Mais dix des lettres étrusques
sont évidemment les mêmes que les nôtres, &
les huit autres en approchent fort : donc nos lettres, par l'entremise des Latins & des Grecs,
nous viennent des Samaritains. La ressemblance
des nôtres avec celles des Grecs est trop apparente dans les lettres initiales A, B, E, H, I,
K, M, N, O, T, Y, Z, pour qu'on puisse
avoir le moindre doute sur leur origine : il ne
seroit pas même difficile de prouver l'affinité des
autres lettres. Les Grecs, par exemple, ont rendu
leur gamma quarré & rond ; les Latins en ont
fait autant de leur *C* ; le delta n'est que le *D* in-
cliné des Latins, dont le ventre est en pointe.
Les Grecs se sont servis de notre *L*, à cela près
que, comme dans notre écriture cursive, ils ont
relevé le trait d'en bas, comme la *fig. 23 du cinquieme tableau*. On voit, dès les temps les plus
reculés, des *R* semblables à peu près aux nôtres.
Le sigma, que les plus anciens manuscrits représentent sans base, & qu'ils pointent un peu,
comme la *fig. 24 ibid.* revient très fort à notre *S*.
L'*U* des Grecs, sous la forme d'un *Y*, a souvent
manqué de pied, & par conséquent nous a donné
notre *V* consonne. Enfin on ne trouve guere que
le ϴ & le Ξ, c'est-à-dire le thêta & le *Xi*, que
les Latins n'aient point acceptés.

Pour conclure cet article & concilier les différentes opinions qui tiennent ou pour les Egyptiens, ou pour les Chaldéens, ou pour les Phéniciens, on pourroit déférer aux Hébreux, Chaldéens d'origine, & limitrophes de la Phénicie,
l'honneur d'une découverte qu'ils auroient d'a-
bord portée en Egypte, où les hiéroglyphes
étoient déja fort accrédités.

Matieres subjectives de l'écriture.

Les matieres subjectives de l'écriture, ou sur
lesquelles on a tracé les pensées, ont suivi la
marche, les progrès & la gradation de l'esprit
humain. Selon Dom Calmet, *Dissertation sur la
forme des livres*, p. 24, 25, 26, l'usage des tables de pierre & de bois pour écrire est le plus
ancien dont nous ayons connoissance. Dom Légipont, *Dissert. 2 de Manuscript.* §. 3, est aussi
de ce sentiment, soit que ces tables fussent ou
ne fussent point enduites de cire; encore cette
derniere forme ne paroît-elle que peu avant la
captivité de Babylone, *lib. 4 Regum, cap.* 21,
13. Le premier de ces Auteurs, *ibid.* deux pages plus bas, tombe cependant d'accord que les
rouleaux sont de la plus haute antiquité, & qu'on
en trouve des vestiges dans le livre de Job. Il
faudra donc conclure que le bois, comme matiere qui n'avoit pas besoin d'une grande prépa-
ration, servit le premier à l'écriture pour toutes
fortes d'actes; mais que les rouleaux ou d'écorce
ou de feuilles d'arbres, comme moins volumineux, le suivirent de fort près, & que les pierres, les briques & les métaux furent bientôt mis
en œuvre pour conserver des monuments à la

poſtérité la plus reculée. Telles furent les Tables
de la Loi, les hiéroglyphes des Egyptiens ſur les
pyramides & obéliſques, *Pline, Hiſt. lib.* 7,
cap. 56 ; les douze pierres précieuſes chez les
Juifs, *Tract. divi Epiphan. de* 12 *gemmis, t.* 2,
p. 227, 233, *edit. Patav.* les Loix de Solon,
inſcrites ſur des tables de bois, *Aul. Gel. Noct.*
Attic. lib. 2, *cap.* 12 ; les Loix des Douze Tables chez les Romains, gravées ſur l'airain ; les
Loix pénales, civiles & cérémoniales des Grecs,
inſcrites ſur des tables de pareille matiere, qu'ils
appelloient *cyrbes*, κύρϐεις, *Theſ. Ling. Græcæ.*
On dit même qu'un incendie fit périr, ſous Veſ-
paſien, trois mille tables de bronze conſervées
au Capitole, où étoient écrits leurs loix, leurs
traités d'alliance, &c. &c. ſelon leur uſage,
Machab. cap. 8 & 14 …. *Cicéron, de Divinis,*
lib. 2…. *Tit. Liv. decad.* 1ᵉ, *lib.* 3…. *Pline,*
Hiſt. lib, 34, *cap.* 9…. *Jul. Obſeq. Libell. de*
Prodigiis, cap. 122…. *Ovid. lib.* 1 *Metamor.*
De pareilles tables d'airain ou de cuivre ont
ſervi quelquefois d'eſpeces de papiers terriers,
Siculus Flaccus, de condit. agror. p. 20… *Hygen,*
de limitibus conſtituendis, p. 132 ; c'eſt-à-dire
qu'on y repréſentoit le plan & les bornes d'une
terre. On les dépoſoit enſuite dans les archives
des Empereurs. On en uſoit ainſi au premier ſiecle de l'Egliſe. Au 4ᵉ, pour la promulgation
d'une loi dans les villes de l'Empire, on ſe ſervoit ou de tables de pareilles matieres, ou de
tablettes de bois enduites de céruſe, ou de nap-
pes de linge : ces dernieres étoient d'un grand
uſage dans l'antiquité, *Cod. Theodoſ. lib.* 11,
tit. 27, & *Tit. Liv. decad.* 1, *lib.* 4: on les appelloit *lintei,* ſuivant Pline, *lib.* 13, *cap.* 11,

& *carbasini*, selon Claudien, *De Bello Gothico.*

Que les tables de plomb aient servi de matiere à l'écriture, Job, *c.* 19, *v.* 24, & une infinité d'Auteurs en font foi, *Kircher, Museum, tab.* 10... *Paleograph. Græca*, *p.* 16.... *Antiquité expl. t.* 2, *p.* 2, *liv.* 3, *ch.* 8, *n.* 4.... *Dionys. Cassii lib.* 46.... *Plinii lib.* 13, *cap.* 11. Mais il n'est guere probable, quoique Pline l'avance, *lib.* 13, *cap.* 11, qu'on ait formé des rouleaux de cette matiere, comme du linge. Comment plier & déplier des lames de plomb sans les casser, du moins à la longue ? En général, les pierres, les marbres & les métaux, employés chez les Grecs & les Latins à éterniser les monuments, sont d'une rareté incroyable chez les modernes. On a souvent parlé de livres en lames d'or, d'argent ou de bronze ; mais il est fort rare de rencontrer de semblables monuments : il l'est encore plus de trouver des diplomes gravés sur ces métaux, ou même sur le plomb & l'ivoire. On ne connoît que quatre pieces de cette espece, *De Re Dipl. p.* 38 : la premiere, du Pape Léon III ; la seconde, de Luitprand, Roi des Lombards ; la troisieme, sous Charlemagne, qui est violemment suspectée ; & la quatrieme, de Jean, Evêque de Ravenne. Des tables de plomb furent la matiere des deux premieres, l'airain de la troisieme, & la pierre de la quatrieme,

L'ivoire, *Ulpian. Dig. lib.* 32, *leg.* 52, le buis, le citron, & même l'ardoise, *Hugo, de prima scribendi origine*, *p.* 94, furent mis également à contribution. C'étoit même une distinction accordée aux Empereurs Romains, que tous les arrêts du Sénat qui les regardoient, fussent inscrits sur des livres d'ivoire. Quand ces livres n'étoient compofés que de deux feuilles, on les nommoit diptyques; & quand ils en avoient plufieurs, on les appelloit en général polyptyques, *Pollucis Onomaflicon.*

On trouve, dans quelques archives, des actes écrits fur des bâtons & fur des manches de couteaux. Sur le manche d'ivoire d'un couteau confervé dans les archives de la Cathédrale de Paris, *Lebeuf, Differt. fur l'Hift. du Diocefe de Paris,* on lit un acte de donation du commencement du 12e fiecle, faite à cette Eglife. Un pareil inftrument eft gardé dans l'Abbaye du Ronceray à Angers, *Annal. Bened. t. 6, p. 219.*

Pline l'Hiftorien, *lib. 13, cap. 11,* & Ifidore de Séville, *Orig. lib. 6, cap. 12,* nous font garants qu'on a écrit autrefois fur des feuilles de palmier & fur d'autres plantes. Les Syracufains, pour profcrire quelqu'un du gouvernement, *Diod. Sicul. lib. 11, p. 286,* écrivoient fon nom fur des feuilles d'olivier. La chofe n'eft pas unique, puifque, dans les Indes Orientales, *Relations des Philipp. p. 4.... de la Chine, par Boym, p. 209,* on voit cette maniere d'écrire encore ufitée. Les Athéniens, mécontents de quelque citoyen, écrivoient fon nom fur des écailles; & c'étoit opiner pour la profcription : de là eft venu le fameux oftracifme.

On a déja vu que le bois avoit été une matiere fubjective de l'écriture, mais il eft bon de favoir comment on y écrivoit. Ou les tablettes étoient toutes nues, ou elles étoient enduites. Dans le premier cas, elles s'appelloient *fcheda* chez les Romains, *Voffius, de Arte Gramm. lib. 1, c. 38,* & *axones, ἄξονες,* chez les Grecs. C'eft ainfi que les Romains, avant qu'ils euffent introduit l'u-

D d iv

sage de graver leurs loix sur le bronze, les inscrivoient sur des tables de chêne, *Dionyf. Halicarn. lib. 4 Antiq. c.* 50. De ces tables de bois on faisoit les livres, *codices*, qui, étant gravés sans enduit, étoient par conséquent ineffaçables, *Voffius de Arte gramm. p.* 132.

Dans le second cas, taillées plus en petit elles étoient recouvertes ou de cire, ou de craie, ou de plâtre. La premiere efpece s'appelloit *cera*, & en général elles fe nommoient *tabula*. La cire étoit affez communément verte ou noire : au moins celle des tablettes qui nous reftent paroît-elle noire, ou d'un verd fi obfcur, qu'il eft difficile de la diftinguer du noir. Il eft probable qu'il y entroit de la poix ou autre matiere femblable, pour lui donner la confiftance qu'on y remarque. On en conferve aux Abbayes de S. Germain des Prés & de S. Victor. Ces tablettes n'étoient quelquefois enduites que d'un côté, quelquefois des deux. Au moyen de bandes de parchemin collées de diftance en diftance fur le dos de ces ais, & rapprochées les unes des autres, on en formoit des livres reliés affez proprement, que l'on appelloit *codicelli.* Lorfque les pages étoient remplies & que l'écriture qui y étoit tracée n'intéreffoit plus, on l'effaçoit en rendant uni l'enduit de cire, & alors on s'en fervoit de nouveau au même ufage ; c'eft ce qui fait que l'on y déchiffre encore quelquefois des traits d'une écriture antérieure à celle qu'on y lit, & qu'on n'en trouve guere de plus ancienne que le 14e fiecle. L'ufage des tablettes a duré jufqu'à ce que le papier de chiffe ait prévalu, c'eft-à-dire vers le commencement du 14e fiecle. Elles fervoient affez communément à des journaux d'itinéraires.

En général, l'usage de graver les lettres, ou de les écrire sans liqueur, semble avoir précédé toutes les autres écritures. Il se trouve encore des nations qui tiennent à cette ancienne maniere, *Atlas Sinicus, præf. p.* 184.

Tel est à peu près tout ce que l'on peut dire sur la matiere des plus anciens monuments que l'on pourroit quelquefois rencontrer : car, pour ce qui regarde la matiere des chartes ou diplomes proprement dits, quoiqu'il soit certain qu'on ait écrit sur des intestins d'éléphants & d'autres animaux, *Palæograph. p.* 16.... *Isidor. lib.* 6, *c.* 11, on en peut cependant réduire la matiere aux peaux & aux papiers, puisqu'on n'en connoît pas des especes précédentes. *Voyez* PAPIERS, PARCHEMIN. Quant aux instruments immédiats & à la matiere apparente de l'écriture, *voyez* PLUME & ENCRE.

Disposition de l'Ecriture.

Les peuples ayant reçu successivement la théorie de l'écriture, varierent considérablement dans la forme de l'exécution, & sur-tout dans la disposition des lignes. Le Pere Hugues, *De prima scribendi origin. c.* 8, *p.* 83, a fait représenter vingt-quatre manieres d'écrire ; mais la plupart sont restées dans l'état de pure possibilité, sans qu'aucune nation les ait jamais adoptées. On peut réduire à trois especes celles qui ont été d'usage : l'écriture perpendiculaire, l'orbiculaire, & l'horizontale.

Ecriture perpendiculaire.

La perpendiculaire, anciennement usitée chez quelques Indiens, *Diod. Sicul. l.* 2, l'est encore

aujourd'hui chez les Chinois, les Japonois, &
quelques autres habitants des ifles de cette partie
du monde. Cette écriture peut commencer de
haut en bas, ou de bas en haut, de gauche à
droite, ou de droite à gauche. Les Chinois fuivent ce dernier mode de bas en haut, & ainfi ils
commencent leurs pages à la derniere lettre des
nôtres, *Du Halde, Defcript. de la Chine, t. 2,
p.* 249... *Nieuhoff-Legat. Holland. ad Sinas,
part.* 2, *t.* 16.

Ecriture orbiculaire.

L'écriture orbiculaire ne fut peut-être jamais
d'un ufage fuivi chez aucun peuple : il y en eut
cependant, felon Paufanias, *l.* 5, *c.* 20; & felon
Maffei, *Trad. Ital. p.* 177 : mais la forme des
vafes, des monnoies, des boucliers y donna lieu
quelquefois, fans que le gros de la nation en ait
ufé. On a découvert fur des roches des écritures
d'anciens peuples feptentrionaux avec cette
forme à peu près : mais comme ces lettres runes
font difpofées de façon qu'elles fuivent les replis
& les fpirales d'un ferpent qu'on avoit figuré d'a-
bord, il eft encore affez douteux que cette écriture ait été commune à tout un peuple.

Ecriture horizontale.

L'écriture horizontale peut avoir quatre mar-
ches : de gauche à droite, comme la nôtre ; de
droite à gauche, comme les Hébreux ; de gauche
à droite pour la premiere ligne, puis de droite à
gauche pour la feconde, & ainfi fucceffivement en
allant & venant ; enfin de droite à gauche pour
la premiere ligne, & de gauche à droite pour la

seconde, & ainsi de suite. Ces deux dernieres
especes s'appellent Boustrophédones. *Voy.* Bous-
TROPHÉDONE, mot qui exprime l'action du la-
boureur qui va & vient en traçant ses sillons. Les
Orientaux ont toujours écrit de droite à gauche,
& les Occidentaux, depuis fort long-temps, de
gauche à droite ; ce qui pourtant n'est pas sans
exception.

Usage de l'Ecriture chez les Latins & les François.

Les Romains estimoient l'écriture, & faisoient
gloire de s'y appliquer. Les Empereurs eux-mêmes ne se dispensoient pas toujours d'écrire leurs
lettres de leur propre main ; & en général tous
les peuples policés firent cas de cet art. Quoique
Quintilien, *Instit. Orat. l.* 1, *c.* 1, semble se
plaindre que de son temps on le négligeoit, ce
ne fut pourtant gueres qu'après les incursions
des Barbares, ou depuis le 8e siecle, qu'il tomba
sensiblement, on peut dire même dans un avi-
lissement surprenant, fondé sur ce que ces étrangers mirent tout leur mérite dans la bravoure.
Dès lors rien ne fut plus ordinaire que de voir
des Rois, des Princes, des Grands, incapables
de mettre leur nom par écrit. Nos Rois de France
même ne parurent pas d'abord plus affectionnés
aux lettres que les Goths. Chilpéric fut le premier de nos Rois qui eut quelque teinture des
sciences ; peut-être fut-il le premier qui sût véritablement écrire. Savoir si Charlemagne lui-
même, qui encouragea si vivement le rétablisse-
ment des lettres, sut écrire ; c'est encore un
problême à résoudre. Cette ignorance crasse ne
fit qu'accroître pendant les 10e, 11e & 12e sie-

cles. Des Evêques, des Abbés, & des Clercs ; dont le ministere exigeoit des connoissances, n'en étoient pas plus lettrés pour cela : on en avoit déja vu des exemples dans les siecles les plus brillants de l'Eglise, en 411, à la Conférence de Carthage, au Conciliabule d'Ephese, au Concile de Chalcédoine, où il se trouva quarante Evêques de la plus grande incapacité ; & au Concile sous Menas, &c. &c. *Labbe, Concil. t.* 4, *col.* 320, 581, 34. Tous ces exemples sont antérieurs au 7e siecle. Il paroit que cette ignorance ne déshonoroit pas alors, puisque les Evêques ne font pas difficulté de l'avoüer dans les termes les plus clairs. Les Rois & les Grands continuerent dans la suite de s'expliquer avec la même candeur. Il y avoit même des Moines qui ne savoient pas écrire au commencement du 11e siecle ; mais ce n'étoit pas le plus grand nombre : les études & l'écriture avoient toujours été en honneur chez eux. Aussi, de l'aveu du Chevalier Marsham, *Propyl. Monast. Anglic* ; de Richard Simon, *Lettres Critiques, p.* 96, 127 ; de le Clerc, *Biblioth. Choisie, t.* 2, *p.* 123, & d'autres antagonistes de l'état monastique, ce furent eux qui sauverent les débris des ravages des Huns, des Normands, des guerres civiles, &c. & qui firent très souvent la fonction de Notaires publics, *Annal. Bened. t.* 4, *p.* 185, 693 ; *t.* 6, *p.* 98, 287. Ce ne fut que sur la fin du treizieme, que l'art d'écrire commença à reprendre faveur parmi les laïques : au quatorzieme, ils l'ignoroient encore pour la plupart. Cette incapacité presque générale fut cause que l'on contracta souvent sans écriture : cet abus eut cours en France jusques vers le 12e siecle environ. Mais

quand il y avoit un contrat en forme, il paroiſſoit indiſpenſable de faire ſigner les parties contractantes : lorſqu'elles ne ſavoient pas écrire, ce
qui arrivoit aſſez ſouvent, on y ſuppléoit de
différentes façons, *voyez* SIGNATURE, & l'on
annonçoit très ſouvent ſon ignorance à cet égard.

Différents genres d'écritures.

Après avoir jeté un coup d'œil ſur l'origine,
l'invention, la propagation, la diſpoſition & l'u-
ſage de l'écriture, il eſt à propos de deſcendre
dans le détail des différents genres d'écritures.

Ecriture poſée & courante.

Pluſieurs grands hommes, dit le Marquis Maffei, *Opoſcol. Eccleſ. p. 57*, ont prétendu que les
Romains n'avoient d'autre ſorte d'écriture que ces
caractères majeſtueux qu'on voit ſur les marbres,
les médailles, & les manuſcrits les plus ſomp-
tueux. D'autres ont ſoutenu, *Caſar. Domin.*
Tract. 2 de Orthograph. c. 2. avec beaucoup plus
de fondement, qu'ils avoient deux ſortes d'écritures, l'une, poſée & noble, réſervée pour les
inſcriptions & les ouvrages d'éclat ; l'autre, propre aux minutes & aux affaires qui demandoient
à être expédiées promptement. En effet, eſt-il
croyable que les anciens Auteurs Latins, dans la
chaleur de la compoſition, euſſent été réduits à
ne pouvoir rendre leurs penſées qu'avec les longueurs qu'on ne pouvoit éviter en uſant de l'é-
criture capitale ? Voilà donc déja deux écritures
bien diſtinctes, la poſée ou la capitale, grande
ou petite, & la courante ou curſive.

Ecriture nationnale.

Outre ces deux divisions générales , chaque nation ajouta à l'écriture Romaine son goût propre & particulier ; ce qui lui prêta un coup d'œil & un air tout différent , qui saute aux yeux , & qui donne naturellement la distinction des écritures nationnales. De là cette différence entre le goût & l'écriture des Lombards , des Saxons , des Espagnols , des Goths , des François : de là aussi les différents caprices qu'on remarque dans l'écriture des anciens Francs-Gaulois ou Mérovingiens , & dans celle de leurs successeurs ou Carlovingiens.

Par écriture *latine nationnale ,* on entend en général celle qui, venant des Romains , a passé chez différents peuples , qui l'ont diversifiée selon leur goût & leur génie différent : il y en a cinq principales ; la romaine , la gothique ancienne , la franco-gallique ou Mérovingienne , la lombardique & la saxone.

L'Italie fut constante dans son écriture jusqu'à l'incursion des Goths. Alors l'écriture suivit le génie de ces peuples barbares , & devint différente de la belle romaine. On l'appelle *Italo-Gothique.*

Les Lombards s'étant emparés de cette partie de l'Empire , l'an 569, excepté de Rome & de Ravenne , communiquèrent à l'écriture une autre tournure : on l'appelle *Lombardique ,* parceque les Papes se servoient , dans leurs bulles , de l'écriture lombardique : le nom de *romaine* lui fut quelquefois donné au 11ᵉ siecle , *De Re Dipl. p.* 52. Quoique leur domination n'ait duré qu'environ 206 ans , on donna cependant ce nom à l'écriture qui eut cours au delà des monts depuis le 7ᵉ fiecle jufqu'au commencement du 13ᵉ: alors on ne doit plus la voir ; & dans un acte elle démafqueroit la fourberie. La décadence des lettres ayant eu lieu en Italie comme ailleurs, l'écriture y dégénéra en ce que nous appellons *gothique moderne*.

En Efpagne, les Goths, ou Vifigoths, y porterent, dans leur incurfion, la corruption des belles-lettres, & donnerent lieu à l'écriture *vifigothique* ou *hifpano gothique* ; puis à la *toletanogothique* ou *moʒarabique*, & enfin à la *gothique moderne*. La vifigothique ceffa d'être d'un ufage commun en Efpagne au 12ᵉ fiecle.

· En France, les écritures y furent plus variées. Les Gaules, fubjuguées par les Romains, fuivirent d'abord leur maniere d'écrire ; puis ils y mirent quelque chofe du leur ; ce qui donna l'écriture *romano-gallicane*. Les Francs ayant fait la conquête des Gaules firent voir, jufques dans l'écriture, leur goût pour l'aifance & l'éloignement de toute gêne : c'eft l'écriture *francogallique* ou *mérovingienne* qui ceffa au 9ᵉ fiecle : on ne doit point la voir dans un acte, paffé ce fiecle, ou il en réfulteroit de violents foupçons. Charlemagne, zélé pour la reftauration des lettres, voulut que l'on apportât plus de netteté dans l'écriture ; & c'eft la *caroline* qui fe foutint fous les premiers Capétiens, qui finit au 12ᵉ fiecle, & qu'on ne doit plus voir au 13ᵉ. Enfin vers le 12ᵉ fiecle, le goût dépravé amena le gothique moderne.

L'écriture faxone a auffi fes divifions, qui font la *britano-faxonne*, l'*anglo faxonne*, la *dano-faxonne*, &c. L'Angleterre abandonna l'écriture saxone, & employa la françoise sous Guillaume le Conquérant.

Ces différentes écritures n'ont pas été tellement propres aux nations chez lesquelles elles sont nées ; que les autres peuples voisins ne s'en soient servis quelquefois. Ainsi en France, on trouve du gothique ancien & du lombardique ; comme en Angleterre, de la caroline & du gothique moderne, &c.

Tous les Savants ne sont pas d'accord sur l'origine des écritures nationnales. On peut réduire à trois les sentiments qui partagent aujourd'hui les esprits. Les uns reconnoissent que tout l'Occident suivoit la maniere d'écrire des Romains jusqu'à l'inondation des barbares aux 5e & 6e siecles : que les Goths apporterent les premiers leur écriture en Italie, & la substituerent à la romaine : que les Visigoths en firent autant en Espagne, les Francs dans les Gaules, & les Saxons en Angleterre ; que les Lombards s'étant rendus maîtres du pays qui porte leur nom, substituerent leur écriture propre aux caracteres gothiques, & la firent adopter par toute l'Italie. Notez que les rigides défenseurs de ce système nient expressément l'existence de la cursive & de la minuscule chez les Romains, ne voyant par-tout que des capitales grandes & petites.

Le second système, formé par M. le Marquis Maffei, accorde aux Romains, bien des siecles avant l'irruption des Goths, trois sortes d'écritures ; la majuscule, la minuscule & la cursive : mais il regarde comme chimérique toute écriture nationnale, & n'admet nulle autre distinction d'écriture que celle qui se trouve entre les trois genres ci-dessus.

Le

Le troisieme système assure également aux Romains la possession de diverses sortes d'écritures : mais il met en fait que les nations barbares firent entrer quelques-unes de leurs lettres dans les écritures majuscules & minuscules : que la cursive, propre à chacun de ces peuples, eut cours dans les diplomes & contrats, & qu'elle pénétra de plus dans les manuscrits après le milieu du 7e siecle. Voilà les trois sentiments qui jusqu'à présent ont eu des partisans.

Le nôtre est que toutes les écritures qui ont eu cours en France, en Espagne, en Italie, en Angleterre & en Allemagne, descendent de la seule romaine. Elle se soutint assez bien par-tout, tant que Rome fut le centre de toutes les provinces de l'Empire : mais le démembrement de l'Empire, & la désunion de toutes les provinces occidentales apporterent du changement ; non pas que les vainqueurs aient ajouté à l'écriture romaine de nouveaux caracteres, mais ils défigurerent les anciens ; leur mauvais goût & leur ignorance distinguerent bientôt leur écriture de celle de leurs voisins.

Le génie des différents peuples eut bonne part à cette diversité. Enfin, en deux mots, unité d'origine dans toutes les écritures des peuples du rit latin ; diversité de forme depuis l'invasion des Septentrionaux. Voilà le système par lequel on a cru pouvoir ratifier ce que les précédents paroissent avoir de défectueux : il n'est pas difficile de saisir les rapports qu'il a avec les précédents, & les différences qui le caractérisent. Une étude réfléchie de combinaisons & de recherches sur cet objet, ne laisse aucun doute sur ces principes, & porte à admettre la distinction d'écri-

Tome I. E e

ture nationnale, qui fert au moins beaucoup à diftinguer les âges des écritures ; car encore qu'on ne puiffe pas dire au jufte de quel fiecle eft une telle piece ; on en approche beaucoup. Ainfi qu'une écriture foit mérovingienne , on peut l'annoncer d'abord comme n'étant point poftérieure au 9ᵉ ; ni antérieure au 6ᵉ fiecle : qu'une autre foit lombardique, on peut affurer qu'elle eft poftérieure au 6ᵉ fiecle, & plus ancienne que le milieu du 13ᵉ : eft-elle faxone ? elle ne remonte pas au delà du 7ᵉ, & ne defcend pas plus bas que vers la moitié du 13ᵉ, fur-tout en fait de manufcrits , &c. &c.

Cette divifion en écritures nationnales, eft celle qu'a fuivie D. Mabillon, ou plutôt qu'il a inventée. On fuit ici un autre plan, fans cependans s'écarter du fyftême qu'on vient d'établir, & l'on diftribue toutes les anciennes écritures felon la marche ordinaire de cet ouvrage ; 1°. en capitales, 2°. en onciales & minufcules, 3°. en curfives.

A la premiere claffe appartiennent affez réguliérement les écritures lapidaires & métalliques ; à la feconde, les écritures des manufcrits ; à la troifieme , les écritures des diplomes. Ce n'eft pas que l'on ne trouve toutes fortes d'écritures dans les chartes, de la minufcule & de l'onciale fur les marbres, de la capitale & de la curfive dans les manufcrits, avec cette différence que cette derniere eft plus réfléchie, & annonce plutôt un écrivain qui fait fon ouvrage à main repofée, qu'un Notaire ou Praticien qui opere, comme on dit, *currente calamo* : mais, malgré cet inconvénient, car où n'y en a-t-il pas, on peut dire que chaque divifion eft réduite dans ce fyftême à l'écriture qui lui est la plus propre & la plus ordinaire, elle est au moins selon l'ordre. N'est-il pas dans l'ordre qu'une épitaphe, par exemple, ordinairement courte & inscrite sur une matiere qui ne permet pas à la main de suivre la vîtesse des idées, soit tracée avec beaucoup de clarté & de mesure, & d'une maniere à pouvoir être lue de loin ; qu'un manuscrit soit lisible, correct, point embarrassé ni compliqué, comme étant écrit à main reposée, sans être écrit en lettres capitales, ce qui feroit des volumes sans nombre de ce qui peut être enfermé dans un seul ; qu'un acte judiciaire, ou de donation, ou de privilege, &c. étant dressé par des Notaires ou des gens d'affaires, soit en cursive, & non en capitale ou en minuscule, comme demandant trop de temps à des personnes employées aux affaires publiques ?

Avant la moitié du 14ᵉ siecle, la minuscule & la cursive occupent rarement toute l'étendue d'un marbre ou d'un bronze. Avant le 8ᵉ siecle, la minuscule dominoit déja dans certains manuscrits : & ce fut dans ce siecle qu'elle commença à l'emporter sur la majuscule, qui avoit regné jusqu'alors : au 9ᵉ siecle, elle domina sur sa rivale ; au 10ᵉ, elle la bannit entiérement des manuscrits.

Quant aux diplomes, on n'en connoît aucun en écriture minuscule avant le 8ᵉ siecle ; ils étoient en capitale & en onciale : mais dès l'an 730, la minuscule s'y introduisit en Angleterre, & en France dès le regne de Pepin le Bref. Elle étoit déja commune dans les actes ecclésiastiques dès le 9ᵉ siecle ; la cursive fut cependant la dominante, & ce n'est qu'aux 11ᵉ & 12ᵉ siecles que

la minufcule femble lui difputer l'empire ; elle
devint de jour en jour d'un ufage moins fréquent,
fi l'on en excepte les manufcrits & les infcriptions fépulchrales. Au refte, quand on dit qu'un
manufcrit, ou un autre inftrument quelconque,
eft en majufcule, ou en minufcule, ou en curfive,
on veut dire par-là que tel genre d'écriture do-
mine : on ne prétend pas en exclure pour cela
les caracteres des autres genres, qui peuvent y être
femés par-ci par-là. Il eft très probable que de la
majufcule eft née la minufcule, & de celle-ci la
curfive ; mais il feroit très difficile de fixer l'é-
poque de leur naiffance refpective.

Pour faire mieux connoître l'état & les révolutions de l'écriture latine dans les différents
âges, il eft à propos d'entrer dans un certain détail fur ces trois claffes d'écriture, en remontant
aux temps de la république romaine, & defcen-
dant jufqu'au dernier renouvellement des lettres:
c'eft le fruit d'une infinité de réflexions & de recherches, qui ne peut déplaire aux amateurs de
l'antiquité.

Ecriture capitale.

Par écriture *capitale* ou *majufcule*, on entend
pour l'ordinaire un genre d'écriture tranfcendant
& majeftueux. Elle tire fa dénomination de ce
qu'on ornoit de lettres de ce genre la tête des
livres, des chapitres, des alinea, De là elles furent appellées capitulaires par quelques Anciens,
Godwic, Chronic. p. 18 ; elles n'ont jamais eu
rien de fixe dans leur hauteur ni dans leur largeur.

On peut divifer en plufieurs efpeces cette
écriture capitale, *capitale quarrée, capitale ron-*

*de, capitale aiguë, capitale cubitale, capitale élé-
gante, capitale rustique, capitale nationnale.*

Capitale quarrée.

Les lettres capitales quarrées font, selon les
Savants, celles qui font compofées de lignes
droites. Au lieu de cette définition, qui ne paroît pas exacte, ne pourroit-on pas dire plutôt
que les lettres capitales quarrées font celles qui
font formées de lignes horizontales & perpendiculaires proportionnelles : ce feroit le moyen de
fentir mieux la différence qu'il y a entre cette
écriture & la capitale aiguë, également compofée de lignes droites ? Mais qui peut s'arroger le
droit de réformer le langage des érudits ? Le Lecteur pourra juger par lui-même de cette écriture,
qui n'eft point imaginaire, dont on peut former
un alphabet complet, & qui fe voir au *cinquieme
tableau, fig. 25, & les 23 fuiv.* : excepté les trois
derniers caracteres, qu'on ne rencontre que difficilement, les autres font répandus dans nombre
d'anciens monuments. Les lettres quarrées, au
moins pour la plupart, paroiffent encore fur les
fceaux des 11e & 12e fiecles, *Heineccius, de Si-
gillis, p.* 185 ; mais on ne trouve point d'exemple qui foit compofé de cette forte de caractere,
uniquement.

Ronde.

Les capitales rondes font formées de lignes
courbes : elles peuvent fe divifer en courbes con-
vexes & en courbes concaves. Cette écriture
ronde fut employée par les Anciens dans les livres & dans les monuments publics. Au 13e fie-

cle, la forme ronde des capitales l'emporta sur la quarrée, *ibid. n. 3.*

Aiguë.

La capitale aiguë eſt celle qui eſt compoſée de lignes droites, mais obliques & angulaires.

Cubitale.

La capitale cubitale étoit formée de lettres oblongues & d'une hauteur exceſſive : telles ſont les lettres initiales de certains manuſcrits. Plaute, *Rudens, act.* 5, *ſcen.* 2, eſt le plus ancien Auteur qui en ait parlé : *Cubitum longa littera.*

Capitale élégante.

Les capitales élégantes ſont celles que l'on trouve ſur les anciens marbres & bronzes, dans quelques manuſcrits rares, & dans les titres des livres de nos meilleures imprimeries. Les Anciens en uſoient ſur-tout dans la fabrique des monnoies. Cette belle capitale commença, deux ſiecles avant Céſar, à rejeter les traits ſurannés, à changer l'arrondiſſement des extrémités de ſes lettres, en baſes & en ſommets corrélatifs les uns aux autres avec une exacte ſymmétrie, à ſe revêtir de proportions gracieuſes, enfin à courir à grands pas vers la perfection. Elle s'empara des médailles, & n'en permit l'entrée à nulle autre eſpece de caractere. Elle acquit toute ſon élégance ſous l'empire d'Auguſte. Sa forme ſe fixa & ſe ſoutint preſque ſans altération juſqu'au 5ᵉ ſiecle ; car, quoique fort déchue depuis le 3ᵉ, cette belle antiquité n'eſt cenſée finir qu'au temps de l'Empereur Théodoſe le jeune, qui régna juſqu'en 450. Pluſieurs autres eſpeces d'é-

critûres du même genre ne laifferent cependant
pas d'avoir cours. L'une avoit plus de hauteur
que de largeur, & c'étoit la dominante : l'autre,
écrafée, étoit plus large que haute : une troifieme, bien réguliere & proportionnée, mais
à traits excédents & fuperflus, tient le milieu
entre les belles capitales & les ruftiques. La planche 9 ci-après préfente trois exemples de la capitale élégante. Le premier, *Roma*, eft l'infcription d'une monnoie romaine des premiers temps,
Bouteroue, *p.* 87. Le fecond, *Decimus Silanus*
Lucii filius Roma, eft la légende d'un médaillon
frappé à Rome cent trente-fix ans avant Jéfus-
Chrift. Le troifieme, *Valerio Vernæ optimo & fi-*
deliffimo liberto, *Valerius Efficax & Agatha Ty-*
che, eft l'infcription d'une belle urne fépul-
chrâle confervée dans le Cabinet de l'Abbaye de
Saint Germain des Prés.

Capitale ruftique.

Les Romains ont fait marcher de pair deux
écritures capitales ; l'une élégante, dont on vient
de voir les détails & la régularité ; l'autre groffiere, & que l'on peut traiter de ruftique, qui
paroît venir directement de leur plus antique
écriture. Elle eft hardie & négligée, fans bafes,
fans traverfes & fans fommets, tirée fans foin,
inégale dans la hauteur de fes lettres, compofée
de traits ordinairement obliques, quelquefois
hétéroclites, & toujours groffiers. Elle paroît
avoir toujours eu à Rome fes partifans, & ne
cefla jamais de fe montrer fur le bronze & fur le
marbre, quoique totalement bannie des médailles. Au moins, les preuves de fon exiftence
fe fuccedent de fiecle en fiecle. Vers le milieu

du second siecle, sans changer de nature, elle se
simplifia & se perfectionna au point qu'elle pouvoit quelquefois ne pas déplaire. Cependant
cette élégance, mise en parallele avec celle de la
belle écriture, paroît toujours une véritable barbarie. Le bon goût général, qui avoit influé sur
l'écriture rustique, fut bientôt suivi d'une gros-
siéreté plus marquée, quoiqu'avec les mêmes
gradations. Elle passa dans les manuscrits, & s'y
maintint constamment pendant une longue durée de siecles; tandis que l'écriture élégante &
réformée ne regna jamais un si long espace de
temps. Il faut cependant avouer que ce n'est
guere qu'improprement qu'elle est appellée rustique dans les manuscrits, & seulement à cause
d'une certaine analogie de tour & de figures. Elle
s'y soutint avec éclat pendant cinq ou six siecles,
dans une élégance dont elle n'étoit point avan-
tagée en tant que métallique ou lapidaire. Cette
écriture de capitales rustiques s'est soutenue constamment & avec moins de variation que les autres jusqu'au 10ᵉ ou 11ᵉ siecle : car, quoique
Charlemagne, par un zele bien éclairé, eût oc-
casionné un heureux changement dans l'écriture,
celle-ci ne laissa pourtant pas d'être en usage dans
les manuscrits ; & au 9ᵉ siecle on en écrivoit encore des pages entieres : mais, dès le 6ᵉ, on avoit
cessé d'écrire les manuscrits entiers sous cette forme. Aux 10ᵉ & 11ᵉ siecles, cette écriture déchut
des avantages qui la relevoient ; &, chargée de
beaucoup d'alliage, elle alla se perdre dans la
gothique moderne.

Pour avoir une idée de l'ancienne écriture rustique, on peut consulter la planche 9 ci-jointe,
où l'on en trouvera trois exemples. Le premier,

In luco Deae Diae; l'une de ces deux inscriptions est de l'an 81, & l'autre de l'an 183 de Jésus-Christ. Le second, *Descriptum & recognitum ex tabula aenea quae fixa est Romae in Capitolio in ara gentis Juliae*, est un morceau du diplome de Galba, dont il a été question au mot DIPLOME. Le troisieme est *Anicius Faustus Albinus Basilius vir clarissimus.*

Cette distinction de deux capitales contemporaines a été confondue par la plupart des Antiquaires, & à peine a-t-elle été soupçonnée par un ou deux des plus habiles. De là une inscription en capitales rustiques du premier siecle a fait croire à quelques-uns qu'ils avoient trouvé l'époque du commencement de la corruption de la belle capitale, & leur en a fait rechercher la cause. L'esprit a fourni des raisons ; mais l'erreur n'en est pas moins réelle. D'autres, *Du Moulinet, Hist. de la Fortune des Lettres.... Fontanini, Dissert. sur Sainte Colombe*, s'étourdissant sur l'âge des monuments, ont cru devoir donner aux Goths des écritures des quatre premiers siecles.

Capitale nationnale.

L'écriture capitale nationnale n'est autre que la capitale romaine assortie au goût & au génie des diverses nations. On ne croit pas qu'il soit nécessaire, après les alphabets distribués par éléments, de donner d'autres exemples de l'écriture capitale. Elle a, dans tous les pays & dans tous les siecles, des rapports si marqués, qu'on ne peut jamais la méconnoître. Les accidents seuls qui l'accompagnent peuvent la différencier, & lui donner une nuance distinctive entre une capitale & une autre capitale, mais non pas

entre les capitales d'un tel pays & celles d'un
autre ; car il n'est point de mode que chaque nation n'ait suivie. Capitale élégante ou rustique,
haute ou écrasée, dégagée ou massive, hétéroclite ou proportionnée, bien tranchée ou à bases
& à sommets en osselets, en griffes, en perles,
en angles, &c. inclinée ou droite, à pleins traits
ou à jour, composée de figures de serpents, d'oi-
seaux ou d'hommes, &c. &c. toutes ces formes,
selon les temps, trouverent des admirateurs &
des copistes. L'imagination n'a pas besoin d'un
grand effort pour se donner des idées de toutes
ces métaphores & s'en réaliser les formes : c'est
pour cela qu'on omet tout modele en capitales.

On remarquera seulement qu'il est très peu
de manuscrits postérieurs au 6ᵉ siecle qui soient
totalement écrits en capitales : sûrement il n'en
est point de postérieurs au moins au 8ᵉ. Les titres
des pages en capitales, dans un manuscrit aussi
en capitales, dénotent la plus haute antiquité.
La belle majuscule ne fut en usage dans les manuscrits que jusqu'à la fin du 10ᵉ siecle ; encore
ce ne fut que dans les livres d'Eglise. Au 11ᵉ,
on trouve cependant encore quelques chartes
écrites dans ce caractere.

Ecriture onciale.

La différence qui se trouve entre l'écriture onciale & la capitale est si sensible au coup d'œil,
qu'il est étonnant qu'on les ait souvent confondues. Si la derniere est quarrée, comme l'appellent communément les gens de lettres, la premiere est ronde dans la plupart de ses caracteres.
Il est vrai que l'écriture onciale est une majuscule ; mais elle est de forme ronde, & distinguée

I. ROMA II. D·SILANVS·L·F· ROMA

III. VALERIO VERNAE
OPTIMO·ET FIDELISSI
MO·LIB·VAL EFFICAX·ET
AGA·TYXH

I. *Capitale Rustique*

INLVCO DENE· DIRE

INLvCO DENE DINE

II.

DESCRIETVMETRECOGNI ═
TVM EX·TABVLA AENEA·
QVAE·EIXA·EST·ROMAE IN
CAPITOLIO IN ARA
GENTIS IVLIAE

III.

ANICFAVSTALBINBASILIVS
VC

de la capitale par certains caractères qui lui font propres, comme ceux que l'on voit, *cinquieme tableau, fig. 26, & les huit fuivantes*, & autres figures femblables & approchantes, que l'onciale s'approprie; au lieu que la capitale fe fert toujours des lettres A, D, E, G, H, M, Q, T, V. Les autres lettres B, C, F, I, K, L, &c. conviennent-également à l'une & à l'autre. Il n'y a donc que neuf onciales différentes de la capitale, & qu'on puiffe abfolument regarder comme caractériftiques : mais c'en eft affez pour ne les point confondre enfemble.

On en peut dire autant de l'onciale & de la minufcule. Ces deux écritures ont quelques rapports entre elles; mais elles ont auffi des nuances diftinctives. Les *caractères 17 & dix fuivants du cinquieme tableau* font propres à l'onciale minufcule : les *caractères 28 & quatorze fuivants, ibid.* font particuliers à la minufcule. Les lettres fuivantes, au contraire, a, c, d, h, i, k, o, p, q, u, x, y, z, conviennent à l'une & à l'autre écriture. On voit par-là qu'il faut que la capitale ait certaine affinité avec la minufcule : mais fes rapports ne confiftent que dans C, I, K, O, X, Z; au lieu que la curfive ne s'approprie aucun des caractères ni de la capitale ni de l'onciale.

On peut diftinguer quatre principales fortes d'écriture onciale; à double trait; à fimple trait; à plein trait, c'eft la plus belle; & à traits obliques. On pourroit encore divifer l'onciale en élégante, anguleufe, maffive, tortueufe, pure, nationnale, &c. En effet, il y a une différence marquée entre l'onciale du regne de Charlemagne, *Vindic. Cod. confir. p. 170,* & celle de fes fucceffeurs immédiats.

La beauté & l'élégance diftinguent cette écriture dès la fin du 8ᵉ fiecle. L'onciale fut d'un grand ufage dans les premiers fiecles : & comme elle demande très peu de capacité & beaucoup de patience, elle l'emporta fur la curfive dans les fiecles barbares, *De Re Diplom.* p. 46 ; auffi, excepté les gens d'affaires, on n'écrivit prefque plus qu'en onciale à la fin du 6ᵉ fiecle, pendant le 7ᵉ tout entier, & la moitié du 8ᵉ.

Les anciennes infcriptions lapidaires & métalliques, *De Re Diplom.* p. 47 ; la tête des manufcrits faxons, *Hickes*, t. 1, *præf.* p. 32, les plus antiques, les vifigothiques, les mérovingiens, les lombardiques & les carolins en uferent affez fouvent.

Onciale Romaine.

La planche 10, ci-jointe, préfente plufieurs exemples d'écriture onciale. Le premier eft de la plus ancienne onciale romaine qui foit connue : *Cubilibus quibusque veftigiis unum quid eorum indagaberis, intellego, ut qui, &c.* Ce fragment d'une oraifon adreffée à un Empereur n'a pas de femblable pour l'antiquité en fait d'onciale : on peut la faire remonter au 3ᵉ ou 4ᵉ fiecle. Il y en avoit, dans les mêmes fiecles, de plus maffive, de plus ruftique, de plus ronde, à traits pleins & doubles, &c.

Gallicane.

Avant l'incurfion des Francs dans la Gaule, les habitants de cette partie de l'Europe fuivoient à peu près dans leurs écritures le goût des Romains, avec lefquels ils avoient de grandes relations. L'invafion des peuples du nord n'empêcha pas les Gaulois subjugués de suivre un art que les vainqueurs méprisoient en comparaison de l'art militaire. Ils imiterent tous les genres d'écriture des Romains ; l'onciale n'en fut point exceptée. Le second exemple de la même planche 10 offre un modéle de la belle onciale gallicane à triple trait : *Dicite in gentibus Dominus &c.* Cette écriture en argent est tirée d'un Psautier conservé dans la Bibliotheque de l'Abbaye de S. Germain des Prés, & que l'on dit avoir été à l'usage de Saint Germain, Evêque de Paris, mort en 576.

Mérovingienne.

Sous nos Rois Mérovingiens, cette écriture fut beaucoup en vogue, & il y en eut de toute espece. Le troisieme exemple de la planche 10 est une onciale mérovingienne rustique : *Incipit Concilium Telinsim per tracta....* C'est le titre du Concile de Télepte, tiré d'un manuscrit de l'Abbaye de S. Germain des Prés, du 6e ou 7e siecle.

Lombardique.

Ce genre d'écriture, adopté par les Lombards, fut rendu chez eux tantôt avec exactitude & précision, & tantôt avec négligence. Le quatrieme exemple de la planche 10 offre un modele de leur derniere maniere ; il est tiré d'un manuscrit écrit en Italie au commencement du 9e siecle : *De figuris vel scematibus,* pour *schematibus.*

Visigòthique.

L'onciale visigothique est rare : le cinquieme exemple de la planche 10 en présente cependant un modele, *Titulus de gradibus*, tiré des loix des Viſigoths, tranſcrites au 9ᵉ ſiecle, & dont les lettres ſont en vermillon.

Caroline.

L'onciale du temps de Charlemagne & de ſes deux ſucceſſeurs eſt facile à reconnoître à la beauté & à l'élégance de ſes contours. On en peut juger par le ſixieme exemple de la planche 10, tiré de la magnifique Bible préſentée à Charles le Chauve par l'Abbé & les Chanoines de Saint Martin de Tours, & écrite au 8ᵉ ou 9ᵉ ſiecle : *Orationibus juves, quo poſſim eodem ſpiritu, quo ſcripti ſunt libri....*

Anglo-Saxonne.

Les Anglo-Saxons réuſſirent très bien dans ce genre d'écriture : le modele 7 de la planche 10, qui le prouve, eſt tiré d'une Bible écrite la huitieme année de Louis le Débonnaire ; quoique maſſive, elle eſt élégante : *In calce conſummationis....* Les derniers caracteres ſont des notes de Tiron, qui ſignifient *fuit a.*

Allemande.

L'Allemagne offre auſſi de l'onciale : mais cette écriture teutonique eſt fort rare en France ; *voyez* le modele 8 de la planche 10 ; il eſt du 8ᵉ ou 9ᵉ ſiecle : *Incipiunt regulæ de ceteris caſibus liber VII. feliciter.*

L'écriture onciale, conſidérée ſous ſa forme ancienne, ceſſa vers le 7ᵉ ſiecle, *Bianchini Vindic. Canon. ſcript. p. 218* : mais elle dura encore pluſieurs ſiecles, revêtue de traits accidentels

I.
Romaine } CUBILIBUS QUIBUSQUE
UESTIGIIS UNUM QUID EORUM
INDAGABERIS INTELLEGO UT QUI

II.
Gallicane } DICITEINGENII
BUS DMS·

III.
Merovvgienne } INCP· CONCILIUM
TELIN rim PERTRACTA·

IV.
Lombardique } DEFIGURISUELSCEMATI
BUS···

V. *Visigothique*
ITERLUSDEGRADIBUS

VI.
Caroline } ORATIONIBUS IUUES·
quo possim eodem spū·
quo scripti sunt LIBRI

VII.
Anglo-Saxone } INCCA, ce CONSŪ_
OATIONIS··· rh, w

VIII.
Allemande } INCIPIVNT REGVLE
DECETERIS CASIBVS LIB
VII. FEL

qu'elle contracta dans les temps poſtérieurs. Dès le 10ᵉ ſiecle cependant on ceſſa de voir des manuſcrits en onciale, quoique M. Maffei, *Opoſcol. Ecclef. p.* 60, *col.* 2, en faſſe deſcendre la durée juſqu'au 11ᵉ. Les diplomes en onciale ne ſont pas communs ; cependant le 7ᵉ ſiecle en fournit pluſieurs, écrits en lettres majuſcules onciales.

Les autres regles que l'on peut donner ſur l'écriture onciale, ſont que les manuſcrits de ce caractere, s'ils ne ſont point partie de l'Ecriture Sainte, s'ils ne ſont point à l'uſage des offices divins, s'ils n'ont point été faits pour quelques provinces, ſeront au moins du 8ᵉ ſiecle. Mais, quelque livre que ce ſoit, s'il eſt entiérement en onciale, il ſera jugé antérieur à la fin du 10ᵉ ſiecle. Cette regle eſt applicable même aux manuſcrits grecs.

Un manuſcrit en onciale, qui n'admet point d'ornements aux titres des livres, ni au commencement d'un traité, ni au haut de chaque page, ni dans les lettres initiales d'alinéa, appartient à la plus haute antiquité. Les ornements qui relevent les titres de chaque page, commencent vers le 8ᵉ ſiecle. Si ces titres étoient en plus petites onciales dans un manuſcrit en pure onciale, il porteroit au moins le même caractere d'ancienneté.

Dès le 8ᵉ ſiecle, on voit fréquemment dans les titres des manuſcrits & de leurs chapitres ou traités, le mêlange de la capitale avec l'onciale, & des initiales d'alinéa ſouvent en capitale. Ces caracteres diſtinctifs ſont ordinaires au 9ᵉ ſiecle : il y a cependant des manuſcrits bien plus anciens qui portent ces indices. Lorſque les initiales des alinéa ſont en onciale & non en capitale, c'eſt la marque d'une grande antiquité; car l'usage d'y mettre des capitales ne devint ordinaire que vers le 8ᵉ siecle, & peut-être tout au plus dès le 7ᵉ.

Des manuscrits en onciale, où l'on trouve les quatre minuscules indiquées au *cinquieme tableau, fig.* 29 *& les trois suivantes,* mêlées dans la pure onciale, sont antérieurs au 7ᵉ siecle.

L'onciale à jambages tortus, à traits brisés ou détachés, munie d'ailleurs des autres indices d'antiquité, sera du 5ᵉ siecle. Si elle n'a pas ces derniers avantages, elle sera, au plus tard, du commencement du 7ᵉ.

La petite onciale d'une élégante simplicité, sans bases ni sommets, anguleuse dans ses contours, à queues plutôt terminées par des demi-pleins que par des déliés, s'annonce au coup d'œil pour tout ce qu'on peut imaginer de plus ancien en fait de manuscrits.

L'onciale demi-tranchée sent le 7ᵉ siecle ou le commencement du 8ᵉ, sans exclure les précédents; car elle est déja quelquefois pleinement tranchée aux 5ᵉ & 6ᵉ. Ce dernier caractere est sur-tout celui des 8ᵉ & 9ᵉ siecles : ce qui le distingue est un tour plus recherché & une coupe plus nette.

Il est à propos de remarquer que l'on avoit entendu d'abord par écriture onciale, *Struv. de Criter. manuscript.* §. 11, *p.* 15.... *Budæus, lib.* 1 *de Asse,* celle qui avoit un pouce ou douze lignes de hauteur, parceque le pouce étoit au pied ce que l'once étoit à la livre : mais, depuis, les Savants, *Monit. in* 3 *part. Catal. cod. manusc.* sont convenus d'appeller *onciales* toutes les anciennes lettres majuscules, soit rondes ou quarrées. Il y avoit

avoit auffi des demi-onciales qui n'avoient que fix lignes d'élévation.

Ecriture demi-onciale.

L'écriture demi-onciale eft une forte d'écriture antique qui defcend à peine jufqu'au 9ᵉ fiecle. La dénomination d'écriture *mixte* lui conviendroit mieux qu'à toute autre, parcequ'il eft prefque de fon effence de réunir toujours des lettres onciales ou minufcules à celles qui lui font propres.

On la diftingue de l'onciale par les lettres qui lui font propres, comme celles qui fe voient au *cinquieme tableau*, *fig.* 30 *& les onze fuivantes*; au lieu que l'onciale a pour caracteres particuliers la *fig.* 31 *& les douze fuivantes*, *ibid.* Les lettres communes aux deux écritures font la *figure* 32 *& les onze fuivantes*, *ibid.* mais les deux caracteres N & R, *fig.* 33 *& 34 ibid.* font affez fréquents dans la demi-onciale.

L'écriture minufcule a plufieurs lettres femblables à la demi-onciale, entre autres une *r* femblable à la *figure* 35 *ibid.* Mais cet objet a éprouvé bien des variations.

A ces différences près, l'écriture demi-onciale de toutes les nations a le coup d'œil de l'onciale pure; c'eft pourquoi l'on n'en donne pas ici d'exemple.

Ecriture minufcule.

L'écriture minufcule répond au romain de nos imprimeries. On la diftingue de la curfive en ce qu'elle eft plus pofée, disjointe & non liée. On appelle notre minufcule actuelle d'im-

Tome I. F f

primerie, romain, parceque ce fut en Italie que commença à s'établir l'ufage des beaux caractères ronds ou minufcules qui fervent à nos impreffions.

La minufcule n'eft pas feulement un diminutif de la capitale pour la grandeur ; c'eft auffi un genre d'écriture d'une toute autre forme. Quand on n'auroit pas de preuves certaines de l'antiquité de cette écriture, il feroit très naturel de penfer que les gens d'affaires chez les Romains, les littérateurs, les fcribes & autres, ne fe feroient point appefantis fur une capitale très laborieufe, au lieu d'abbréger leurs travaux par une écriture moins compaffée & plus courante. Des Antiquaires & des Savants, Lipfe, *de Pronunt. Ling. Latin. cap.* 8.... Richard Simon, qui cite Allatius, *Bibl. critique, tome* 2, *ch.* 5, *page* 105, ont cependant prétendu que ce caractère n'avoit pas exifté chez les Romains. Les uns, *Casley Biblioth. Britan. tom.* 5, *part.* 2, *p.* 337, en ont atttribué l'invention au 5e fiecle : d'autres l'ont donnée aux Barbares qui ont détruit l'Empire Romain : un autre fyftême enfin, *Heuman, Comment. de Re Dipl. p.* 7, n'en fait pas remonter l'origine plus haut que Charlemagne. Cependant, à envifager les marbres, les bronzes & les médailles des premiers fiecles de l'Eglife, on voit évidemment le contraire ; le mêlange de la capitale avec la minufcule eft très fenfible. Les Tables Arvales, déterrées fur le chemin d'Oftie, *Fontanini Vindic. veter. Dipl. lib.* 1, *cap.* 8, affurent à ce caractère une antiquité encore plus reculée.

Ce caractère romain, renouvellé fous Charlemagne, eft devenu célèbre par l'ufage qu'en ont fait prefque tous les peuples de l'Europe. L'écriture italique, dont Alde Manuce paffe pour l'inventeur, eft, au fond, la même que la minufcule romaine : elle ne s'en écarte qu'en ce qu'elle eft plus maigre, plus preffée, plus penchée, & qu'elle tire plus fur la curfive.

On vient de dire que ce caractere fut en ufage chez prefque tous les peuples de l'Europe : le fait eft inconteftable ; mais il le fut, comme les autres genres d'écritures, avec un goût & une tournure particuliere à chaque nation.

Minufcule Lombardique.

La minufcule appellée *lombarde* ne fut jamais de l'invention de ces barbares, comme l'ont prétendu certains Auteurs. Romaine d'origine, elle éprouva fans doute, ainfi que la capitale & la curfive, des altérations analogues à l'efprit de ces peuples ; mais ils ne lui donnerent jamais l'exiftence.

Cette écriture ne fut guere d'ufage dans les manufcrits qu'en Italie, & quelque peu en France. Elle ne commença pas en Italie avec l'irruption de ces peuples au 6ᵉ fiecle : une troupe barbare de militaires ne change pas tout d'un coup de mœurs & d'inclination : on n'a pu découvrir de manufcrits en écriture lombardique du 7ᵉ fiecle : on ne peut même bien décidément prouver fon exiftence qu'après le 9ᵉ fiecle. Les Antiquaires ont fort varié fur la durée de cette écriture : mais on peut, fur l'autorité de D. Mabillon, la prolonger jufques dans le 13ᵉ fiecle.

Minufcule Mérovingienne.

Les Francs, après leur invafion dans les Gaules, adopterent les caracteres qui y étoient ufités ; & fe fervirent par conféquent de l'écriture mi- nufcule dont les anciens habitants, ou les Gau- lois, qui l'avoient reçue des Romains, avoient coutume de faire ufage. Ils commencerent à écrire, au plus tard, fur le déclin du 6ᵉ fiecle, & y introduifirent leur goût nationnal qui confif- toit dans une négligence propre à rendre cette écriture beaucoup moins élégante dans leur main. Elle continua à dégénérer jufqu'après les commencements du 8ᵉ fiecle.

Minufcule Gothique ancienne.

Par écriture *gothique ancienne*, on n'entend, ni l'écriture runique, qui étoit celle des peuples les plus anciens du nord, voyez *t. 1 du Nouveau Traité de Dipl.*, ni l'écriture ulphilane, dont les caracteres, inventés vers 370 par Ulphilas, Evêque Arien, ne font qu'un compofé de beau- coup de lettres communes & particulieres aux Grecs & aux Latins, & d'un très petit nombre de figures propres à rendre certains fons barbares inconnus à ces deux nations policées. L'écriture qui nous occupe eft celle que les Goths & Vifi- goths emprunterent des Romains. On pourroit donc, comme il a déja été dit, la divifer :

1°. En *italo-gothique*, qui feroit l'écriture que les Goths eurent en ufage depuis l'an 476 qu'ils devinrent maîtres de l'Italie, jufqu'en 568, où leur monarchie fut détruite par les Lombards : mais il ne nous eft refté aucun monument en caracteres italo-gothiques minufcules & curfifs ; quoique plufieurs Savants, & dom Mabillon lui- même, en aient donné à tort quelques modeles :

2°. En vifigothique de France ou d'Efpagne, dont il nous refte quelques monuments. Les Goths occidentaux, ou Vifigoths, établirent à Touloufe le fiege de leur empire au 5e fiecle. De là ils poufferent leurs conquêtes jufqu'en Efpagne, où ils regnerent jufqu'à l'invafion des Sarrafins ou Mahométans en 712. L'écriture dont fe fervirent ces Vifigoths fut appellée *gothique ancienne*, ou *hifpano-gothique*, ou *mozarabique*, ou *tolétane*, de la ville de *Tolede*.

Il eft certain qu'au 7e fiecle on fe fervit du caractere hifpano-gothique pour les manufcrits. Au fiecle fuivant, on trouve encore plus de manufcrits en belle minufcule vifigothique. Ce caractere gothique, qui n'étoit autre que le romain un peu défiguré par le goût national & barbare de ces peuples étrangers, ne finit entiérement en Efpagne qu'après le 15e fiecle, *Paleograph. Efpañol Prolog. p.* 24.; quoique par les foins de Bernard, qui de Moine de Cluni étoit devenu Archevêque de Tolede, on eût porté une défenfe folemnelle dans un Concile de Leon, en 1091, de fe fervir de cette écriture, avec injonction d'ufer des caracteres de France.

Minufcule Caroline.

La minufcule caroline n'eft autre que le romain renouvellé au 8e fiecle. Ce caractere, ufité dans les Gaules & fous les Rois de la premiere race, dégénéra fenfiblement pendant le 7e. Dès le regne de Pépin, & même un peu auparavant, on commença à le rectifier; mais c'eft à Charlemagne qu'appartient l'honneur du renouvellement de ce caractere qui fraya le chemin aux caracteres d'imprimerie. Les Moines de

S. Vandrille eurent l'avantage d'y travailler le plus efficacement, & contribuerent peut-être les premiers, *Hist. Litter. de la France*, t. 4, p. 20, à la réformation des caracteres. Cette écriture succéda à la minuscule mérovingienne.

Il faut remarquer que l'on donne à Charlemagne l'honneur de ce renouvellement ; non pas qu'il en fut l'inventeur, puisque parmi les manuscrits du 6e siecle en France, on en trouve de ce caractere ; mais seulement parcequ'il lui donna beaucoup de cours & de célébrité : c'est en effet par ses soins qu'elle devint générale en France au 9e siecle, tandis qu'elle n'avoit que peu ou point de cours en Italie & ailleurs. Ce caractere carolin fut introduit en Allemagne au commencement du 9e siecle ; en Angleterre, sous le regne d'Alfred le Grand, mort en 900 ; en Espagne, par ordre du Concile de Leon, en 1091 ; en Italie, dès le temps de Charlemagne : il y fut même perfectionné, quoique la minuscule lombardique s'y soutint jusqu'après le commencement du 13e siecle.

Le commencement de la troisieme race de nos Rois est l'époque où cessa l'écriture minuscule caroline proprement dite ; car ayant dégénéré en France au 10e siecle, elle fut renouvellée sous Hugues Capet.

Cette écriture est fort variée dans les manuscrits du temps de la seconde race. Dans les plus anciens, c'est-à-dire jusqu'à l'empire de Charlemagne, elle est un peu mêlée de mérovingienne : depuis 800 jusqu'à la fin du regne de ce Prince, elle est plus nette & plus réguliere : sous ses successeurs, elle parvint au plus haut degré d'élégance.

Minuscule Teutonique.

Les Germains, à l'exemple des Gaulois, prirent
l'usage d'une minuscule romaine accommodée à
leur goût nationnal long-temps avant Pépin le
Bref. Vers le temps de ce Prince, & sur-tout
sous Charlemagne, ils adopterent la minuscule
caroline, non comme une nouvelle découverte,
mais sur le pied d'écriture renouvellée. En effet,
dans des manuscrits de la Cathédrale de Wirtz-
bourg, on trouve des exemples d'une minuscule
saxo-teutonique émanée de la romaine. Pépin le
Bref donna à quelques Eglises d'Allemagne,
des diplomes en minuscule cursive, tirant sur la
mérovingienne. L'usage de la minuscule eut
donc lieu chez ces peuples avant Charlemagne.
La réforme qu'y apporta ce Prince fut suivie dans
les manuscrits teutoniques, & s'y conserva dans
sa beauté jusqu'au milieu du 13ᵉ siecle. On peut
même dire que l'écriture diplomatique d'Allemagne, qui étoit la minuscule & non la cursive,
l'emportoit, au 12ᵉ siecle, sur les autres, par la
beauté & la netteté des caracteres. Alors elle y
dégénéra en caractere bizarre, que nous appellons *gothique moderne*, dont l'Allemagne n'a jamais pu se défaire.

Minuscule Saxonne.

L'Ecriture Saxonne, peut-être déja d'usage
dans la Grande Bretagne avant l'arrivée des Anglo-Saxons, peuples de Germanie qui se rendirent maîtres de toute l'isle jusqu'à l'Ecosse, vers
le milieu du 6ᵉ siecle, tire sensiblement son origine, soit directement, soit médiatement, des

caractères romains. Cette écriture minuscule, qui eut cours, non seulement en Angleterre, mais en Irlande & en France, ne laisse aucun doute sur son existence, à en juger par les monuments qui nous en restent. Ce n'est pas que l'on ne conservât même en Angleterre les caractères gallicans introduits en Angleterre sous Alfred le Grand, & sous le Roi S. Édouard, qui avoit été élevé en Normandie; ils s'y conservèrent, comme il le paroît par les exemples qu'on en trouve, depuis le 8ᵉ siecle jusqu'à la conquête des Normands : mais la saxonne, jusqu'à cette époque, fut la dominante. Alors la françoise prit tous les jours le dessus, de façon que l'on pourroit fixer la durée de la minuscule saxonne jusqu'au regne de Guillaume le Conquérant, si un usage ancien pouvoit s'abolir tout-à-coup : mais au moins les commencements du 12ᵉ siecle virent-ils la fin de cette écriture en Angleterre.

Le manuscrit de M. le Président de Robien, écrit vers le 13ᵉ siecle, prouve que les Irlandois se servoient encore de la minuscule saxonne long-temps après la conquête d'Irlande faite en 1171 par Henri II, Roi d'Angleterre & Duc de Normandie. On prétend même, *Défense des anciens Auteurs contre le Pere Hardouin*, p. 87, qu'ils on conservé jusqu'à nos jours cet ancien caractère.

Minuscule Capétienne.

La minuscule caroline ayant dégénéré sous les derniers Rois de la seconde race, fut renouvellée au commencement du regne de Hugues Capet, Chef de la troisieme. Elle succéda donc à la caroline dès le 10ᵉ siecle. Elle se soutint dans sa

beauté pendant les 10ᵉ, 11ᵉ & plus de la moitié
du 12ᵉ fiecle. Sur fon déclin, elle s'obfcurcit, fe
ferra, & devint anguleufe. Vers le milieu du 13ᵉ
fiecle, elle dégénéra en gothique par divers degrés. La minufcule capétienne doit donc être reftreinte depuis Hugues Capet jufqu'à S. Louis.
Cette écriture fut d'ufage, non feulement en
France, mais en Angleterre & en Allemagne,
dans les chartes & les manufcrits, à cette différence près, qu'elle eft plus fimple & moins chargée dans ceux-ci, & plus hardie, à montants
plus élevés, & plus chargée dans celles-là.

La planche XI ci-jointe, compofée de deux
parties, fournit plufieurs exemples d'écritures
minufcules nationnales.

Minufcule Romaine.

Dans l'exemple I, part. I, *quid funt fenfibilia,
quid intelligibilia,* on voit une minufcule romaine négligée, longue & mêlée de quelques
lettres curfives : c'eft le fommaire d'un chapitre
de la Cité de Dieu, écrit au 5ᵉ ou 6ᵉ fiecle.
L'exemple II de la même écriture eft plus net,
plus pofé, tirant fur la lombardique, & mêlé de
quelques onciales : *XLVI. De muliere Chananea
quae dixit & canes aedunt....* Cette écriture eft du
7ᵉ ou 8ᵉ fiecle.

Lombardique.

L'exemple III *ibid.* eft un modele de minufcule lombarde, d'une écriture maigre, affez élégante, dont plufieurs lettres font hautes, & qui
eft mêlée de capitales & de curfives : *Ego Sal-
luftius legi & emendavi Rome Felix, Olibia &*

Probino VC Confulibus in foro Martis.... C'eſt
l'atteſtation du correcteur d'un manuſcrit de Cor-
neille Tacite, copiée vers le 10ᵉ ſiecle. L'exemple IV *ibid.* eſt le modele d'une autre forme
d'écriture minuſcule lombardique : *Nationibus
ſua cuique propria veſtis eſt, ut partis ſarabare....*
C'eſt un extrait d'un grand Gloſſaire manuſcrit
conſervé dans la Bibliotheque de l'Abbaye de
Saint Germain des Prés, écrit au 8ᵉ ou 9ᵉ ſiecle.
Le cinquieme exemple *ibid.* eſt une troiſieme
forme de minuſcule lombardique, dont l'écriture ſinguliere à lettres briſées eſt du 10ᵉ ſiecle :
Fuit quidam homo ſecularis habens....

Gallicane.

L'exemple VI *ibid. VIII Vicarii verò Epiſcopi* (pour *Vicariis Epiſcopis*) *qui a Graecis Con-
epiſcopi*, tiré du huitieme canon du Concile
d'Antioche, préſente aux Antiquaires une écriture minuſcule gallicane du 6ᵉ ſiecle.

Mérovingienne.

Les Francs répandus dans les Gaules uſerent
auſſi de l'écriture minuſcule, qu'ils imiterent
des anciens habitants de cette contrée : on en
voit un modele dans l'exemple VII de la même
planche XI part. I, *Inebriabuntur ab ubertate domus....* tiré d'un manuſcrit antérieur à Charlemagne. En général cependant leur minuſcule
reſſembloit aſſez à celle des autres peuples,
comme il le paroît par l'exemple ſuivant VIII
*ibidem : Propoſitum Monachi proprio arbitrio aut
voluntate....* Cet extrait de Saint Léon a été écrit
au moins avant le milieu du 8ᵉ ſiecle. En gé-

néral, la minuscule mérovingienne est très souvent mêlée de cursives.

Visigothique.

Les Visigoths, ayant subjugué la France méridionale & une partie de l'Espagne, adoptèrent aussi un genre d'écriture minuscule distinguée de celle des autres nations, & en ont laissé des modeles : la planche XI, part. 2, en offre deux entre autres. Le premier, qui est IX *ibid.* est tiré du Sacramentaire de Gellonne, écrit en Languedoc au 8ᵉ siecle : *Et mittis in ore infantum de ipsa sal per singolus ita....* Voici comme on rend cette rubrique : *Et mittis in ore infantium de ipso sale per singulos ita....* Cette minuscule visigothique de France, petite & nette, tirant sur la cursive, n'est pas la seule dont les Goths firent usage en France ; mais les autres especes annoncent des minuscules semblables à celles des autres nations du temps. Le second modele, X *ibidem*, de minuscule *hispano gothique* est tiré du beau Missel gothique de l'Eglise de Tolede : *Deus qui mirabilis es in Sanctis tuis cujus cultui...* C'est l'oraison de la messe de Saint Martin.

Caroline.

On ne parvient pas tout d'un coup à la perfection. L'écriture minuscule des premiers Carlovingiens se sentit de la rudesse de la mérovingienne : mais sous les successeurs immédiats de Charlemagne, elle parvint au plus haut degré d'élégance. La planche XI, part. 2, en offre deux especes, dont l'une, petite & bien proportionnée, est tirée d'une Bible de Charles le Chauve,

Manufcrits du Roi, n. 1 ; l'autre , à gros traits &
bien formée, eft tirée d'un Sacramentaire manufcrit de Saint Germain des Prés, tranfcrit l'an
853. La premiere, XI *ibid. Incipiunt capitula...*

I. *De Sanctis quos in hoc mundo ut interfectos...*
II. *De Exhortatione quæ de pejoribus ad...*
III. *De Commemoratione quo veritatis femper...*
IIII. *De Juftorum memoriis refovendis...*

La premiere ligne & les lettres initiales des fuivantes font onciales. La feconde efpece, XII *ibidem : Deus qui diverfitatem omnium gentium in...*

Allemande.

L'Allemagne, qui fe prêta au renouvellement
de l'écriture que fit Charlemagne, préfente entre
autres le modele XIII *ibid.* de minufcule allongée, maigre, & qui porte dans l'original la date
de l'année 823 : *Incipit epiftola Baturici Epif-
copi....*

Anglo-Saxonne.

Le modele XIV *ibid.* d'écriture minufcule an-
glo-faxonne, qui date du 9e fiecle, & fut rédigée
en France, porte : *Refpondentibus fe effe liberos
dicit qui...* Les *e* fermés & les *r* en forme d'*n*
font à remarquer.

Capétienne.

L'écriture minufcule capétienne ordinaire des
10e & 11e fiecles tient affez généralement du
modele XV *ibidem : Fortis in bello Jefus nave filius. Rompheas jactans civitates corruunt....* Ce
morceau eft un euchologe qui reffemble aux pro-

ſes. Dans le modele XVI *ibid.* on s'apperçoit que les minuſcules capétiennes tendent au gothique moderne :

Paulatim unde dolor letique animoſa voluntas

Amovet, ac tacitè ferrum....

Ce ſont des vers de Stace, écrits au 11e ou 12e ſiecle.

Il faut bien obſerver que les modeles des minuſcules nationnales, que préſentent les deux parties de la planche XI, ne ſont point uniques dans leur genre, c'eſt-à-dire que ce n'eſt pas la ſeule forme qu'aient employée les différents peuples pour écrire en minuſcule. On s'eſt attaché ſeulement à ſaiſir le goût qui leur étoit particulier : car on auroit pu fournir une infinité d'autres exemples qui leur étoient également propres ; mais ils auroient eu l'inconvénient d'annoncer la reſſemblance la plus marquée avec les écritures des autres peuples.

On peut donc aſſurer que l'écriture minuſcule, en uſage chez les Romains & renouvellée ſous Charlemagne, ne rend pas ſuſpeéts les diplomes des 8e & 9e ſiecles.

Les indices que l'on peut tirer de la minuſcule ſont, que, dans les 5e & 6e ſiecles, elle eſt communément plus large que la nôtre & que celle des temps poſtérieurs : qu'elle conſerve ordinairement pluſieurs lettres majuſcules, comme l'*N* & l'*R*, *fig.* 33 & 34 *du cinquieme tableau*; quand la derniere eſt minuſcule, le jambage droit, au lieu de ſe tenir relevé *r*, deſcend en forme d'*n* : que la groſſe minuſcule n'a pas l'air de la nôtre avant le 8e ſiecle : que la conformité ne fut jamais plus grande que ſur le déclin du 9e & le commencement du 10ᵉ ; qu'au 11ᵉ, les rondeurs de la minufcule commencent à fe perdre : que les angles y fuccedent, &, bientôt après, les pointes, qui confomment enfin le gothique : qu'une autre forte de minufcule romaine, fouvent très petite, fut d'un affez grand ufage aux 5ᵉ & 6ᵉ fiecles, pour appofer des notes & des fommaires dans les manufcrits, ou pour repréfenter d'anciennes foufcriptions ; elle approche de notre plus belle curfive : que ce n'eft qu'aux 11ᵉ & 12ᵉ fiecles, que la minufcule femble difputer l'empire à la curfive dans les chartes, mais qu'elle y devint depuis de jour en jour d'un ufage moins fréquent.

Ecriture curfive.

L'écriture curfive n'eft autre que l'écriture liée, coulée, expéditive & ufuelle. Elle eft ainfi appellée parcequ'elle eft courante & dégagée de la gêne, de la contention & des mefures qu'exigent les autres genres d'écritures. Les Anciens, pour la diftinguer de la minufcule, qui eft détachée, l'appelloient *écriture liée*, parcequ'en effet les lettres en font fouvent liées & conjointes ou avec la précédente, ou avec la fuivante, ou avec les deux enfemble. De ces liaifons, faites avec des traits hardis à la vérité, mais furabondants & compliqués, eft venue la difficulté de lire cette écriture qui a fait tomber les Savants mêmes dans une infinité de fautes ; & de cette difficulté eft provenue la dénomination de *barbare*, donnée gratuitement à cette forme d'écriture. Il y a même des Auteurs qui ont pris occafion de là de nier fon exiftence, & en ont regardé les modeles qui nous reftent, comme factices, controuvés & de

I.
Romaine } quid funt qu fibi iqaqurd wrt llzibi
lya

II.
Romaine } Xq. Demulierechananea
quaedixit etcaner aedunt

III.
Lombardique } Ego fallustur legi et emdautomo
Felyx. Olybio zpbxno üc conf. In fotomar tryf

IV.
Lombardique } nationib; fuacuique propria uestif est ut paffif farabare;

V. *Lombardique .*
Luit quidam homo
fr tchf. habtif

VI.
Gallicane } Gui Clicanu uero
epi quia graecir conefi

VII.
Merovingienne } tuebrlabuntur
ab uber ta te domur

VIII.
Merovingienne } ppofitum montcchi proprio erbitrio cata uoluntata .

IX.
Visigothique} &munar more infœnca dapta ral pringolur rœ

X.
Hispano - Gothique} Ds quimirabilir d'In
reir œuir culir culœui . . . .

XI.
Caroline} INCPNT CAPTE
De reir quor in hoc mundo ut interfectos
De exhoratione quaedepeiorib: ad . . . . .
De commemoratione quo ueriatis semp . .
De uisto rum memorii refouendis . s

XII.
Caroline} IS quid iuersitace ―
omnium geitdum in . . . .

XIII.
Allemande} Incipit epistola baiurici episcopi

XIV.
Anglo - Saxone} nos ponderabus
soesse libenos dicit qui .

XV.
Capetienne} Fortis mbello thr nauefilius .
rompheat iactatis ciuitatef corruunt .

XVI.
Capetienne} Paulatim unde dolor leuicp
dnmio la uoluntas dmouer · ac tacite ferrum

Coulubrier Sculp .

pur caprice, n'admettant comme vraie que l'é-
criture capitale des Anciens; comme fi, de ce
que les écritures actuelles des Notaires, des gens
d'affaires & des bulles font difficiles à lire, on
concluoit qu'elles ne font pas d'usage parmi nous.

Les Grecs ont eu l'usage de la cursive, comme
on l'a fait voir par les modeles qu'on en a donnés & qu'on en donnera à chaque planche d'alphabet. Mais Dom Bernard de Montfaucon,
Differt. fur la plante appellée papyrus, observe
que les premiers livres que l'on trouve écrits en
lettres courantes ou liées, font de la fin de Bafile le Macédonien, parceque le caractere courant n'étoit pas encore en usage pour les livres,
quoiqu'il le fût déja pour les Tachygraphes &
pour les Notaires & Secrétaires. Au refte, on
connoît, *Nouv. Traité de Diplomatique*, *t. 2*,
p. 257, de la cursive grecque antérieure au moins
de quatre ou cinq fiecles au 8e.

Cursives nationnales.

Que les Romains aient eu une écriture cursive,
la nécessité, la raison, l'exemple & l'évidence en
font de sûrs garants. Qu'ils aient écrit des actes,
des titres, des pieces judiciaires, des lettres &
des ordonnances en écriture capitale, qui demande un temps considérable, & que le besoin
ne leur ait pas fourni des moyens d'abbréger un
travail aussi long & aussi pénible; c'est ce qui
n'entre pas aisément dans l'esprit de tous ceux
qui connoissent le génie actif, prompt & déli-
béré des Romains. Qu'un Auteur se soit appe-
fanti sur sa composition, jusqu'à passer un temps
prodigieux à coucher en capitales une idée qui
n'eût exigé qu'un instant pour être écrite en cur-

fives, c'est ce que la vivacité & la chaleur des écrits de la plupart des Anciens qui nous restent, ne permettent pas de croire. D'ailleurs, ce peuple jaloux n'auroit pas voulu céder aux Grecs cet avantage exclusif. Cependant il est de notoriété publique que les Grecs avoient alors une écriture liée & expéditive; les anciens Auteurs en conviennent. Enfin, la plus forte démonstration, & celle qui peut toute seule résoudre tous les doutes, c'est la réalité des caractères cursifs qui nous restent dans les plus anciens monuments que l'on connoisse, & qui approchent de l'ere chrétienne. On peut s'en convaincre par les alphabets ci-dessus, & par les modeles de cursives donnés dans la nouvelle Diplomatique.

Les Romains avoient donc une écriture cursive, comme il le paroît par les chartes de Ravenne antérieures à l'établissement des Goths en Italie. Cette écriture suivit le fort de la capitale & de la minuscule. En passant chez les différents peuples, elle se diversifia suivant le goût des siecles & le génie des nations. Cependant la mérovingienne a de si grands rapports avec la romaine, qu'on peut la regarder comme identique, & que toute la différence ne consiste que dans quelques altérations qu'éprouvent toutes les écritures de siecle en siecle. La nuance qui la distingue commença après le milieu du 6e siecle. Elle regna depuis la moitié du 7e jusqu'au regne de Pépin le Bref, qu'elle devint plus polie & moins compliquée.

La cursive lombardique peut être de même envisagée comme une autre branche de la romaine, formée sur celle qu'on employoit aux 6e & 7e siecles. D'ailleurs la ressemblance entre la cursive

lombardique

lombardique & la mérovingienne eſt frappante.
On trouve encore des caractères lombardiques
dans quelques chartes du 13ᵉ ſiecle, même en
Allemagne.

La curſive ſaxonne tire également ſon origine
de la romaine. Nous la voyons déja formée dès
le 7ᵉ ſiecle, & nous découvrons ſes caractères les
plus ſinguliers dès les 5ᵉ & 6ᵉ. Elle regna juſqu'au 10ᵉ ſiecle en Angleterre, & s'y ſoutint juſqu'à la fin du 12ᵉ, malgré l'introduction de l'é-
criture normande ou françoiſe. Du reſte, elle
eſt moins dérivée de la curſive romaine que la
minuſcule, & elle eſt plus compliquée que la
romaine & la mérovingienne.

La curſive viſigothique a pu ſe diſtinguer de la
romaine dès le 6ᵉ ſiecle; mais on n'en a point vu
d'antérieure au 7ᵉ. Elle dure juſqu'au 13ᵉ. Le
plus ancien diplome latin de cette écriture qui
ait été conſervé juſqu'à notre temps, fut donné
par le Roi Chindaſuinthe en 646.

La curſive caroline n'eſt qu'une continuation
de la mérovingienne: née au 8ᵉ ſiecle, elle ſe
perd dans la minuſcule romaine au 12ᵉ. Elle n'at-
teignit pas tout-à-coup ſa perfection ſous les premiers Rois de la ſeconde race; elle tenoit alors
de la mérovingienne. Sous les dernieres années
de Charlemagne, & ſous Louis le Débonnaire,
elle s'allongea & ſe perfectionna. Dès la fin du
8ᵉ ſiecle, elle devint tremblante, ſur-tout dans
ſes grandes lettres allongées. Elle commence à ſe
friſer au 10ᵉ; elle dégénere & paroît tortue & re-
coquillée dès la troiſieme race.

La curſive capétienne tient beaucoup de la caroline ſous les premiers Rois de la troiſieme race,
& même pendant une partie du regne de Ro-

Tome I. Gg

bert. Au 11e fiecle, fes traits allongés, aigus, fleuronnés, fur-tout dans les diplomes, la diſtinguent feulement de la minufcule des manufcrits. Au 12e fiecle elle devint extrêmement rare, la minufcule lui ayant été prefque par-tout fubſtituée. Dans le 13e fiecle, elle fe perdit dans la curfive gothique.

Les curſives nationnales deſcendent de la romaine.

La complication des caracteres que l'on voit dans les écritures curfives nationnales, n'eſt point une preuve de leur origine barbare. La curfive romaine avoit des liaiſons fans nombre, mais méthodiques; la touche en étoit fiere & d'une aifance qui étonne: auffi fous la main des étrangers, ces liaiſons dégénérerent en une efpece de confufion; quoique dans la comparaifon, l'on n'y découvre d'autre différence que plus ou moins d'élégance, plus ou moins de variété, de tours & de liaiſons, plus ou moins de hardieſſe. Ces liaiſons diminuent fenfiblement juſqu'au 12e fiecle, où elles deviennent prefque nulles. Au 13e, la chicane & la fcholaſtique firent naître une autre écriture liée & pleine d'abbréviations. Toute mauvaife qu'elle étoit alors, elle dégénéra encore dans les fiecles fuivants, au point de paroître affreufe en comparaifon de celle du 13e.

Le concours ou le mêlange des écritures romaines, vifigothiques, mérovingiennes, lombardiques, faxonnes, &c. eſt une preuve fenfible qu'elles font toutes émanées de la premiere. Ce mêlange paroît dans les manufcrits les plus anciens: ces écritures ont même quelquefois tant de rapports, qu'on a peine à les diſtinguer, &

que nombre de Savants du premier ordre, ou s'y font trompés, ou s'y font vus très embarrassés.

En vain diroit-on que ces peuples ont introduit dans la romaine bien des caracteres barbares & étrangers, qui l'ont, pour ainsi dire, fait disparoître ; puisque tous les caracteres, & la maniere de les rendre, que les Savants ont attribués aux étrangers, se trouvent consignés sur des monuments bien antérieurs à l'arrivée des nations barbares. Il seroit absurde de dire, comme M. Maffei, pour réfuter cette opinion, que ces peuples n'avoient pas la premiere idée de l'écriture : l'antiquité des caracteres runiques détruit une pareille assertion dénuée de tout fondement. A cette erreur près, le savant Marquis ne démontre pas moins bien que les nations germaniques répandues dans l'Empire adopterent tous les caracteres des Romains sans exception.

Cursive Romaine.

La plupart des Littérateurs ont nié l'existence de la cursive chez les Romains, & en ont attribué l'invention aux nations barbares qui ont partagé l'Empire : les modeles de cursive romaine que l'on donne dans la planche 12 ci-jointe, part. 1, démontrent la fausseté de cette prétention. Le modele I, *ibid.* est une portion de l'épitaphe de Gaudence, datée de l'an 338 de J. C. *Mercurius pater filiae defunctae* vi *Idus Novembris Urso & Polemio Consulibus.* On lit *defunctae* avec les nouveaux Diplomatistes, où il n'y a qu'un *d* tranché : il faut y remarquer également l'épisême qui suit le *d* tranché, & qui vaut six. Cette cursive est bien antérieure à l'entrée des Goths en Italie. Le modele II, *ibid.* est un exemple des cursives romaines les moins élégantes & les plus ordinaires aux gens d'affaires : c'est un acte de donation faite à l'église de Ravenne dans le 6ᵉ siecle ; il est sur papier d'Egypte : *In Christi nomine adquistus optionum è vico Mediolan huic chartulae donationis-portionis ...* Dans l'invocation, l'on distingue clairement les trois lettres *I. C. N.* c'est l'origine de ces invocations monogrammatiques, qu'on trouve dans les diplomes des Rois de France de la premiere race, & que des Savants du premier ordre ont méconnues. L'exemple III, *ibid.* présente la cursive romaine la plus hardie & la plus élégante, mais indéchiffrable, à cause des sigles : *Notitia testium id est armatus V. D. schol. & coll....* C'est-à-dire *Vir devotus scholaris & collectarius.* Ce modele est du sixieme siecle.

Lombardique.

Pour modele de la cursive lombardique, on donne l'exemple IV de la planche 12, part. 2, d'une écriture grosse, brisée, à queues arrondies & hastes élevées : *In nomine Domini. Dei Jesu Christi nos vir gloriosissimus Grimoaldus Dei providentia....* C'est le commencement d'un diplome de Grimoald de l'an 795.

Mérovingienne.

La cursive mérovingienne se distingue aisément dans l'exemple V de la planche 12, part. 2. C'est le fragment d'un plaid de Childebert III, de l'an 703, qui adjuge à l'Abbaye de S. Germain des Prés de Paris le Monastere de Limeux : *I. C. N. Childebertus Rex Francorum vir inluster cùm nos in Dei nomine Carraciaco villa Grimoaldo majorim domus nostri una cum nostris ....*

Caroline.

Le caractere diftinctif le plus univerfel des écritures curfives carolines, c'eft d'être hautes, fer-
rées & armées de traits aigus. Le modele VI de
la planche 12, part. 3, eft un diplome de Charlemagne de l'an 779 pour l'Eglife de S. Marcel de
Châlons : *I. C. N. Carolus gratia Dei Rex Francorum ... quidem clemenciae cunctorum decet ac-
commodare aure benigna precipue quibus ...* On
voit par ce diplome que la bonne latinité & l'orthographe étoient encore bannies des actes, *aure
benigna* pour *aurem benignum*, &c.

Capétienne.

La curfive capérienne n'eft autre que la caroline dégénérée ; dès le temps du Roi Lothaire,
elle n'étoit déja prefque plus reconnoiffable : elle
ne fut plus employée dans les diplomes paffé le
regne de Robert ; & on lui fubftitua pour cet objet une minufcule, qui ne differe de celle des
manufcrits que par fes montants fleuronnés &
fes queues prolongées : cette derniere même fe
perdit dans le gothique dès le 13.e fiecle. On en
donne pour modele l'exemple VII de la pl. 12,
part. 3, qui eft le fragment d'un diplome de Hugues Capet de l'an 988, en faveur de l'Abbaye
de Sainte-Colombe de Sens : *In eifdem degentium
orem (aurem) noftre. celfitudinis impendimus re-
gium procul dubio exercemus munus....*

Allemande.

Les mêmes écritures diplomatiques ufitées en
France fous la feconde race, & jufqu'au 13.e fiecle, eurent cours en Allemagne ; mais elles y pri-

rent plutôt la forme de minuscules que de curſives ; car cette derniere ne fut guere admiſe dans
les chartes du pays que vers le milieu du 13ᵉ ſiecle , quoique dans les manuſcrits elle y fût connue long-temps avant, Le modele VIII de la planche 12 , part. 3 , eſt plutôt demi-curſive que curſive propre : *Et ut hunc complacitationis preceptum*
firmum ſtabileque permaneat manu noſtra ſubtus
illud firmavimus anulique noſtri ... C'eſt la fin
d'un diplome de Conrad I, de l'an 914, en faveur de l'Abbaye de S. Emmeran de Ratisbonne

Anglo-Saxonne.

On donne pour exemple de la curſive ſaxonne
d'Angleterre le modele IX de la pl. 12 , part. 3 ,
qui eſt une écriture du 8ᵉ ſiecle , aiguë & ſerrée :
Scribit igitur ad eum hanc epiſtulam non ſicut in
prima ... Ce texte de S. Jérôme eſt tiré d'un manuſcrit , parceque les diplomes anglo-ſaxons n'ont
pas fourni de curſives pures anciennes.

Viſigothique.

Le modele X de la pl. 12 , part. 3 , eſt une
curſive viſigothique qui tient beaucoup de la
curſive mérovingienne :

Hiſtorias primo rerum canit ordine Clio.

. . . .

On croit ce morceau écrit avant l'arrivée des
Maures en Eſpagne , l'an 712.

Il faut toujours obſerver que les modeles pré-
ſentés dans cette planche 12 ne ſont point uniques dans chaque pays , & que les ſiecles , le
goût, la main, le caprice, &c. y ont occaſionné des
différences ſenſibles. Le modele de petite écri-

I. *Romaine*

II.

III.

Boutrois Scul.

IV. Lombardique.

V. Merovingienne

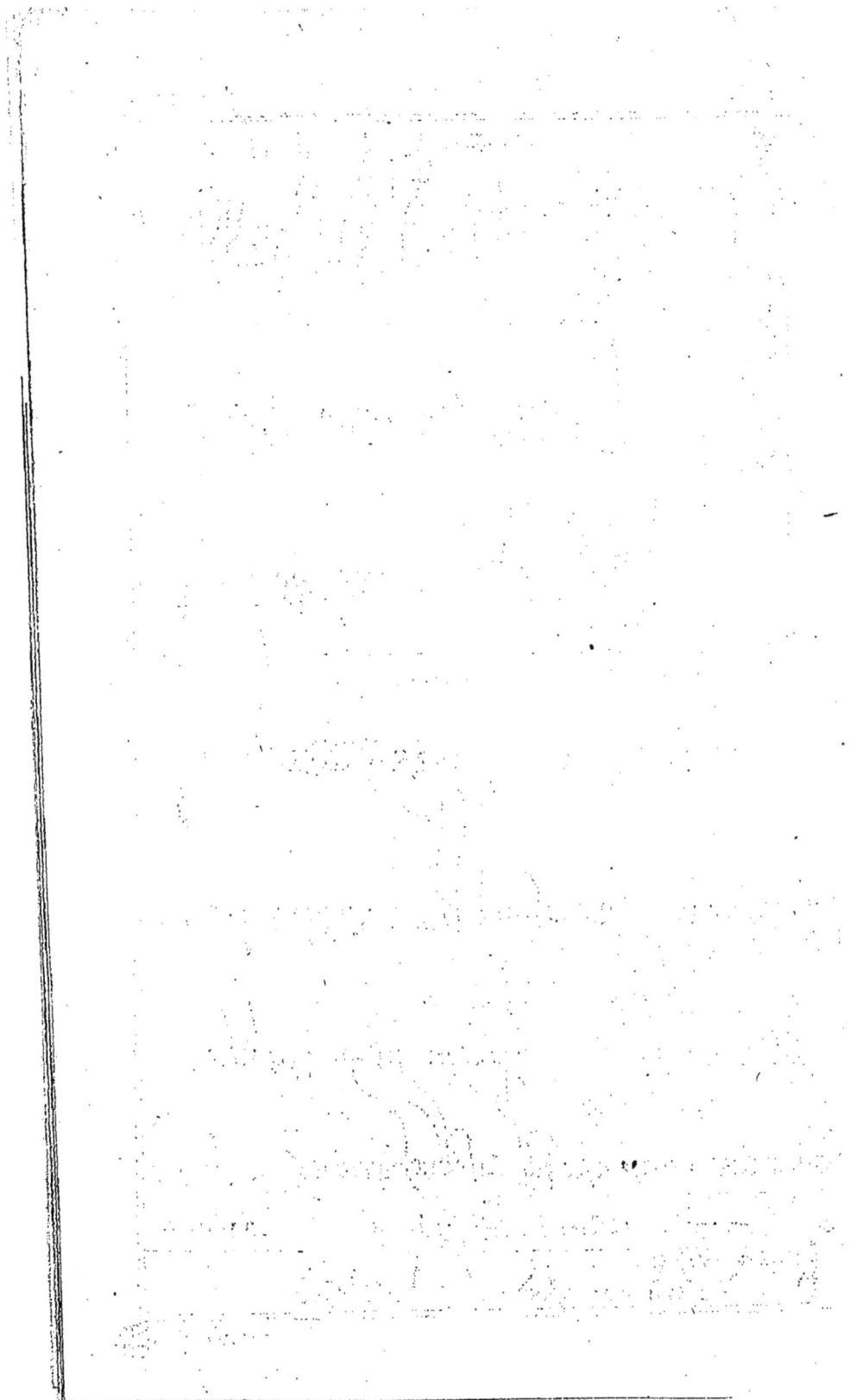

VI. Caroline.

VII. Capétienne.

VIII. Allemande.

IX. Saxone.

X. Visi gothique.

Boutrois Sculp.

ture n'empêche pas qu'on n'en trouve de haute :
le modele d'écriture ſerrée n'exclut pas l'écriture
large : le modele de curſive aiguë ne doit pas
faire croire que le peuple qui l'employa ne ſe
ſervît auſſi de curſives pochées & maſſives. Il ne
faut par conſéquent pas regarder ces modeles
comme les ſeuls moyens de comparaiſon pour
combiner & juger toutes les curſives nationnales : on ne s'eſt propoſé d'autre but dans la compoſition de cette planche que de ſatisfaire un peu
la curioſité, & de donner en même temps une
idée du génie de chaque peuple. Si l'on vouloit
porter la curioſité plus loin, il faudroit conſulter
le nouveau Traité de Diplomatique ; encore,
tout ample qu'il eſt, n'a t-il pas lui-même épuiſé
tous les genres d'écritures, & avec ſon ſecours,
on ſeroit encore ſouvent dans le cas de ne pouvoir juger que par approximation.

Remarques ſur l'écriture curſive.

L'écriture curſive fournit quelques remarques
intéreſſantes propres à diſtinguer les âges des monuments où elle ſe rencontre.

La curſive romaine, d'où dériverent toutes les
autres, changea ſenſiblement de forme de ſiecle
en ſiecle, ſur-tout celle dont on faiſoit uſage
dans les Tribunaux : ce changement ſe fait remarquer encore davantage depuis le 6ᵉ ſiecle ; alors
elle ſemble dégénérer en mérovingienne & en
lombardique.

La curſive mérovingienne, bien caractériſée,
s'annonce pour être au moins du 8ᵉ ſiecle : quand
elle eſt très liée & compliquée, elle remonte au
ſeptieme. Ce fut l'écriture de tous les diplomes
de nos Rois de la premiere race. Elle ſe rappro-

che de plus en plus de la minuscule romaine non
liée depuis la fin du 8ᵉ siecle jusqu'au commencement du 12ᵉ.

Il y a deux sortes de cursives lombardiques,
l'ancienne & la moderne ; l'ancienne se distingue
par les hastes & les queues prolongées ; la moderne est mieux compassée. La cursive lombardique, depuis le 10ᵉ siecle, prend une tournure
qui mene droit au gothique.

La saxonne que l'on trouveroit très liée & compliquée, pourroit, à ce seul titre, n'être pas absolument plus moderne que le 7ᵉ siecle.

Les manuscrits & les chartes des 9ᵉ & 10ᵉ siecles offrent beaucoup de vestiges de la cursive
romaine ; mais passé le 11ᵉ, elle rendroit un acte
suspect. Les manuscrits en cursive des 9ᵉ, 10ᵉ &
11ᵉ siecles sont assez difficiles à distinguer : voici
cependant quelques traits caractéristiques.

Au 9ᵉ siecle, les conjonctions des lettres *ra re*
sont encore assez fréquentes : mais on n'en voit
plus au 10ᵉ, à l'exception de *ct* & de *st*.

Les jambages supérieurs des *d*, *h*, *k*, *l*, se
trouvent encore assez souvent au 9ᵉ siecle formés
en battants dans beaucoup de manuscrits : dans
ceux du 10ᵉ, ils sont rares ; & dans ceux du 11ᵉ,
ils se terminent ordinairement en pointes rab-
battues, & quelquefois en fourches.

Les *f* les *f*, au 9ᵉ siecle, se divisent communément en deux branches, dont la plus courte
s'éleve en haut du côté gauche. Aux deux siecles
suivants, cette branche est presque toujours abbaissée, & ne manque guere, au 11ᵉ siecle, d'ê-
tre en angle aigu, dont l'ouverture regarde presque le pied de la lettre.

Au 9ᵉ siecle, on rencontre nombre d'*a* encore

ouverts en deffus; ils ne paroiffent plus guere même fermés aux 10ᵉ & 11ᵉ.

Plufieurs manufcrits du 11ᵉ fiecle ont beaucoup de *t*, dont la hafte traverfe la tête; tandis que ceux des deux précédents gardent bien plus réguliérement la figure d'une *s* couchée, *fig.* 16 *du cinquieme tableau*, & pofée fur le haut d'un *c* qui lui fert d'appui.

Au 9ᵉ fiecle, les pieds des *m* & des *n* font fouvent tournés en pointes obliques vers la gauche : aux deux autres fiecles fuivants, ce caractere ne fe trouve point, ou fe foutient mal.

On pourroit faire beaucoup d'autres remarques femblables fur la différence de la curfive de ces trois fiecles, qui fe reffemblent affez.

Ecriture allongée.

L'écriture allongée n'eft qu'un rejeton de l'écriture curfive. A n'envifager que fa grandeur & fa hauteur, on la prendroit fans doute pour une forte d'écriture majufcule; mais elle eft bien réellement curfive, fi on s'arrête, comme on le doit, à la figure & au contour.

L'écriture allongée eft une écriture fans proportion, extrêmement maigre & d'une hauteur démefurée. Au haut d'une hafte immenfe, par exemple, fe trouve une pente extrêmement petite pour former la lettre *p*, voyez la *fig.* 36 *du cinquieme tableau*. La panfe de l'*a* n'égale pas celle de notre petit *a* italique, & fon appui eft plus haut que nos très grandes capitales, fans en avoir le plein & le folide; ce n'eft qu'un trait, &c.

Dans les invocations, les foufcriptions des Rois, des Chanceliers, &c. & même dans l'ap-

pofition des dates diplomatiques, on fe fervit
d'une écriture allongée. Souvent employée par
les Romains, elle le fut beaucoup plus depuis le
7ᵉ fiecle jufqu'au 13ᵉ.

L'écriture allongée de la premiere ligne & de
la fignature des diplomes fut mérovingienne en
France jufqu'à Charles le Chauve : les manufcrits & les chartes des 9ᵉ & 10ᵉ fiecles offrent
encore des traces de cette écriture. Mais de tous
les fiecles où elle fut de quelque ufage, le 7ᵉ eft
celui qui la préfente moins déchiffrable ; difficulté qui vient de fes complications, de fon
obfcurité, & de la confufion des mots.

Un peu avant le 13ᵉ fiecle, on ne trouve déja
plus de modeles de cette écriture dans les diplomes de nos Rois : mais, dans quelques autres,
on en vit encore, plus d'un demi-fiecle après.
Elle ceffa dans ce fiecle, & ne fe conferva que
fous une autre forme, fi cependant on peut dire
qu'elle n'eft point encore d'ufage parmi nous,
puifque nombre de perfonnes fe fervent, dans
leur fignature, d'une écriture extrêmement allongée. De curfive, elle devint minufcule ; de
minufcule, capitale ; & de capitale, gothique.

On ne donne, dans la planche XIII ci-jointe,
que peu de modeles de l'écriture allongée, fans
la fuivre chez toutes les nations, parcequ'elle à
par-tout à peu près le même coup d'œil. On a
déja vu, dans les modeles de curfives mérovingiennes & carolines, les premiers degrés d'élévation de cette forte d'écriture ; on ne préfente
ici que les plus marqués & les plus exceffifs.

Le modele I, planche XIII, *Signum Karoli
glóriofiffimi Regis*, eft la fignature de Charles le
Chauve fur une charte de l'an 843 ; on y voit

I.

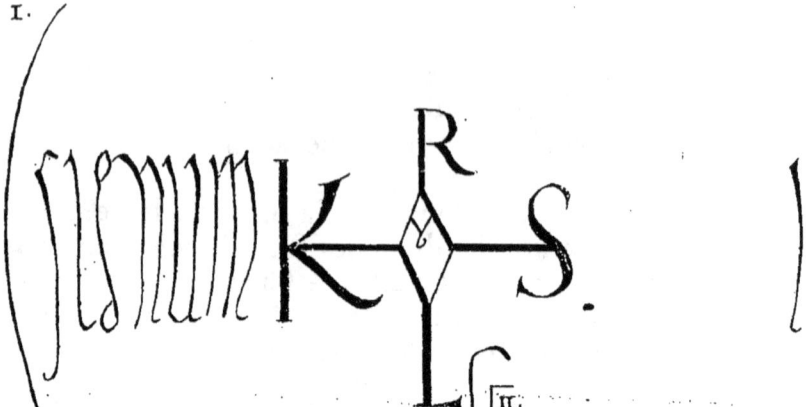

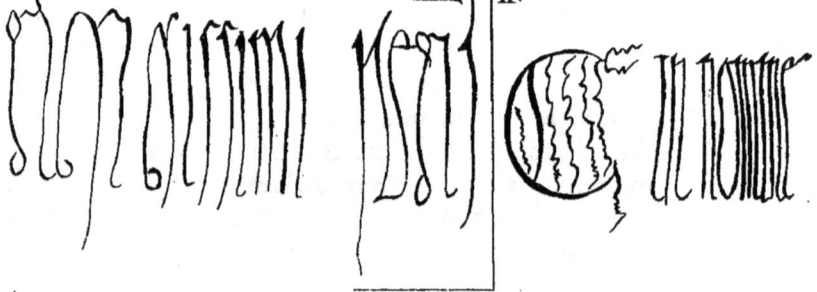

II.

III.

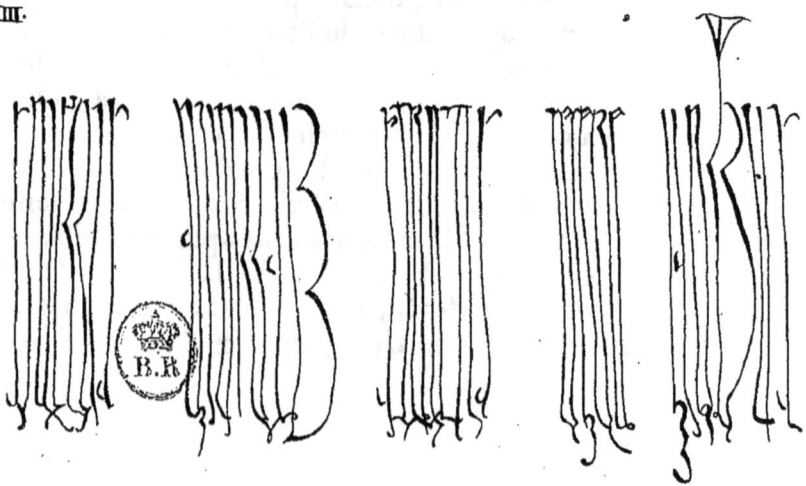

le monogramme du prince après le mot *fig-num*.

On offre pour modele II, *ibid.* le commencement d'un diplome de Conrad, donné à Spire l'an 1149 : *C in nomine fanɛ̃e & individue Trinitatis Conradus divina favente....*

Le modele III *ibidem, Si vellis anguillam ſtrictis tenere manibus....* eſt une écriture allongée, tracée ſous le regne de Louis le Débonnaire ; elle eſt gigantefque, & renferme des lettres très difficiles à diſtinguer les unes des autres : un petit trait au haut, au bas & au milieu, avec quelques inflexions, en fait toute la différence. Remarquez-y *vellis* pour *velis*, &c.

Ecriture tremblante.

L'écriture tremblante, qui ne pouvoit bien ſe développer que dans l'écriture allongée, ſuccéda, dans le 8ᵉ fiecle, à la mode des plis & replis dont on entortilloit les hautes lettres. Toutes les lettres ſufceptibles de rondeur furent particuliérement affeɛ̃ées de tremblements. Cette écriture, toute déſagréable qu'elle étoit, ſubſiſta encore aſſez long-temps ; elle ne commença à devenir rare que ſur la fin du 11ᵉ fiecle, & ne fut abandonnée qu'au 12ᵉ. On n'en donne point de modele, parcequ'il eſt facile de ſe peindre ces traits ſinueux & ſerpentants, en voyant les modeles de l'écriture allongée. La premiere ligne des diplomes des deux premieres races de nos Rois en lettres hautes & allongées eſt ordinaire : mais cette mode ne fut pas ſi généralement ſuivie, qu'elle dût faire regarder comme ſuſpeɛ̃s ceux qui n'y ſeroient pas conformes.

Ecriture mixte & mêlangée.

On a déja dit ailleurs que, lorsqu'il étoit question de caractériser l'écriture d'un monument,
on n'avoit égard qu'à la généralité de l'écriture :
&, en effet, il n'y a guere d'inscriptions antiques, de diplomes, & sur-tout de manuscrits,
qui ne réunissent des caracteres étrangers au
genre d'écriture qu'ils adoptent en général. Il y
a deux manieres de faire ces insertions de lettres
étrangeres ; soit en renfermant dans un même
mot des lettres de plusieurs classes, par exemple
des capitales dans un mot écrit en onciales, des
cursives dans un mot écrit en minuscules, &c.
soit en insérant des mots entiers ou des lignes
entieres d'une écriture différente de celle du
corps de l'ouvrage, comme le premier mot ou
la premiere ligne en capitales ou en onciales, &
les autres en minuscules ou en cursives. La premiere façon, qui ne montre le concours de différentes écritures que dans certaines lettres des
mots, s'appelle *écriture mixte* ; & la seconde,
qui donne entrée à des mots entiers ou à des
lignes entieres d'écriture d'un autre genre, se
nomme *écriture mêlangée*. Les exemples des unes
& des autres sont on ne peut pas plus communs
dans tous les siecles ; ce qui prouve que tous les
genres d'écriture furent d'usage chez les Romains, & que la minuscule & la cursive ne sont
pas des inventions des faussaires.

Ecriture liée.

En entrant dans la discussion de l'écriture cursive, on a dit que les Anciens l'appelloient *écri-*

Lettres Liées les plus communes et les plus Anciennes tirées des Inscriptions et Manuscrits Grecs.

ach am an am an an anbar ar be ghi gr da dr dr em en

en erma eg et kai kekl la la le let ld ma me mp ng nd

ne ne nk nt on on os ou ouovoupre te tr

Lettres liées tirées des Inscriptions des Manuscrits et des Diplomes

FRANCO-GALLIQUES OU MEROVINGIENS.

egregi ... eh ... ei ... electu ... mem

memn ... ench ent ... ent ... eos ... ep

ep ... eq ... erat ... erect ... eret ... erentl ... erep

eri ... ertatem ... eis ... et ... etas

etatem ... eten ... etu ... etta ... eu

ex ... exan ... exer ... exom ... exo ... et

fa ... fac ... factus ... fe ... fec ... fecci ... feren

ff ... fro ... fl } ... ga ... gati ... gem ... gen ... genti

go ... gobern ... gra ... gran ... gy } hes

hem } ... igra ... in ... iv ... integro .

lacent ... lec ... lege ... legi ... legerep

leq ... leti ... lu ... lex } mea ... metm ... meta

metme } na ... nati ... ned ... nt ... nts

obiq ... oc ... oca ... ocent ... ocerep ... od ... odo

o fratri ... og ... oi ... el ... om ... on ... onorare ... op

oq ... or ... oraci ... ostp ... ostra ... otes

præp ... propri ... proin ... qu ... quam ... quod

quoque ... ra ... ræ ... rap ... ræterm ... ræteri

ræto ... rd ... red ... referta ... regi ... regu

resp ... rem ... ræm ... rg ... rgu ... pri ... rm

rrn ... roga ... rosu ... rop ... rrs ... ru

sa ... secur ... sei ... seu ... serti ... op

sti ... stan ... stefa ... step ... stel ... stod ... scrip

ta ... ta ... ta ... tæ ... tact ... tant ... tati ...

tantu ... ten ... tem ... testatem ... tgraci ... ti

tim ... tm ... to ... torem ... tori ... totu ... tp

tq ... træ ... trai ... tran ... trare ... tres ... treb

tri ... tro ... ts ... tte ... tti ... tten ... tteq ... tu ... tu

ty } uem ... uam ... uat ... uo ... ue ... uem.

uo ... uod ... us ... us ... xi ... ap ... ay

ture liée , parcequ'en effet il eſt de ſa nature de l'être toujours. Mais autre choſe eſt d'unir tous les caracteres d'un mot par des liaiſons délicates, fines & propres ; autre choſe de les nouer & de les enchaîner les uns aux autres par des contours hardis à la vérité, mais ſi compliqués qu'ils mettront éternellement à la gêne les déchiffreurs même les plus experts en cette partie. Cette mode hétéroclite fut cependant l'ame de l'écriture courante romaine, ſur-tout lorſqu'elle n'étoit pas lâche, étendue & en caracteres éloignés. Sans doute que nos premiers Francs goûterent cette tournure, qui, en annonçant une certaine négligence, montroit auſſi dans l'écrivain un génie vif & libre de toute contrainte, & qui dédaignoit de s'aſtreindre à des regles : auſſi firent-ils de cette écriture liée un uſage très fréquent. Comme c'eſt ſans contredit celle qui peut le plus ſouvent tomber ſous les mains, & que d'ailleurs ces nœuds & ces ligatures mérovingiennes, ſi l'on peut parler ainſi, ont avec les romaines & celles des autres pays, des rapports frappants, on ſe contentera d'en donner quelques exemples. La planche gravée ci-jointe, qui les repréſente, auroit pu être prolongée ſans fin, car il eſt peu d'écriture courante de ces temps qui n'en fût infectée. Pour prouver l'antiquité de ces liaiſons de lettres, on commence les modeles qu'on en donne par des exemples grecs tirés des Tables Lacédémoniennes publiées par M. l'Abbé Fourmont, *Mém. de littérat. de l'Acadèm. des Inſcriptions*, tome 1 5.

Après avoir traité des genres principaux de l'écriture, il eſt à propos de voir comment, par une dégradation inſenſible d'abord, enſuite trop

réelle & trop apparente, ils font venus fe perdre
& fe confondre dans le gothique moderne.

Dégradation & renouvellement de l'écriture.

Le déclin de la belle écriture fut d'abord prefque imperceptible; mais, dès le 3ᵉ fiecle, la décadence devint fenfible : on rendit quarrées les
lettres anguleufes, on arrondit les quarrées, on
les chargea d'ornements fuperflus. Dès la fin du
premier fiecle même, on vit fur les monnoies,
de foibles atteintes portées à la beauté de l'écriture; depuis le milieu du 3ᵉ fiecle, l'altération
fut manifefte : on fe corrigea un peu au 4ᵉ ; mais
la réforme ne fe foutint pas plus d'un fiecle. Le
dépériffement des écritures vint alors à un tel
point, qu'on a cru que les Barbares, les Goths
& les Vifigoths étoient feuls capables d'une innovation fi monftrueufe : c'eft le fentiment d'un
certain nombre de Savants, auquel plufieurs raifons empêchent de déférer.

En effet, fans en accufer les Goths, les Lombards, les Anglo-Saxons, les Francs, &c. voici
ce que l'on peut penfer fur cet objet. L'ufage peu
fréquent de tracer l'écriture élégante; le caractere écrafé dont il a été queftion plus haut, avec
l'applatiffement des angles ; l'introduction de
quelques lettres de différentes efpeces ; la confufion des divers genres d'écriture ; & plus que
tout cela encore, le mêlange de différentes fortes
de caracteres, de la minufcule, par exemple,
ou de la curfive, avec la capitale, irrégularité
dont on voit des modeles très marqués dès la fin
du 3ᵉ fiecle & dans les fuivants, *voyez la planche
d'écriture mélangée dans la nouvelle Diploma-*

tique : telles font probablement les véritables caufes de la décadence de la belle capitale, qui fut fenfible prefque par-tout jufqu'au 9e fiecle.

Arrive enfin le glorieux regne de Charlemagne : l'écriture fe renouvelle, les belles capitales romaines font remifes en honneur, & employées avec plus de foin ; on fixe la minufcule, on la perfectionne, & on l'accrédite au point de la rendre prefque l'écriture générale. Elle fouffrit peu de déchet jufqu'au 12e fiecle, dans lequel elle fe transforma en gothique. Au 9e fiecle, on diftingua les divers ordres d'écriture ; mais au 10e, on les confondit avec une licence qui n'eut plus de bornes, jufqu'à ce qu'elle eût produit cet affreux gothique dont le renouvellement des lettres, même après trois fiecles, n'a pas encore totalement délivré l'Europe.

Le goût du beau, qui s'étoit maintenu pendant le 9e fiecle, dégénéra par degré en affectation puérile, en ornements contre nature, extraordinaires d'abord, ridicules enfuite, & enfin grotefques. Le mal empira jufqu'au 13 fiecle, véritable époque du gothique regnant. Au 14e, ces extravagances furent portées à leur comble, en écriture comme en architecture ; l'une & l'autre furent furchargées de colifichets.

La curfive, en tant que diftinguée de la minufcule, fe tint plus long-temps que celle-ci & que la majufcule même, à couvert de la dépravation du gothique ; mais au 13e fiecle il pénétra par-tout. Ce n'eft pourtant que dans le 14e qu'il s'étendit jufques fur le plus grand nombre des lettres de la majufcule. Au 15, il ceffa de regner avec tant d'empire ; car, au commencement de ce fiecle, le goût pour les belles lettres & les antiquités romaines se répandit en Italie, quoique foiblement. Vers le milieu du même siecle, ses progrès devenoient déja rapides, *Biblioth. univers. de Polygraph. Española, prolog. fol.* 14; & l'art de l'imprimerie, dont on fit en Italie les premiers essais dans l'Abbaye de Sublac, en 1465, *Nova Acta Erudit. mens. Decemb.* 1741, avec de beaux caracteres romains, porta au gothique un coup dont il se ressentit toujours. A la fin du 15ᵉ siecle & dans le 16ᵉ, il se cantonna en Italie dans la Chancellerie Romaine, où on le voit encore d'usage pour les provisions des bénéfices. Ce caractere vraiment barbare se réfugia en Allemagne, où il a conservé ses droits sur tout ce qui s'écrit en allemand, & même sur toutes les écritures cursives.

Dès avant la moitié du 16ᵉ siecle, la France avoit presque totalement exclus le gothique de ses inscriptions lapidaires & métalliques, aussi bien que de ses imprimeries. Il cessa entiérement de paroître sur les monnoies sous Henri II, *Le Blanc, p.* 371. Le caractere rond & romain y avoit été apporté avec l'imprimerie par Ulric Gering & ses associés, l'an 1470 : cependant ce furent Simon de Coline, Robert Etienne & Michel Vascosan qui contribuerent le plus à l'abolition du gothique en France. Le Manuel des Prêtres en latin, imprimé à Paris en 1574 par Kerver, y fut peut-être le dernier soupir de ce goût barbare. Il ne paroît plus à présent que dans un livre intitulé *la Civilité*, pour préparer les enfants à la lecture des *vieux contrats*; cependant ce qu'on appelle l'écriture ronde pourroit bien le faire revivre un jour.

Notre cursive fut plus tenace. Elle ne donna entrée

entrée à la romaine qu'à la fin du 16ᵉ siecle, & ne lui céda le ton dominant que passé le milieu du 17ᵉ : il faut même l'avouer, nos écritures courantes n'en sont pas encore bien purifiées ; & il est à souhaiter que les restes du gothique qui les deshonorent, ne reprennent pas le dessus, & ne causent jamais une révolution dont on croit appercevoir les préludes.

Ces réflexions sommaires sur la dégradation de l'écriture semblent porter naturellement à considérer l'écriture gothique sous toutes ses faces. Les capitales, onciales, minuscules & cursives gothiques sont autant d'objets qui entrent essentiellement dans le plan de cet ouvrage.

Ecritures Gothiques.

Par *écritures gothiques* on n'entend point parler de l'écriture des Goths, que ces peuples apporterent en Italie & en Espagne lors des incursions qu'ils firent dans ces deux parties de l'Europe ; c'est ce que l'on appelle le *gothique ancien*, qui ne differe de l'écriture romaine que par le goût & le génie de ce peuple. Le dessein actuel est de traiter du *gothique moderne*, improprement appellé *gothique*, puisqu'il ne vient point de cette nation. C'est la consommation de la décadence de l'écriture, à laquelle on a donné ce nom, sans doute parceque les anciens Goths avoient commencé à défigurer les beaux caracteres romains.

Le gothique moderne, né avec la scholastique & dans la décadence des arts & des bonnes études, est le fruit de la bizarrerie & du plus mauvais goût ; il n'est autre chose que l'écriture latine dégénérée, & chargée de traits hétéroclites,

abſurdes & ſuperflus : voilà pourquoi on n'appella pas *gothique* cette maniere d'écrire, dès ſa
naiſſance ; ce ne fut que lorſque le goût de la belle
littérature eut été rappellé, que l'on traita de
gothiques les lettres qui s'étoient écartées du bon
goût. On mit ſur le compte des Goths ce qu'on
n'oſa attribuer aux anciens Romains, parcequ'au
renouvellement des lettres on ne connoiſſoit pas
encore la ſucceſſion & les métamorphoſes des
écritures.

Si l'on recherchoit les premiers dépériſſemens
de la belle écriture, on pourroit reculer le gothique juſqu'aux premiers ſiecles : mais, à proprement parler, on peut faire commencer le gothique moderne au 12ᵉ ſiecle, & en fixer la fin
au regne de Henri II.

Les ſources de ce genre d'écriture ont été,
1°. l'arrondiſſement des jambages des lettres dont
les traits étoient naturellement droits : 2°. un
applatiſſement dans les lettres majuſcules, qui
les rendit minuſcules ou curſives : 3°. une confuſion de ces trois genres primitifs : 4°. une pro-
longation des baſes & des ſommets de chaque
lettre, indice le plus caractériſtique du gothique.
Ces baſes & ces ſommets courbés en lignes con-
vexes vers le corps de la lettre, qui par ſon éva-
ſement ſe trouvoit ſouvent plus large que longue, donnerent le gothique majuſcule le plus
pur & le mieux décidé. Joignez à cela le con-
traſte des pleins les plus maſſifs avec les déliés
les plus fins, & il ne reſtera plus rien à deſirer
pour la conformation du plus parfait gothique.
Tout ce qui va plus loin en ce genre, n'eſt qu'affectation ſur affectation, barbarie ſur barbarie.
Tels ſont, relativement au gothique majuſcule,

les pointes & les angles multipliés, les jambages rompus en angles saillants & rentrants : mais, à l'égard du gothique minuscule, les angles & les pointes contribuent à son essence.

Sur les monuments lapidaires & métalliques.

Le gothique, qui avoit commencé dès le 12e siecle, s'étendit, depuis le commencement du 13e, dans tous les Etats de l'Europe où l'écriture latine étoit reçue : ses progrès furent rapides dans ce siecle & le suivant. On vit cependant en même temps des exceptions à cette barbarie, qui tomberent principalement sur les monuments métalliques, dont quelquefois un quart, un tiers, une moitié, appartenoit à la belle forme antique. Les figures les plus ordinaires du gothique majuscule sur les monnoies ou médailles sont tracées au *cinquieme tableau, fig. 37 & les vingtdeux suivantes.*

Le caractere gothique minuscule eut peu d'accès sur les monnoies ; mais il fut en grande vogue & sur les sceaux & sur les monuments lapidaires. Il ne paroît pourtant pas qu'il y ait été reçu avant le 14e siecle ; ce ne fut même que sur son déclin, que l'usage en devint fréquent. Au suivant, il prit absolument le dessus sur le gothique majuscule, qui se soutint pourtant assez bien jusqu'au renouvellement des lettres. Ce renouvellement, qui commença en Italie, peut être placé, par rapport aux sceaux des Papes, avant l'an 1430. La France, sous le regne de Charles VIII, commença à s'y prêter : insensiblement, sous les Rois suivants, on se défit du gothique dans les fabriques de monnoies ; & il en fut totalement banni fous Henri II, ainfi que des imprimeries & des fceaux.

Il s'eft enraciné davantage dans les royaumes du Nord : à peine les Anglois y ont ils renoncé de nos jours par rapport à leur langue. En Allemagne, dès l'an 1470 au plus tard, l'Empereur Frédéric III avoit fait graver fur fon fceau l'ancien caractere romain. Il trouva bientôt des imitateurs : mais ce ne fut qu'au fiecle fuivant que les exemples s'en multiplièrent. Cette maniere d'écrire n'y eft pourtant point abandonnée ; & les Allemands ne croiroient pas encore s'exprimer en bon allemand, s'ils n'employoient les caracteres gothiques.

Gothique majuscule.

L'écriture capitale gothique, fi fréquente dans les infcriptions lapidaires & métalliques, eft extrêmement rare dans les manufcrits des 13e, 14e & 15e fiecles. On diroit qu'à l'exception des lettres initiales, cette écriture eût été bannie des manufcrits depuis le commencement du 13e fiecle jufqu'au dernier renouvellement des lettres. Ce qu'il y a de très certain, c'eft qu'on n'en trouve pas en pur gothique, & que ce que l'on en rencontre par-ci par-là eft plutôt d'une écriture mixte que mêlangée.

Gothique onciale.

Quoique l'écriture onciale latine ait vu fa fin avec celle du 10e fiecle, il n'eft cependant pas poffible de méconnoître un nombre de lettres onciales dans le gothique, qui ne commence qu'à la fin du 12e, au moyen de certains arrondiffements qu'on a donnés à quelques caracteres. On les diftingue à leur rondeur & à leurs ornements fuperflus; du refte, ils font extrêmement rares.

Gothique minufcule.

Les plus barbares écritures des 6e, 7e & 8e fiecles n'ont jamais été fi monftrueufes que la minufcule gothique. Dès la fin du 12e fiecle, principalement fous Louis IX, jufques vers le commencement du 16e, la minufcule latine contracta un air de bizarrerie & de laideur qui augmenta encore par les variations & le caprice des particuliers, fur-tout dans les 14e & 15e fiecles. Ce goût d'écriture fût fi diverfifié, qu'on en épuiferoit difficilement toutes les variétés.

La caufe la plus apparente de cette décadence eft la chûte prefque totale des études & la rareté des copiftes dans les monafteres, les abbréviations arbitraires introduites par les fcholaftiques, & l'invention du papier de chiffe au 13e fiecle. La difficulté de lire cette forte d'écriture fut une des caufes de l'ignorance prodigieufe de ces temps-là, portée jufqu'au point de ne favoir pas figner fon nom, ou de le figner d'une maniere indéchiffrable. Cette ignorance fut générale dans toute l'Europe, parceque le gothique le fut auffi. Dans le 16e fiecle, temps du renouvellement des lettres, on revint à la belle forme d'écriture minufcule, & l'on ne trouve plus de gothique que dans les bulles des Papes, qui l'ont retenu jufqu'à préfent, & dans les imprimeries du nord de l'Allemagne. Notre ronde financiere, dont on ne s'eft jamais défait, quoique plus difficile & à peindre & à lire que la minufcule ordinaire, en conferve encore quelques traces.

L'écriture minuscule gothique fut en vogue dans les livres d'Eglise, depuis S. Louis jusqu'à Henri IV.

Gothique cursive.

La cursive liée, farcie d'abbréviations, prit naissance au 13ᵉ siecle, &, dans les suivants, dégénéra en barbouillage affreux. Ces écritures sont toutes plus difficiles à lire les unes que les autres, & souvent plus indéchiffrables encore que les cursives anciennes, prétendues barbares ; cependant leur existence ne fut jamais révoquée en doute : elles sont à la vérité constatées par les dépôts publics & particuliers qui en renferment une infinité de modeles, autant d'objets de chicane & de méfiance. Les écritures anciennes ne sont point dépourvues de ces avantages, comme on le peut voir au mot ARCHIVE, & leur antiquité devroit militer pour elles, ainsi que la difficulté de les lire. Cependant ces deux titres sont comme les principales armes que les PP. Germon & Hardouin tournent contre les anciens monuments.

Ce ne fut que par degrés, que les écritures de tous les peuples de l'Europe dégénérerent en gothique au 13ᵉ siecle. Pour mieux faire sentir l'altération graduelle que le gothique porta dans l'écriture, la planche XV ci-jointe présente d'abord quelques exemples de l'écriture demi-gothique.

Le modele I, pl. XV, *Sigillum Bernardi de Macheco*, est l'inscription du sceau de Bernard de Machecou en Bretagne, sur la fin du 12ᵉ siecle : on y voit plusieurs lettres en belles capitales. Dans le modele II, *ibid. Sigillum civium de fanɛto Ipolito* , qui eſt un ſceau de l'an 1290 , on voit que le gothique prend le deſſus. Pour mo- dele III , *ibid.* on donne un ſceau en pures capi- tales gothiques de l'an 1426 : *Sigillum Marini Dei gratia Epiſcopi.*

L'écriture gothique dégenere enſuite, & prend les formes les plus diſgracieuſes , comme on en peut juger par le modele IV , *ibid. David Dei gracia Rex Scotorum ... Dominus proſeɛtor meus villa Edinburgh.* La premiere partie de cette lé- gende eſt empreinte du côté de la tête , & la ſe- conde au revers d'une monnoie d'argent de Da- vid II, qui monta ſur le thrône d'Ecoſſe en 1319.

Il n'eſt pas poſſible de méconnoître un nombre de lettres onciales dans l'exemple de Gothique capitale arrondie , que préſente le modele d'écri- ture onciale de la pl. XV. Le caraɛtere gothique a probablement tiré de cette écriture ſon goût & une partie de ſes formes, qui ont dégénéré avec le temps. La durée de l'écriture onciale ſe ter- mine , à la vérité, avec le 10ᵉ ſiecle, & l'autre ne commence qu'à la fin du 12ᵉ. Mais dans ces deux mots, *oſee* , *amos* , peut-on s'empêcher d'appercevoir l'onciale gothique , quoiqu'ils n'aient été écrits l'un & l'autre que dans le quin- zieme ſiecle ?

La gothique minuſcule eut grande vogue de- puis les dernieres années du 14ᵉ ſiecle juſqu'au ſeizieme. On en donne pour exemple , pl. XV , ce modele d'écriture bizarre, quarrée & à pointes triangulaires , dont on ſe ſert encore dans les livres de beaucoup d'Egliſes de campagne : *Ado- rabunt eum omnes reges omnes gentes ...*

On a déja dit que les écritures de tous les peu- ples de l'Europe avoient dégénéré en gothique.

dès le 13ᵉ siecle : en effet, ce goût infecta la cursive, ainsi que la capitale & la minuscule. L'Italie n'en fut pas exempte ; mais à la fin du 15ᵉ siecle la gothique cursive se réfugia dans la Chancellerie Romaine, où elle se conserve encore. Le modele I de la cursive d'Italie, pl. XV, est l'écriture des bulles : *Datum Romæ apud sanctam Mariam Majorem anno* ... 1699. Le modele II, *ibid.* de cursive d'Allemagne est une écriture gothique de l'an 1462, très difficile à déchiffrer : *Golschalcus Rixstorp prepositus ecclesiæ Sleswicensis executor ad infra scripta una cum aliis* ... L'Angleterre fournit beaucoup de cursives gothiques ; on a choisi le modele III, *ibid. Omnibus Christi fidelibus ad quos hoc presens scriptum pervenerit Stephanus* .... Cette écriture est du temps d'Edouard IV, vers la fin du 15ᵉ siecle. Le gothique d'Ecosse ne differe guere de celui-ci. L'Espagne se servit également de cette écriture dans ses actes, témoin le modele IV, *ibid. En el nombre de Dios todo poderoso Padre e Fijo e Espiritu Sancto q̃ son tres* ... Cette écriture est de l'an 1478 ; elle est belle en comparaison de celles qui la suivirent.

Défense des anciennes écritures, & difficulté de les lire.

La maxime reçue, que *les anciennes écritures prouvent par elles-mêmes, pourvu qu'elles soient suffisamment vérifiées par la seule voie de comparaison, ou jusqu'à ce qu'elles soient convaincues de faux,* a été violemment attaquée dans ces derniers temps par des assertions tout au moins téméraires. Ce qu'un Auteur Anglois, *Marsham, Monastic. Anglic. Propyl. p.* 16, n'avoit osé

I. + SICILLVMBERNAR DI DE MACHECO

II. SIGILLVM · CIVIVM DA · SANATOIPOLITO ·

III. SICILLVM * MARINA * DEI GRACIA * EPI

IV. DAVID · DEI · GRA · REX · SCOTORV DNS PROSECTOR MEVS: VILLAEDINEVRGH

Onciale.

Minuscule.

Cursive. — D'Italie.

II. — d'Allemagne.

III. — d'Angleterre.

IV. — d'Espagne.

Boutrois Scul.

avancer, tout hardi qu'il étoit, que par rapport aux chartes anglo-faxonnes, le Pere Germon n'a pas fait difficulté de l'étendre à l'univerfalité des chartes, & de dire & redire cent fois, *Difcept.* 2, *c.* 3, *p.* 29, 38 .... *c.* 7, *p.* 65, 66, bien plus de le pofer en thefe, que les anciens monuments doivent paffer pour fufpects à raifon de leur antiquité: *Vetuftiffima inftrumenta effe ipsâ fuâ vetuftate fufpecta.* C'eft précifément le contre-pied du principe reçu, que *plus l'écriture d'un titre eft ancienne, plus on doit préfumer de fa vérité,* parcequ'il refte moins de pieces de comparaifon. L'attention d'ailleurs à le conferver, & la révifion juridique que l'on a été fouvent obligé d'en faire, ne permettent pas de foupçonner que ce foit un monument d'impofture. Ce favant Jéfuite, dominé par une imagination forte, mais déréglée, n'avoit pas affez approfondi la caufe qu'il vouloit décider. Il accordoit aifément qu'on pouvoit juger des vrais & faux diplomes d'un âge récent; mais que l'art ne pouvoit rien pour la vérification des antiques: comme fi, en fe tranfportant au 10ᵉ fiecle, par exemple, ou au 8ᵉ, on y reconnoiffoit moins la filiation des écritures du 7ᵉ & du 9ᵉ, que dans le 16ᵉ fiecle la filiation des écritures du quinzieme.

Le Pere Hardouin, plus outré que fon confrere, & entiché de la fcélérate cohorte, à qui il attribue l'invention de tous les manufcrits, diplomes, Auteurs anciens, &c. qui font parvenus jufqu'à nous, fait main-baffe fur prefque tous les diplomes antérieurs au 15ᵉ fiecle. La difficulté de trouver dans un fiecle que l'on pourroit qualifier d'ignorance, des impofteurs affez habiles pour inventer toutes les fortes d'écritures que nous re-

gardons comme antiques, pour les nuancer avec
cette précision que l'on trouve, ou dans le commencement, ou sur le déclin de ces écritures,
pour les rendre avec la hardiesse qu'une main élevée à tracer ces traits si irréguliers & si baroques
est seule capable de former, ne l'épouvante pas.
Varier les usages de tant de peuples, & les coutumes de tous les Souverains, sans qu'aucun de
ces prétendus faussaires ait rapporté à l'un ce qui
convenoit à l'autre; exister dans les mêmes temps
& dans tous les lieux de l'Europe, & être pourtant invisible, puisqu'aucun Historien, aucun
Annaliste, n'en fit jamais mention; changer
tout d'un coup la face de la religion, de la jurifprudence, du gouvernement par des écrits factices, sans que personne ait seulement réclamé:
voilà autant d'impossibilités évidentes, qui servoient de fondements à un système dangereux
qu'il avoit peut-être intention de pousser trop
loin, & qui ne le firent pas seulement sourciller.
Enfin les sophismes les plus grossiers, comme
quand du caractere majuscule des médailles, par
exemple, il en infere la non existence du caractere cursif des chartes, comme si notre écriture
financiere excluoit notre écriture en capitale;
les paralogismes les plus avérés, c'est-à-dire la
conclusion du particulier au général, & du soupçon téméraire à la certitude du crime, n'ont
pas révolté cet esprit si profond & si judicieux
d'ailleurs.

La source de ces illusions respectives venoit de
ce que ces deux Savants regardoient telle écriture, la cursive mérovingienne, par exemple,
comme isolée, sans remonter des plus récentes à
de plus anciennes; cette façon de procéder leur

ayant fait fentir les nuances imperceptibles de changements, les auroit amenés au point de reconnoître l'exiftence de ces écritures, & de renoncer à ce pyrrhonifme dont ils ont jeté les malheureufes femences dans l'efprit de bien des gens de lettres, qui ne font pas toujours exempts de préjugés. En effet, s'ils euffent eu une exacte connoiffance, & du déclin des diverfes fortes d'écritures, & des degrés par lefquels elles font arrivées, foit au plus haut point de leur perfection, foit au dernier période de leur barbarie, & des époques de tous leurs changemens remarquables ; s'ils euffent fu trouver les rapports de conformité entre les écritures du même fiecle & de la même nation, ou faifir le point de difparité entre celles des divers fiecles & des diverfes nations ; enfin s'ils euffent eu préfents les caracteres propres de chaque fiecle, il ne leur auroit pas été plus difficile de juger des anciens titres que des nouveaux, ni moins aifé de ne pas prendre, par exemple, l'écriture du 13e pour celle du 11e ou du 15e, que de diftinguer le grec du latin. Pour peu que l'on foit verfé dans l'antiquité, on peut communément difcerner l'âge des écritures de fiecle en fiecle, ou au moins décider que telle piece eft plus ancienne ou plus récente que tel & tel fiecle. L'imitation fervile avec laquelle certains copiftes du 11e fiecle ont tâché, felon Dom Montfaucon, de rendre l'écriture des manufcrits grecs des 9e & 10e fiecles, ne doit pas même nuire au difcernement dont on vient de parler ; parceque, continue le même Savant, *Palæograph. l. 4, c. 6, p. 299*, les habiles gens s'apperçoivent bientôt de la diverfité des caracteres, & à la longue il s'y gliffe toujours quelque chofe qui décele l'imitation. Les Latins n'ont eſſayé d'imiter l'écriture qu'au milieu du 15e fiecle.

La difficulté de lire les anciennes écritures a, fur-tout, révolté le Pere Hardouin, qui croyoit devoir trouver dans les diplomes & les manuſcrits les mêmes caracteres que fur les monnoies & les médailles. Mais lui qui regarde l'écriture mérovingienne comme une invention de la cabale, auroit dû faire attention que dans les temps mêmes de ces écritures anciennes, elles étoient pour les contemporains très difficiles à lire : qu'un fiecle ou deux après, les formes des lettres ayant changé, elles devinrent preſque indéchiffrables : que les liaiſons, les complications de mots qui n'étoient féparés par aucun intervalle, par aucun point ni virgule, enſorte que tout paroiſſoit confondu, & préſentoit une page entiere, comme ne faiſant qu'un tout bien joint, demandoient un lecteur bien préparé, bien expert, qui cependant donnoit quelquefois à gauche en coupant ou joignant des mots mal-à-propos.

Les diſtances que l'on commença à mettre au 9e fiecle entre les mots, rendit plus difficile la lecture des anciens papiers où ces intervalles ne ſe trouvoient pas. Dès ce fiecle, juſqu'au douzieme, les érudits s'aviſerent de féparer les mots dans les manuſcrits par des barres ou virgules ; fouvent ils les placerent mal, & par-là nous ont laiſſé des preuves de leur ignorance : ceci même ne regarde que les écritures poſées ; car les écritures curfives de toutes les nations cauferent bien d'autres tourments.

S. Boniface de Mayence, *Epiſt. 3 ad Daniel. Epiſc. Winton.* avoit de grandes difficultés à lire

celles de son temps. L'Auteur de la vie de Saint
Bérégise, *Sæcul. 4, Bened. part.* 1, *p.* 294...
Annal. Bened. t. 2, *p.* 16, l'élite du Clergé de
Tours, en 1075, *De Re Dipl. p.* 659... *Annal.
Bened. t.* 5, *p.* 96, ne purent se tirer des titres
en cursives qui n'avoient pas deux cents ans au
dessus d'eux. Le célebre Lambecius lui-même,
De Re Dipl. p. 458, fut contraint d'avouer son
incapacité à cet égard sur une charte en cursive
romaine de l'an 504. Ces sortes de faits prouvent contre le Pere Hardouin, que les hommes
capables de lire les anciennes cursives étoient
rares; que la difficulté qu'ils avoient alors à lire
ces écritures antiques consignées dans des actes
irréprochables, prouve leur existence; qu'elles
n'ont donc pas été supposées aux 13ᵉ & 14ᵉ siecles; que ces difficultés enfin montrent qu'on ne
doit pas s'effaroucher des fautes que l'on trouve
dans les copies des chartes tirées quelque temps
après par des copistes qui n'étoient surement pas
antiquaires.

Au reste, si ces écritures anciennes ne sont
point vraies, il n'y a pas de milieu à prendre entre ces deux partis : ou elles ont été controuvées
dans les bas siecles, ou elles ont été contrefaites.
Le premier parti est insoutenable à tous égards,
comme on l'a vu plus haut : le second, qui en suppose toujours la réalité, est de la compétence des
vérificateurs plus que des critiques : c'est pourquoi
il n'est pas hors de propos d'apprécier au juste le
témoignage des vérificateurs en titre.

Vérification des écritures.

On met une différence entre la critique & la
vérification des monuments écrits : tout examen

de titres n'eft pas vérification. La critique, à la vérité, peut bien comprendre la partie du vérificateur ; mais fon affaire principale eft de combiner les rapports de l'écriture, du ftyle, des formules, & des ufages, avec la date ; & d'examiner fi ce qui eft avancé dans l'acte eft d'accord avec l'hiftoire des temps, ou ne l'eft pas, &c. *voyez* Critique : au lieu que la vérification pefe & apprécie feulement tout ce qui a trait à la contrefaction, à la reffemblance ou difparité d'écriture, à l'addition, à l'infertion, à la fuppreffion, à la fuperpofition des mots dans un titre, &c. : c'eft ce qu'on fentira mieux par le détail.

La contrefaction des écritures peut fe faire de deux façons ; en les imitant à vue, ou en les contre-tirant. La premiere eft moins exacte, à moins que le fauffaire n'ait la main bonne & ne foit bien exercé ; car dans ce cas la fupercherie ne fauroit être découverte par la vérification. La feconde fe reconnoît aux traces du crayon employé pour rendre les traits avec plus de jufteffe, aux charges & recharges d'encre, à l'interruption, à la multiplicité des traits mis en œuvre pour figurer avec plus de vérité chaque lettre, aux petits coups de plume rendus fenfibles au moyen d'une loupe, aux traits raboteux, dentelés, tels qu'ils conviennent à l'écriture peinte, plutôt qu'imitée d'après un modele.

Voilà toutes les reffources qu'a un vérificateur pour juger la contrefaction d'un titre : mais peut-on s'appuyer, avec une jufte confiance, fur ces moyens ? Le fauffaire, en faifant difparoître fon modele, en châtiant & limant fes traits, ne mettra-t-il pas aifément en défaut l'art des experts ? Et fi on le fuppofe auffi habile qu'un expert, c'eſt-à-dire qu'il connoiſſe quelle écriture doit réſulter de telles groſſeur, taille, tenue, conduite de la plume, & de tels ou tels mouvements de la main, il donnera à ſes copies l'air de reſſemblance, le coup d'œil d'identité qui ne laiſſera aucune reſſource au vérificateur.

La diſparité d'écriture qui réſulte de la comparaiſon d'un acte avec un autre acte, faits tous deux par le même écrivain, ou entre le texte & la ſignature d'un original, ou entre deux ſignatures qui s'annoncent de même main, peut être de quelque poids contre l'authenticité de la piece propoſée : mais cette preuve n'eſt point ſûre. En ſuppoſant que cet indice de diverſité de mains ne ſoit pas infirmé par des traits hiſtoriques, on n'en doit pas pour cela porter un jugement de faux définitif. Car tout l'art des experts ſe réduit à connoître le rapport d'une écriture avec une autre: Y a-t-il parité d'attitude dans les lettres, de liaiſon dans leur union, de longueur dans les jambages, de hardieſſe dans les traits, de groſſeur dans les pleins, de fineſſe dans les déliés, d'inclinaiſon dans la marche, &c. ? ils doivent juger que c'eſt la même main qui a tracé ces écritures reſſemblantes : Y a-t-il au contraire diſparité dans ces combinaiſons ? leur art leur apprend que les modeles propoſés ſont de deux mains différentes. Voilà à quoi ſe réduit cet étalage ſi vanté du ſavoir de l'expert.

Mais ne peut-il pas ſe faire que dans l'un & l'autre cas ils manquent le point réel, le point de vérité, qu'un fauſſaire ſe ſoit exercé à la contrefaction au point de rendre trait pour trait l'écriture d'un autre ? le vérificateur la jugera de la même main, & il ſe trompera. Que dans des

temps éloignés une perfonne ait écrit diverfes
pottions de fon teftament, par exemple ; qu'elle
en ait écrit une partie en fanté, & l'autre en maladie ; qu'elle ait été obligée de figner un acte
étant bleffée ou incommodée du bras ou de la
main ; voilà deux écritures différentes : les experts
la jugeront de deux mains, & ils fe tromperont
encore : tant il eft vrai que cet art doit être traité
avec une fagacité, des ménagements, des précautions, & une délicateffe de confcience, qui
fe rencontrent rarement réunis dans une même
perfonne.

D'ailleurs, lors même que la preuve littérale ou
la preuve teftimoniale n'énerve point la preuve
tirée de la difparité d'écriture, celle-ci ne donne
qu'un indice de fufpicion. Cet indice, dans fon
genre, eft il indubitable ? Non, répond M. le
Vayer, *De la preuve par comparaifon*, p. 28.
Pour qu'il le fût, il faudroit que deux écritures
femblables fuffent toujours de la même main,
& que deux écritures diffemblables fuffent toujours de différentes mains : or, le contraire arrive fouvent, comme on vient de le démontrer.
La vérification eft donc communément reftreinte
à des probabilités : tantôt elle ne produit que le
doute ; & tantôt elle eft même plus dangereufe
pour l'innocence que pour le crime, felon les
circonftances différentes.

D'ailleurs, eft-il donc impoffible qu'un acte
véritable foit écrit de deux mains ? Une chofe
qu'il eft à propos de remarquer, c'eft qu'en matiere civile, fi la difparité d'écriture nuit à la
fincérité d'un acte, l'excès de reffemblance d'é-
criture avec un autre acte le rend également
fufpect, quoiqu'ils s'annoncent tous deux de la
même

même main. Car s'il n'y a pas un seul trait ni plus gros ni plus menu, ni plus long, ni plus court, ni plus large ni plus étroit, ni plus droit ni plus courbe; si l'étendue des syllabes, des mots, des lignes, se rapporte ensemble, une des deux pieces aura été contretirée sur l'autre : ne fût-ce même qu'une signature, si cette égalité s'y trouve, comme il est impossible que la même personne la rende avec cette rigoureuse exactitude, il y aura de violents soupçons de faux. Ainsi la ressemblance d'écriture, qui forme un préjugé puissant en faveur de la sincérité d'un acte quand cette ressemblance n'est pas outrée, devient une démonstration d'imposture quand la ressemblance s'y trouve avec une précision qui ne peut venir que de l'art de calquer.

Il faut encore conclure de là que l'art des Vérificateurs demande des talents, des lumieres, des précautions, dont sont rarement capables les Maîtres Ecrivains, sur-tout par rapport aux antiques, vu les erreurs dans lesquelles ils sont souvent tombés en cette partie. Les Juges doivent avoir recours pour lors à des Antiquaires, & à des Antiquaires expérimentés, qui ont seuls droit de citer à leur tribunal les anciennes écritures.

Il est plus aisé aux Vérificateurs de découvrir les additions, les insertions, les superpositions, les regles, les lignes blanches ou vergettes plus ou moins nombreuses dans une feuille, ou qui ne se rapportent pas exactement avec les voisines, la différence du grain de papier ou de la marque, l'addition d'une feuille postiche, &c. On peut de plus examiner, par rapport à l'addition, si le nombre des feuilles est uniforme & pair par cha-

que cahier; si toutes sont du même timbre, supposé que l'usage en fût établi; si les tranchefiles
ne sont pas plus récentes qu'elles ne doivent
l'être; si quelques chiffres des pages ne sont pas
d'une autre main; si la fabrique du papier n'est
pas postérieure à la date; si quelque portion de
l'écriture n'est pas plus pressée & moins hardie
que le reste, resserrée dans les dernieres lignes
avec un plus grand nombre d'abbréviations; ce
qui forme un indice de faux, suivant les Jurisconsultes, &c. &c. Mais toutes ces remarques
ne sont point hors de la portée du plus simple
examinateur; il ne faut point être Expert Juré
pour cela.

Un des artifices les plus familiers aux faussaires est d'enlever des écritures pour les remplacer
par d'autres assorties à leurs pernicieux desseins.
Alors, si c'est une écriture en encre ordinaire qui
ait été enlevée, la blancheur, le lustre, l'épaisseur du parchemin ou du papier doivent en avoir
souffert : une exposition oblique du papier au
grand jour manifeste la fourberie aux yeux des
experts, sur-tout quand les faussaires n'en savent
pas assez pour échapper à leurs recherches. Ce
ne sont quelquefois que des clauses essentielles,
des dates, des chiffres, des signatures, sur lesquels tombe la fraude : ainsi, d'un zéro on aura
fait un 6, un 9; d'un 2, un 3, un 8; d'un 1,
presque tel chiffre qu'on aura voulu. Quelquefois elle ne regarde que des noms enlevés, changés, altérés : mais il ne faut que des yeux défiants
pour tout cela.

On ne prétend cependant pas déprimer l'art
du Vérificateur; on veut seulement conclure
qu'il est peu sûr, & sujet à erreur, lorsqu'il est

même exercé par des personnes d'une profonde
sagacité.

Ces discussions, auxquelles ont donné lieu les
assertions dangereuses & destructives, hasardées
par des Savants, au sujet des anciennes écritures
& de la difficulté de les lire, ont un peu écarté
l'objet principal, quoique tout ce qui concerne
l'écriture soit du ressort de la Diplomatique. Il
est cependant encore une espece d'écriture singuliere dont on ne peut se dispenser de parler.

Ecriture en chiffres.

La Sténographie ou Cryptographie, c'est-à-
dire l'écriture en chiffres ou en caracteres dé-
guisés, a été en usage dès les premiers temps :
elle est ancienne de plus de deux mille ans,
S. Hieronym. Commentar. in cap. 25 *Jerem.* Selon
Suétone, Jules César écrivoit des lettres en chiffres, que cet Empereur appelloit *cacas litteras,*
des lettres occultes, parceque ces sortes d'écritures sont seulement intelligibles à ceux avec qui
on est convenu des caracteres. César employoit
le *d* pour l'*a*, & ainsi des lettres suivantes. Auguste écrivoit également en chiffres, mais il mettoit *b* pour *a*, *c* pour *b*, & ainsi de suite, trans-
posant toutes les lettres.

Au moyen âge, cet art devint à la mode; mais
chacun s'en servit assez arbitrairement. Les uns
retrancherent les cinq voyelles & les remplacerent par des points; l'*i* par un point, l'*a* par
deux, l'*e* par trois, l'*o* par quatre, & l'*u* par
cinq. D'autres substituerent à chaque voyelle la
lettre qui la suit immédiatement dans l'ordre
alphabétique, laissant pourtant à ces consonnes
leur valeur propre. Ainsi *b* servoit pour *a* & pour

b, *f* pour *e* & pour *f*, *k* pour *i* & pour *k*, &c.
Mais, en ce genre, rien n'eſt plus célebre que
l'alphabet ſecret du Cardinal de Richelieu, *L'Eſ-
pion du Grand Seigneur*, *lett*. 77. S. Boniface,
Evêque de Mayence, paſſe, *Raban. Maur. t. 6*,
p. 334, pour avoir porté cet art d'Angleterre en
Allemagne.

On renvoie aux mots MONOGRAMME, No-
TES, SIGLES, ce qu'on appelle improprement
écriture monogrammatique, *en notes de Tiron* &
en ſigles. Ce ſont moins des écritures propres,
que des abbréviations & des conjonctions de l'é-
criture ordinaire & commune.

Ce n'eſt point aſſez d'avoir traité de toutes les
écritures d'un uſage reconnu, il entre dans ce
plan d'être utile à ceux qui font des recherches,
& d'abbréger leur travail. Il eſt donc à propos
de leur indiquer auſſi quel eſt le genre d'écriture
qui fut le plus d'uſage dans tel royaume & dans
tel ſiecle, reſpectivement aux chartes & aux diplomes. On ne parle point des inſcriptions ni
des manuſcrits, parceque le genre preſque unique des premieres eſt la capitale, & que les ſe-
conds, ſur-tout depuis le moyen âge, ſont le
plus communément en onciale ou en minuſcule.

Ecritures propres aux diplomes.

En général, on a employé tous les genres d'é-
critures dans les diplomes ; capitales, onciales,
minuſcules, curſives. Mais cette derniere eſt, à
proprement parler, l'écriture diplomatique : elle
eſt tellement l'écriture propre des diplomes,
qu'on ne ſauroit aſſigner aucun temps auquel on
puiſſe prouver qu'elle n'y fut point en uſage. Il

y a des diplomes entiers en capitales & en onciales; mais ils ne font pas communs : il n'eft
cependant pas rare d'y voir au moins, ou les
premieres lignes, ou les noms propres, ou les
fignatures, ou les dates, en capitales & en onciales, depuis le 8e fiecle. Dès le même fiecle,
on voit des diplomes en minufcules femblables
à celles des manufcrits; & depuis le 10e jufqu'à
la fin du 12e, ce caractere fembla en exclure totalement le curfif. Mais il faut entrer dans le
détail, & voir quelle a été l'écriture des diplomes
de chaque peuple.

En Italie.

L'Italie, dans les plus anciennes écritures de
fes actes, fe fervit prefque indifféremment des
trois genres, de curfive, capitale, & minufcule.
Depuis que les Lombards fe furent établis dans
cette partie de l'Europe, on n'ufa guere plus
dans les actes, que de la curfive lombardique
ancienne & moderne, de la minufcule ordinaire, & du gothique moderne. Pendant les 11e
& 12e fiecles, on employoit en Italie, tantôt le
caractere minufcule lombardique, & tantôt le
minufcule ordinaire, pour écrire les actes.

En France.

L'écriture diplomatique de la premiere race
eut quatre états. 1°. Depuis le milieu du 6e fiecle
jufqu'à Clovis II, elle tint beaucoup de la curfive romaine-gallicane, comme on le voit par les
diplomes qui nous reftent de Childebert, de
Chilpéric & de Dagobert. 2°. Depuis Clovis II
jufqu'à Dagobert III, c'eft le même genre d'é-

I i iij

criture ; excepté qu'elle eft moins belle, plus
compliquée & plus obfcure. 3°. Jufqu'à Pépin
le Bref, elle eft moins longue, plus ferrée, &
fes traits font tortus & très compliqués. 4°. Enfin, fous Pépin & Carloman, elle commence à
tirer fur la minufcule italique, & devient ordinairement diftincte.

Sous la feconde race, les écritures diplomatiques font variées à l'infini ; tantôt minufcules
pures, ou minufculo-curfives ; tantôt curfives
allongées ou fimples ; quelquefois capitales, &
quelquefois totalement curfives allongées. Mais
elles font toutes plus belles & moins compliquées
que les mérovingiennes, jufqu'après le regne de
Charles le Simple, qu'elles dégénérerent infenfiblement.

Les caracteres les plus ordinaires employés
dans les diplomes de la troifieme race font le curfif, le minufcule & le gothique. Jufqu'à Philippe
Augufte, on voit à la tête des diplomes, des
curfives ou des minufcules allongées. La curfive
capétienne n'eft autre que la caroline dégénérée. Dans le 11e fiecle, on lui fubftitua une minufcule qui ne differe de celle des manufcrits,
que par fes montants fleuronnés & fes queues
prolongées. Cette minufcule fe perd dans le gothique dès le commencement du 13e fiecle, qui
eft le terme des beaux caracteres. Les belles écritures diplomatiques des 11e & 12e fiecles ne
furent pas exemptes de quelques lettres gothiques. Sous Philippe Augufte, ce mélange prit le
deffus : il y eut dès lors deux écritures diplomatiques d'ufage ; une curfive gothique tout à fait
barbare dès 1226, & une minufcule gothique,
la plus ordinaire dans les lettres royaux.

Les écritures diplomatiques ne commencerent à prendre une nouvelle forme qu'au 16ᵉ fiecle. Alors, fous François Premier, l'écriture devint vulgaire : auparavant, cet art n'étoit guere exercé que par des Clercs, des Moines, quelques Savants, & les Gens d'affaires.

En Allemagne.

Les mêmes écritures diplomatiques ufitées en France fous la feconde race & jufqu'au 13ᵉ fiecle, eurent cours en Allemagne ; mais elles y prirent bien plus fouvent la forme de minufcule que de curfive. L'écriture diplomatique d'Allemagne au 12ᵉ fiecle l'emporta fur les autres par la beauté & la netteté de fes caracteres minufcules. L'écriture curfive ne fut point admife dans les chartes du pays avant le milieu du 13ᵉ fiecle. A la fin de ce fiecle, elle devint tout à fait barbare ou gothique moderne. On a déja dit que l'écriture allongée y avoit été fort d'ufage dans les premieres lignes des actes & dans les fignatures, & quelquefois avec des tremblements fans fin.

En Angleterre.

Les plus anciennes chartes des Anglo-Saxons ne commencent qu'au 7ᵉ fiecle : ils fe fervoient fans doute auparavant de quelques fymboles. Les plus anciens diplomes connus font en lettres majufcules : mais bientôt la minufcule & la curfive prirent le deffus, & devinrent, jufqu'au regne d'Alfred le Grand, l'écriture ordinaire des actes. Depuis ce Prince, d'autres minufcules & curfives, empruntées des François, fervirent fouvent à cet ufage. Au 11e fiecle, on voyoit encore ce mêlange de lettres faxonnes & françoifes : mais celles-ci, depuis la conquête de Guillaume, Duc de Normandie, prirent faveur de plus en plus, & donnerent enfin l'exclufion à la faxonne. Dès le regne de Henri II, ces beaux caracteres dégénérerent en gothique, qui devint dominant au 13e fiecle, & qui y regna jufqu'au 16e.

En Ecoffe.

Les plus anciennes écritures diplomatiques d'Écoffe ne remontent pas au delà du 11e fiecle. Elles eurent les mêmes viciffitudes qu'en Angleterre : on n'y voit cependant guere que la minufcule françoife & gothique, avec la curfive des derniers fiecles.

En Efpagne.

Les écritures employées dans les actes d'Efpagne font les minufcules & curfives vifigothiques, la minufcule françoife, & les gothiques modernes. Ce fut Alphonfe VI qui introduifit dans ce royaume l'écriture françoife.

ECRITURES. Ce mot au pluriel a une fignification bien différente de celle qu'il préfente au fingulier. Sous le nom d'*écritures* on n'entend pas feulement les pieces d'un procès faites par les Avocats; mais, dans le genre diplomatique, c'eft encore une dénomination de chartes en général, & qui s'applique également aux donations, *Acta SS. Junii*, t. 2, p. 411.... *Hift. de Languedoc*, t. 2, col. 44, 48, 64; aux teftaments, *Gallia Chrift.* t. 6, col. 127; aux contrats de vente, *Hift. de Lang.* t. 2, col. 94, 258;

267 ; aux actes d'inthronisation, *ibid. col.* 51 ; aux engagements par écrit, *ibid. col.* 256, &c. &c. La preuve de ces applications du mot *écritures* est sans réplique dans les continuateurs de Ducange, aux mots *Scriptura*, *Conscriptio*, qui font les sources des diverses dénominations qu'elles ont prises depuis le 6ᵉ siecle jusqu'au 13ᵉ. Les diminutifs mêmes de ces mots, comme *scriptellum*, ont fait fortune au 14ᵉ siecle, pour signifier des billets, des cédules, &c. Le mot latin *orthographium* ne doit point être séparé des *écritures*, avec lesquelles il convient & quant au sens, & quant à l'étymologie, *Gloss. Cang.*

ECRITURE SAINTE. Tout sert à un Antiquaire éclairé ; il tire parti de tout. Il sait que, dès le temps de S. Grégoire le Grand, la version de l'Ecriture Sainte par S. Jérôme avoit pris le dessus sur l'italique, & que depuis on ne fit de celle-ci presque aucun usage ; il en conclut qu'un manuscrit de cette derniere traduction, qui n'en contiendroit point d'autre, c'est-à-dire qui ne seroit ni à double ni à triple version, doit remonter à des temps fort reculés.

Si on lui présente un manuscrit des SS. Evangiles, l'ordre qui y est observé entre les Evangélistes lui fournit des moyens de discerner l'âge de ce manuscrit. Si ces SS. Apôtres ne gardent pas entre eux les rangs que nous y voyons actuellement, par ces indices singuliers il s'annoncera pour être d'une belle antiquité. On ne pourroit guere le rabaisser au dessous de S. Jérôme, ou tout au moins au dessous du temps où sa version fit presque tomber l'italique en discrédit. Il en est de même d'un manuscrit où S. Luc seroit appellé *Lucanus* pour *Lucas*.

La divifion de l'Ecriture Sainte, ou, pour mieux dire, de l'ancien Teftament, par chapitres & par verfets, fut faite par Etienne Langthon, créé Cardinal en 1212, *Georg. Jof. Eggi, l.* 1, *n.* 61. M. Dupin, *Prolég. de la Biblioth. p.* 948, attribue cette divifion au Cardinal Hugues : mais ces deux Auteurs conviennent fur le même fiecle. Ce fut le célebre Robert Etienne qui, en 1551, diftribua le nouveau en verfets, & donna à ces divifions l'ordre fixe que nous voyons, *Voyage littér. d'Etienne Jordan, p.* 17. Au commencement du 4ᵉ fiecle, les Evangiles & les Epitres avoient bien déja leurs divifions & fubdivifions, qu'Eufebe de Céfarée attribue à Origene : mais les chapitres & les verfets n'avoient pas partout, à beaucoup près, une forme égale ; & jufqu'au temps des divifions modernes, il n'y eut rien de fixe.

ECUYER. Le titre d'Ecuyer, très commun dans les chartes des 12ᵉ, 13ᵉ & 14ᵉ fiecles, fut rendu indifféremment par les mots latins *Armiger, Scutarius, Vasletus.* Le premier fut cependant un peu plus d'ufage & plus honorifique.

On ne doit trouver que bien tard le terme d'*Ecuyer* pour fignifier un Noble, ou la fufpicion feroit fondée. La fonction de l'Ecuyer, qui confiftoit à porter à la guerre les armes tant offenfives que défenfives de fon maître ou de fon patron, n'étoit pas à la vérité un emploi bien diftingué. Ce qu'il y a de certain, c'eft que l'Ordonnance de Blois de 1579 eft le premier titre authentique & inconteftable où on trouve qu'il foit parlé en France d'Ecuyer comme d'un titre de nobleffe.

EDIT. *Edictum.* Les édits, qui font partie

des pieces législatives, font des ordonnances du Prince, qui prefcrivent ce qu'il faut faire & ce qu'il faut éviter, *Denys d'Halicarn.* p. 336, *édit. de Francfort*, 1586. Ils étoient d'ufage fous les Empereurs Romains. Ils ont paffé à tous les royaumes qui fe font formés fur les débris de cet empire. Les Gouverneurs des provinces, ou Préfets, qui les recevoient de la premiere main, les promulguoient par un autre édit qui revient à notre vérification des Parlements, *Concil. t. 2*, col. 1608, 1610. Des Conciles, & des Evêques mêmes dans leur reffort, ont donné des édits, *ibid. t. 4, col. 461, t. 15, col. 242, 335, 408*; mais cet ufage n'a pas prévalu. Les édits des Empereurs Chrétiens au fujet de la foi étoient appellés *typi*, types : & s'il y avoit une expofition de foi, on l'appelloit *ecthefe*; car on appelloit ainfi toute expofition de foi quelconque, fût-elle d'un hérétique.

EGLISE GALLICANE. *Ecclefia Gallicana.* On ne croit pas que cette expreffion foit plus ancienne que le 12e fiecle : on la rencontre alors dans plufieurs lettres de S. Bernard.

EMPEREUR. Les fucceffeurs de Céfar à l'empire prirent fouvent le titre d'*Empereur*, comme un titre qui fe multiplioit à raifon des victoires qu'ils remportoient par eux-mêmes ou par leurs Généraux; ainfi l'on difoit *Empereur pour la troifieme, quatrieme, cinquieme fois.* Nerva fut le premier qui, outre ce nom d'*Empereur*, compta fon avénement à l'empire pour fa premiere victoire. Cet exemple fut imité par les Empereurs fuivants, de façon qu'ils comptoient toujours une victoire de plus. Ainfi ils fe difoient Empereurs pour la quatrieme fois, quoiqu'ils n'euffent remporté que trois victoires.

Juftinien, couronné Empereur en 527, eft le premier des Empereurs de Conftantinople qui fe foit dit Empereur des Romains, *Agath. l. 6, p. 157.*

C'étoit autrefois la coutume, que les Empereurs d'Allemagne ne priffent point ce titre avant d'avoir été couronnés tels des mains du Pape en Italie. Ceux même qui n'avoient pas fuivi cette étiquette, n'en prenoient pas le titre, & fe contentoient de celui de Roi de Germanie. Cet ufage a duré fort long-temps; mais aucun Empereur ne l'a obfervé depuis Charles-Quint. Ce Prince, l'an 1530, reçut à Boulogne, des mains du Pape, la couronne de fer comme Roi de Lombardie, & la couronne d'or comme Empereur. C'eft la derniere cérémonie de ce genre.

Le titre d'Empereur fut quelquefois pris dans les actes pour celui de Roi, & réciproquement le titre de Roi pour celui d'Empereur. Auffi Charlemagne, qualifié Empereur n'étant encore que Roi, & Roi après avoir été couronné Empereur, ne porte aucun préjudice aux diplomes. Nos Rois de France des 11e & 12e fiecles prirent quelquefois les titres d'Empereur & d'Augufte. Il y a pourtant quelques exceptions à faire à cette regle. Par exemple, le titre d'Empereur donné aux Rois d'Allemagne Conrad premier, Henri premier, Othon premier, dans leurs diplomes refpectifs, avant la défaite de Béranger, Roi d'Italie, feroit un moyen de faux très marqué: mais, dans les chartes des particuliers, ce titre ne les rendroit pas fufpectes.

EMPIRE. Guillaume, Comte de Hollande, élu Roi des Romains en 1247, eft un des premiers qui, à la tête de fes diplomes, ait donné le titre de *Saint* à l'Empire d'Allemagne : *Univerfis facri imperii fidelibus*, &c. *Antiq. Goslar*, *l.* 1, *p.* 44. Les mots *facrum imperium* paſſerent en formule fous les Empereurs fuivants.

ENCRE. Sous le nom d'*encre* on comprend toutes les matieres apparentes de l'écriture. L'encre des Anciens n'avoit de commun avec la nôtre que la gomme & la couleur. La noix de galle, le vitriol & la gomme font la compoſition de la nôtre, au lieu que le noir de fumée ou le noir d'ivoire étoit la baſe de celle des Anciens, qui fe faiſoit au foleil & fans feu, *Diofc. lib.* 5, *cap. ultim....* *Plin. Hift. Nat. l.* 35, *c.* 6. Au 7e ſiecle, on la faiſoit encore de même, *Ifidor. Orig. lib.* 19, *cap.* 17. Ainſi, des chartes dont on feroit remonter l'âge fort haut, pourroient devenir fufpectes, fi elles fe trouvoient écrites avec une encre entiérement femblable à la nôtre : mais il faut pour cela un difcernement bien délicat ; car, quoique bien des encres anciennes fe terniſſent & s'effacent, que quelques-unes deviennent rougeâtres, jaunâtres ou pâles, ces défauts font rares dans les diplomes antérieurs au 10e ſiecle.

La qualité de l'encre, le temps, & d'autres accidents, ont rendu quelquefois les chartes indéchiffrables. Il refte alors une reſſource, c'eſt de faire revivre les écritures : mais ce fecret ne doit pas être employé fans le concours de l'autorité publique, de peur d'être foupçonné de faux & de perdre l'appui fur lequel on fe confioit.

Voici le fecret le plus fimple & qu'on a employé avec affez de fuccès, pour pouvoir déchiffrer une piece dont l'écriture étoit éteinte, &
dont les traits échappoient à la vue. Il confifte à
prendre une demi-cuillerée d'eau commune &
autant de bonne eau-de-vie, dans laquelle on
rapera un peu de noix de galle, qu'on y laiffera
infufer quelques inftants. Il faut, avec un petit
morceau d'éponge fine, en frotter légérement le
parchemin effacé, & les traits reparoîtront. Ce
fecret a de la peine à opérer fur des papiers depuis
long-temps imbibés & pénétrés d'humidité & de
moififfure. Parmi les fecrets de cette efpece qu'a
donnés M. Lemoine, *Dipl. prat. p.* 176, celui-ci
eft indiqué dans la même forme, à peu de chofe
près.

Encre d'or.

Nombre de bibliotheques & encore plus les
thréfors de certaines Eglifes prouvent fuffifamment qu'on s'eft fervi d'encre d'or pour tracer des
lettres dans les manufcrits, *Hieron. Prolog. in
Job.... De Re Dipl. p.* 43.... *Viagi di Pietro della
Valle letter.* mais elles ne paroiffent pas, ni avec
tant de profufion & d'opulence, ni fi fouvent, dans
les diplomes. Cependant plufieurs nations en
montrent à l'envi, comme l'Orient, *Wippon. de
vita Conrad. I, p.* 438... *De vet. Germ. aliarumque
nat. figillis, p.* 1, *c.* 4; l'Italie, *Paul Warnefrid.
de geftis Longobard. l.* 6, *c.* 28.... *Puricel. Monum.
eccl. Ambr. Mediol. p.* 282.... *De Re Dipl. l.* 1,
c. 10, *n.* 7; l'Allemagne, *Heineccius, de veter.
figill. part.* 1, *cap.* 4, *n.* 3.... *Mufeum Ital. t.* 1,
p. 96.... *Baron. ad an.* 962.... *Second Voyage
littér. de D. Martene, p.* 151; & l'Angleterre,

De Re Dipl. p. 44.... *Monaſticon Anglic. t.* 1,
p. 211.... *Hickes Diſſert. Epiſt. p.* 71. Celles de
ce dernier royaume ſont particuliérement des
Rois Anglo-Saxons. Ces Rois ſe contentoient
néanmoins pour l'ordinaire de ſouſcrire avec des
croix d'or, *Matth. Pariſ. vita Abb. Sanctalban.*
p. 52, ou d'en faire marquer à la tête de leurs
diplomes. Cette encre d'or n'eſt pas une raiſon
ſuffiſante, comme l'avance Hickes, *Diſſertat.*
epiſt. p. 82, pour ſuſpecter ces chartes, puiſqu'il
eſt avéré que les Anglo-Saxons en uſoient dans
leurs manuſcrits.

Pour faire cette encre, les Grecs pulvériſoient
de l'or, le mêloient avec de l'argent, l'appli-
quoient au feu & y jetoient du ſoufre, rédui-
ſoient ſur le marbre le tout en poudre, le mettoient dans un vaſe de terre verniſſé, l'expoſoient
à un feu lent juſqu'à ce que la matiere devînt
rouge, la rebroyoient après, là lavoient dans
pluſieurs eaux pour en détacher toutes les parties
hétérogenes ; & la veille du jour qu'ils devoient
s'en ſervir, ils jetoient de la gomme dans l'eau
& la faiſoient chauffer avec l'or préparé, puis ils
en formoient leurs lettres, & les recouvroient
d'eau gommée, mêlée d'ochre ou de cinabre,
Palæograph. Græc. p. 6.

Encre d'argent.

Dans preſque tous les pays on s'eſt ſervi d'encre d'argent pour les manuſcrits ; mais perſonne
n'atteſte que l'uſage en ait été introduit dans les
chartes.

Encre rouge.

L'encre rouge, c'eſt-à-dire, compoſée de vermillon, de cinabre, ou de pourpre, eſt très commune dans les manuſcrits; mais il ne s'en trouve cependant pas où elle regne d'un bout à l'autre. Cette couleur eſt beaucoup plus rare dans les diplomes que dans les manuſcrits; & peut-être n'y a-t-il pas de chartes totalement écrites d'une encre différente de la noire, quoi qu'en diſe Heuman, *Comm. de Re Dipl. p. 6.* L'encre rouge ou de pourpre étoit une encre diſtinguée, puiſque les Empereurs d'Orient en avoient fait choix, privativement à toute autre perſonne, pour ſouſcrire leurs lettres & les diplomes dreſſés en leur nom, & que l'on pouvoit refuſer de reconnoître comme venant de l'Empereur tout reſcrit dont la ſignature n'auroit pas été d'encre de pourpre.

Ce fut l'Empereur Léon qui, par ſa loi 6 de l'an 470, ſtatua que le décret impérial ne ſeroit point eſtimé authentique, s'il n'étoit ſigné de la main de l'Empereur avec le cinabre. Cette loi n'a pas toujours eu ſon effet quant à la force du décret; mais les ſignatures des Empereurs Grecs, quand ils en mettoient, n'ont point varié depuis pour la couleur juſqu'à la fin de cet empire, *Jus Græco-Roman. p. 120, 138, 271.... Anonym. Combef. in Conſt. Porphyr. n. 49.... Anna Comnen. l. 13.... Cantacuz. l. 3, c. 84.... Meibom. rerum German. p. 476.* Ce droit dont ils avoient été ſi jaloux, ils le communiquèrent, au 12ᵉ ſiecle, à leurs proches parents, *Nicet. Choniat. in Iſaac. l. 3, n. 3 & 5*, puis à leurs grands Officiers, comme une marque diſtinctive. Les Empereurs ſe réſervèrent alors privativement la date du mois & de l'indiction en caracteres rouges.

En Occident, tous ces uſages n'eurent pas lieu; & Charles le Chauve eſt peut-être le ſeul

Roi

Roi de France, le feul Empereur d'Occident, qui ait donné quelques chartes dont les monogrammes foient en vermillon, *De Re Dipl. l. 1*, *c. 10*, *Suppl. c. 11*. A l'égard des chartes des particuliers, il y en eut dont les lettres initiales étoient rouges. Dom Mabillon, *De Re Dipl. p. 43*, n'en avoit rencontré qu'une de cette efpece.

Verte.

L'encre verte, dont l'ufage fut affez rare dans les diplomes, mais fort commun dans les manufcrits des Latins, fur-tout des derniers fiecles, fervoit aux fignatures des Tuteurs des Empereurs Grecs, *Nicet. l. 7*, jufqu'à ce que ceux-ci fuffent devenus majeurs, parcequ'il ne leur étoit pas permis d'ufer de l'encre facrée, *facrum incauftum*.

Bleue & jaune.

L'encre bleue n'eut guere de cours que pour les manufcrits, ainfi que l'encre jaune; encore, depuis fix cents ans, ne trouve-t-on pas cette derniere.

Les lettres métalliques & autres font quelquefois verniffées. La cire fervoit de vernis aux Latins & aux Grecs, mais beaucoup plus à ces derniers, qui en ont long-temps confervé l'ufage. Cet enduit ou vernis fut beaucoup mis en œuvre dans le 9ᵉ fiecle.

L'encre, avec toutes fes teintes, n'eft pas d'une grande reffource pour la vérification des chartes. Cependant on peut dire en général que l'encre noire des 7ᵉ, 8ᵉ & 9ᵉ fiecles, au moins chez les Latins, conferve beaucoup mieux fa

Tome I.   K k

noirceur primitive que celle des fuivants, fans
en excepter celle des 15e & 16e fiecles, où elle
eft affez fréquemment mauvaife ; que l'encre
pâle eft rare avant les quatre derniers fiecles ;
qu'en fait des encres de couleur, des diplomes
poftérieurs au 12e fiecle qui préfenteroient des
lettres en or ou en vermillon, ne feroient point
exempts de foupçons légitimes, à moins qu'ils
ne fuffent très folemnels, ou donnés par de
grands Seigneurs ou en leur nom ; que des diplomes fignés en cinabre, qui ne viendroient
pas des Empereurs Grecs ou de leurs parents,
feroient très fufpects dans l'étendue de l'empire
de Conftantinople ; & de même, que tout diplome grec impérial, qui n'offriroit ni date ni
fignature en cinabre, devroit paffer pour faux.

ENDENTURE. *Voyez* CHARTES.

ENQUÊTE. Il n'eft pas difficile de reconnoître, aux titres d'*inquefta* & *recognitiones*, les enquêtes anciennes. Les titres de *recordum* & *recor-
datio*, pour fignifier la même chofe, pourroient
embarraffer davantage. Ils furent donnés aux
enquêtes, parceque les témoins cités devoient
commencer par déclarer qu'ils fe reffouvenoient
de telles & telles chofes. Les Normands, chez
qui ces derniers termes étoient d'ufage, les porterent en Angleterre avec leurs armes.

ENREGISTREMENT. L'enregiftrement des
actes royaux ou impériaux eft de toute antiquité.
Le premier diplome que nous connoiffions, qui
eft de l'Empereur Galba, dans le premier fiecle,
marque expreffément, à la fin, qu'il a été enre-
giftré & homologué au Capitole.

L'enregiftrement ne commença en France que
fous S. Louis ; mais ce ne fut qu'un recueil des

ordonnances des Princes ou des jugements des Cours. L'enregistrement de tous les autres actes particuliers, comme donation, rente, échange, &c. n'étoit point encore d'usage. On croit que ce n'est que dans le 14e siecle qu'on commença à faire enregistrer au Parlement les actes publics : on en a un exemple, & ce pourroit bien être le premier, sous Charles V, l'an 1371 : ces lettres patentes furent enregistrées & publiées au Parlement le 13 Janvier 1372, ancien style. La formule d'enregistrement, écrite sur le dos de ces lettres dressées en françois, est : *Presentes littere lecte fuerunt & publicate in camera Parlamenti,* &c. Secousse, *Ordonn.* t. 5, *p.* 525, 527. Cette formule d'enregistrement n'étoit point uniforme. On se servit indifféremment de celles-ci : *Visa per gentes compotorum.... Lecta in sede.... Visa, lecta & correcta per Dominos magni Consilii Reg. ad hoc deputatos....* &c. &c. On les trouve ainsi à la fin d'un très grand nombre de lettres royaux depuis l'époque ci-dessus. Sous Charles VII & Louis XI son successeur, il fallut mettre sur les ordonnances, édits & déclarations publiés au Parlement, la clause *lecta & publicata requirente* ou *audito Procuratore Generali Regis.* Dans les vérifications des lettres de Charles VIII, tant par son Conseil qu'au Parlement, on imita les formules du siecle précédent.

ENSEIGNEMENS. Ce mot est un des noms génériques qui renferment toutes sortes d'anciens titres & diplomes, & principalement ceux qui furent accordés par les Princes en faveur des Eglises. On rendoit ce mot en latin par *documenta,* d'où est venu le mot *documents,* usité en terme de Palais.

EPACTE. L'épacte, dont la date sert si souvent dans les chartes du moyen âge, n'est autre chose que le nombre d'onze jours dont l'année commune du soleil excede l'année commune de la lune, qui n'a que trois cents cinquante-quatre jours. Ainsi l'épacte de la premiere année est 11. Celle-ci, jointe à l'épacte de la seconde année, donne 22 d'épacte. Si à ces 22 vous ajoutez encore 11 pour l'épacte de la troisieme année, vous aurez le nombre de 33 jours, qui valent un mois lunaire & 3 jours ; & alors vous omettez les 30 jours qui forment une lunaison entiere, & il vous restera 3 pour l'épacte de la troisieme année. Dans la quatrieme, vous ajoutez 11 à 3, qui font 14 d'épacte ; dans la cinquieme, 11 à 14, qui font 25 d'épacte ; dans la sixieme, 11 à 25, qui font 36 ; & en omettant toujours le nombre de 30, vous avez 6 d'épacte, & ainsi de suite. Lorsque l'épacte étoit 8, deux ans après elle se trouvoit être 30, parceque 22 & 8 font 30 : alors les Anciens la notoient souvent par ces mots *epactâ nullâ*.

Les épactes servent à trouver le jour de la lune ; & pour ce faire, on additionne le nombre de l'épacte, celui des jours du mois courant, & celui des mois écoulés, en commençant à les compter au mois de Mars. Si tous ces nombres assemblés font au dessous de trente, le nombre qui en résulte est celui des jours de la lune ; mais si ces nombres passent celui de 30, en ôtant ce même nombre de trente, le surplus est le jour de la lune.

Dans l'usage que la Diplomatique fait des épactes, voici ce qui mérite attention. 1°. Les années bissextiles ayant un jour de plus, il faut,

depuis le biſſexte, ajouter 1 à l'épacte courante.
2°. Il faut obſerver qu'il y a eu beaucoup de variations, & que les Computiſtes. & les Tables
chronologiques s'accordent aſſez rarement ; les
uns comprenant Mars parmi les mois qu'il faut
compter pour trouver pendant l'année les jours
de la lune, les autres l'excluant ; les uns comptant du 22 de Mars le quantieme de la lune pour
ſervir d'épacte, les autres ne commençant qu'au
31 Décembre à ſupputer ce qui reſtoit du quantieme de la lune pour ſervir d'épacte de l'année
ſuivante. Ce n'eſt que depuis le calendrier grégorien, qu'on a établi une parfaite uniformité
dans les épactes.

Au 11ᵉ ſiecle, il n'étoit pas rare de voir des
chartes datées de deux épactes différentes, la majeure & la mineure. La premiere ne differe pas
de la ſolaire, ni la ſeconde de la lunaire. On
vient de parler de celle-ci. La ſolaire ſe confond
avec les concurrents, & ceux-ci avec les lettres
dominicales, en les commençant par *f* & les
finiſſant par le *g. Voy*. CONCURRENTS, DATES.

EPITRES. Il n'eſt pas rare de trouver des pieces portant en titre le nom de *chartes* & dans le
texte celui d'*épitres*, ou appellées tour à tour
épitres & *chartes*. Dans les temps poſtérieurs,
quoique l'acte ait conſervé la forme d'épitre,
c'eſt-à-dire l'*adreſſe* & le *ſalut*, le nom d'*épitre*
a cédé la place à celui de *charte*. Voici le détail
des pieces auxquelles les Anciens ont donné le
nom d'*épitre*.

De donation.

On a déja vu ſous les mots *chartes* & *donation*, que les actes qui conſtatoient les bienfaits

Kk iij

du donateur, portoient souvent le nom d'*épitre*. Plusieurs autres, dont le fond étoit bien différent, porterent le même titre. Telles furent :

D'adoption.

Les *épitres d'adoption*, qui emporterent avec elles la donation des biens d'un côté, & de l'autre l'obligation de fournir aux besoins de celui qui s'en étoit dessaisi. Ces sortes de conventions furent quelquefois connues sous le nom de *traditio respectualis*, c'est-à-dire *respectiva*, ou *convenientia*, Baluze, t. 2, col. 481, 526.

De rappel.

Les épitres de rappel, *epistola firmitatis*, étoient quelquefois des actes par lesquels un grand-pere ou un grand-oncle rappelloit ses petits-fils ou ses petits-neveux dans son testament, dans lequel ils n'avoient pas de droit direct.

De liberté.

Lorsque l'on accordoit la liberté à un serf, on en dressoit une épitre, *epistola libertatis*, *ingenuitatis*, *manumissionis*, que l'on appelloit quelquefois *chartula*, &c. *Acta SS. Benedict.* t. 1, p. 440, 540. Ces chartes étoient ordinairement exécutées après leur concession : mais quelquefois elles n'avoient leur effet qu'après la mort de celui qui les accordoit; & encore le Seigneur se réservoit-il quelquefois certaines servitudes, *De Re Dipl. Suppl. p.* 81 ; réserve qui n'avoit jamais lieu pour les serfs destinés à l'état ecclésiastique. M. Lancelot, *Mém. de l'Acad. des Inscript.* t. 20, *p.* 412., dit que le dernier de ces affranchissements qu'il ait vu en France est de 1325 : il y en a cependant de plus récents.

Si le serf se rachetoit lui-même, l'épitre accordée par le maître s'appelloit *chartula redemptionalis*, Baluze, *Capitul. t.* 2, *col.* 462.

Un serf qui avoit épousé une femme libre, obtenoit quelquefois de son seigneur une épitre par laquelle celui-ci déclaroit libres les enfants qui naîtroient de ce mariage illicite, *Append. Marculf. formul.* 18. On appella ces sortes de lettres *epistolæ conculcaturiæ*, ou *chartula triscabina*, Lindenbrog. *formul.* 88.

De sécurité.

Pour décharger une partie de l'instance intentée contre elle, la partie adverse lui faisoit expédier une épitre de sécurité, *securitatis*; c'étoit une espece de transaction ou d'accommodement, *De Re Diplom. Suppl. p.* 78. A la fin d'une administration temporelle, on donnoit à l'économe une quittance ou décharge générale sous le nom de *sécurité*, qui ne differe en rien des épitres de pleine sécurité, *Diur. Rom. Pontif. p.* 115.

D'obligation & de quittance.

Un débiteur s'obligeoit devant son créancier à s'acquitter à tel terme, par une lettre d'obligation, *epistola cautionis*, Baluze, *Capitul. t.* 2, *col.* 421. Au terme échu, si le débiteur avoit satisfait, le créancier lui en donnoit une quittance, *epistola quittatoria* : mais si dans l'intervalle de la dette à l'échéance, l'obligation s'étoit perdue, de façon qu'on ne pût pas la déchirer,

K k iv

au terme , on donnoit au débiteur une lettre qui
la rendoit nulle & invalide , au cas qu'on la re-
trouvât , fous le nom de *epiftola evacuatoria ,*
ibid. *col.* 424 , 494 , qu'il faut bien diftinguer de
vacuatio , vacuarium , qui étoit une charte par
laquelle on déclaroit n'avoir aucun droit fur des
biens en litige.

Précaires & preftaires.

Les épitres *précaires* font de toute antiquité ,
& remontent aux temps de la République Romaine , *Muratori Antiq. Ital. t.* 3 , *col.* 150. On
diftinguoit *epiftolæ præcariæ* de *epiftolæ præftariæ ,*
en ce que celles-ci étoient données au preneur ,
parcequ'affez fouvent il y avoit une preftation attachée au don ; & que celles-là étoient données
au bailleur , parceque fa donation étoit un effet
des prieres du preneur. Les premieres étoient en
fupplique , *Lindenbrog. formul. p.* 1226 ; & les
fecondes étoient une conceffion. Les unes & les
autres tiroient leur origine des emphytéofes au-
torifées par les loix romaines dès le 4ᵉ fiecle.
Dans la fuite ces actes devinrent purement eccléfiaftiques , parcequ'ils ne regarderent que les
biens des Eglifes. Ainfi un propriétaire faifoit-il
une donation à une Eglife , l'Eglife lui en laiffoit
fouvent l'ufufruit pendant quelques années , ou
pendant fa vie , ou pendant quelques généra-
tions , ou à l'emphytéotique , c'eft-à-dire pendant quatre-vingt-dix-neuf ans , ou à emphytéotique perpétuelle , *Muratori Antiq. Ital. t.* 3 ,
col. 161 , laquelle dégénéra en fief ; & on lui
expédioit une charte précaire qui prit nombre
de dénominations , *ibid. col.* 174 , 194 , 243 ,
244... *Baluze , t.* 2 , *col.* 427 , 490 , 529 , 472 ,

506. L'Eglife rètenoit-elle fur cette jouiffance qu'elle abandonnoit, un cens quelconque, le donateur faifoit une charte de *preftation*. Ces chartes devoient être renouvellées tous les cinq ans ; mais on y introduifit une claufe qui avoit la même force, & qui fuppléoit à ce renouvellement. Il n'étoit pas permis de rien contracter pendant la vacance des fieges. *Voyez* CHARTES.

Précatoires, rogatoires, & de fuggeftion.

Tout ce qui peut devenir l'objet des demandes & des prieres étoit du reffort des fuppliques ou requêtes appellées *epiftolæ precatoriæ* ; mais l'objet des lettres dites *rogatoriæ* étoit borné à folliciter le Pape ou le Métropolitain de facrer un Evêque nouvellement élu. On nomma quelquefois ces épitres *fuggeftiones*, & alors elles ont pour caractere invariable d'être toujours adreffées par des inférieurs à des fupérieurs, *Concil. Labb. t.* 9, *col.* 559. On rend affez bien ce mot par une *très humble adreffe*, ibid. *t.* 3, *col.* 787, & *t.* 4, *col.* 1127. L'ufage de ces fortes d'épitres connues fous le nom de *fuggeftiones* ou *fuggerendæ*, paroît ne convenir qu'aux dix premiers fiecles, & depuis le 10ᶜ elles feroient légitimement fufpectées. Elles ont toujours eu le même but que les fuppliques, *fupplicationes*, ibid. *t.* 3, *col.* 425, & *t.* 11, *col.* 502., qui reviennent à nos *très humbles remontrances*; car notre *placet* n'eft rendu correctement que par les lettres pétitoires, *petitoriæ*, ibid. *t.* 3, *col.* 727 ; ou par les demandes juridiques, *petitiones*, ibid. *t.* 12, *col.* 1454, terme qui nous eft venu du droit romain.

De notoriété.

Ce qu'on vouloit faire favoir à des perfonnes. de toutes conditions. leur étoit notifié par des. lettres appellées *notoriæ* ou *notariæ epiftolæ* : mais lorfqu'un Dignitaire de Rome écrivoit à l'Exarque pour lui notifier la mort du Pape, on appelloit cette lettre *nuntius*, Diurn. Roman. Pontif. *pag.* 9.

De relevée.

Lorfque l'expofition d'un enfant étoit conftatée, on le confioit à quelqu'un qui payoit une certaine fomme, à condition que l'enfant feroit reconnu pour fon efclave, par une lettre dite *epiftola collectionis* qui ne différoit guere de *charta de fanguinolento*, Baluze, *t.* 2, *col.* 474.

ERE chrétienne, d'Efpagne, de Pife, &c. *Voyez* DATE.

ET. Ce mot, dans les anciennes chartes, n'a pas toujours la fignification ni l'air d'une conjonction : très fouvent il a la force d'une particule disjonctive, & équivaut à *feu* ou *five*; auffi en fit-il quelquefois réciproquement la fonction, *De Re Dipl. p.* 531, 89, 541, 101, 543, 103.

EVÊQUE. Au 8e fiecle, le nom d'Evêque paffa non feulement aux Chorévêques, mais encore aux Prêtres, & fur-tout à ceux qui annonçoient la parole de Dieu, *Mabill. Præf. in fac.* 3, *n.* 33.... *Annal. Bened. t.* 1, *p.* 392, *t.* 2, *p.* 59, 235.... *Fleuri, Hift. Eccl. t.* 9, *p.* 498.

Dans les trois premiers fiecles, on ne trouve point d'exemple de la dénomination d'*Evêque*

prife par aucune des perfonnes revêtues de cette
dignité : ni S. Cyprien ni aucun autre ne prirent
ce titre dans la fufcription de leurs lettres. Dans
les quatre premiers fiecles, le titre d'Evêque &
celui de Prêtre furent très fouvent confondus,
Ruinart, Acta felect. p. 364, edit. prim. ainfi que
pendant les 11e, 12e & 13e fiecles. Un fimple
Prêtre eft quelquefois appellé *Pape*, & un Evêque *Souverain Pontife, Pere des Peres, &c.* mais
alors on trouve des Evêques qui s'infcrivent *Ego
N. Epifcopus.* Au 7e fiecle, les Evêques fe qualifioient bien tels dans leurs foufcriptions ; mais
ils n'exprimoient pas encore de quel fiege ils
l'étoient.

Dès le 8e fiecle, on vit des Evêques fans titre,
foit qu'ils fe fuffent retirés du miniftere, foit
qu'ils euffent été ordonnés pour des monafteres,
c'eft-à-dire pour y vivre fubordonnés aux Abbés,
& y faire les fonctions que leur dignité leur permettoit privativement aux Prêtres. *Voyez* ABBÉ.

Dans les fufcriptions des chartes épifcopales
du 9e fiecle, & dans les foufcriptions des actes
des Conciles du même temps, on trouve affez
fouvent la formule *N. vocatus Epifcopus* : elle
défignoit un Evêque élu, mais qui n'étoit point
encore confacré.

Depuis le 9e fiecle jufqu'au 13e, les Evêques
furent appellés *Vicaires de Jéfus-Chrift, & Apoftoliques.* A cette derniere époque, ces titres furent affectés au Pape feul ; & le nom de *Vicaire
de S. Pierre,* fi long-temps porté par les Pontifes
Romains, fut abrogé.

Plufieurs Evêques & beaucoup de Prêtres fe
marierent dans le 10e fiecle, & n'eurent pas
honte de faire mention de leur mariage dans

leurs chartes, *Gallia Chrift. nov. tom.* 1, *Inftr. pag.* 155.

EXCOMMUNICATION. Les excommuni-cations font de toute antiquité : on en voit un exemple terrible dans les Épitres de Saint Paul. Mais plus le remede étoit violent, plus l'Eglife primitive en ufa fobrement & avec toute la dif-crétion imaginable. Dans les fiecles poftérieurs, on confondit les anathêmes & les imprécations avec les excommunications, en forte que l'on fut auffi prodigue des uns que des autres. Non feu-lement le Pape & les Evêques lançoient, dans les actes publics & particuliers, les excommuni-cations ; mais encore les Moines & les Laïques mêmes s'étoient mis en poffeffion de les fulminer contre ceux qui donneroient atteinte à leurs char-tes, comme on le peut voir dans le fecond cha-pitre du quatrieme Concile de Rome, en 502. D'où il faut conclure que ces fortes d'excommuni-cations doivent être regardées feulement comme des imprécations.

On n'a pas encore trouvé dans les chartes, d'exemple plus ancien d'éteindre le cierge & de le jeter à terre, quand on fulmine l'excommu-nication, que l'acte capitulaire de l'an 1136, par lequel Robert, Abbé de Corbie, & fa Commu-nauté, *Cartular. nigrum Corbeienfe*, fol. 89, at-tribuent les revenus de l'Eglife de S. Thomas des Prés à l'office de Sacriftain. L'Abbé & tous les Moines, portant des flambeaux, firent la céré-monie enfemble, lors d'une excommunication fulminée par Henri, Evêque de Strasbourg, en 1187. Dans la confirmation d'une donation faite aux Moines de Bongart, on trouve les paroles qui accompagnoient la cérémonie d'éteindre &

de jeter à terre un flambeau allumé : .... *Sicut extinguitur lucerna de manibus noftris projecta, fic in die judicii lucerna ejus cadat extincta, ne poffit videre gloriam Dei..... Fiat, fiat, amen.*

La formule d'excommunication *ipfo facto* ne paroît guere plus ancienne que le 13ᵉ fiecle ; elle rendroit fufpect un acte antérieur. On la trouve dans les ftatuts fynodaux de Nantes, rédigés vers l'an 1220 : elle y défigne une excommunication de fentence portée, & encourue réellement, fans autre jugement, par les incendiaires, les profanateurs, &c. L'*ipfo facto*, plus ancien en France qu'en Italie, a été en ufage dans les Conciles, avant que de paroître dans les mandements des Evêques ou de leurs Officiaux : on ne l'a pas découvert dans les autres actes eccléfiaftiques de ce fiecle.

En général, l'anathême & l'excommunication fpécifiée ne peuvent être relatés dans un acte, qu'il ne foit poftérieur au 8ᵉ fiecle. Avant ce temps, des anathêmes & des excommunications prononcés en général ne rendent point un acte fufpect, fur-tout lorfque les ufurpateurs des biens eccléfiaftiques & les violateurs de privilege en font l'objet.

EXEMPTION. *Voyez* JURISDICTION, PRIVILEGE.

Les bronzes & les marbres de la plus haute
antiquité nous ont conservé l'*F* telle que nous
l'avons encore aujourd'hui. Les anciens monuments latins n'en font pas dépourvus, pas même
les Tables Eugubines. Elle paroît auſſi ſur les
monnoies des Faliſques, comme le digamme
éolique; elle étoit ainſi appellée, parcequ'elle
avoit la forme de deux gamma, *Spanheim, de
præſtantia numiſm. Diſſert. 2, p.* 107.

L'*F* à queue courbée vers la gauche, *fig. premiere du ſixieme tableau,* ſe montre dans les monuments des Païens, *Antiq. Rom. t. 3,* & avoit
déja cours pluſieurs ſiecles avant Jéſus-Chriſt.

Les plus anciens manuſcrits en lettres capitales
contiennent beaucoup d'*F* dont les traverſes conſiſtent en deux points ſeulement, comme la *fig. 2
du ſixieme tableau.* On en rencontre de pareilles,
même juſqu'au 9ᵉ ſiecle.

L'*F* ſans traverſe, comme la *fig. 3 ibid.* qui
reſſemble au gamma grec, ſe trouve, quoique
rarement, pendant un millier d'années, en commençant aux temps les plus reculés : mais il n'en
faut pas chercher ſur les monnoies mérovingiennes, quoi qu'en diſe M. Leblanc, *Traité des
Monn. p.* 48.

Quelques ſiecles avant l'incarnation, on remarque ſur les marbres, des *F* ſemblables à la
fig. 4 *ibid.* qui n'ont que la traverſe ſupérieure
détachée du corps, & qui retombent en perpendiculaire. Depuis le ſecond ſiecle juſqu'au 5ᵉ, il
n'eſt pas rare d'en trouver en forme de *K*, comme
la *fig.* 5 *ibid.* On en voit auſſi avant & depuis

Jéfus-Chrift, dont les traverfes font abbaiſſées obliquement, comme la *fig. 6 ibid.*

F capitale.

Les *F* à traverſes exhauſſées obliquement dans la capitale, *fig. 7. ibid.* & les *F* à traverſes cour- bées en deſſous dans l'onciale, *fig.* 8 *ibid.* con- viennent aux plus anciens manuſcrits, & ſe ſou- tiennent juſqu'au 9ᵉ ſiecle, & même plus loin.

F minuſcule.

Les *F*, *figure 9 ibidem*, dans la minuſcule & dans l'onciale, annoncent une haute antiquité : Edouard Bernard les fait durer juſqu'au 4ᵉ ſiecle.

L'*F*, *fig.* 10 *ibid.* toujours à peu près la même, regna ſeule dans les manuſcrits & les diplomes anglo-ſaxons, depuis le 7ᵉ ſiecle juſqu'au 11ᵉ, qu'elle ſe perdit avec l'écriture à laquelle elle appartenoit. Dès le 10ᵉ ſiecle, l'*F* commune, *fig.* 11 *ibid.* s'y étoit gliſſée.

L'*F* à une ou deux traverſes, *fig.* 12 & 13 *ibid.* avec une tête excédente, déſigne le moyen âge ; & la *fig.* 14 *ibid.* déſigne le 14ᵉ ſiecle.

Les *F* en forme, ſoit minuſcules, ſoit curſi- ves, compoſées de pluſieurs traits déſunis & dé- tachés, ſont la marque d'un temps poſtérieur au 11ᵉ ; mais c'eſt un ſigne du 10ᵉ & du 11ᵉ, lorſ- que la traverſe ſupérieure eſt faite en forme d'*s*, couchée comme la *fig.* 15 *ibid.*

Une complication de boucles en plus grande ou en moindre quantité, comme dans la *fig.* 16 *ibid.* indique auſſi le même temps, même en Allemagne, à cela près que la traverſe y étoit conſtamment très voiſine du pied, qui finiſſoit aſſez ſouvent en queue fort courte.

Le paraphe au haut de l'*F*, ainsi que des tremblements uniquement réduits à précéder la seconde traverse, sont de bons indices du 12ᵉ siecle, principalement en France.

A la fin du 9ᵉ siecle, les montants des lettres
ou leurs hastes étoient portés à une excessive hauteur ; mais les queues des lettres qui en ont,
comme l'*f*, ne descendent pas, à beaucoup près,
en proportion de ce que les autres montent, excepté à la derniere ligne des pages, ou quand
ces lettres sont initiales. Ces queues mêmes, vers
le milieu du 9ᵉ siecle, commencent à diminuer.

Rien ne désigne mieux le 13ᵉ siecle, que l'*F*
à queue tournée vers la gauche & recourbée vers
la droite, comme la *fig.* 17 *ibid.* Ce caractere
affecte aussi, dans le même temps, les lettres à
queue, comme *g*, *p*, *q*, *ſ*; & il est plus particulier à la France, à l'Italie & à l'Allemagne,
qu'aux autres nations.

Lorsque la queue de l'*f* cursive est relevée jusqu'à toucher ou approcher le dos de la lettre,
comme la *fig.* 18 *ibid.* c'est un signe encore plus
universel de la fin du 13ᵉ siecle & du commencement du suivant, pour les Anglois & les Ecos-
sois. Lorsque l'*f* semble être double, soit par un
surchargement de tête, soit par un repli de queue
qui enveloppe la lettre, cela désigne, en France
& en Espagne, le 14ᵉ siecle.

La France suivoit encore cet usage au 15ᵉ, &
l'Espagne au 16ᵉ. Cette derniere mode porta à
diversifier la tête de l'*f* en une infinité de formes,
sur-tout en y formant des lacs ou nœuds, comme
la *fig.* 19 *ibid.*

Une tête en forme de toit ou d'angle, mais
plus souvent en courbe détachée ; un corps droit
sans

fans tremblements, mais appuyé fur une demi-
bafe du côté droit ; la traverfe pofée à une diftance proportionnée de la tête au pied , forment
une *f* qui a eu cours en Angleterre depuis le
commencement du 12ᵉ fiecle jufqu'à la fin du
14ᵉ.

Malgré toutes ces bigarrures de l'*f*, la fimple,
fig. 11 *ibidem,* ne fut jamais totalement oubliée
nulle part, fi ce n'eft dans quelques pieces particulieres.

Dès le 8ᵉ fiecle , notre petite *F* , *fig.* 20 *ibid.*
s'infinua dans les chartes & y fit beaucoup de
progrès ; dès le 9ᵉ , elle étoit déja quelquefois
admife dans l'infcription des fceaux.

F curfive.

L'*f* curfive eft d'un âge antérieur au 10ᵉ fiecle ;
lorfque fa queuë, remontant par la droite, fe
détourne vers le milieu à gauche, & qu'alors fa
terminaifon forme avec le corps de la lettre une
efpece d'*v* confonne , *fig.* 21 *ibid.*

Lorfque pour toute traverfe l'*f* n'en a qu'une ,
fur laquelle elle appuie fa tête, & qui fert de
liaifon à la lettre fuivante, c'eft un figne fûr
d'antiquité. Plus cette liaifon eft fréquente , plus
elle convient à l'ancienne curfive romaine ; &
même à la mérovingienne.

L'*f* curfive dont le bas prend la figure d'un
battant plein ou à jour , *fig.* 22 *ibid.* eft un caractere qui diftingue la romaine de la mérovingienne ; une extrême profondeur diftingue la caroline
de celle-là.

F allongée.

Dans l'écriture allongée, l'*f* montoit peu ou

point dans la mérovingienne, & fa maniere de
defcendre n'avoit rien de conftant, tantôt plus,
tantôt moins. Sa tête alla toujours en s'élevant
depuis le milieu du 8ᵉ fiecle jufqu'à Louis le
Débonnaire. Après ce terme, la tête & la queue
dépafferent la ligne, chacune de leur côté, jufqu'au Roi Robert, fous lequel l'*F* capitale fe
gliffa quelquefois dans l'écriture allongée; & l'*f*
curfive fe tint dans les bornes de la ligne. En
Allemagne, fur la fin du 11ᵉ fiecle, & au 12ᵉ,
dans les diplomes impériaux, la queue de l'*f* ceffa
de defcendre, & quelquefois même la tête ceffa
de monter. L'*f* de l'écriture allongée n'y parut
prefque plus au delà du 12ᵉ fiecle.

Planche de l'F.

Pour bien connoître l'ordre & l'arrangement
de la planche ci-jointe, il faut fe rappeller tout
ce qui a été dit fur la planche figurative des *A*:
l'analyfe de celle-ci, comme de toutes les autres,
en dépend effentiellement. On ne s'y arrêtera
que pour donner une idée de l'âge des figures
capitales des marbres & des bronzes, & diftinguer les différents genres de capitales des manufcrits.

Les *F* contournées, tronquées, &c. forment
la premiere divifion, dont la premiere fubdivifion remonte au deffus de l'ere chrétienne. La
derniere moitié de la troifieme appartient au
moyen âge, ou même aux bas temps.

Dans la feconde divifion, les *F* inclinées ou
à hafte prolongée font de la haute antiquité; les
deux autres fubdivifions, de figures informes,
font du moyen âge.

La troifieme divifion eft affez réguliere. Les

I Phen.	II Ph. Grec

III. F. LATINE

Capitale des Inscriptions}

Capitale des Manuscrits.}

MINUSCULE

Rom. — {2. Lomb.}

3. Visig. — {4. Sax.} — {5. Gall.}

— {6. Merov.}

7. Allem. — {8. Carlov.} — {9. Capet.}

— {10. Goth.}

CURSIVE

d'Ital.

3. d'Allem.

{4. de la 6ᵈᵉ Bretag.}

{5. d'Esp.}

Coulubrier Sculp.

premiers caractères de la seconde subdivision sont antérieurs à la naissance du Sauveur.

La quatrieme division, plus irréguliere, mais dont les lignes sont ordinairement droites, descend à peine, pour la plupart de ses caracteres, aux derniers temps du moyen âge.

La cinquieme, à traits assez souvent courbes, n'est ni moins irréguliere, ni moins ancienne.

La sixieme, qui a quelques rapports avec certains *E* majuscules ou cursifs, est bien du même âge.

La septieme, en forme de *K*, est d'une antiquité non moins avérée.

Enfin la huitieme, presque en *R*, en *P*, en *H*, ou hérissée d'angles & de pointes, est consacrée au gothique.

On observera que les troisieme, quatrieme & cinquieme divisions de l'*F* capitale des manuscrits sont plus spécialement affectées à l'onciale qu'à la capitale, & que la septieme division est vouée au gothique moderne.

FACTUM. Le factum est le cahier des moyens que les parties appointées proposent à la justice afin d'être jugées. Ce mot tire sa dénomination du *fait* qui a donné naissance au procès, & qu'on expose dans ce genre d'écrit, avant que d'en venir aux preuves dont on prétend l'étayer. La relation ou le récit de l'élection d'Urbain VI, dressée contre Clément VII son concurrent, est intitulée *factum*. » C'est la premiere fois «, dit M. Fleuri, *Hist. Eccl. t.* 20, *p.* 339, » que j'ai » trouvé le mot de *factum* employé en ce sens.

Les Jurisconsultes Anglois appellent *factum* tout acte solemnel qui authentique une donation ou un contrat, *Spelman, Gloss. p.* 209.

FAUSSAIRE. Dans tous les fiecles il y eut des faulfaires. Dans tous les temps, des ames viles fe font laiffé conduire par l'appât d'un gain fordide. Toutes les puiffances tant eccléfiaftiques que féculieres, fe font toujours élevées contre de pareils forfaits. Sans parler de la févérité de l'Eglife à rejeter les faux évangiles, les actes, lettres, apocalypfes, & légendes fuppofées ; fans parler auffi de fon zele à mettre en garde les fideles contre les écrits pfeudonymes donnés fous des noms illuftres ; la loi Cornelia du Dictateur Sylla eft expreffe contre le crime de faux. Les fénatus-confultes, les canons d'une infinité de Conciles, les conftitutions des Claude, des Marc Aurele, des Sévere, des Juftiniens, des Théodofe, des Charlemagne, &c. font des preuves qu'il y a toujours eu des falfificateurs : mais ils prouvent également l'exactitude & la févérité des loix à réprimer cet abus, & à mettre, par la crainte des peines, un frein à l'impofture. Les peines une fois décernées par les loix, la fraude ne fut point difficile à découvrir. L'intérêt, ce premier mobile de l'homme, éclaira les intéreffés, & les aida à diftinguer le vrai du faux ; & en leur donnant des foupçons, quelquefois illégitimes, mais affez fouvent fondés, il porta le flambeau de la critique fur toutes les pieces mifes en jeu pour affurer fes droits, ou pour ufurper ceux d'autrui.

La fuite de tous les fiecles jufqu'à nos jours démontre affez que les fauffaires, quelque habiles qu'ils aient été, n'ont pu foutenir cette épreuve. S'il n'y a prefque point d'hiftoires particulieres qui ne faffent mention de quelque impofteur, à peine y en a-t-il quelques-unes qui n'annoncent leur fraude dévoilée & punie exemplairement.

Le reproche que l'on fait aux Anciens d'avoir manqué de critique, & d'avoir été incapables de découvrir la fausseté des actes supposés, n'est donc point fondé ; & la découverte des faussaires dans chaque siecle, dont on peut voir le détail dans le nouveau Traité de Diplomatique, démontre le ridicule de cette imputation moderne, & par conséquent la rareté des vieux titres actuels supposés.

On ne doit cependant pas conclure des loix portées en différents temps contre les faussaires, qu'il en ait existé dans le temps même de la loi, encore moins qu'il en ait existé un grand nombre. Un Prince aura voulu être législateur : il étoit naturel qu'il comprît dans le code de ses loix les châtiments dus aux imposteurs ; mais ce ne seroit pas une preuve qu'il en existât alors. De même, parcequ'il s'est trouvé des falsificateurs de titres dans tous les siecles, on auroit tort d'en inférer qu'il y en ait eu un très grand nombre. Les faussaires en genre de lettres, de billets, & d'autres actes d'usage, sans être fort communs, ne sont pas à beaucoup près si rares.

Parmi les anciens faussaires, c'est un fait reconnu par les Critiques mêmes, il s'en est trouvé fort peu qui eussent de l'érudition : de là les bévues dans lesquelles ils sont tombés sur les regnes, sur les dates, sur les formules, &c. Il étoit comme impossible qu'ils ne fissent point de faux pas. Le peu de lumieres qu'on avoit alors sur l'histoire, la chronologie, les coutumes, les mœurs, l'écriture ancienne, a toujours mis des obstacles invincibles à la régularité des titres faux, & a nécessairement fourni matiere à la critique. Dans la supposition même qu'ils eussent été aussi habiles qu'ils étoient pour la plupart ignorants, après les découvertes que l'on a faites sur leur méchanisme & leurs artifices, il n'est pas difficile de les prendre sur le fait.

Mais il y'a lieu aussi de craindre l'inconvénient tout opposé. A force de subtiliser sur les qualités d'un titre, on doit appréhender de taxer d'imposture l'ouvrage de la vérité, ce qui peu à peu nous rameneroit dans les ténebres d'où la saine critique aide à nous tirer. Il faut des lumieres assez rares pour ne point donner dans l'un ou l'autre de ces deux excès. On est, sur-tout depuis un fiecle, assez en garde naturellement contre la falfification des chartes : il ne faut pas pousser trop loin cette défiance. Les fiecles paffés, même les 11e, 12e & 13e, temps où les faux titres se multiplierent davantage, n'ont pas manqué d'hommes éclairés qui n'en ont presque point laissé échapper jusqu'à nous. Si nous avons sur eux l'avantage de connoître les regles, fruit des travaux de nombre de Savants, ils avoient, en récompense, l'avantage d'être plus voisins des temps. Ceux qui avoient intérêt à contester un titre faux, étoient presque toujours contemporains des fauffaires. Vivant pour la plupart dans les mêmes lieux, ils avoient les mêmes connoissances ou les mêmes secours. De là la difficulté de faire illusion sur les faits historiques, sur les témoins, sur l'auteur ou l'écrivain de l'acte, sur les droits ou privileges accordés, &c. La personne intéreffée pouvoit en peu de temps vérifier toutes ces circonstances.

D'ailleurs, de quelle utilité pouvoient être

de faux titres ? On vouloit qu'ils ſerviſſent ou à uſurper des droits nouveaux, ou à maintenir les anciens. Dans le premier cas, la preſcription les rendoit inutiles ; & dans le ſecond, ils ne don-noient rien de nouveau. Ces titres bleſſoient-ils les droits de quelqu'un ? Il faudroit lui ſuppoſer la plus grande indifférence ſur ſes propres inté-rêts, pour croire qu'il les eût admis ſans oppo-ſition, dans un temps où rien n'étoit plus facile que d'en démontrer la ſupercherie. Les fauſſaires devoient-ils s'attendre à cette inſenſibilité ?

Un grand préjugé contre les faux titres, c'eſt la multitude des fauſſaires punis. Mais lorſque l'on condamnoit les fauſſaires, on détruiſoit leurs ouvrages : on n'épargnoit pas plus les pieces re-connues fauſſes, quoiqu'on n'en connût pas les auteurs ; on mettoit même les fauſſaires à une eſpece de queſtion, pour leur faire avouer en quel lieu étoient dépoſés les actes de leur façon. Comment, après une inquiſition ſi rigoureuſe, peut-on conſerver l'idée d'une multitude de faux titres, à cauſe d'un grand nombre de fauſſaires punis ? Ce qui prouve invinciblement cette aſſer-tion, c'eſt qu'il eſt très rare & preſque impoſſible de déterrer quelques originaux de fauſſes chartes anciennes. Auſſi-tôt découvertes, auſſi-tôt dé-truites ; tel a toujours été l'uſage.

Une des-plus grandes calomnies qui ait été répandue dans le public à l'occaſion des fauſſai-res, c'eſt d'en avoir accuſé les Moines, & d'a-voir rejeté ſur eux la plus grande partie de cette odieuſe manie. Tout état, tout ſexe, toute con-dition a eu ſes fauſſaires. Parmi les Laïques, on a vu des Rois, des Princes, des Ducs, des Se-crétaires, des Chanceliers, des Préſidents, des

Avocats, des Notaires, des Greffiers, des Demoifelles, &c. parmi les Eccléfiaftiques, des Patriarches, des Métropolitains, des Evêques, des Corévêques, des Chanoines, des Curés, des Docteurs, des Archidiacres, des Précepteurs, des Moines, &c. mais ces derniers n'ont donné leur premier exemple de falfification qu'au 11e fiecle, au Concile d'Autun, en 1094, au fujet d'une conteftation entre Hugues, Evêque de Grenoble, & Gui, Archevêque de Vienne. Depuis cette époque, les autres exemples font très rares; la France, l'Allemagne & l'Italie enfemble n'offrent que fix ou fept Moines fauffaires. Sous ce nom de *Moines*, on ne comprend pas les Religieux venus depuis le 13e fiecle, auxquels on ne donne le nom de *Moine* que par impéritie ou par abus. Il faut donc convenir que les chartes des monafteres ne font pas plus fufpectes que celles des autres archives, quelque prévention qu'aient voulu infpirer à cet égard les Simon, les Lenglet, & le Rédacteur des Mémoires du Clergé. De cette intégrité des Moines, prefque généralement reconnue dans les temps les plus critiques par les contemporains mêmes, que n'en peut-on pas conclure en faveur des manufcrits qui font fortis de leurs mains ? *Voyez* COPIE, & VÉRIFICATION DES ECRITURES.

FIEF. La premiere fois qu'on trouve le nom de fief, *feodum*, c'eft dans une conftitution de Charles le Gros, reconnu Roi de France l'an 885. Les noms de *feudum*, *feodum*, *feïum*, fuccéderent à celui de *beneficium*. Au fiecle fuivant, on confondit les *fiefs* avec les *francs-alleus*, & ce dernier terme fignifia toutes fortes de poffeffion. Si les fiefs ne tirent pas leur origine des bénéfices ou terres confidérables que les Empereurs accordoient fonciérement aux Gouverneurs des provinces, comme le dit M. le Beau, *Hift. du bas Empire*, t. 1, ils nous viennent fans doute des nations germaniques. Mais le droit féodal doit fa naiſſance aux Lombards, qui, s'étant rendus maîtres d'une partie de l'Italie en l'an 568, fous l'empire de Juſtin, y porterent leurs coutumes d'Allemagne, & y établirent des loix féodales. C'eſt en quoi les nations voiſines les imiterent bientôt. Les conſtitutions de quelques Empereurs, comme de Conrad II, de Henri III, de Frédéric premier, & de quelques Papes, jointes à ces coutumes, ont formé le corps du droit féodal, *Jacob. Ritteri Jus feudale*, cap. 1, 2.

Les fiefs eccléſiaſtiques poſſédés par des féculiers ont une autre origine : ces fiefs font nés des avoueries. Vers le milieu du 9ᵉ fiecle, les Normands & les Sarraſins ravageant la France à l'envi, les Evêques & les Abbés donnerent à des féculiers des portions confidérables des biens de leurs Egliſes, à condition qu'ils les défendroient contre les incurſions des Barbares. Ces biens, tranſportés en des mains laïques, ont continué de jouir des droits féodaux qu'ils avoient dans les mains eccléſiaſtiques.

L'établiſſement des fiefs laïques en France eſt moins ancien : on ne peut guere les faire remonter au delà du commencement du regne de Raoul, qui, pour plaire aux Grands du royaume, leur céda en fief, en 923, pluſieurs parties de fes domaines.

Les fiefs quelconques ne purent être poſſédés que par des nobles juſqu'aux croiſades, c'eſt-à-dire juſqu'à l'édit de Philippe le Hardi en 1275.

qui fe relâcha fur cet article ; & pour cela il établit dans le même temps le droit de francs-fiefs, payable par les roturiers poffeffeurs de fiefs. Henri III, en 1579, ordonna que les fiefs n'ennobliroient plus.

FILS. Le nom de *fils* eft le titre ordinaire que les Papes donnent actuellement aux Puiffances. Avant le milieu du 5ᵉ fiecle, les Papes s'étoient toujours fervis de titres honorifiques en écrivant aux Empereurs & aux Impératrices. S. Léon le Grand eft le premier qui, en écrivant à l'Impératrice Pulchérie, la qualifie de fa *très glorieufe fille* ; & Félix III eft le premier qui ait traité l'Empereur de *fils*. Depuis ce temps, les Papes n'ont guere manqué de dénommer ainfi les Empereurs, les Rois, les Princes & les Grands. L'époque ci-deffus eft fi certaine, que des lettres des Papes aux Empereurs avant le milieu du 5ᵉ fiecle feroient juftement fufpectes, fi elles portoient cette qualification.

Ce même nom, donné aux Evêques par les Papes depuis le 9ᵉ fiecle jufqu'au 12ᵉ, ne doit faire naître aucun doute : il faut feulement obferver que décidément les Papes, durant les huit premiers fiecles & les cinq derniers, n'ont appliqué cette qualité de *fils* qu'à des Evêques qui étoient leurs difciples ou de leur clergé.

FORMULES. Par formules on entend certaines expreffions confacrées dans chaque âge, ou dans plufieurs fiecles, pour rendre une idée.

Pour bien connoître le ftyle des Anciens, il faudroit confulter les recueils des formules connues fous le nom de Marculphe, de Bignon, de Sirmond, de Baluze, & les Angevines ; en obfervant, 1°. que ces différents protocoles fe-

voient aux Chanceliers & aux Notaires, au besoin, en sorte qu'elles étoient souvent dressées
d'avance : 2°. que tous les Chanceliers & Notaires ne s'y sont pas astreints, mais qu'ils dres-
soient aussi des actes suivant leur gré & leur caprice : 3°. qu'on a souvent formé différentes
chartes sur un seul & même protocole, en sorte
qu'une piece semble n'être qu'une imitation de
l'autre, à l'exception des lieux, des personn-
nes, des dates, & de certaines circonstances
particulieres : 4°. que la diversité des Notaires
a dû nécessairement produire des variations dans
le style & les formules : 5°. que quoiqu'un acte
soit écrit d'un style qui ne convienne point au
Prince dont il porte le nom, il peut n'en être
pas moins authentique, perceque la plupart des
Rois n'ont pas toujours connoissance des actes
expédiés en leur nom par leurs Ministres.

De là il faut conclure qu'on ne doit s'attendre
à trouver de l'uniformité dans les formules des
actes publics, qu'autant que leur style est fixé par
les loix ou par l'usage : car, sans ce frein, rarement une formule devient tout d'un coup générale. Il faut quelquefois plusieurs siecles pour
qu'un usage déja fort ordinaire devienne uniforme : & en général plus on approche des siecles d'ignorance, moins on doit rechercher de
régularité dans les formules. Ainsi il ne faut pas
suspecter une charte qui offriroit une formule singuliere & nouvelle, qui, dans les siecles suivants, a pris faveur ; car tout a eu un commencement. Mais s'il est avéré que cette formule ou
ce mot n'étoit point encore inventé au temps de
la charte, elle doit passer pour fausse. Si même
il n'y en avoit aucun exemple dans le siecle dont

il s'agit, & que ces formules ne fuſſent devenues d'un uſage ordinaire que trois ou quatre ﬁecles plus tard, les chartes où elles ſe trouveroient pourroient paſſer pour ſuſpectes. Mais quand les formules ſont abandonnées au caprice des particuliers, on ne peut rien conclure contre un titre, du peu de reſſemblance qu'il a avec un ou pluſieurs autres actes du même temps & de la même perſonne. Cette comparaiſon de chartes eſt ſujette à bien des mépriſes. Cependant, ﬁ les formules d'une charte étoient ſi monſtrueuſes qu'elles n'euſſent aucun rapport avec les uſages du ﬁecle auquel la piece ſe rapporteroit, elle devroit paſſer pour ſuppoſée. De même, des formules reconnues pour invariables dans toutes les chartes d'un ﬁecle ou d'un pays imprimeroient un caractere de faux à celles qui en offriroient de différentes dans la même circonſtance. Si cette invariabilité n'eſt pas avérée, tout argument négatif eſt ſans force vis-à-vis d'une formule ﬁnguliere poſitive.

Après ces préliminaires indiſpenſables, on va parcourir les diverſes formules qui n'ont pas un rapport direct à quelques parties de diplomes, ou qui n'y ſont pas eſſentielles. C'eſt pourquoi on renvoie, pour les formules connues & ordinaires, aux mots propres d'INVOCATIONS, de SUSCRIPTIONS, de SALUT, d'ANNONCES ou de PRÉCAUTION, de SALUTATION FINALE, de DATES, de SOUSCRIPTIONS, &c.

Formule *Exorare deleĉtet.*

Dans les chartes de donation, les donateurs recommandoient preſque toujours à ceux dont ils étoient les bienfaiteurs, de prier pour eux ; & à cette fin ils se servoient très communément de la formule *exorare deleclet*, expression assez singuliere. Il faut observer que l'on a fait quelquefois entrer dans cette recommandation sa femme & ses enfants, quoiqu'on n'eût ni l'un ni l'autre. Le donateur étoit peut-être dans l'intention de se marier, ou c'étoit une clause de précaution en cas qu'il se mariât, ou c'étoit apparemment une expression de style. Il faut avoir recours à ces interprétations, puisque les diplomes où cela se trouve sont sinceres.

Pro remedio animæ.

Les motifs des donateurs se rapportent communément à Dieu, aux Saints, & au salut de leur ame sous la formule *pro remedio animæ*, ou *pro anima*, &c. Il faut observer que cette derniere ne désigne pas toujours une personne morte.

Sur la fin du monde.

Soit que l'on s'attachât trop au sens littéral, ou que l'on ait donné dans l'erreur des millénaires, ou que les désordres qui regnoient fissent appréhender la fin du monde, aux termes de l'Evangile, on trouve une infinité de chartes qui, sous les formules *mundi senio appropinquante*, *instante mundi termino*, &c. annonçoient la destruction du globe. Les 9e, 10e & 11e siecles en sont pleins.

In perpetuum.

La formule *à perpétuité*, *in perpetuum*, commença au moins dans le 11e siecle à se montrer

dans les bulles : elle défigna les actes les plus
folemnels. Urbain II eft le premier qui ait employé dans les grandes bulles, ou bulles folemn-
nelles, la formule *ad perpetuam rei memoriam*,
au lieu de *in perpetuum* ufité jufqu'alors. Clément VI eft peut-être le premier qui ait introduit la formule *ad futuram rei memoriam*, au
lieu de *ad perpetuam*, &c. Toutes ces formules,
ainfi que celle *tam prefentibus quàm futuris*, &c.
dans les actes eccléfiaftiques & laïques, étoient
appofées pour affurer aux engagements que l'on
prenoit, aux conceffions, ou confirmations, ou
privileges que l'on accordoit, le degré d'immua-
bilité que peut comporter tout acte humain.

D'heureufe mémoire.

La formule *d'heureufe* ou de *fainte mémoire*,
felicis recordationis, toute ancienne qu'elle eft,
n'a pas encore vieilli : elle a même été appliquée,
Gloff. Cang. in verbo memoria.... *De Re Dipl.*
p. 538, 601.... *Annal. Bened. t.* 4, *p.* 425, *t.* 5,
p. 197, 511, mais plus rarement, à des perfonnes vivantes; quoiqu'Eckart, *Animad. in Diœcef.*
Fuldenf. p. 15, ait pofé le contraire en maxime.

Ad cautelam.

Le Pape Céleftin III, dans une de fes lettres de
1195, fait voir, *Labb. Concil. t.* 10, *col.* 1786,
la formule *ad majorem cautelam*. C'eft une forme
d'abfolution nommée par les Canoniftes *abfolu-*
tion à cautele, ou *pour plus grande fûreté*. C'eft
peut-être pour la premiere fois qu'elle paroît dans
les monuments eccléfiaftiques.

Feliciter.

La formule *feliciter*, qui n'étoit guere placée ordinairement qu'au bas des actes, & qui servoit à marquer l'acclamation de joie que faisoit l'Ecrivain d'avoir heureusement achevé la piece qu'il avoit entreprise, est très ancienne. Elle étoit d'usage chez les Romains, de qui les peuples qui vinrent envahir les portions considérables de leur empire, l'emprunterent sans doute. Les bulles en firent d'abord un usage fréquent jusqu'au 10e siecle, que cette formule finale devint plus rare. Elle avoit toujours été suivie d'un ou de plusieurs *amen*; alors on se contenta souvent de ce dernier mot.

Les diplomes anciens, ainsi que les bulles, ne l'omirent presque jamais : au moins ceux des Rois Mérovingiens en furent toujours pourvus. Lorsqu'elle se trouve au commencement d'un acte, c'est un souhait.

Tunc temporis.

La formule *tunc temporis*, de mode au 11e siecle, étoit employée en parlant des personnes présentes & qui signoient, *De Re Dipl. p.* 162. Ainsi un Evêque Chancelier signoit, en 1093 : *Ego Hugo Episcopus tunc temporis & Cancellarius scripsi & subscripsi*, Annal. Bened. *t.* 5, *p.* 309. Cette formule n'est donc pas, dans l'antiquité, un signe de non-existence.

Explicit.

Le mot barbare *explicit*, que l'on trouve très souvent à la fin des anciens manuscrits ou des livres qu'ils contiennent, est de formule : il est placé dans le même dessein, à peu près, que la formule *feliciter*; il annonce la fin d'une piece. C'est l'abbrégé d'*explicitus*, où l'on sous-entend *sermo*, pour *sermo absolutus*. Cette maniere de s'exprimer est fort ancienne; car elle étoit d'un usage ordinaire au temps de S. Jérôme, *Hieron. epist.* 138 *ad Marcellam.*

Par la plénitude.

On trouve dans les lettres de Philippe le Bel la formule *par la plénitude de la puissance royale.* Ce Prince est peut-être le premier de nos Rois qui s'en soit servi. Elle est devenue d'usage.

De notre authorité, &c.

Les formules *de notre authorité, certaine science & grace spéciale,* se montrent communément dans les lettres royaux du 14ᵉ.

Car ainsi nous plaît.

La formule finale *car ainsi nous plaît,* ou *car ainsi le voulons-nous,* s'offre plus de trente fois dans le 14ᵉ siecle : depuis, il y eut peu d'édits ou ordonnances qui ne fussent caractérisés de cette marque de la suprême autorité. En latin on disoit *quoniam sic nobis placet.*

Formules finales.

Dans les diplomes de nos Rois du 14ᵉ siecle, on voit en général une formule finale nouvelle, qui est conçue à peu près en ces termes, après la date : *Per Regem ad relacionem Concilii in quo eratis*

eratis vos; puis le nom du Secrétaire : ou *Per Concilium in quo eratis vos.* Plusieurs preuves démontrent que ce *vos* étoit adressé au Chancelier.

Depuis le milieu de ce même siecle sur-tout, on lit à la fin d'un très grand nombre de lettres royaux les formules suivantes, qui contiennent les formules d'enregistrement, & d'autres : *De mandato Concilii*.... *Visa per gentes compotorum*.... *Lecta in sede*.... *Visa, lecta & correcta per Dominos magni Concilii & Parlamenti Regis ad hoc deputatos*.... *Si placet*.... *Contentor*.... *Vidi le contentor*.... *Multiplicata*.... *Triplicata*.... *Nihil pro sigillo*.... *Solut*.... *Huc usque*.... *Scriptor*.... &c. &c. C'étoit sans doute comme autant d'attestations de tous les Bureaux par où ces lettres passoient avant que d'êtres rendues publiques.

Les Ducs de Bourgogne & de Bretagne d'alors imiterent assez les formules finales de nos Rois.

Dans le 15e siecle, Isabelle de Baviere, abusant de la foiblesse où la maladie avoit réduit Charles VI son époux, lui fit faire un traité avec Henri V, Roi d'Angleterre, par lequel il étoit convenu que celui-ci épouseroit Catherine de France, & qu'il succéderoit à Charles VI, à l'exclusion du Dauphin & de toute la famille royale de France. Depuis ce traité, signé à Troyes le 21 Mai 1420, jusqu'au décès de Charles VI, au lieu de mettre, comme plus haut, au bas des lettres de Chancellerie, *par le Roi, à la relation du Conseil,* on mettoit *par le Roi, à la relation du Roi d'Angleterre, héritier & régent en France.* Du jour de la mort de Charles VI, le 21 ou 22 Octobre 1422, toutes les lettres royaux furent expédiées au nom du Chancelier & du Conseil de France, jusqu'au neuvieme jour du mois de

Tome I. Mm

Novembre fuivant, qu'elles furent infcrites au nom de Henri, Roi d'Angleterre & de France. Charles VII, de fon côté, expédioit en fon nom les lettres qu'il donnoit pour les terres de fon obéiſſance.

Dans le 16ᵉ fiecle, on trouve très fouvent la formule finale *per Regem ad relationem veſtram, Par le Roi à la relation du Chancelier.*

Pour la formule *cum appendenciis fuis,* voyez DONATION.

Pour la formule *Dei gratiâ,* voyez SUSCRIP-TION; & pour la formule *regnante Chriſto,* voyez DATES.

On ne donne point les formules des actes notariés; elles ont été recueillies & publiées par divers Auteurs.

FRERE. Les Papes & les Evêques fe donnerent réciproquement la qualité de *freres* pendant environ mille ans; mais, au 9ᵉ fiecle, les Evêques de France furent réprimandés par Grégoire IV pour avoir réuni les titres de *Pape* & de *Frère,* felon l'ancien ufage; il auroit voulu qu'ils s'en fuſſent tenus au premier, *De Re Dipl. p. 64.* En effet, les Evêques n'ont plus ufé depuis de cette qualification envers les Papes; & les Papes, qui traitoient les Evêques de *très chers freres,* ne les ont plus appellés que *vénérables freres.*

Depuis le 10ᵉ fiecle, les Abbés & les fimples Moines prirent aſſez fouvent le titre de *frere* à la tête de leurs écrits. On voit par-là que cet ufage n'eſt point venu de l'Ordre des Mendiants aux autres Ordres qui l'ont précédé, comme on le croit vulgairement.

Depuis le 4ᵉ fiecle jufqu'au 12ᵉ, on ne doit

point être surpris de trouver dans des actes la qualité de *frere* donnée aux Evêques par des Abbés & par des Moines ; elle le fut quelquefois.

Le titre de *frere* étoit commun entre les Rois dès le commencement du 5ᶜ siecle, *Dubos, Hist. de la Monarch. Franç. t. 2, p. 170.*

Fin du premier Volume.

ERRATA.

Tome I. page 74, ligne 3, après ces mots, ce qui est la même chose, *lisez*, comme l'ont prétendu mal-à-propos quelques Auteurs. (*Cang. gloss.*) Voyez *dates de la Trabéation.* T. I. p. 336.

T. I. p. 499, lig. 12 & ailleurs, Sténographie, *lisez* Stéganographie.

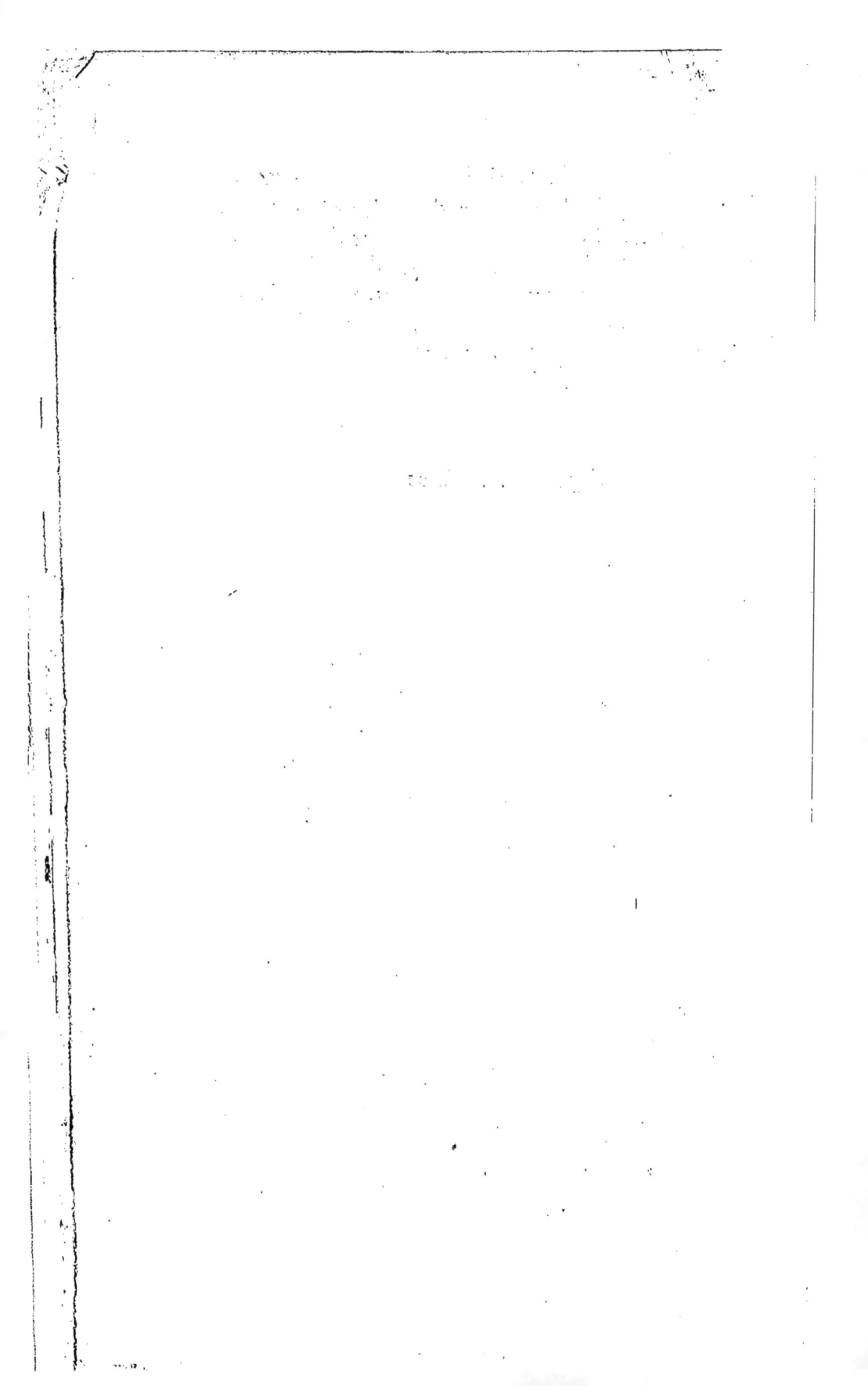

AVIS

AUX RELIEURS.

Ordre des Planches du Dictionnaire Diplomatique.

TOME PREMIER.

Ce premier volume contient vingt-cinq parties de planches.